CW01621968

CONDITION DE L'HOMME MODERNE

Paru au Livre de Poche :

Du mensonge à la violence

HANNAH ARENDT

Condition de l'homme moderne

TRADUIT DE L'ANGLAIS PAR GEORGES FRADIER

AVANT-PROPOS DE LAURE ADLER
PRÉFACE DE PAUL RICŒUR

CALMANN-LÉVY

Titre original :

THE HUMAN CONDITION

Avec l'autorisation de University of Chicago Press,
Chicago, Illinois, USA, et de L'Autre agence.

© 1958, 1998, The University of Chicago
Tous droits réservés.
© Calmann-Lévy, 1961, 1983 et 2018, pour la traduction française.
ISBN : 978-2-253-10132-1 – 1re publication LGF

AVANT-PROPOS
de Laure Adler

Pourquoi les abeilles sont-elles menacées d'extinction ? Pourquoi la déforestation progresse-t-elle partout dans le monde ? Pourquoi une maman orque a-t-elle transporté son bébé qu'elle savait mort pendant dix-sept jours dans la mer des Salish ? Chaque jour, nous portons atteinte à la nature de manière irréversible, nous le savons et continuons à contribuer à la catastrophe planétaire qui met en danger l'humanité. Nous appartenons à cette génération qui est informée de ses responsabilités et nous sentons bien petits, bien misérables pour pouvoir agir et tenter de comprendre ce qui nous arrive : nous, êtres humains, attentons à notre nature d'être humain. Pourquoi ?

Rares sont les penseurs à avoir su esquisser des pistes de réflexion sur ce sujet fondamental. Hannah Arendt, dans *Condition de l'homme moderne*, son premier livre publié en français, le fait. Son projet est à la fois simple et terriblement ambitieux : comprendre ce qui nous arrive. Et ce qui nous arrive est de l'ordre du jamais-vu, donc du jamais-pensé : nous nous éloignons de notre propre condition. Les racines de cette grave crise de civilisation résident dans l'illusion de l'homme de se croire indépendant du monde dans lequel il vit. Cet entêtement à ne pas considérer la Nature, et à ne pas vouloir nous considérer comme l'un des infimes éléments de celle-ci, est à l'origine de ce divorce d'avec nous-mêmes, meurtrier, volontaire, suicidaire.

Ce qui frappe à la relecture de ce texte publié il y a plus de cinquante ans, c'est sa puissance prédictive, voire visionnaire, sur des sujets qui ont trait à notre appartenance au monde. Sommes-nous encore des citoyens de ce monde ? Que reste-t-il de notre souveraine liberté ? Pourquoi allons-nous chercher ailleurs que dans notre monde commun l'assouvissement de nos désirs ? Pourquoi allons-nous vers la Lune depuis maintenant cinquante ans en accélérant le rythme et en privatisant désormais les recherches comme le fera prochainement la mission Alina ? La Lune serait-elle à vendre ?

Toutes ces questions sont posées dans ce livre, fruit d'une dizaine d'années de lectures, de réflexions, de commentaires philosophiques et scientifiques, comme en atteste son *Journal de pensée*[1], remarquable document qui permet de comprendre sa manière de raisonner ainsi que ses méthodes de travail. Arendt fait de ce qui l'environne la matière même de sa pensée et, contrairement à d'autres penseurs qui se réfugient dans l'histoire ou dans le ciel des idées, se veut concrète,

1. Traduit en français par Sylvie Courtine-Denamy, Seuil, 2005.

matérielle, proche de ses lecteurs. Elle se refuse à être catégorisée comme philosophe mais se définit comme écrivaine politique. Dans sa vie quotidienne, elle passe son temps à lire et à relire des textes philosophiques – ici plus particulièrement Platon, Kant, Marx –, à faire des conférences dans des universités pour courir le cachet et joindre les deux bouts. Hannah Arendt pense tout le temps. Elle ne cherche pas de posture d'intellectuelle. Elle pense comme elle respire et croit que c'est donné à tout le monde. S'éloignant des recherches historiques requises pour *Les Origines du totalitarisme*, elle renoue ici avec la mission fondamentale de la philosophie : s'étonner et poser les questions les plus essentielles.

Comme elle l'explique sans détour dès les premières pages, elle souhaite « reconsidérer la condition humaine du point de vue de nos expériences et de nos craintes les plus récentes ». Elle a le sentiment d'appartenir à une génération de survivants qui doit réfléchir aux conséquences du totalitarisme, qui a démontré la soumission volontaire des peuples tout en préservant la possibilité de l'existence de la liberté sur le plan individuel mais aussi – et surtout – dans la communauté des hommes.

Car ce qui nous fait humains n'est pas la liberté à l'intérieur de chacun de nous mais *entre* nous. Et c'est cet espace *entre* qu'elle va ausculter, comme une sorte de docteure en démocratie – à la fois dans l'économie, dans la sphère scientifique, dans le domaine du politique. Hannah Arendt ne croit pas à la fatalité des lois de l'histoire. Elle pense que l'homme, de par sa faculté à agir, peut les contrecarrer. C'est pour cette raison qu'elle accorde à l'action une importance prééminente. Elle, qui a su nous persuader de la fragilité des affaires humaines qu'elle a théorisées, souhaite que l'action soit protégée et, pour ce faire, qu'elle soit entourée de lois.

Arendt ne situe pas son texte et ne l'insère pas dans un contexte particulier contrairement à certaines autres interventions qui seront des analyses de l'actualité. Elle qui s'autoproclame plus journaliste que philosophe est pourtant, pour paraphraser un de ses titres, une penseuse de l'événement. Ce texte s'inscrit dans cette période de désillusion qui suivit la révolution hongroise qu'elle avait observée avec passion et dont elle était admirative. Même si elle a été payée très cher, la liberté s'est incarnée dans la résistance du peuple contre l'oppresseur. Elle rendra hommage au système des conseils et célébrera la spontanéité révolutionnaire de Rosa Luxemburg, qu'elle admire et enseigne avec ferveur à ses étudiants depuis longtemps.

Soucieuse de ranimer des liens qu'elle voudrait étroits entre philosophie et politique, comme le faisaient Hobbes, Machiavel, Rousseau, Tocqueville et Marx, elle entend dégager des lignes de force pour une morale moderne du vivre-ensemble.

La table des matières de ce livre, son plan, qui semble rigoureux, pourrait attester d'une logique préexistante. En fait, ce texte vagabonde – et cela fait son charme – dans différentes directions et fait son miel des lectures et commentaires en cours de route. Cela nous donne l'impression d'être dans la tête de Hannah

Arendt et de pouvoir suivre le fil de ses pensées au gré de ses approfondissements, mises en perspective, relectures infinies. Car elle n'est jamais péremptoire. Elle cherche avec nous, change de direction, se nourrit de sources hétérogènes, quelquefois ne poursuit pas et change de sujet, donnant à son lecteur l'impression d'une conversation dans laquelle nous pourrions peut-être nous immiscer pour mieux comprendre et éclairer ce qui nous arrive.

Ce n'est pas le seul plaisir que ce texte nous offre. Outre le style d'une grande modernité et la multiplicité des sujets abordés, il nous donne le sentiment d'un *ressourcement*, d'un *recentrement* sur les choses essentielles qui tissent notre rapport au monde. *Amor mundi*, cela aurait dû être le titre de cet ouvrage préfacé en France par Paul Ricœur.

Cette nouvelle publication éclaire non seulement les manières de réfléchir d'Arendt, qui fait feu de tout bois en faisant appel à plusieurs disciplines, mais elle offre aussi une nouvelle lecture de l'œuvre de Paul Ricœur dont on constate à quel point certaines pistes théoriques se trouvaient en jachère dans les lignes d'Arendt : je pense notamment à la théorie du pardon, à l'importance qu'elle donne à la naissance. Dans sa préface en effet, Paul Ricœur rappelle qu'avec *Les Origines du totalitarisme*, Hannah Arendt se montrait une théoricienne de première importance dans la philosophie politique contemporaine quand elle expliquait qu'un des traits distinctifs du totalitarisme était que les individus qui y sont soumis agissent « conformément aux règles d'un monde fictif ». Ricœur souligne l'originalité de sa démarche mais n'y adhère pas. Il met en lumière la manière dont Arendt tente de découvrir si le système totalitaire a pu inventer un concept nouveau du pouvoir. Pour Ricœur, ce concept ne peut exister car il est « proprement impensable ». Peut-on alors catégoriser vraiment le totalitarisme ? Pour Ricœur, le système totalitaire est d'une autre nature que les systèmes politiques les plus autoritaires. Il est un monstre, une aberration à laquelle rien ne peut être comparé. C'est pourquoi il faut le mettre à part, comme une réalité « impensable ».

Arendt explique le contraire et, disséquant ses symptômes, ses modes de croyance, ses types de fonctionnement, nous enjoint à tenter de le penser. « Tout est possible », nous fait croire le système totalitaire, y compris la superfluité de la vie même. Ricœur s'inscrit en faux contre les théories d'Arendt, évoquant une « surenchère conceptuelle » et un « paradoxe épistémologique ».

S'inscrit donc en creux déjà toute la question du mal – mal radical, banalité du mal – qui sera reprise par Arendt dans son rapport sur le procès Eichmann en 1963, question fondamentale de la philosophie, qui se pose encore, et hélas de plus en plus aujourd'hui. Le mal est-il banal ? Devons-nous considérer la Shoah comme une exception monstrueuse de notre histoire humaine ou devons-nous la considérer comme un laboratoire des génocides futurs ? Ricœur pense et croit à la nature humaine, à sa capacité à faire le « bien » et à y croire. Arendt, a contrario, introduit dans le champ philosophique une dimension d'objectivation, de mise en doute de cette même nature, en se faisant observatrice, historienne, et pas seulement philosophe. Tout n'est pas possible, affirme Ricœur dans cette préface magnifique, pas seulement introductive d'une œuvre mais texte philosophique en soi sur le sens de la vie, la valeur de la vie, la possibilité de continuer à appartenir au monde après la découverte des camps de concentration.

Ricœur classe et place *Condition de l'homme moderne* dans la catégorie de l'anthropologie philosophique, lui qui s'est voulu en France l'un des chefs de file de ce mouvement qui interroge plusieurs disciplines. Comment les hommes deviennent-ils humains ? Il n'a cessé de se poser la question, et de nous la poser, jusqu'à son dernier souffle. Les hommes restent-ils des hommes alors qu'ils ont commis le mal radical ? Arendt veut affronter cette problématique de l'essence de l'homme sans le recours à la morale. Ricœur croit que le mal radical est de l'ordre de l'impensable. Il interprète *Condition de l'homme moderne* comme une méditation, moins de dix ans après *Les Origines du totalitarisme*, sur la possibilité d'agir dans un monde non totalitaire.

Arendt n'y pèche pourtant pas par excès d'optimisme et les différentes thématiques qu'elle aborde – que ce soit la dévalorisation du travail dans les temps modernes, la violation de l'espace intime, le peu de cas que l'on fait de ceux qui créent – dessinent un paysage où la place de l'individu s'amenuise inexorablement. Arendt, comme le dit sa biographe Elisabeth Young-Bruehl, avait tendance à broyer du noir. On perçoit cependant, dans la phénoménologie de l'être humain qu'elle nous offre, la volonté de préserver notre condition humaine : « Ce qui compte aujourd'hui [...] c'est que la vie soit le souverain bien. » Vivre, pour les Romains – qui représentent pour elle le modèle du système politique –, c'est vivre parmi les hommes. Vivre parmi les hommes dans la durabilité d'un monde que les hommes ne cessent d'abîmer : telle est la tâche qu'Arendt s'est fixée. Qu'est-ce qui, dans l'humaine condition, peut, sur les ruines du totalitarisme, continuer à être source de résistance ?

Sans vouloir, à tout prix, l'enrôler dans le camp des penseurs visionnaires, force est de constater que plusieurs thèmes abordés nous paraissent d'une grande contemporanéité : dans son analyse de l'acharnement avec lequel l'homme détruit la nature aussi bien que dans l'évolution de la définition du travail ou dans sa description d'une société de consommation qui gangrène le corps collectif en faisant s'évanouir les structures élémentaires de notre vivre-ensemble, Arendt surprend par sa capacité à pressentir un avenir proche. Elle qui se targuait d'aimer la science-fiction décrit, en 1957, un monde où l'homme fuit son écorce terrestre pour aller le plus loin possible de son habitacle, et prévoit la naissance de nouveaux individus en carapace d'acier. De même, elle voit se profiler une société de travailleurs passifs enrôlés malgré eux dans une dévalorisation de leur savoir, esclaves de ce que l'économie leur demande. De même, la description d'un monde où le privé n'existe plus, dévoré par un espace public ogre d'indifférence, qui sait éteindre en chacun de nous sa propre possibilité d'agir, renvoie à des évolutions hélas bien réelles et de plus en plus préoccupantes.

« Seule l'action est la prérogative de l'homme exclusivement ; ni bête ni dieu n'en est capable, elle seule dépend entièrement de la constante présence d'autrui. »

Arendt croit en l'action et la réhabilite à travers des pages où elle nous donne le goût de l'avenir de notre démocratie si fragile. Nous et les autres, nous parmi les autres. Nous qui nous savons mortels, nous qui savons que le monde continuera au-delà de notre disparition, nous qui savons – encore – parler avec nous-mêmes. « Il ne se savait "jamais plus actif que lorsqu'il ne faisait rien, jamais moins seul que lorsqu'il était seul". » C'est sur cette phrase de Caton que se clôt le texte d'Arendt, véritable manifeste et éloge de la puissance de la pensée.

PRÉFACE
de Paul Ricœur

I

Comparé à son premier grand livre, *Les Origines du totalitarisme*[1], le second chef-d'œuvre de Hannah Arendt, *Condition de l'homme moderne*[2], semble marquer un changement de registre inexplicable. Le premier ouvrage avait consacré d'emblée son auteur penseur politique de premier ordre. Voici maintenant une œuvre de philosophie fondamentale dont le lien avec la théorie politique paraît ténu.

Le hiatus entre les deux ouvrages peut être, sinon comblé, du moins réduit, si l'on veut bien ne pas oublier de quels maîtres H. Arendt procède, rester attentif au

1. *The Origins of Totalitarianism*, 1re éd., 1951 ; 2e éd. augmentée, 1958. Les trois volets de l'ouvrage sont parus en France sous les titres : *Le Système totalitaire*, Seuil, 1972, – *Sur l'antisémitisme*, coll. « Diaspora », Calmann-Lévy, 1973, – *L'Impérialisme*, Fayard, 1981.

2. *The Human Condition*, 1958. Ce livre est paru aux éditions Calmann-Lévy en 1961.

caractère aussi théorique qu'historique du premier, enfin discerner les exigences d'éclaircissement proprement philosophique que ses conclusions appelaient.

Par sa formation, H. Arendt était tout le contraire d'un journaliste devenu philosophe amateur, comme quelques détracteurs ont voulu la dépeindre. La brillante intelligence et l'éducation universitaire de la jeune Juive venue de Königsberg auraient pu faire d'elle rapidement un philosophe de profession, si l'« histoire universelle », dans sa ruse, comme elle aimait à dire pour tourner Hegel en dérision, ne lui avait épargné la persécution et l'horreur concentrationnaire qu'au prix d'un exil à Paris (1933-1941) devenu inhospitalier (elle fut internée à Gurs dès 1940), puis d'une émigration définitive aux États-Unis, comme apatride d'abord (1941-1951), finalement comme citoyenne à part entière. Issue d'une famille de Juifs assimilés, fidèlement attachée à la social-démocratie (sa mère était une admiratrice de Rosa Luxemburg et H. Arendt, qui connut sa fin tragique en 1919, retint d'elle sa conception politique des « conseils »), Hannah arrive en 1924 à l'université de Marbourg, à l'âge de dix-huit ans, déjà pourvue d'une solide culture classique et armée d'un sentiment aussi intrépide que vulnérable de sa judéité, à l'image de l'héroïne de sa future biographie, Rachel Varnhagen. À l'université de Marbourg, elle reçoit avec passion l'enseignement de Martin Heidegger, durant la genèse de *Sein und Zeit* (publié en 1927), suit aussi les cours de Bultmann, en compagnie de Hans Jonas et de Karl Löwith. Après un semestre chez Husserl à Fribourg, elle s'inscrit à l'université de Heidelberg, encore vibrante de l'enseignement de Max Weber, pour y rédiger sa thèse,

Le Concept d'amour chez Augustin (1929). De cette époque date l'amitié sans faille pour celui qui resta son vrai maître jusqu'à sa mort en 1969, le philosophe Karl Jaspers. Et cela, à travers les épreuves et les tourments qui furent leur lot commun. Si H. Arendt eut la bonne fortune d'étudier sous la direction des trois plus brillants philosophes de l'entre-deux-guerres et d'assister à la naissance de quelques-unes des plus grandes œuvres de cette époque (les trois volumes de la *Philosophie* de K. Jaspers datent de 1931), c'est chez K. Jaspers seulement[1] qu'elle reconnut l'homme dont le courage sur le plan éthique et politique égalait la puissance de concentration au plan de la pensée. C'est ce parfait accord qui devait inspirer la dernière grande œuvre de H. Arendt – œuvre malheureusement interrompue par la mort en 1975 : *The Life of the Mind* (dont nous ne possédons que les deux premières parties : *Thinking*[2], *Willing*, privées de leur couronnement dans une troisième partie qui se fût appelée *Judging*).

On ne saurait donc dire – au vu seulement de cette maigre information biographique[3] – que H. Arendt soit

1. L'amitié entre K. Jaspers et M. Heidegger fut profondément ébranlée par la publication de *Sein und Zeit*. La rupture entre les deux hommes devint irrémédiable après les événements de 1933 qui, aux yeux de K. Jaspers et H. Arendt, ternirent la réputation d'intégrité intellectuelle et morale de Heidegger. Cela n'empêcha pas H. Arendt, dix-sept ans plus tard, de revoir Heidegger et de tenter, sans succès, de réconcilier les deux philosophes, si proches et si éloignés l'un de l'autre…

2. Harcourt Brace Jovanovitch, New York, 1978 ; trad. fr. : *La Vie de l'esprit*, I. *La Pensée*, Presses universitaires de France, 1981.

3. Je marque ici ma dette à l'égard de l'ouvrage lumineux et complet d'Elisabeth Young-Bruehl, *Hannah Arendt. For Love of*

venue de la politique à la philosophie. C'est plutôt le chemin inverse qu'elle parcourut, de son plein gré d'abord, puis sous la pression de l'implacable histoire.

C'est de son plein gré qu'elle s'initia à la fois au sionisme et à la politique, en adhérant à l'Organisation sioniste en Allemagne durant ses années d'études. À cet égard, si l'on peut dire que H. Arendt fut sioniste, il ne faut omettre ni la variété des courants sionistes avant l'arrivée de Hitler au pouvoir, puis encore avant la « solution finale », et même à l'époque de la fondation de l'État d'Israël. Le sionisme, c'était pour elle, comme pour ses deux mentors, Kurt Blumenfeld et Gunther Stern (qu'elle épousa en premières noces), le refus aussi réfléchi que viscéral de l'assimilation. Or, avant 1933, il était encore possible de poser la « question juive » sans lui donner pour unique réponse l'émigration ou le retour au ghetto ; avant la fondation de l'État d'Israël et même après Auschwitz, il était encore possible de militer pour la création d'une entité politique qui ne marquât pas un retour à l'idéologie nationaliste du XIXe siècle qui avait signé le déclin de l'Europe. Ces précisions sont indispensables si l'on veut comprendre l'analyse de l'antisémitisme dans la première partie des *Origines du totalitarisme*, et aussi l'arrière-plan de la détestable controverse qui suivit la publication de *Eichmann in Jerusalem : a Report on the Banality of Evil*[1] (1963).

Ce n'est plus à proprement parler de son plein gré que H. Arendt, contrainte à l'exil, travaille, à Paris,

---

the World, New Haven et Londres, Yale University Press, 1982 ; Paris, Calmann-Lévy, 1999.

1. Traduction française : *Eichmann à Jérusalem. Rapport sur la banalité du mal*, Paris, Gallimard, coll. « Témoins », 1966.

pour des organisations qui facilitent l'émigration des Juifs en Palestine, puis à New York[1], en compagnie de celui qui devient son second mari jusqu'à sa mort en 1970, Heinrich Blücher, un ancien communiste berlinois, qu'elle milite pour la levée d'une armée juive contre Hitler et qu'elle prend une part active aux discussions de l'émigration juive allemande concernant le destin politique du foyer juif en Palestine. Sa dernière activité très directement politique fut son vain plaidoyer en faveur d'un rapprochement entre Juifs et Arabes, après la création de l'État d'Israël. La tournure prise par les événements survenus dans l'ancienne Palestine acheva de la convaincre qu'elle n'était pas faite pour l'action politique. En fait, même dans ses articles les plus engagés, elle est déjà l'historien, le politologue, le *penseur* politique à qui nous devons *Les Origines du totalitarisme*, sans que l'on doive oublier la contribution de Heinrich Blücher, le véritable « animal politique » du couple.

Le lien de filiation entre *Les Origines du totalitarisme* et *Condition de l'homme moderne* échappe tout

1. H. Arendt emportait aux États-Unis les fameuses « thèses sur la philosophie de l'histoire » de Walter Benjamin, écrites en réponse au livre de leur ami commun de Palestine, Gershom Scholem, *Major Trends of Jewish Mysticism* (trad. fr. : *Les Grands Courants de la mystique juive*, Paris, Payot, 1968). Ce n'est qu'en 1955 que l'œuvre éparse de Walter Benjamin, dont on connaît la fin tragique, fut rassemblée. H. Arendt écrivit une magnifique « introduction » : « Walter Benjamin : 1892-1940 », pour la traduction anglaise de ses essais : *Illuminationen*, Suhrkamp Verlag, 1955 (trad. anglaise *Illuminations*, Harcourt, Brace and World, 1968).

à fait si l'on néglige le caractère propre de la *pensée* politique qui s'y exprime, son tour essentiellement problématique, et la requête que celle-ci pose d'une solution radicalement autre à apporter aux criminelles présuppositions du système totalitaire.

Les Origines du totalitarisme[1] est un ouvrage de pensée politique qui s'efforce de conceptualiser à l'extrême les composantes du régime totalitaire, dans la tradition de l'étude systématique des régimes politiques, d'Aristote à Montesquieu et Tocqueville. En dépit de son titre quasi darwinien, le terme « origines » ne désigne pas des facteurs antécédents susceptibles d'être érigés en causes déterminantes. On verra plus loin que le statut de nouveauté radicale assigné au totalitarisme, par rapport aux formes recensées de despotisme et de tyrannie, est ce qui fait virer un certain essentialisme, dont H. Arendt ne se départit jamais, au questionnement quasi aporétique d'où est sorti *Condition de l'homme moderne*.

1. L'ouvrage fut écrit entre 1945 et 1949. Les deux premières parties – *Sur l'antisémitisme, L'Impérialisme* – rassemblent des documents et des articles antérieurs à 1947-1948. Ce n'est que dans la troisième partie, *Le Système totalitaire*, que l'auteur intègre le stalinisme et le nazisme au même cadre conceptuel, sur la base des documents rassemblés entre 1947 et 1949 concernant le fonctionnement du système soviétique et l'existence des camps de concentration. Dans l'édition de 1958, H. Arendt ajouta un appendice sur la révolution hongroise dans laquelle elle discerna une confirmation de son plaidoyer pour le système des « conseils » (les « Soviets » avant leur rapide élimination par la dictature du parti unique et les « Räte » des révolutions avortées d'Allemagne et d'Autriche au bénéfice du système des partis pour lequel H. Arendt n'eut jamais de réelle sympathie). Un second épilogue, intitulé « Idéologie et terreur », a seul été conservé et figure comme quatrième chapitre dans la traduction française, pp. 203-232.

Les Origines du totalitarisme parle sans cesse d'« éléments » – l'antisémitisme, la corruption de l'État-nation, le racisme, l'impérialisme, l'alliance entre le capitalisme et les masses, le goût de l'élite pour une alliance avec la populace (« mob »), etc. Mais « des éléments ne causent probablement jamais rien. Ils deviennent des origines pour des événements si et quand ils cristallisent dans des formes fixes et définies. Alors – et alors seulement – on peut retracer leur histoire. L'événement illumine son propre passé mais ne peut jamais en être déduit[1] ».

Ce rapport entre « éléments », « origines », « cristallisation » fait de l'enquête de l'historien et de l'analyse du politologue le livre questionnant qu'on va lire. L'explication, en effet, ne cesse de tourner autour de l'inexplicable. S'il est vrai que le système totalitaire représente dans l'histoire une nouveauté sans précédent par rapport aux tyrannies et aux régimes autoritaires antérieurs à Hitler et à Staline, cette mutation politique ne peut que défier l'investigation à son niveau conceptuel plus encore qu'au plan historique. Le terme de cristallisation employé plus haut ne fait que cacher la détresse de l'explication. La progression des trois questions : « *Que s'est-il passé ? Pourquoi cela s'est-il passé ? Comment cela a-t-il été possible*[2] *?* » conduit vers une

---

1. Extrait d'une conférence donnée à la New School for Social Research en 1954 : « The Nature of Totalitarianism », cité par E. Young-Bruehl, *op. cit.*, p. 203.

2. Dans l'introduction nouvelle à l'édition de 1966 du volume entier, et que l'on lit en français au début de la traduction de la troisième partie, *Le Système totalitaire*, pp. 7-26, H. Arendt écrit : « Avec la défaite de l'Allemagne nazie, une partie de cette histoire avait trouvé sa conclusion. Pour la première fois, le moment semblait venu de considérer les événements contemporains avec le

sorte de point aveugle : l'hypothèse sur l'homme que le système totalitaire cherche à vérifier par la terreur. Or cette hypothèse est à la limite du pensable.

Reprenons les moments les plus importants de l'analyse.

Le système totalitaire, est-il dit, repose sur la dissolution des classes, représentées par les vieux partis d'intérêts et d'opinions des démocraties occidentales, et leur organisation en *masse* par le nazisme et le stalinisme. Mais l'effondrement du système des classes est autant l'effet que la cause. Il en est de même de la psychologie de l'homme de masse européen, si souvent évoquée par la littérature sur le sujet. De même encore de l'alliance entre l'élite et la populace, et de la séduction exercée sur de grands intellectuels par le totalitarisme. L'historien et le politologue assistent plutôt à l'émergence d'une entité politique sans précédent : la masse atomisée et amorphe est proprement fabriquée par l'organisation. C'est pourquoi H. Arendt passe si aisément de la contingence de l'événement à l'irruption du concept[1]. En effet, le concept de système totalitaire renvoie à son tour à

---

regard rétrospectif de l'historien et le zèle analytique du spécialiste de sciences politiques. C'était la première occasion d'essayer de dire et de comprendre ce qui s'était passé, pas encore *sine ira et studio*, toujours avec douleur, mais non plus avec une horreur sans voix. C'était, de toute façon, la première fois qu'il était possible d'articuler et d'élaborer les questions en compagnie desquelles une génération avait été forcée de vivre pour la meilleure part de sa vie adulte : *Que s'est-il passé ? Pourquoi cela s'est-il passé ? Comment cela a-t-il été possible ?* », *op. cit.*, p. 7.

1. « Les mouvements totalitaires sont des organisations massives d'individus atomisés et isolés » (*op. cit.*, p. 47). « La terreur est l'essence de [leur] forme de régime » (*ibid.*, p. 69).

l'invention d'une *fiction*, servie par la propagande et la terreur, la fiction d'une soumission intégrale aux lois de la Nature, dans le nazisme, ou à celles de l'Histoire, dans le stalinisme. On trouve certes des anticipations de l'une ou l'autre fiction chez des penseurs, des écrivains, des propagandistes de l'ère prétotalitaire. Manque la cristallisation qui transforme ces pseudo-sciences en logique démente. Le point aveugle évoqué plus haut, c'est la rencontre entre la cohérence de la fiction et la rigueur de l'organisation. C'est bien là l'originalité sans précédent : que l'organisation totalitaire fasse que les membres de la société agissent « conformément aux règles d'un monde fictif[1] ». On peut, à nouveau, s'ingénier à démonter et à remonter les mécanismes de l'organisation totalitaire : principe du chef (mais « il n'est pas totalitaire en lui-même[2] »), fiction de la conspiration planétaire (les *Protocoles des Sages de Sion* !), dédoublement entre sympathisants qui croient aux idéaux et militants qui obéissent à l'organisation, multiplication des institutions et agences parallèles, etc.

La prolifération de l'analyse ne fait qu'épaissir l'énigme. Il faut, une bonne fois, faire face à l'hypothèse monstrueuse : le saut du « tout est permis » au « tout est possible », selon le mot de David Rousset. Or ce saut est proprement *inexplicable*. Ici encore, on ne peut que multiplier les visées obliques : on dira que le totalitarisme professe l'absolue primauté du *mouvement* ; que l'« informité planifiée[3] » exclut

1. *Ibid.*, p. 91.
2. *Ibid.*
3. *Ibid.*, p. 131.

toute stabilisation institutionnelle, toute légalité définie, l'organisation seule donnant au monde fictif du mouvement une réalité tangible ; on dira encore que la visée planétaire de l'expérience de domination totale implique l'élimination de toute réalité non totalitaire rivale au-dehors et au-dedans – l'abolition de toute autorité digne de ce nom, qui ferait appel à quelque légitimation non issue de l'organisation –, le comportement du dictateur totalitaire en conquérant étranger venu de nulle part – la substitution du « crime objectif » à la faute imputable –, enfin, et surtout, l'existence des camps de concentration, conçus comme « laboratoires d'expérience en domination totale[1] ».

Mais comment la science politique produirait-elle un concept adéquat à cette expérimentation monstrueuse d'un système qui rend les hommes eux-mêmes absolument *superflus*, c'est-à-dire de *trop* ? S'il est vrai que derrière la politique des régimes totalitaires « se cache un concept entièrement nouveau, sans précédent, du pouvoir[2] », ce concept doit être proprement *impensable*. C'est bien là le paradoxe épistémologique sur lequel se brisent *Les Origines du totalitarisme*. L'analyse ne peut engendrer qu'une surenchère conceptuelle qui augmente l'isolement du totalitarisme par rapport à tous les despotismes connus. Même la formule : « les camps de concentration et d'extermination des régimes totalitaires servent de laboratoires où la croyance fondamentale du totalitarisme – tout est possible – se trouve vérifiée[3] »

1. *Ibid.*, p. 171.
2. *Ibid.*, p. 148.
3. *Ibid.*, p. 173.

se referme sur elle-même. Elle ne peut même pas constituer une description, faute de fournir une explication : les pages d'une sobriété angoissante consacrées aux camps soulignent plutôt la vanité de toute « explication de ce qui est intrinsèquement incroyable au moyen de rationalisations libérales[1] ». Si les récits et les témoignages vécus relatifs aux camps sont en effet si incroyables, c'est que la « croyance fondamentale du totalitarisme » – croyance que les camps sont censés vérifier – est elle-même impensable, hors de cette vérification par l'horreur. « Ce que le bon sens et les "gens normaux" refusent de croire, c'est que tout est possible[2]. » Dira-t-on que seule l'imagination peut être capable d'une réflexion sur la terreur ? Cela est vrai, à condition d'ajouter que « tous les actes qui furent perpétrés dans les camps ne nous sont familiers que par référence au monde des imaginations perverses et malignes[3] ».

L'aveu de l'impensable est très exactement ce qui requiert le changement de front opéré dans *Condition de l'homme moderne* près de dix ans après l'achèvement du manuscrit des *Origines*... Une formule du premier ouvrage peut ici servir de guide : « Dans un monde totalement fictif, les échecs n'ont pas à être enregistrés, admis et rappelés. Pour continuer à exister, la réalité objective elle-même dépend de l'existence du

1. *Ibid.*, p. 175.
2. *Ibid.*, p. 177.
3. *Ibid.*, p. 183.

monde non totalitaire[1]. » Si la possibilité du monde totalitaire est à chercher dans une méditation sur le mal radical, la possibilité du monde non totalitaire est à chercher dans les ressources de résistance et de renaissance contenues dans la condition humaine en tant que telle. Dans la mesure même où l'hypothèse centrale du totalitarisme repose sur le « tout est possible », une citoyenneté sensée et une action raisonnable doivent reposer sur l'hypothèse inverse d'une constitution de la nature humaine justifiée elle-même par sa capacité d'ouvrir, de préserver, ou de reconstruire un *espace politique*.

Retour à une anthropologie philosophique dépassée ? Non, dans la mesure où le caractère radicalement nouveau du totalitarisme a engendré une question elle-même sans précédent : à quelles conditions un monde non concentrationnaire est-il possible ? Selon quelles présuppositions l'homme cesse-t-il d'être superflu ? L'anthropologie philosophique est alors conçue d'emblée comme une introduction à la philosophie politique ; plus exactement, la preuve de cette anthropologie philosophique serait la politique elle-même : en ce sens que l'anatomie et la physiologie de la condition humaine doivent trouver dans la reconstruction de l'espace politique la vérification que la croyance de base du système totalitaire a cherchée dans le système totalitaire.

Le rapport entre *Condition de l'homme moderne* et *Les Origines du totalitarisme* résulte de l'inversion de la question posée par le totalitarisme ; si l'hypothèse :

1. *Ibid.*, p. 137.

tout est possible conduit à la destruction totale, quelles barrières et quelles ressources la condition humaine elle-même oppose-t-elle à cette hypothèse terroriste ? C'est ainsi qu'il faut lire *Condition de l'homme moderne* comme le livre de la résistance et de la reconstruction[1].

II

Condition de l'homme moderne répond à une question politique, restée insoluble, par une investigation philosophique qui ne tourne qu'en apparence le dos à la science politique. Tenant en suspens ces implications proprement politiques, c'est au plan même où cette investigation se pose qu'elle doit être comprise et jugée. On peut appeler anthropologie philosophique ce genre de méditation. Entendons par là une investigation qui vise à identifier les traits les plus *durables* de la condition humaine, ceux qui sont les moins vulnérables aux vicissitudes de l'âge moderne. C'est par là que *Condition de l'homme moderne* reprend en profondeur la question posée par une idéologie où tout est mouvement et où tout est possible. C'est, à mon avis, sous cet angle qu'il faut examiner la distinction entre *travail* (« *labor* »), *œuvre* (« *work* ») et *action*

1. Dès l'édition de 1951, *Les Origines du totalitarisme* soulignait, dans son dernier paragraphe, l'urgence de la tâche imposée par le politologue au philosophe : « Les solutions totalitaires peuvent fort bien survivre à la chute des régimes totalitaires, sous la forme de tentations fortes qui surgiront chaque fois qu'il semblera impossible de soulager la misère politique, sociale et économique d'une manière qui soit digne de l'homme » (pp. 201-202).

(« *action* »), qui constitue la pierre angulaire de l'ouvrage. Maints critiques, en effet, se sont interrogés en sociologues sur l'exactitude et la cohérence des critères que l'auteur donne de ces grandes catégories et surtout sur la question de savoir comment elles se rattachent aux analyses plus directement politiques. Ils n'ont pas aperçu le changement de plan rendu nécessaire par ce que j'ai appelé l'impasse épistémologique des *Origines du totalitarisme*.

C'est pourquoi je me suis employé, dans cette introduction, à dégager un critère philosophique qui corresponde exactement à la question laissée sans réponse dix ans plus tôt : à quelle condition un univers non totalitaire est-il possible ? Si l'hypothèse totalitaire est celle de l'absence de stabilité de la nature humaine, celle de la possibilité de changer la nature humaine, le critère le mieux approprié à la nouvelle enquête doit consister dans une évaluation des différentes activités humaines du point de vue temporel de leur *durabilité*.

Je suis très conscient du danger d'une analyse qui met ainsi l'accent sur ce qu'on pourrait appeler le caractère transhistorique des analyses de *Condition de l'homme moderne* plutôt que sur la critique de la modernité où l'on voit d'ordinaire la contribution principale de Hannah Arendt à la pensée contemporaine. Or la composition même de *Condition de l'homme moderne* justifie ce choix de lecture. En dépit de ses incursions répétées dans le problème de la modernité dans ses cinq premiers chapitres, l'auteur s'est senti tenu de consacrer un sixième et dernier chapitre à « La *vita activa* et l'âge moderne ».

La distinction entre *vita contemplativa* et *vita activa* est ainsi la présupposition implicite de tout l'ouvrage, qui ne sera abordée de front que dans l'ouvrage posthume et inachevé *La Vie de l'esprit*[1]. Cette distinction gouverne de haut toutes les distinctions ultérieures : « domaine public et domaine privé » et la séquence : « travail, œuvre, action ». Ces catégories ne sont pas des catégories au sens kantien du mot, c'est-à-dire des structures anhistoriques de l'esprit. Ce sont bien des structures historiques. Néanmoins, tout au long de leurs multiples mutations, elles conservent une sorte d'identité flexible qui autorise à les désigner comme des traits *perdurables* de la condition humaine. S'il n'en était pas ainsi, les références incessantes à Homère, Platon, Aristote, les Romains seraient à mettre au compte, au mieux, d'une sorte de nostalgie, et au pis, d'un anachronisme non fondé. La conviction sous-jacente à de tels emprunts est que la modernité elle-même, en dépit de sa prétention à la nouveauté radicale, se laisse encore comprendre à l'aide de concepts tels que « *poiesis* », « *praxis* », « *animal laborans* », « *homo faber* », « *vita activa* », etc. C'est précisément dans le dessein de justifier la stratégie de l'auteur, quand il combine des catégories anciennes à des situations nouvelles, que j'ai choisi de dégager les *traits temporels* caractéristiques des catégories de travail, d'œuvre et d'action, et de les soustraire aux controverses les plus polémiques qu'elles ne manqueraient pas de susciter si on y cherchait une description de la modernité. Ma lecture de *Condition de l'homme moderne* comme un ouvrage

1. Voir note 2, p. 19.

de philosophie anthropologique trouvera en outre un renfort dans les analyses que l'auteur consacre aux rapports entre *action, histoire racontée* (« *story* ») et *historiographie* (« *history* »), seulement esquissées dans la section de ce livre consacrée à l'action et amplement développées dans *Le Concept moderne d'histoire* (1958), repris dans *Between Past and Future*[1]. Ce qui peut intéresser en effet dans cette nouvelle séquence est moins la contribution de Hannah Arendt à l'épistémologie de l'historiographie que l'explicitation de la conception du *temps humain* sous-jacente à la première triade : travail, œuvre et action.

Les traits temporels du travail, de l'œuvre et de l'action

Il vaut la peine de souligner les traits permanents de ces trois catégories, si l'on veut comprendre l'attitude polémique adoptée par l'auteur à l'égard de leurs mutations modernes. Une difficulté majeure se propose d'entrée de jeu. Comment le même auteur peut-il mettre en question d'un côté la sous-estimation de la *vita activa* dans la tradition platonicienne et néoplatonicienne, comme dans les phases primitives et médiévales du christianisme, au bénéfice de la *vita contemplativa*, et d'autre part la surestimation de la catégorie de travail depuis Adam Smith et Marx, si la hiérarchie et l'équilibre que l'auteur discerne entre *vita contemplativa* et

1. World, Cleveland, 1963 ; trad. fr. : *La Crise de la culture*, Paris, Gallimard, coll. « Idées », 1972, pp. 58-120.

vita activa, et au sein même de *vita activa*, n'avait pas une valeur normative réglée par quelque constitution téléologique durable ?

Ma thèse est que cette mise en ordre normative et téléologique reçoit une justification convaincante si l'on parvient à discerner dans les catégories considérées des réponses spécifiques à des questions spécifiques posées par la *condition temporelle d'êtres « mortels »*. La définition du travail comme une activité soumise aux nécessités vitales et au souci de survie individuelle et spécifique nous est aujourd'hui familière ; l'est aussi la définition de l'œuvre comme la fabrication d'un monde d'artifices faits de main d'homme ; de même encore la définition de l'action comme la condition irréductible de toute vie proprement politique. Il est moins aisé de reconnaître les traits temporels permanents assignés à chacun de ces degrés de la *vita activa*. Comme on vient d'y faire allusion à l'instant, ils ont tous trois à faire avec la « mortalité » de l'homme. La question du temps est du même coup posée. Ou plutôt le temps est posé comme une question, dès lors que l'homme est le seul être qui sait qu'il est « mortel », parce que l'homme est aussi le seul qui *pense* et qui *pense* ce qui est éternel. Hannah Arendt ne s'est jamais éloignée de cette vision du monde fondamentale – qui est tout aussi bien présocratique qu'hébraïque – selon laquelle l'éternité est ce que nous *pensons*, mais que c'est en tant que « mortels » que nous la pensons. En ce sens, c'est la *vita contemplativa* qui permet à la *vita activa* de se comprendre elle-même et de réfléchir sur sa condition temporelle. Cet écart entre la condition mortelle et la pensée de l'éternité est la présupposition la plus fondamentale impliquée dans les traits temporels que nous allons maintenant considérer. Tous en effet – et chacun à sa façon – constituent des tentatives pour conférer l'*immortalité* à des choses périssables. À cet égard, la distinction entre éternité et immortalité est absolument fondamentale. Elle est énoncée très tôt dans *Condition de l'homme moderne*. L'éternité est ce qui manque aux mortels, mais dans la mesure où nous pensons et où nous pensons l'éternité (on pourrait même dire que penser, *c'est* penser l'éternité). L'immortalité, en revanche, est ce que nous tentons de nous conférer à nous-mêmes, afin d'endurer notre condition mortelle. L'entreprise politique, à cet égard, représente la tentative suprême de nous « immortaliser ». C'est d'elle que résultent à la fois la grandeur et l'illusion de toute l'entreprise humaine. Hannah Arendt, en tant que *penseur* politique plutôt qu'acteur politique (sinon par accident et par nécessité), a constamment refusé de mépriser cette grandeur en dépit de sa vanité – ou de dissimuler cette illusion pour sauver la grandeur. Ce paradoxe apparent ressortit à la relation entre *vita contemplativa* et *vita activa*.

Procédons maintenant degré par degré.

L'activité appelée *travail* tire son caractère temporel de la nature transitoire des choses produites en vue de subsister. Le travail reste aujourd'hui encore une activité soumise à la nécessité vitale, c'est-à-dire celle de renouveler sans cesse la vie. C'est pourquoi Locke avait raison de dire que toutes ces « bonnes choses » qui sont « réellement utiles à la vie de l'homme », à la « nécessité de substituer » sont « généralement de courte durée, au point que si on ne les consomme pas elles se corrompent et périssent elles-mêmes ». L'absence de durée, dès lors, caractérise le niveau de l'*animal laborans*. Ce paradoxe apparent demande à être compris correctement si l'on veut expliquer l'attaque véhémente dirigée contre les réductions modernes de l'œuvre au travail. L'œuvre, comme l'on va voir, constitue le règne du durable pour des raisons que l'on tirera ultérieurement au clair. Caractériser le travail par l'absence de durée paraît paradoxal si l'on considère l'accumulation des outils et des instruments, la constitution du capital et l'abondance des marchandises et des biens dans les sociétés industrielles avancées – aussi longtemps du moins que le problème de l'épuisement des énergies et des ressources non renouvelables n'est pas devenu une épreuve cruciale pour la communauté économique tout entière. Pour Hannah Arendt, tous ces succès, résultant de la libération du travail, laquelle précède la libération politique du travailleur, tendent à dissimuler le fait inéluctable que la vie doit être sans cesse entretenue et renouvelée et que le travail s'épuise dans la reproduction d'une vie perpétuellement mourante, comme Marx l'explique clairement dans *L'Idéologie allemande*. C'est pourquoi nous ne devrions pas nous laisser tromper par le phénomène d'accumulation propre à la production moderne, mais prendre pour fil directeur de toutes nos analyses la destruction continuelle de biens liée à la *consommation*. C'est le caractère consommable des produits du travail qui constitue leur nature périssable. De ce point de vue, il n'y a aucun paradoxe à dire que « c'est la marque de tout travail de ne rien laisser derrière soi ». Consommer, c'est épuiser. Le travail, en conséquence, souligne et renforce le caractère dévorant de la vie elle-même. Mais si, nous laissant tromper par l'accumulation du capital et l'abondance des produits du travail, nous projetons sur le travail la permanence, la stabilité et la durée caractéristiques de l'œuvre, nous passons à côté de la nature éphémère – éphémère au sens original de ce qui dure seulement un jour – de la consommation dévorante. Seule la substitution du caractère durable des produits de l'œuvre au caractère périssable des produits du travail justifie l'attaque majeure de Hannah Arendt contre la modernité : « Nous avons changé l'œuvre en travail », ne cesse-t-elle de répéter. Les produits du travail sont destinés à la consommation. Ceux de l'œuvre, à l'usage. Or la différence entre consommation et usage a une connotation typiquement temporelle. Elle marque l'écart entre passer et durer, entre changer et persévérer.

L'analyse du travail nous a déjà contraint à anticiper celle de l'*œuvre*. L'aspect principal de l'œuvre, d'un point de vue temporel, c'est sa capacité de durer. Cette capacité caractérise l'essence de l'« artifice humain », c'est-à-dire des objets dont on fait usage mais que l'on ne consomme pas. L'ensemble de ces produits de l'œuvre, bien que faits par l'homme, constitue un monde, donc autre chose qu'une nature, au sens de la simple matrice d'une vie mortelle : le monde, en conséquence, est l'ensemble des objets durables qui résistent à l'érosion du temps : « Le monde, la maison humaine édifiée sur terre et fabriquée avec un matériau que la nature terrestre livre aux mains humaines, ne consistent pas en choses que l'on consomme mais en choses dont on se sert. » Les produits du travail ne sont pas rendus plus durables par l'abondance ; d'autre part, les produits de l'œuvre, traités en produits du travail, sont transformés en biens consommables et ramenés à la futilité de la vie : « Si nous n'étions installés au milieu d'objets qui par leur durée peuvent servir et permettre d'édifier un monde dont la permanence s'oppose à la vie, cette vie ne serait pas humaine. » Adam Smith lui-même était bien convaincu de la futilité d'une vie qui « ne se fixe ni se réalise en un sujet permanent qui dure après que son labeur est passé ».

Un nouveau paradoxe apparaît ici : la destruction, dit l'auteur, est extrinsèque à l'usage, mais inhérente à la consommation. Le paradoxe, semble-t-il, est que maisons, temples, peintures, poèmes sont *faits* par l'homme, dans la mesure où c'est le travail qui les produit, les préserve et les répare. Outre le fait que leur existence repose sur la dureté et donc la durée de la matière, qu'elle soit pierre, toile ou texte imprimé, c'est la médiation des outils et des instruments qui assure à ces œuvres la durée. Mais, ici encore, le paradoxe se dissipe dès que l'on considère de plus près les traits temporels, non plus de la production, mais de la consommation et de l'usage, c'est-à-dire des manières dont nous nous rapportons nous-mêmes aux produits du travail et de l'œuvre. La fonction de l'artifice humain, dit Hannah Arendt, est « d'offrir aux mortels un séjour plus durable et plus stable qu'eux-mêmes ». On ne peut s'empêcher de penser ici à l'analyse de Heidegger sur l'acte d'*habiter*. C'est cet acte qui en dernier ressort trace la ligne qui sépare la consommation et l'usage : « Le monde d'objets faits de main d'homme, l'artifice humain érigé par l'*homo faber*, ne devient pour les mortels une patrie, dont la stabilité résiste et survit au mouvement toujours changeant de leurs vies et de leurs actions, que dans la mesure où il transcende à la fois le pur fonctionnalisme des choses produites pour la consommation et la pure utilité des objets produits pour l'usage. » (L'usage, dans cette dernière citation, est ramené du côté de la consommation, par référence à la tradition utilitariste de notre culture, dont l'intention est précisément d'effacer la distinction entre usage et consommation.) C'est seulement quand cette distinction est préservée que la mortalité elle-même accède à sa signification tragique : naître, c'est accéder à un monde durable, au lieu de simplement surgir au sein de la répétition sempiternelle de la nature ; et mourir, c'est se retirer d'un tel monde durable. C'est au milieu d'un monde humanisé que l'homme naît et meurt. Pour la même raison, le laps de temps entre la naissance et la mort mérite d'être appelé *bios* et non plus *zôè*. La vie, alors, est « emplie d'événements qui à la fin peuvent être racontés, peuvent fonder une biographie ».

Cette dernière remarque annonce déjà la catégorie d'action et son lien étroit, grâce au langage, avec « une histoire assez cohérente pour être contée ». De fait, la transition entre œuvre et action est assurée par celle de réminiscence, considérée comme une structure de l'œuvre elle-même. Les œuvres en tant que telles sont les documents et les monuments du passé. Ils témoignent de la différence entre le temps comme durée et le temps comme passage. Si nous gardons présente à l'esprit cette polarité entre durée et passage, sans égard pour les changements sociaux et culturels qui tendent à brouiller les différences entre œuvre et travail, la référence au temps comme *passage* demeure la marque du travail et la référence au temps comme *durée* celle de l'œuvre.

Nous abordons maintenant la catégorie de l'*action*. Son critère principal, selon Hannah Arendt, est « *the disclosure of who* » : la « révélation de l'agent dans la parole et dans l'action ». L'action, ainsi reliée à la parole, révèle l'homme comme celui qui initie et régit (le terme grec *arkhein* a les deux sens), celui qui *commence* quelque chose dans le monde. Un premier accent tombe sur le « qui », c'est-à-dire le sujet responsable. Mais Hannah Arendt est trop aristotélicienne pour s'enfermer dans un individualisme ou un subjectivisme qui lui feraient tourner le dos à la philosophie politique. *Inter homines esse* est la devise de l'animal politique et parlant. C'est pourquoi un second accent est mis sur le terme révélation (*disclosure*), lequel entraîne à son tour de nouvelles considérations temporelles. La révélation de l'agent exige que l'homme apparaisse, soit vu et entendu par d'autres. À son tour, la notion d'un espace d'apparence, appelée par celle de révélation, implique la constitution d'un *domaine public*, distinct du *domaine privé*.

Cette notion est si importante qu'elle est introduite très tôt dans *Condition de l'homme moderne*, donc bien avant la catégorie de l'action et même celles de travail et d'œuvre. Mais la notion ne prend toute sa force que quand l'explication du concept de révélation conduit à porter au jour le « réseau (*web*) des relations humaines » au sein duquel toute vie humaine déploie sa propre histoire. Tous ces termes s'interpénètrent : domaine public, espace d'apparence, réseau de relations humaines, révélation du « qui ». Pris ensemble, ils constituent la condition d'une *vie politique.*

Si, revenant en arrière, nous reprenons la séquence : travail, œuvre, action, il devient manifeste que la distinction entre travail et œuvre n'est préservée que par la distinction entre la sphère *économico-sociale* et la sphère *politique* de l'action. À l'encontre de Marx, Hannah Arendt insiste pour que l'économie reste liée à l'*oikia*, c'est-à-dire la maisonnée et, en ce sens, au domaine privé. Le domaine authentiquement « commun », public, c'est le domaine politique. L'économie, à titre ultime, reste le soin d'une *oikia* collective. Toute surestimation de la vie économique ou sociale aux dépens de la vie politique revient à substituer des comportements sociaux à l'action et, en conséquence, à abolir la distinction entre le domaine public et le domaine privé, la vie cherchant refuge dans la privauté et l'intimité. Finalement, le « qui » que l'action révèle est le *citoyen* en tant que distinct du travailleur et même du fabricant d'artifices faits de main d'homme. Quand la politique devient le seul apanage d'ingénieurs sociaux, l'homme, le porteur de l'action, l'homme, le citoyen, est absorbé par le travailleur-consommateur.

Une fois de plus, le ton polémique de *Condition de l'homme moderne* s'explique par le projet sous-jacent d'une anthropologie philosophique. Et, une fois de plus, c'est la constitution *temporelle* de la hiérarchie des activités qui fournit la ligne directrice de cette anthropologie philosophique. Mais, aussi étrange qu'il paraisse, nous n'avons pas encore parlé de temps, mais seulement d'espace. Toutes les expressions antérieures : domaine public, espace d'apparence, réseau de relations humaines et même révélation, ont une connotation typiquement *spatiale* : le dévoilement de l'action « veut la lumière éclatante que l'on nommait jadis la gloire, et qui n'est possible que dans le domaine public ». C'est en ce point qu'il nous faut introduire la connexion entre action et histoire, qui constitue le tournant de toute l'analyse.

Action et histoire

Le lien entre action et histoire racontée (*story*) constitue l'un des thèmes les plus frappants de tout le traité sur la condition humaine. Ce lien est fort subtil. Hannah Arendt ne veut pas dire que le déploiement de la vie constitue en tant que tel une histoire, ni même que la révélation du « qui » soit par elle-même une histoire. C'est conjointement seulement que la révélation du « qui » et le réseau des relations humaines engendrent un processus d'où peut émerger l'unique histoire de n'importe quel nouveau venu. Pourquoi lier de cette façon la révélation du « qui » *et* le réseau des relations humaines ? Pour rendre compte de l'opacité de toute histoire d'une vie pour son propre « héros ». L'histoire d'une vie est une sorte de compromis issu de la rencontre entre les événements initiés par l'homme en tant qu'agent de l'action *et* le jeu de circonstances induit par le réseau des relations humaines. Le résultat est une histoire dont chacun est le héros sans en être l'auteur : « Bien que chacun commence sa vie en s'insérant dans le monde humain par l'action et la parole, personne n'est l'auteur et le producteur de l'histoire de sa vie. En d'autres termes, les histoires, résultats de l'action et de la parole, révèlent un agent, mais cet agent n'est pas auteur, n'est pas producteur. Quelqu'un a commencé l'histoire et en est le sujet au double sens du mot : l'acteur et le patient, mais personne n'en est l'auteur. » Hannah Arendt ne cesse de répéter : l'histoire racontée est seulement le « résultat de l'action » ; mais, quant au héros de l'histoire, « nous ne pouvons jamais le désigner sans équivoque comme l'auteur des résultats éventuels de cette histoire ».

Ces remarques restent obscures tant que l'on ne discerne pas les nouvelles dimensions temporelles introduites par l'action *politique*. Après la *futilité* de la vie et la *durabilité* du monde fait de main d'homme, il nous faut considérer la *fragilité des affaires humaines*. Cette nouvelle considération peut troubler, voire déconcerter. Après le plaidoyer en faveur de la durée de l'œuvre, opposée au caractère évanescent des objets de consommation, cette manière de souligner la fragilité des affaires humaines semble constituer un pas en arrière dans l'argumentation du livre. Mais regardons de plus près ce concept de *fragilité*. Il ne nous ramène pas à la futilité de la vie, mais nous transporte au-delà de la durabilité de l'œuvre. La fragilité est un trait propre à l'action en tant que telle. Comment ?

D'abord, tandis que l'œuvre laisse derrière elle des monuments et des documents dont l'ensemble constitue la permanence d'un monde, l'action en commun n'existe qu'aussi longtemps que les acteurs l'entretiennent. Plus précisément, le domaine public tire sa cohérence du *pouvoir*. Et le pouvoir, comme le mot le suggère, demeure *potentiel* par contraste avec la *force* qui persiste. Le pouvoir existe quand les hommes agissent ensemble ; il s'évanouit dès qu'ils se dispersent. (D'où la forte tentation de substituer la violence au pouvoir.) Le pouvoir est le modèle d'une activité qui ne laisse aucune œuvre derrière elle et épuise sa signification dans son propre exercice.

De plus, l'action ne saurait échapper à la condition de la « pluralité ». Cela veut dire que pour chaque agent le résultat de l'action coïncide rarement avec son intention originaire. Cette contrainte exprime la dépendance de l'activité individuelle à l'égard du réseau des relations humaines. Elle implique que les uns font l'action, les autres la subissent. Les hommes sont à la fois des agents et des victimes.

Cette « fragilité » des affaires humaines se reflète dans l'activité de *raconter*. Ce n'est que quand l'action est terminée qu'elle peut être racontée : « L'action ne se révèle pleinement qu'au conteur, à l'historien qui regarde en arrière et sans aucun doute connaît le fond du problème bien mieux que les participants. » Ainsi, quoique l'histoire doive son existence aux hommes, elle n'est manifestement pas « faite » par eux.

Mais nous ne pourrions comprendre pourquoi et comment l'histoire racontée et l'histoire écrite peuvent être « faites » par le conteur et par l'historien sans qu'elles se réduisent à un simple mensonge, si nous ne pouvions coordonner l'activité du conteur et de l'historien à la fonction principale de l'activité politique qui est précisément d'affronter le défi de la fragilité des affaires humaines : « Le remède originel, préphilosophique, que les Grecs avaient trouvé pour cette fragilité était la fondation de la *polis*. » Rien ne nous permet de supposer que ce n'est plus le cas aujourd'hui. Les causes de la fragilité sont si profondément enracinées que la fonction de la politique surpasse le destin de la *polis* grecque. Je pense interpréter correctement la pensée de Hannah Arendt si je dis que la connexion établie dans *Condition de l'homme moderne* entre la fragilité des affaires humaines et l'entreprise politique ne fournit pas seulement un fil conducteur pour comprendre les péripéties de la politique moderne, mais un principe normatif permettant de *juger* l'éclipse de la politique en tant qu'expression suprême de l'action libre et de *condamner* toutes les tentatives pour dissoudre la politique dans une activité d'ingénieur. On pourrait dire que la constitution politique de l'État est à la fragilité des affaires humaines ce que la durabilité de l'œuvre est à la nature périssable des produits du travail. En ce sens, la politique marque l'effort suprême de l'homme pour s'« immortaliser » lui-même.

Nous pouvons retourner maintenant à l'activité de raconter une histoire et d'écrire l'histoire. Il faut les comprendre en fonction de cette entreprise d'immortalisation. Nous avons appris cette leçon chez Homère, Hérodote et Thucydide. La permanence de la grandeur humaine repose seulement sur les poètes. Mais ce n'est possible que parce que la cité est déjà « une sorte de mémoire organisée ». Le rôle du poète est de composer une *mimèsis*, c'est-à-dire une imitation créatrice de l'action prise dans toute sa dimension politique.

Dans son article déjà cité « Le concept moderne d'histoire[1] », repris dans *Between Past and Future*

1. *The Review of Politics*, 1958, pp. 570-590.

sous le titre « The Concept of History : Ancient and Modern » (pp. 41-90)[1], Hannah Arendt part à nouveau de la définition grecque de l'histoire, conçue comme un effort pour « sauver les actions des hommes de la futilité qui résulte de l'oubli ». Il est vrai que, dans cette étude, l'auteur est plus attentif à la différence entre histoire ancienne et histoire moderne qui résulte du renversement de la relation entre nature et histoire. Tandis que la conception tacite sur laquelle repose l'historiographie grecque est la « distinction entre la mortalité des hommes et l'immortalité de la nature, entre les choses faites de main d'homme et les choses qui viennent à l'être par elles-mêmes », avec la venue du platonisme et du christianisme c'est l'homme qui est tenu pour immortel et la nature pour périssable. Ce renversement explique que l'histoire ait manqué de véritable signification philosophique dans la pensée occidentale jusqu'à Vico. Mais le manque d'intérêt, chez l'homme moderne, pour l'immortalité personnelle, son respect révérencieux pour les lois d'airain de la nature et la reconnaissance progressive que l'histoire est « faite » par les hommes tout autant que la nature est « faite » par Dieu, pour reprendre une formule de Vico, nous ont ramenés à la même évaluation que les Grecs de la tâche de l'histoire. Ce n'est plus la futilité de la *vie* mortelle qui requiert le remède de la mémoire, mais la futilité de l'*action* elle-même. « The Concept of History » confirme *Condition de l'homme moderne* sur ce point : « L'action, par contraste avec la fabrication,

1. Cf. note 1, p. 32. Voir aussi : « History and Immortality », *Partisan Review*, hiver 1957, pp. 11-53.

comme les Grecs ont été les premiers à le découvrir, est en soi et par soi totalement futile ; elle ne laisse pas de produit achevé derrière elle. »

Néanmoins, cette analyse n'empêche pas Hannah Arendt de reconnaître qu'il y a un concept *moderne* d'histoire. Ce concept repose sur la croyance dans le caractère de *processus* qui imprègne à la fois l'histoire et la nature. « Il est certain que rien ne distingue plus fortement le concept moderne d'histoire de celui de l'Antiquité. » Ce concept de processus est aussi éloigné de l'eschatologie chrétienne qu'il l'est de la conception romaine de l'histoire comme une réserve d'exemples et du concept grec de la mémoire du périssable. Il équivaut au « concept d'une immortalité terrestre de l'humanité », qui culmine dans la philosophie hégélienne de l'histoire.

Mais, précisément parce que l'accent est mis de nouveau sur le domaine public grâce à la sécularisation croissante de l'homme moderne, la politique retrouve « cette pertinence grave et décisive pour l'existence des hommes qui lui a fait défaut depuis l'Antiquité, tant elle était irréconciliable avec une compréhension strictement chrétienne de la condition séculière ». Une fois de plus la quête d'immortalité s'avère être le fondement des communautés politiques.

En ce sens, Hannah Arendt semble plus intéressée par la redécouverte de l'Antiquité à travers le processus de sécularisation que dans la nouveauté du concept moderne d'histoire. Certes, « le processus d'immortalisation peut se rendre indépendant des villes, des États et des nations ; il englobe l'ensemble de l'humanité et a pu être tenu de façon cohérente par Hegel pour un développement ininterrompu de l'Esprit ». Mais, « à parler politiquement, au sein du domaine séculier lui-même, la sécularisation ne signifiait ni plus ni moins que les hommes étaient redevenus mortels ». Le lecteur peut se demander néanmoins si l'immortalité terrestre du domaine séculier, sous sa forme moderne, laisse encore une place pour la sorte de méditation sur la fragilité des affaires humaines développée dans *Condition de l'homme moderne*. Le domaine séculier a-t-il conféré plus de stabilité à l'ensemble de l'humanité que la *polis* grecque ? Le concept même de *processus* n'exprime-t-il pas un oubli subtil de la fragilité des choses humaines ? L'idée marxiste de « faire l'histoire » n'oppose-t-elle pas un brutal démenti à ce qui a été dit de l'histoire, à savoir que nous ne la « faisons » pas, mais plutôt que nous ne la comprenons qu'après coup, sous le regard rétrospectif du conteur et de l'historien ?

Nous atteignons ici le point où Arendt donne libre cours à son attitude antimoderne. Le concept même de « faire l'histoire » marque la régression de l'*agir* au *faire*. Dans la conscience moderne, « nous pouvons aisément détecter l'effort immémorial pour échapper aux frustrations et aux fragilités de l'action humaine en la construisant à l'image du faire ». C'est pourquoi l'essai consacré au concept moderne d'histoire marque à la fois la reconnaissance explicite de l'originalité indéniable de l'âge moderne et le rejet implicite de sa prétention principale, à savoir la conquête de l'immortalité terrestre. L'échec de cette prétention est le secret de l'« insignifiance croissante du monde moderne » que l'essai souligne dans ses dernières pages. Cet échec trouve sa raison dans l'effondrement de l'illusion selon laquelle l'histoire peut être faite. « Seules des configurations (*patterns*) peuvent être "faites", tandis que des significations (*meanings*) ne le peuvent : comme la vérité, elles ne sauraient que se manifester ou se révéler elles-mêmes. »

Ce que Hannah Arendt à titre ultime rejette, c'est la substitution d'une philosophie contemplative de l'histoire, réfugiée dans l'idée du « tout », à une philosophie politique, qui doit demeurer dans les bornes de la *vita activa*. Aucune des réussites de l'âge moderne ne la convainc que la hiérarchie interne à la *vita activa* elle-même – « où l'agir de l'homme d'État occupe la position la plus élevée, le faire de l'artisan et de l'artiste une position intermédiaire, et le labeur qui répond aux nécessités du fonctionnement de l'organisme humain la position la plus basse » – que cette hiérarchie pourrait être renversée sans d'indicibles dommages.

Ce détour par l'essai « Le concept moderne d'histoire » peut jeter quelque lumière sur les pages déconcertantes qui concluent le chapitre « L'action » dans *Condition de l'homme moderne*. Avertis par la transformation inquiétante de la philosophie politique lorsqu'elle est soumise à la prétention de faire l'histoire comme un tout, nous pouvons retourner au concept même d'immortalité par le moyen de la politique. Jusqu'à quel point Hannah Arendt prend-elle à son compte ce concept, même au prix d'une interprétation plus modeste du concept de politique ? La réponse à la question est difficile et incertaine. La raison de notre hésitation tient à l'ambiguïté de la position de l'auteur quant à l'effort pour comprendre la *vita activa* du point de vue de la *vita contemplativa*, sans expliquer ce qu'elle entend par cette dernière, sinon qu'elle est *pensée* et non connaissance. Cette position ambiguë lui permet à la fois de plaider pour la politique contre toute réduction au social et à l'économique, et de résister à toutes les illusions liées à l'effort des mortels pour *s'immortaliser*. Ici, le côté nietzschéen du penseur équilibre le côté aristotélicien. Cela explique la manière étrange dont la section sur l'action se termine. L'accent n'est pas mis seulement sur la fragilité des affaires humaines, mais sur les faiblesses inhérentes aux remèdes eux-mêmes. Ces faiblesses se résument dans deux mots : irréversibilité et imprévisibilité. Inutile de dire que ces deux expressions mettent la dernière touche à la philosophie sous-jacente du temps. D'un côté, ce qui a été fait ne peut être défait. De l'autre, ce qui suit ne peut être prédit. Dès lors, quelle défense peut être envisagée contre ces ultimes faiblesses du temps humain quand il a résisté au défi de l'action politique ? À l'irréversibilité, la seule réponse est le *pouvoir de pardonner* ; à l'imprévisibilité, le *pouvoir de promettre*. Le pardon délie ce qui est lié ; la promesse enchaîne ce qui est incertain. On peut certes trouver des applications politiques à la promesse (*pacta sunt servanda*) – « les traités sont inviolables » ; il est douteux qu'il y ait place pour le pardon en politique. Nous avons manifestement atteint – sinon franchi – un seuil, celui qui fait passer de la vie active à la vie contemplative. Ce franchissement peut expliquer la perplexité des lecteurs confrontés à cette déclaration finale : « Le miracle qui sauve le monde, le domaine des affaires humaines, de la ruine normale, “naturelle”, c'est finalement le fait de la natalité, dans lequel s'enracine ontologiquement la faculté d'agir. » Et les dernières lignes : « C'est cette espérance et cette foi dans le monde qui ont trouvé sans doute leur expression la plus succincte, la plus glorieuse, dans la petite phrase des Évangiles annonçant leurs “bonnes nouvelles” : “Un enfant nous est né.” »

Cette fin inattendue nous laissera moins intrigués, si nous la replaçons sur la trajectoire de l'expérience temporelle sous-jacente à l'anthropologie philosophique de Hannah Arendt. Cette trajectoire part de la répétition du monde naturel qui ignore la mort, traverse la futilité du labeur, la durabilité des œuvres culturelles, et finalement atteint une fragilité plus formidable que toute futilité. Cette reconnaissance de la fragilité d'une histoire que nous ne « faisons » pas et mine par en dessous toutes les œuvres que nous « faisons », résonne comme un ultime *memento mori*. Notre mortalité est, pour ainsi dire, réaffirmée à la fin de notre voyage. Que reste-t-il alors au *penseur* – non à l'animal politique – face à la mort ? L'exaltation de la naissance d'un nouveau commencement. Seule la natalité peut échapper aux illusions de l'immortalité de la part de mortels qui pensent l'éternité.

PROLOGUE

En 1957 un objet terrestre, fait de main d'homme, fut lancé dans l'univers ; pendant des semaines, il gravita autour de la Terre conformément aux lois qui règlent le cours des corps célestes, le Soleil, la Lune, les étoiles. Certes, le satellite artificiel n'était pas un astre, il n'allait point tourner sur son orbite pendant ces durées astronomiques qui à nos yeux de mortels enfermés dans le temps terrestre paraissent éternelles. Cependant, il put demeurer quelque temps dans le ciel ; il eut sa place et son chemin au voisinage des corps célestes comme s'ils l'avaient admis, à l'essai, dans leur sublime compagnie.

Cet événement, que rien, pas même la fission de l'atome, ne saurait éclipser, eût été accueilli avec une joie sans mélange s'il ne s'était accompagné de circonstances militaires et politiques gênantes. Mais, chose curieuse, cette joie ne fut pas triomphale ; ni orgueil ni admiration pour la puissance de l'homme et sa formidable maîtrise n'emplirent le cœur des mortels qui soudain, en regardant les cieux, pouvaient y contempler un objet de leur fabrication. La réaction immédiate, telle qu'elle s'exprima sur-le-champ, ce fut le soulagement de voir accompli le premier « pas vers l'évasion des hommes hors de la prison terrestre ». Et cet étrange propos n'était pas une fantaisie de journaliste américain, loin de là : inconsciemment, il faisait écho à la phrase extraordinaire que, plus de vingt ans auparavant, l'on avait gravée sur la stèle d'un grand savant russe : « L'humanité ne sera pas toujours rivée à la Terre. »

Ces opinions sont devenues des lieux communs. Elles prouvent que les gens ne sont nullement en retard sur les découvertes de la science et sur les progrès techniques et qu'au contraire ils les ont devancés de plusieurs dizaines d'années. En ce cas comme dans d'autres, la science a réalisé et confirmé ce que les hommes avaient anticipé dans des songes qui n'étaient ni creux ni absurdes. La seule nouveauté, c'est que l'un des plus respectables journaux américains ait enfin proclamé en première page ce qui jusqu'alors était enfoui dans la littérature fort peu respectable de la science-fiction (à laquelle malheureusement personne n'a encore accordé l'attention qu'elle mérite comme véhicule des sentiments et aspirations de masse). La banalité de la phrase ne doit pas nous faire oublier qu'elle était, en fait, extraordinaire ; car, si les chrétiens ont parlé de la Terre comme d'une vallée de larmes et si les philosophes n'ont vu dans le corps qu'une vile prison de l'esprit ou de l'âme, personne dans l'histoire du genre humain n'a jamais considéré la Terre comme la prison du corps, ni montré tant d'empressement à s'en aller, littéralement, dans la Lune. L'émancipation, la laïcisation de l'époque moderne qui commença par le refus non pas de Dieu nécessairement, mais d'un dieu Père dans les cieux, doit-elle s'achever sur la répudiation plus fatale encore d'une Terre Mère de toute créature vivante ?

La Terre est la quintessence même de la condition humaine, et la nature terrestre, pour autant que l'on sache, pourrait bien être la seule de l'univers à procurer aux humains un habitat où ils puissent se mouvoir et respirer sans effort et sans artifice. L'artifice humain du monde sépare l'existence humaine de tout milieu purement animal, mais la vie elle-même est en dehors de ce monde artificiel, et par la vie l'homme demeure lié à tous les autres organismes vivants. Depuis quelque temps, un grand nombre de recherches scientifiques s'efforcent de rendre la vie « artificielle » elle aussi, et de couper le dernier lien qui maintient encore l'homme parmi les enfants de la nature. C'est le même désir d'échapper à l'emprisonnement terrestre qui se manifeste dans les essais de création en éprouvette, dans le vœu de combiner « au microscope le plasma germinal provenant de personnes aux qualités garanties, afin de produire des êtres supérieurs » et « de modifier (leurs) tailles, formes et fonctions » ; et je soupçonne que l'envie d'échapper à la condition humaine expliquerait aussi l'espoir de prolonger la durée de l'existence fort au-delà de cent ans, limite jusqu'ici admise.

Cet homme futur, que les savants produiront, nous disent-ils, en un siècle pas davantage, paraît en proie à la révolte contre l'existence humaine telle qu'elle est donnée, cadeau venu de nulle part (laïquement parlant) et qu'il veut pour ainsi dire échanger contre un ouvrage de ses propres mains. Il n'y a pas de raison de douter que nous soyons capables de faire cet échange, de même qu'il n'y a pas de raison de douter que nous soyons capables à présent de détruire toute vie organique sur Terre. La seule question est de savoir si nous souhaitons employer dans ce sens nos nouvelles connaissances scientifiques et techniques, et l'on ne saurait en décider par des méthodes scientifiques. C'est une question politique primordiale que l'on ne peut guère, par conséquent, abandonner aux professionnels de la science ni à ceux de la politique.

Peut-être ces possibilités relèvent-elles encore d'un avenir lointain ; mais les premiers effets de boomerang des grandes victoires de la science se sont fait sentir dans une crise survenue au sein des sciences naturelles elles-mêmes. Il s'agit du fait que les « vérités » de la conception scientifique moderne du monde, bien que démontrables en formules mathématiques et susceptibles de preuves technologiques, ne se prêtent plus à une expression normale dans le langage et la pensée. Lorsque ces « vérités » peuvent s'exprimer en concepts cohérents, l'on obtient des énoncés « moins absurdes peut-être que *cercle triangulaire*, mais beaucoup plus que *lion ailé* » (Erwin Schrödinger). Nous ne savons encore si cette situation est définitive. Mais il se pourrait, créatures terrestres qui avons commencé d'agir en habitants de l'univers, que nous ne soyons plus jamais capables de comprendre, c'est-à-dire de penser et d'exprimer, les choses que nous sommes cependant capables de faire. En ce cas tout se passerait comme si notre cerveau, qui constitue la condition matérielle, physique, de nos pensées, ne pouvait plus suivre ce que nous faisons, de sorte que désormais nous aurions vraiment besoin de machines pour penser et pour parler à notre place. S'il s'avérait que le savoir (au sens moderne de savoir-faire) et la pensée se sont séparés pour de bon, nous serions bien alors les jouets et les esclaves non pas tant de nos machines que de nos connaissances pratiques, créatures écervelées à la merci de tous les engins techniquement possibles, si meurtriers soient-ils.

Toutefois, en dehors même de ces dernières conséquences, encore incertaines, la situation créée par les sciences est d'une grande importance politique. Dès que le rôle du langage est en jeu, le problème devient politique par définition, puisque c'est le langage qui fait de l'homme un animal politique. Si nous suivions le conseil, si souvent répété aujourd'hui, d'adapter nos attitudes culturelles à l'état actuel des sciences, nous adopterions en toute honnêteté un mode de vie dans lequel le langage n'aurait plus de sens. Car les sciences ont été contraintes d'adopter une « langue » de symboles mathématiques qui, uniquement conçue à l'origine comme abréviation de propositions appartenant au langage, contient à présent des propositions absolument intraduisibles dans le langage. S'il est bon, peut-être, de se méfier du jugement politique des savants en tant que savants, ce n'est pas principalement en raison de leur manque de « caractère » (pour n'avoir pas refusé de fabriquer les armes atomiques), ni de leur naïveté (pour n'avoir pas compris qu'une fois ces armes inventées ils seraient les derniers consultés sur leur emploi), c'est en raison précisément de ce fait qu'ils se meuvent dans un monde où le langage a perdu son pouvoir. Et toute action de l'homme, tout savoir, toute expérience n'a de sens que dans la mesure où l'on en peut parler. Il peut y avoir des vérités ineffables et elles peuvent être précieuses à l'homme au singulier, c'est-à-dire à l'homme en tant qu'il n'est pas animal politique, quelle que soit alors son autre définition. Les hommes au pluriel, c'est-à-dire les hommes en tant qu'ils vivent et se meuvent et agissent en ce monde, n'ont l'expérience de l'intelligible que parce qu'ils parlent, se comprennent les uns les autres, se comprennent eux-mêmes.

Plus proche, également décisif peut-être, voici un autre événement non moins menaçant. C'est l'avènement de l'automatisation qui, en quelques décennies, probablement videra les usines et libérera l'humanité de son fardeau le plus ancien et le plus naturel, le fardeau du travail, l'asservissement à la nécessité. Là, encore, c'est un aspect fondamental de la condition humaine qui est en jeu, mais la révolte, le désir d'être délivré des peines du labeur, ne sont pas modernes, ils sont aussi vieux que l'histoire. Le fait même d'être affranchi du travail n'est pas nouveau non plus ; il comptait jadis parmi les privilèges les plus solidement établis de la minorité. À cet égard, il semblerait que l'on s'est simplement servi du progrès scientifique et technique pour accomplir ce dont toutes les époques avaient rêvé sans jamais pouvoir y parvenir.

Cela n'est vrai, toutefois, qu'en apparence. L'époque moderne s'accompagne de la glorification théorique du travail et elle arrive en fait à transformer la société tout entière en une société de travailleurs. Le souhait se réalise donc, comme dans les contes de fées, au moment où il ne peut que mystifier. C'est une société de travailleurs que l'on va délivrer des chaînes du travail, et cette société ne sait plus rien des activités plus hautes et plus enrichissantes pour lesquelles il vaudrait la peine de gagner cette liberté. Dans cette société qui est égalitaire, car c'est ainsi que le travail fait vivre ensemble les hommes, il ne reste plus de classe, plus d'aristocratie politique ou spirituelle, qui puisse provoquer une restauration des autres facultés de l'homme. Même les présidents, les rois, les Premiers ministres voient dans leurs fonctions des emplois nécessaires à la vie de la société, et parmi les intellectuels il ne reste que quelques solitaires pour considérer ce qu'ils font comme des œuvres et non comme des moyens de gagner leur vie. Ce que nous avons devant nous, c'est la perspective d'une société de travailleurs sans travail, c'est-à-dire privés de la seule activité qui leur reste. On ne peut rien imaginer de pire.

À ces préoccupations, à ces inquiétudes, le présent ouvrage ne se propose pas de répondre. Des réponses on en donne tous les jours, elles relèvent de la politique pratique, soumise à l'accord du grand nombre ; elles ne se trouvent jamais dans des considérations théoriques ou dans l'opinion d'une personne : il ne s'agit pas de problèmes à solution unique. Ce que je propose dans les pages qui suivent, c'est de reconsidérer la condition humaine du point de vue de nos expériences et de nos craintes les plus récentes. Il s'agit là évidemment de réflexion, et l'irréflexion (témérité insouciante, confusion sans espoir ou répétition complaisante de « vérités » devenues banales et vides) me paraît l'une des principales caractéristiques de notre temps. Ce que je propose est donc très simple : rien de plus que de penser ce que nous faisons.

« Ce que nous faisons » : tel est bien le thème central de cet ouvrage. On n'y traite que des articulations les plus élémentaires de la condition humaine, des activités qui, traditionnellement comme selon les idées actuelles, sont à la portée de tous les êtres humains. Pour cette raison et pour d'autres, l'activité la plus haute et peut-être la plus pure dont les hommes soient capables, celle de la pensée, restera en dehors des présentes considérations. Systématiquement, ce livre se borne donc à un essai sur le travail, l'œuvre et l'action, qui en forment les trois chapitres centraux. Au point de vue historique, dans le dernier chapitre, je traite de l'époque moderne et, d'un bout à l'autre du livre, des diverses ordonnances de la hiérarchie des activités telles que nous les connaissons d'après l'histoire de l'Occident.

Cependant, l'époque moderne est autre chose que le monde moderne. Scientifiquement, l'époque moderne, qui a commencé au XVIIe siècle, s'est achevée au début du XXe ; politiquement, le monde moderne dans lequel nous vivons est né avec les premières explosions atomiques. Je ne traite pas de ce monde moderne qui a servi de toile de fond à la rédaction de ce livre. Je m'en tiens d'une part à l'analyse des facultés humaines générales qui naissent de la condition humaine et qui sont permanentes, c'est-à-dire ne peuvent se perdre sans retour tant que la condition humaine ne change pas elle-même. L'analyse historique, d'autre part, a pour but de rechercher l'origine de l'aliénation du monde moderne, de sa double retraite fuyant la Terre pour l'univers et le monde pour le Moi, afin d'arriver à comprendre la nature de la société telle qu'elle avait évolué et se présentait au moment de succomber à l'avènement d'une époque nouvelle et encore inconnue.

Chapitre premier

LA CONDITION HUMAINE

La vita activa *et la condition humaine*

Je propose le terme de *vita activa* pour désigner trois activités humaines fondamentales : le travail, l'œuvre et l'action. Elles sont fondamentales parce que chacune d'elles correspond aux conditions de base dans lesquelles la vie sur Terre est donnée à l'homme.

Le travail est l'activité qui correspond au processus biologique du corps humain, dont la croissance spontanée, le métabolisme et éventuellement la corruption sont liés aux productions élémentaires dont le travail nourrit ce processus vital. La condition humaine du travail est la vie elle-même.

L'œuvre est l'activité qui correspond à la non-naturalité de l'existence humaine, qui n'est pas incrustée dans l'espace et dont la mortalité n'est pas compensée par l'éternel retour cyclique de l'espèce. L'œuvre fournit un monde « artificiel » d'objets, nettement différent de tout milieu naturel. C'est à l'intérieur de ses frontières que se loge chacune des vies individuelles, alors que ce monde lui-même est destiné à leur survivre et à les transcender toutes. La condition humaine de l'œuvre est l'appartenance-au-monde.

L'action, la seule activité qui mette directement en rapport les hommes, sans l'intermédiaire des objets ni de la matière, correspond à la condition humaine de la pluralité, au fait que ce sont des hommes, et non pas l'homme, qui vivent sur Terre et habitent le monde. Si tous les aspects de la condition humaine ont de quelque façon rapport à la politique, cette pluralité est spécifiquement *la* condition – non seulement la *conditio sine qua non*, mais encore la *conditio per quam* – de toute vie politique. C'est ainsi que la langue des Romains, qui furent sans doute le peuple le plus politique que l'on connaisse, employait comme synonymes les mots « vivre » et « être parmi les hommes » *(inter homines esse)* ou « mourir » et « cesser d'être parmi les hommes » *(inter homines esse desinere)*. Mais, sous sa forme la plus élémentaire, la condition humaine de l'action est déjà implicite dans la Genèse (« Il *les* créa mâle et femelle ») si l'on admet que ce récit de la création est en principe distinct de celui qui présente Dieu comme ayant créé d'abord l'homme *(Adam)* seul, la multitude des humains devenant le résultat de la multiplication[1]. L'action serait un luxe superflu, une

1. En analysant la pensée politique postclassique, il est souvent très révélateur de voir à laquelle des deux versions bibliques du récit de la création l'auteur se réfère. Il est ainsi très caractéristique de la différence entre la doctrine de Jésus et celle de saint Paul que Jésus, à propos des relations entre mari et femme, se rapporte à la Genèse (1, 27) : « N'avez-vous pas lu que le Créateur

intervention capricieuse dans les lois générales du comportement, si les hommes étaient les répétitions reproduisibles à l'infini d'un seul et unique modèle, si leur nature ou essence était toujours la même, aussi prévisible que l'essence ou la nature d'un objet quelconque. La pluralité est la condition de l'action humaine, parce que nous sommes tous pareils, c'est-à-dire humains, sans que jamais personne soit identique à aucun autre homme ayant vécu, vivant ou encore à naître.

Ces trois activités et leurs conditions correspondantes sont intimement liées à la condition la plus générale de l'existence humaine : la vie et la mort, la natalité et la mortalité. Le travail n'assure pas seulement la survie de l'individu mais aussi celle de l'espèce. L'œuvre et ses produits – le décor humain – confèrent une certaine permanence, une durée à la futilité de la vie mortelle et au caractère fugace du temps humain. L'action, dans la mesure où elle se consacre à fonder et maintenir

---

dès l'origine *les* fit mâle et femelle » (Matt., 194, 4), tandis que Paul dans une occasion semblable affirme que la femme fut créée « de l'homme » et donc « pour l'homme », encore qu'il atténue ensuite cette dépendance : « La femme ne va pas sans l'homme, ni l'homme sans la femme » (I Cor., 11, 8-11). Cela va plus loin qu'une différence d'opinion quant au rôle de la femme. Pour Jésus, la foi est étroitement liée à l'action (cf. p. 388-399) ; pour Paul, la foi est liée d'abord au salut. Particulièrement intéressant à cet égard, saint Augustin (*De civitate Dei*, XII, 21) non seulement passe sous silence le verset 27 du chapitre 1 de la Genèse, mais montre que la différence entre l'homme et les animaux est que l'homme fut créé *unum ac singulum* et que les animaux furent appelés à l'existence par groupes *(plura simul jussit exsistere)*. Pour Augustin, l'histoire de la création est une bonne occasion d'insister sur l'espèce en tant que caractère de la vie animale par opposition à la singularité de l'existence humaine.

des organismes politiques, crée la condition du souvenir, c'est-à-dire de l'Histoire. Le travail et l'œuvre, de même que l'action, s'enracinent aussi dans la natalité dans la mesure où ils ont pour tâche de procurer et sauvegarder le monde à l'intention de ceux qu'ils doivent prévoir, avec qui ils doivent compter : le flot constant des nouveaux venus qui naissent au monde étrangers. Toutefois, c'est l'action qui est le plus étroitement liée à la condition humaine de natalité ; le commencement inhérent à la naissance ne peut se faire sentir dans le monde que parce que le nouveau venu possède la faculté d'entreprendre du neuf, c'est-à-dire d'agir. En ce sens d'initiative un élément d'action, et donc de natalité, est inhérent à toutes les activités humaines. De plus, l'action étant l'activité politique par excellence, la natalité, par opposition à la mortalité, est sans doute la catégorie centrale de la pensée politique, par opposition à la pensée métaphysique.

Dans sa compréhension, la condition humaine dépasse les conditions dans lesquelles la vie est donnée à l'homme. Les hommes sont des êtres conditionnés parce que tout ce qu'ils rencontrent se change immédiatement en condition de leur existence. Le monde dans lequel s'écoule la *vita activa* consiste en objets produits par des activités humaines ; mais les objets, qui doivent leur existence aux hommes exclusivement, conditionnent néanmoins de façon constante leurs créateurs. Outre les conditions dans lesquelles la vie est donnée à l'homme sur Terre, et en partie sur leur base, les hommes créent constamment des conditions fabriquées qui leur sont propres et qui, malgré leur origine humaine et leur variabilité, ont la même force de conditionnement que les objets naturels. Tout ce qui touche la vie humaine, tout ce qui se maintient en relation avec elle, assume immédiatement le caractère de condition de l'existence humaine. C'est pourquoi les hommes, quoi qu'ils fassent, sont toujours des êtres conditionnés. Tout ce qui pénètre dans le monde humain, ou tout ce que l'effort de l'homme y fait entrer, fait aussitôt partie de la condition humaine. L'influence de la réalité du monde sur l'existence humaine est ressentie, reçue comme force de conditionnement. L'objectivité du monde – son caractère d'objet ou de chose – et la condition humaine sont complémentaires ; parce que l'existence humaine est une existence conditionnée, elle serait impossible sans les choses, et les choses seraient une masse d'éléments disparates, un non-monde, si elles ne servaient à conditionner l'existence humaine.

Évitons tout malentendu : la condition humaine ne s'identifie pas à la nature humaine, et la somme des activités et des facultés humaines qui correspondent à la condition humaine ne constitue rien de ce qu'on peut appeler nature humaine. Car ni celles que nous examinons ici, ni celles que nous laissons de côté, comme la pensée, la raison, ni même leur énumération la plus complète et la plus méticuleuse, ne constituent des caractéristiques essentielles de l'existence humaine en ce sens que, sans elles, l'existence ne serait plus humaine. Le changement le plus radical que nous puissions imaginer pour la condition humaine serait l'émigration sur une autre planète. Un tel événement, qui n'est plus tout à fait impossible, signifierait que l'homme aurait à vivre dans des conditions fabriquées, radicalement différentes de celles que lui offre la Terre. Le travail, l'œuvre, l'action, la pensée elle-même telle que nous la connaissons, n'auraient plus de sens. Et pourtant, ces hypothétiques voyageurs échappés à la Terre seraient encore humains ; mais tout ce que nous pourrions dire quant à leur « nature », c'est qu'il s'agirait encore d'êtres conditionnés, bien que leur condition fût alors, dans une mesure considérable, faite par eux-mêmes.

Le problème de la nature humaine, problème augustinien (*quaestio mihi factus sum*, « je suis devenu question pour moi-même »), paraît insoluble aussi bien au sens psychologique individuel qu'au sens philosophique général. Il est fort peu probable que, pouvant connaître, déterminer, définir la nature de tous les objets qui nous entourent et qui ne sont pas nous, nous soyons jamais capables d'en faire autant pour nous-mêmes : ce serait sauter par-dessus notre ombre. De plus, rien ne nous autorise à supposer que l'homme ait une nature ou une essence comme en ont les autres objets. En d'autres termes, si nous avons une nature, une essence, seul un dieu pourrait la connaître et la définir, et il faudrait d'abord qu'il puisse parler du « qui » comme d'un « quoi »[1]. Notre perplexité vient de ce que les modes de

1. Voilà ce que savait fort bien saint Augustin, qui passe pour avoir été le premier à soulever en philosophie ce qu'on nomme la question anthropologique. Saint Augustin distingue les questions « Qui suis-je ? » et « Que suis-je ? », la première que l'homme s'adresse à lui-même (« Et je m'adressai à moi-même et me dis : Toi, qui es-tu ? Et je répondis : Un homme – *Tu, quis es ?* » (*Confessions*, x, 6) et la seconde qui s'adresse à Dieu (« Que suis-je donc, mon Dieu ? Quelle est ma nature ? – *Quid ergo sum, Deus meus ? Quae natura sum ?* » (x, 17). Car dans le « grand mystère »,

connaissance applicables aux objets pourvus de qualités « naturelles », y compris nous-mêmes dans la mesure restreinte où nous sommes des spécimens de l'espèce la plus évoluée de la vie organique, ne nous servent plus à rien lorsque nous posons la question : Et *qui* sommes-nous ? C'est pourquoi les tentatives faites pour définir la nature humaine s'achèvent presque invariablement par l'invention d'une divinité quelconque, c'est-à-dire par le dieu des philosophes qui, depuis Platon, s'est révélé à l'examen comme une sorte d'idée platonicienne de l'homme. Certes, en démasquant ces concepts philosophiques du divin, en y montrant les conceptualisations de qualités et de facultés humaines, on ne prouve pas, on ne fait même rien pour prouver la non-existence de Dieu ; mais le fait que les essais de définition de la nature de l'homme mènent si aisément à une idée qui nous frappe comme nettement « surhumaine » et s'identifie par conséquent avec le divin, peut suffire à rendre suspect le concept même de « nature humaine ».

D'autre part, les conditions de l'existence humaine – la vie elle-même, natalité et mortalité, appartenance

---

le *grande profundum* qu'est l'homme (IV, 14), il y a « de l'homme » *(aliquid hominis)* que l'esprit de l'homme qui est en lui ne connaît pas lui-même. « Mais Toi, Seigneur, qui l'as fait *(fecisli eum)*, Tu sais tout de lui *(ejus omnia)* » (X, 5). Ainsi l'expression bien connue que je cite, *quaestio mihi factus sum*, est-elle une question posée en présence de Dieu, « aux yeux de qui je suis devenu question pour moi-même » (X, 33). Bref, la réponse à la question « Qui suis-je ? » est simplement : « Tu es un homme, quelle que soit la définition de l'homme » ; la réponse à la question « Que suis-je ? » ne peut être donnée que par Dieu qui a fait l'homme. La question de la nature de l'homme n'est pas moins théologique que celle de la nature de Dieu ; elles ne peuvent se résoudre l'une et l'autre que dans le cadre d'une révélation divine.

au monde, pluralité, et la Terre – ne peuvent jamais « expliquer » ce que nous sommes ni répondre à la question de savoir qui nous sommes, pour la bonne raison qu'elles ne nous conditionnent jamais absolument. Telle a toujours été l'opinion de la philosophie, distincte des sciences (anthropologie, psychologie, biologie, etc.) qui s'occupent aussi de l'homme. Mais, aujourd'hui, nous pouvons presque dire que nous avons démontré, voire scientifiquement prouvé, que, si nous vivons maintenant et devons probablement toujours vivre dans les conditions d'ici-bas, nous ne sommes pas de simples créatures terrestres. La science moderne doit ses plus grandes victoires à sa décision de considérer et de traiter la nature terrestre d'un point de vue véritablement universel, c'est-à-dire d'un point d'appui digne d'Archimède, choisi volontairement et explicitement hors de la Terre.

Le terme de vita activa

L'expression *vita activa* est chargée, surchargée de tradition. Elle est aussi ancienne (mais non plus ancienne) que notre tradition de pensée politique. Et cette tradition, loin d'embrasser et de mettre en concepts toutes les expériences politiques de l'humanité occidentale, est née d'une circonstance historique spécifique : le procès de Socrate et le conflit entre le philosophe et la *polis*. Elle a éliminé maintes expériences du passé qui étaient inutiles à ses desseins politiques immédiats et procédé jusqu'à la fin, dans l'œuvre de Karl Marx, de la façon la plus éclectique. Le terme lui-même, traduction courante en philosophie médiévale du *bios politikos* d'Aristote, se trouve déjà dans saint Augustin chez qui, sous la forme de *vita negotiosa* ou *actuosa*, il reflète encore le sens original : vie consacrée aux affaires politico-publiques[1].

Aristote distinguait trois modes de vie *(bioi)* que les hommes pouvaient choisir dans la liberté, c'est-à-dire en toute indépendance des nécessités de l'existence et des relations qu'elles provoquent. Ce postulat de la liberté éliminait d'emblée tous les modes de vie que l'homme suit en premier lieu pour rester vivant – non seulement le travail, mode de vie de l'esclave, soumis à la nécessité de vivre et à l'autorité du maître, mais aussi la vie laborieuse de l'artisan et la vie mercantile du commerçant. Bref, il excluait tout homme qui, volontairement ou non, temporairement ou pour toute sa vie, avait perdu sa liberté de mouvement et le libre choix de ses activités[2]. Les trois autres formes de vie ont en

1. Cf. *De civitate Dei*, XIX, 2, 19.

2. William L. Westermann (« Between Slavery and Freedom », *American Historical Review*, vol. L, 1945) soutient que « la proposition d'Aristote sur l'artisan vivant en condition de servitude limitée signifie que l'ouvrier, en acceptant un contrat de travail, abandonnait deux des quatre éléments de son statut d'homme libre (à savoir la liberté d'activité économique et le droit au mouvement sans restriction) mais de son plein gré et pour une période donnée » ; les exemples cités par Westermann indiquent que l'on comprenait la liberté comme consistant en « statut d'homme libre, inviolabilité de la personne, liberté des activités et liberté de mouvement », et qu'en conséquence l'esclavage « était l'absence de ces quatre attributs ». Aristote, en énumérant les « modes de vie » dans l'*Éthique à Nicomaque* (I, 5) et dans l'*Éthique à Eudème* (121 *a* 35 ff.), ne fait même pas mention de la vie de l'ouvrier ; il est évident pour lui que le *banausos* n'est pas libre (cf. *Politique*, 1337 *b* 5). Il cite cependant la « vie de gain » et la rejette parce

commun le culte du « beau », elles s'intéressent aux choses qui ne sont ni nécessaires ni simplement utiles : c'est la vie de plaisirs, dans laquelle on consomme la beauté, donnée toute faite ; c'est la vie consacrée aux affaires de la *polis* où, si l'on excelle, on produit de belles actions ; et c'est la vie du philosophe vouée à la recherche et à la contemplation des choses éternelles dont l'impérissable beauté ne saurait naître de l'intervention agissante de l'homme ni souffrir de la consommation qu'il en fait[1].

La grande différence entre l'acception aristotélicienne du terme et l'usage qu'en fit plus tard le Moyen Âge est que *bios politikos* désignait expressément le seul domaine des affaires humaines en soulignant l'action, la *praxis* nécessaire pour le fonder et le maintenir. On n'attribuait ni au travail ni à l'œuvre assez de dignité pour constituer une *bios*, un mode de vie autonome, authentiquement humain ; asservis, produisant le nécessaire et l'utile, ils ne pouvaient être libres, ni s'affranchir des besoins et des misères[2]. Si la vie politique échappait à cette condamnation, c'est que, pour les Grecs, la vie consacrée à la *polis* concernait une forme très spéciale, librement choisie, d'organisation politique, et nullement toute forme d'action nécessaire pour assurer dans l'ordre la coexistence des hommes.

---

que trop acceptée sous la contrainte (*Éth. Nic.*, 1096 *a* 5). Il insiste sur la liberté comme critère dans *Éth. Eud.* qui n'énumère que les existences choisies *ep'exousian.*

1. Sur le beau par opposition au nécessaire et à l'utile, cf. *Politique*, 1333 a 30 ff., 1332 *b* 32.

2. Sur la liberté par opposition au nécessaire et à l'utile, cf. *ibid.*, 1332 *b* 2.

Non que les Grecs, non qu'Aristote eussent ignoré que la vie humaine exige toujours une forme quelconque d'organisation politique, et que le despotisme peut être une façon de vivre ; mais la vie du tyran, étant « seulement » une nécessité, ne pouvait passer pour libre : elle n'avait aucun rapport avec la *bios politikos*[1].

Lorsque disparut la cité antique (saint Augustin fut le dernier, semble-t-il, à savoir ce qu'autrefois du moins avait été un citoyen), l'expression *vita activa* perdit son sens spécifiquement politique pour désigner toute espèce d'engagement actif dans les affaires de ce monde. Certes, l'œuvre et le travail ne s'élevèrent pas pour autant dans la hiérarchie des activités humaines pour devenir égaux en dignité à l'existence politique[2]. Ce fut plutôt l'inverse : désormais, on compta l'action, elle aussi, au nombre des nécessités de la vie terrestre, de sorte qu'il ne resta plus d'existence vraiment libre que la contemplation (*bios theorêtikos* traduit par *vita contemplativa*[3]).

Cependant, l'énorme supériorité de la contemplation sur toutes les autres activités, y compris l'action, n'est pas d'origine chrétienne. On la trouve dans la

1. Cf. *ibid.*, 1277 *b* 8 pour la distinction du despotisme et de la politique. Sur la vie du tyran considérée comme inférieure à celle de l'homme libre, pour la raison que le premier s'occupe des « choses nécessaires », voir *ibid.*, 1325 *a* 24.

2. Sur l'opinion très répandue d'une origine chrétienne de la valorisation moderne du travail, voir ci-dessous (cf. p. 507).

3. Cf. saint Thomas, *Summa theologica*, II, 2, 179, surtout art. 2, où la *vita activa* provient de la *necessitas vitae praesentis*, et *Expositio in Psalmos*, 45, 3, où la cité a pour tâche de trouver tout ce qui est nécessaire à la vie : *in civitate oportet invenire omnia necessaria ad vitam.*

philosophie politique de Platon : non seulement la réorganisation utopique de la *polis* y est tout entière dirigée par la pensée supérieure du philosophe, mais elle n'a d'autre but que de rendre possible le mode de vie philosophique. Chez Aristote, l'articulation même des modes de vie, dans laquelle la vie de plaisirs joue le petit rôle, s'inspire nettement de l'idéal de la contemplation *(theôria)*. À l'ancien affranchissement des nécessités vitales et des contraintes, les philosophes ajoutèrent l'exemption d'activité politique *(skholè*[1]*)*, de sorte que l'exigence chrétienne cherchant à se libérer de tous les soucis et de toutes les affaires de ce monde eut une aïeule et trouva son origine dans l'*apolitia* philosophique de la fin de l'Antiquité. Ce qui avait été un rare privilège passa désormais pour un droit universel.

L'expression *vita activa*, embrassant toutes les activités humaines et définie par rapport au repos absolu de la contemplation, correspond donc plus étroitement au grec *askholia* (non-repos) par lequel Aristote désignait toute activité, qu'aux mots *bios politikos*. Dès Aristote, la distinction entre repos et non-repos, entre

1. Le mot *skholè*, comme le latin *otium*, signifie d'abord exemption d'activité politique et non pas simplement loisir, bien que les deux termes servissent aussi à désigner l'exemption de travail. En tout cas, ils indiquent toujours une condition affranchie des occupations et des soucis. *La Cité antique* de Fustel de Coulanges donne une excellente description de la vie quotidienne du citoyen athénien libéré de tout travail et de toute obligation ; on y verra à quel point l'activité politique était absorbante dans les conditions de la cité. On imagine aisément les soucis qu'imposait la vie politique ordinaire quand on se rappelle que la loi athénienne interdisait la neutralité et punissait en leur supprimant le droit de cité les gens qui refusaient de prendre parti dans les luttes de factions.

l'abstention quasi totale de mouvement physique extérieur et les activités de toutes sortes, est plus nette que la distinction des existences politique et « théorique », car elle peut apparaître éventuellement dans chacun des trois modes de vie. On peut la comparer à la différence qui sépare la guerre et la paix : de même que la guerre a lieu pour la paix, de même toute activité, voire la plus purement intellectuelle, doit culminer dans le repos absolu de la contemplation[1]. Tous les mouvements, ceux du corps et de l'âme, ceux du langage et de la raison, doivent cesser devant la vérité. Le Vrai, qu'il s'agisse de l'ancienne vérité de l'Être ou de la vérité chrétienne du Dieu vivant, ne se révèle que dans le silence et le calme parfaits[2].

Traditionnellement, jusqu'aux débuts des temps modernes, l'expression *vita activa* conserva sa connotation négative de « non-repos », *nec-otium, a-skholia*. Comme telle, elle resta intimement liée à la distinction grecque plus fondamentale encore entre les choses qui sont par elles-mêmes ce qu'elles sont et celles qui doivent leur existence à l'homme, entre les objets qui sont *physei* et ceux qui sont *nomô*. Le primat de la contemplation sur l'activité repose sur la conviction qu'aucune œuvre humaine ne peut égaler en beauté et vérité le *kosmos* physique, qui se meut en soi dans une éternité inaltérable sans aucune assistance, aucune

1. Cf. Aristote, *Politique*, 1333 *a* 30-33. Saint Thomas définit la contemplation : *quies ab exterioribus motibus* (*Summa theologica*, II, 2, 179, 1).

2. Saint Thomas insiste sur la tranquillité de l'âme et recommande la *vita activa* parce qu'elle épuise, donc « apaise les passions intérieures » et prépare à la contemplation (*Summa*, II, 2, 182, 3).

intervention extérieure, des hommes ni des dieux. Cette éternité ne se dévoile aux mortels que si tous les mouvements humains, toutes les activités sont parfaitement au repos. Comparées à cette immobilité, les distinctions et hiérarchies de la *vita activa* s'effacent toutes. Du point de vue de la contemplation, peu importe ce qui trouble le repos nécessaire, du moment que ce repos est troublé.

Ainsi dans la tradition la *vita activa* tire son sens de la *vita contemplativa* ; le peu de dignité qui lui reste lui est conféré parce qu'elle pourvoit aux besoins de la contemplation dans un corps vivant[1]. Le christianisme, croyant à un au-delà dont les joies se présagent dans les délices de la contemplation[2], conféra une sanction religieuse à l'abaissement de la *vita activa* ravalée à une position secondaire et dérivée ; mais la hiérarchisation elle-même coïncida avec la découverte de la contemplation *(theôria)* en tant que faculté nettement distincte de la pensée et du raisonnement ; cette découverte date de l'école socratique et depuis lors elle a régné sur les doctrines métaphysiques et politiques tout au long de notre tradition[3]. Il ne paraît pas nécessaire ici de

1. Saint Thomas indique très explicitement la connexion entre la *vita activa* et les besoins corporels, que les hommes ont en commun avec les animaux (*Summa theologica*, II, 182, 1).

2. Saint Augustin parle du « fardeau » *(sarcina)* de la vie active qu'impose le devoir de charité et qui serait intolérable sans la *suavitas* et la jouissance du vrai qu'on obtient dans la contemplation (*De civitate Dei*, XIX, 19).

3. Le vénérable ressentiment du philosophe contre la condition humaine qui est d'avoir un corps n'est pas identique au mépris des Anciens pour les nécessités de la vie ; être soumis à la nécessité n'était qu'un aspect de l'existence corporelle, et le corps une fois

rechercher ce qui motive cette tradition. Les raisons en sont évidemment plus profondes que la circonstance historique qui donna lieu au conflit entre la *polis* et le philosophe et pour autant, presque fortuitement, mena aussi à la découverte de la contemplation comme mode de vie philosophique. Ces raisons doivent tenir à un aspect entièrement différent de la condition humaine, dont la diversité ne s'épuise pas dans les divers échelons de la *vita activa*, et ne s'y épuiserait même pas, on peut le soupçonner, si elle comprenait l'entendement, le mouvement de raisonner.

En conséquence si l'acception que je propose ici des mots *vita activa* contredit manifestement la tradition, ce n'est pas que je mette en doute la valeur de l'expérience sous-jacente à cette tradition, mais plutôt l'ordre hiérarchique qui lui est inhérent depuis son origine. Ccci ne veut pas dire que j'entende contester, ni même discuter d'ailleurs, le concept traditionncl du vrai comme révélation et donc essentiellement comme cadeau fait à l'homme, ni que je préfère le pragmatisme des temps modernes affirmant que l'homme ne sait que ce qu'il fait. Je prétends seulement que l'énorme prestige de la contemplation dans la hiérarchie traditionnelle a estompé les distinctions à l'intérieur de la *vita activa* elle-même et que, en

---

libéré de cette nécessité devenait capable de cette noble apparence que les Grecs nommaient beauté. Depuis Platon, les philosophes ont ajouté au ressentiment contre les besoins du corps le ressentiment contre toute espèce de mouvement. Parce que le philosophe vit en repos complet, seul son corps, d'après Platon, habite la cité. De là vient aussi le vieux reproche d'agitation *(polypragmosynè)* fait aux hommes qui passent leur vie dans la politique.

dépit des apparences, cet état de choses n'a pas été essentiellement modifié par la rupture moderne d'avec la tradition ni ensuite par l'inversion de sa hiérarchie chez Marx et chez Nietzsche. De par le caractère du fameux « renversement » des systèmes philosophiques ou des valeurs acceptées, donc de par la nature même de l'opération, le cadre conceptuel est demeuré plus ou moins intact.

Le renversement moderne suppose comme la hiérarchie traditionnelle que la même préoccupation humaine centrale doit prévaloir dans toutes les activités des hommes, aucun ordre ne pouvant s'établir sans un principe compréhensif unique. Cette hypothèse ne va pas de soi, et l'emploi que je fais de l'expression *vita activa* présuppose que les visées sous-jacentes à toutes les activités de cette vie ne sont ni identiques, ni supérieures, ni inférieures au dessein central de la *vita contemplativa*.

Éternité contre immortalité

Que les diverses formes d'engagement actif dans les affaires de ce monde, d'une part, et, d'autre part, la pensée pure culminant dans la contemplation puissent correspondre à des préoccupations centrales entièrement distinctes, voilà qui est manifeste, d'une façon ou de l'autre, depuis que « les hommes de pensée et les hommes d'action ont pris des voies différentes[1] »,

1. Cf. F. M. Cornford, « La Cité de Platon », dans *Unwritten Philosophy* (1950), p. 54 : « La mort de Périclès et la guerre du

c'est-à-dire depuis la naissance de la réflexion politique chez les socratiques. Toutefois quand les philosophes découvrirent (et il est probable, bien qu'indémontrable que cette découverte fut le fait de Socrate lui-même) que le domaine politique ne pourvoyait pas forcément à toutes les activités supérieures de l'homme, ils crurent aussitôt avoir trouvé non point une nouveauté à ajouter à ce que l'on savait déjà, mais un principe plus élevé pour remplacer celui qui régissait la *polis*. Le moyen le plus rapide, encore qu'assez superficiel, de définir ces deux principes différents et dans une certaine mesure adverses, est de rappeler la distinction entre immortalité et éternité.

Immortalité signifie durée, vie perpétuelle sur cette Terre, en ce monde, telle qu'en jouissent, dans la conception grecque, la nature et les dieux de l'Olympe. En face de cet éternel retour et de cette vie sans fin et sans âge des dieux, les hommes se trouvaient être les seuls mortels d'un univers immortel mais non éternel, affrontant les vies immortelles de leurs dieux, mais non soumis aux lois d'un Dieu éternel. Si l'on en croit Hérodote, ces différences durent frapper les esprits avant d'être mises en concepts par les philosophes et par conséquent avant que les Grecs eussent de l'éternité l'expérience spécifique qui fut à la base de ces distinctions. À propos des religions de l'Asie et de leurs croyances en un Dieu invisible, Hérodote remarque que par rapport à ce Dieu transcendant

Péloponnèse marquent l'instant où les hommes de pensée et les hommes d'action prirent des voies différentes destinées à diverger de plus en plus jusqu'au jour où le sage stoïcien cesserait d'être le citoyen de son pays pour devenir citoyen de l'univers. »

(comme nous dirions), au-delà du temps, de la vie et de l'univers, les dieux grecs sont *anthrôpophyeis* : ils n'ont pas seulement la forme, mais la même nature que les hommes[1]. Les Grecs se préoccupèrent de l'immortalité parce qu'ils avaient conçu une nature immortelle et des dieux immortels environnant de toutes parts les vies individuelles des hommes mortels. Placée au cœur d'un cosmos où tout était immortel, la mortalité fut le sceau de l'existence humaine. Les hommes sont « les mortels », les seuls mortels existant, puisqu'à la différence des animaux ils n'existent pas uniquement comme membres d'une espèce dont l'immortalité est garantie par la procréation[2]. La mortalité humaine vient de ce que la vie individuelle, ayant de la naissance à la mort une histoire reconnaissable, se détache de la vie biologique. Elle se distingue de tous les êtres par une course en ligne droite qui coupe, pour ainsi dire, le mouvement circulaire de la vie biologique. Voilà la mortalité : c'est se mouvoir en ligne droite dans un univers où rien ne bouge, si ce n'est en cercle.

Le devoir des mortels, et leur grandeur possible, résident dans leur capacité de produire des choses

---

1. Hérodote (I, 131), après avoir rapporté que les Perses n'ont « point d'images des dieux, point de temples ni d'autels, et considèrent ces choses comme des sottises », explique que cela montre bien qu'ils « ne croient pas, comme les Grecs, que les dieux sont *anthrôpophyeis*, de nature humaine », que les dieux et les hommes, ajouterons-nous, sont de même nature (voir aussi Pindare, *Néméennes*, VI).

2. Voir Ps. Aristote (*Économie*, 1343 *b* 24) : la Nature garantit à l'espèce l'immortalité par retour cyclique *(periodos)* mais ne peut la garantir à l'individu. La même idée « Pour les vivants, la vie est l'être » apparaît dans le *De anima*, 415 *b* 13.

– œuvres, exploits et paroles[1] – qui mériteraient d'appartenir et, au moins jusqu'à un certain point, appartiennent à la durée sans fin, de sorte que par leur intermédiaire les mortels puissent trouver place dans un cosmos où tout est immortel sauf eux. Aptes aux actions immortelles, capables de laisser des traces impérissables, les hommes, en dépit de leur mortalité individuelle, se haussent à une immortalité qui leur est propre et prouvent qu'ils sont de nature « divine ». La distinction entre l'homme et l'animal recoupe le genre humain lui-même : seuls les meilleurs *(aristoi)*, qui constamment s'affirment les meilleurs (c'est le verbe *aristeuein*, qui n'a d'équivalent dans aucune langue) et « préfèrent l'immortelle renommée aux choses mortelles », sont réellement humains ; les autres, satisfaits des plaisirs que leur offre la nature, vivent et meurent comme des bêtes. C'est l'opinion qu'on trouve encore chez Héraclite[2] et dont on ne voit guère l'équivalent chez les philosophes après Socrate.

Il importe assez peu, dans le présent contexte, que ce soit Socrate lui-même ou Platon qui ait découvert

---

1. Le grec ne distingue pas entre « œuvres » et « exploits », il les nomme *erga* s'ils sont durables et dignes de mémoire. C'est seulement quand les philosophes ou plutôt les sophistes se mirent à distinguer « à l'infini », par exemple entre faire et agir *(poiein* et *prattein)* que l'on employa couramment les substantifs *poièmata* et *pragmata* (cf. Platon, *Charmide*, 163). Homère ignore le mot *pragmata* qui chez Platon *(ta tôn anthropôn pragmata)* équivaut à « affaires humaines » et évoque soucis, futilité. Dans Hérodote *pragmata* peut avoir la même connotation (cf. par exemple I, 155).

2. Héraclite, frag. B 29 (Diels, *Fragmente der Vorsokratiker*, 4e éd., 1922).

l'éternité comme véritable centre de la réflexion strictement métaphysique. On penchera fortement pour Socrate en songeant que seul parmi les grands penseurs – unique en cela comme à beaucoup d'autres égards – il ne se soucia jamais de rédiger ses pensées ; car il est clair qu'un philosophe, si préoccupé soit-il de l'éternité, dès qu'il se met à écrire cesse de s'inquiéter en premier lieu de l'éternel : il s'intéresse à laisser trace de ses pensées. Il entre dans la *vita activa*, il en choisit les voies, celles de la durée et de l'immortalité en puissance. Une chose est sûre : c'est seulement dans Platon que la préoccupation de l'éternel, la vie philosophique s'opposent foncièrement au désir d'immortalité, au mode de vie du citoyen, au *bios politikos*.

L'expérience philosophique de l'éternel, *arrhèton* (« indicible ») selon Platon, *aneu logou* (« sans parole ») pour Aristote, et plus tard conceptualisée dans le paradoxal *nunc stans*, ne peut se produire qu'en dehors du domaine des affaires humaines, en dehors de la pluralité des hommes : c'est ce que nous enseigne, dans la *République*, la parabole de la Caverne, où le philosophe, s'étant délivré des liens qui l'enchaînaient à ses compagnons, s'éloigne en parfaite « singularité », si je puis dire, car nul ne l'escorte, nul ne le suit. Politiquement parlant, si mourir revient à « cesser d'être parmi les hommes », l'expérience de l'éternel est une sorte de mort ; tout ce qui la sépare de la mort réelle c'est qu'elle est provisoire, puisque aucune créature vivante ne peut l'endurer bien longtemps. Et c'est précisément ce qui sépare la *vita contemplativa* de la *vita activa* dans la philosophie médiévale[1]. Mais ce qui importe, c'est que l'expérience de l'éternel, par opposition à celle de l'immortalité, ne correspond et ne peut donner lieu à aucune activité : même l'activité mentale qui se poursuit en nous à l'aide des mots non seulement est de toute évidence impuissante à l'exprimer, mais en outre ne saurait qu'interrompre et ruiner l'expérience elle-même.

Theôria ou « contemplation » désigne l'expérience de l'éternel, distincte des autres qui ne peuvent tout au plus que concerner l'immortalité. Ce qui aida peut-être les philosophes à découvrir l'éternel, c'est qu'ils doutaient, à juste raison, des chances d'immortalité et même de durée de la *polis* ; peut-être cette découverte fut-elle si étonnante qu'il ne leur resta qu'à dédaigner comme vaine et futile toute quête d'immortalité, se mettant ainsi, à coup sûr, en opposition flagrante avec la cité antique et la religion qui l'inspirait. Cependant, lorsque le souci de l'éternel triompha de toutes les aspirations à l'immortalité, ce ne fut pas l'œuvre de la réflexion philosophique. La chute de l'Empire romain démontra avec éclat qu'aucune œuvre humaine ne saurait échapper à la mort ; dans le même temps, le christianisme prêchant la vie éternelle devenait la seule religion de l'Occident. Cette chute et cet avènement rendirent inutiles et futiles tous les efforts d'immortalité terrestre. Et ils réussirent si bien à faire de la *vita activa*, de la *bios politikos* les servantes de la contemplation que ni

1. *« In vita activa fixi permanere possumus ; in contemplativa autem intenta mente manere nullo modo valemus »* (*Summa theologica*, II, 2, 181, 4).

l'évolution laïque des temps modernes, ni le renversement connexe de la hiérarchie traditionnelle séparant action et contemplation, ne suffirent à sauver de l'oubli la quête d'immortalité qui avait été à l'origine le ressort essentiel de la *vita activa*.

Chapitre II

LE DOMAINE PUBLIC
ET LE DOMAINE PRIVÉ

L'homme : animal social ou politique

La *vita activa*, la vie humaine en tant qu'activement engagée à faire quelque chose, s'enracine toujours dans un monde d'hommes et d'objets fabriqués qu'elle ne quitte et ne transcende jamais complètement. Hommes et objets forment le milieu de chacune des activités de l'homme qui, à défaut d'être situées ainsi, n'auraient aucun sens. Mais ce milieu, le monde où nous naissons, n'existerait pas sans l'activité humaine qui l'a produit, comme dans le cas des objets fabriqués, qui l'entretient, comme dans le cas des terres cultivées, ou qui l'a établi en l'organisant, comme dans le cas de la cité. Aucune vie humaine, fût-ce la vie de l'ermite au désert, n'est possible sans un monde qui, directement ou indirectement, témoigne de la présence d'autres êtres humains.

Toutes les activités humaines sont conditionnées par le fait que les hommes vivent en société, mais l'action seule est proprement inimaginable en dehors de la société des hommes. L'activité de travail n'a pas besoin de la présence d'autrui, encore qu'un être peinant dans une complète solitude ne puisse passer pour humain : ce serait un *animal laborans*, au sens rigoureux du terme. L'homme à l'ouvrage, fabriquant, construisant un monde qu'il serait seul à habiter, serait encore fabricateur, non toutefois *homo faber* : il aurait perdu sa qualité spécifiquement humaine et serait plutôt un dieu – non certes le Créateur, mais un démiurge tel que Platon l'a décrit dans un de ses mythes. Seule, l'action est la prérogative de l'homme exclusivement ; ni bête ni dieu n'en est capable[1], elle seule dépend entièrement de la constante présence d'autrui.

Ce rapport particulier qui unit l'action et l'être semble pleinement justifier la traduction ancienne du *zôon politikon* d'Aristote par *animal socialis*, que l'on trouve déjà dans Sénèque, traduction consacrée depuis saint Thomas d'Aquin : *homo est naturaliter politicus,*

---

1. Il paraît remarquable que les dieux d'Homère n'agissent qu'à l'égard des hommes, pour les gouverner de loin ou pour se mêler de leurs affaires. Les querelles des dieux semblent venir aussi principalement du rôle qu'ils jouent dans les affaires humaines ou des conflits de leur partialité envers les mortels. Il s'ensuit alors un récit où les hommes et les dieux agissent ensemble, mais tout y est agencé par les mortels, même quand la décision s'énonce à l'assemblée des dieux sur l'Olympe. Je crois que cette « coopération » s'exprime dans la formule homérique *erg' andrôn te theôn te* (*Odyssée*, I, 338) : le barde chante les exploits des dieux et des hommes, non les légendes des hommes et des dieux. De même, la *Théogonie* d'Hésiode ne traite point des exploits des dieux, mais de la genèse du monde (115) ; elle raconte donc comment les choses sont venues au monde par générations et enfantements périodiques. Le poète, serviteur des muses, chante « les glorieux exploits des hommes d'autrefois et les dieux bienheureux » (97 *sq.*), mais nulle part, à ma connaissance, les glorieux exploits des dieux.

id est, socialis[1]. Mieux que toute théorie, cette substitution du social au politique montre jusqu'à quel point s'était perdue la conception originale grecque de la politique. À cet égard, il est significatif – mais cela n'explique pas tout – que le mot « social » soit d'origine romaine et n'ait pas d'équivalent dans la langue ni dans la philosophie grecques. Mais en latin le mot *societas* avait aussi, au début, un sens politique très net, bien que restreint ; il désignait une alliance conclue dans un but précis, par exemple par des gens qui s'associent pour prendre le pouvoir ou pour commettre un crime[2]. C'est seulement avec le concept plus récent de *societas generis humani* que le mot « social » commence à prendre le sens général de condition humaine fondamentale. Non que Platon ni Aristote eussent ignoré ou négligé le fait que l'homme ne peut vivre hors de la société ; mais ils ne mettaient pas cette condition au nombre des caractéristiques spécifiquement humaines : au contraire, c'était un trait que la vie humaine avait de commun avec la vie animale et qui, pour cette simple raison, ne pouvait pas être foncièrement humain. On considérait la camaraderie naturelle, purement sociale,

1. La citation est tirée de l'*Index Rerum* de l'édition taurinienne de saint Thomas (1922). Le mot *politicus* ne se trouve pas dans le texte, mais l'*Index* résume correctement la pensée de saint Thomas, comme on le voit dans *Summa theologica*, I, 96, 4 ; II, 2, 109, 3.

2. *Societas regni* dans Tite-Live, *societas sceleris* dans Cornelius Nepos. On pouvait aussi conclure de telles alliances dans des buts commerciaux, et saint Thomas soutient encore qu'une « vraie *societas* » de gens d'affaires n'existe que « si le bailleur de fonds lui-même partage les risques », c'est-à-dire si l'association est vraiment une alliance (cf. W. J. Ashley, *An Introduction to English Economic History and Theory*, 1931, p. 419).

de l'espèce humaine comme une entrave imposée par les nécessités biologiques qui sont les mêmes pour l'animal humain que pour les autres animaux.

Dans la pensée grecque, la capacité d'organisation politique n'est pas seulement différente, elle est l'opposé de cette association naturelle centrée autour du foyer *(oikia)* et de la famille. L'avènement de la cité conférait à l'homme « outre sa vie privée une sorte de seconde vie, sa *bios politikos*. Désormais, chaque citoyen appartient à deux ordres d'existence ; et il y a dans sa vie une distinction très nette entre ce qui lui est propre *(idion)* et ce qui est commun *(koinon)*[1] ». Ce n'était pas seulement l'avis ou la théorie d'Aristote, c'était un fait historique : la fondation de la cité avait suivi la destruction de tous les groupements reposant sur la parenté, comme la *phratria* et la *phylè*[2].

1. Werner Jaeger, *Paideia* (1945), III, 111.

2. Cf. *Politique*, III, 2, 11. Certes, la grande thèse de Fustel de Coulanges, d'après l'introduction à *La Cité antique*, consiste à démontrer que la « même religion » forma l'ancienne organisation familiale et la cité ; cependant, il souligne à maintes reprises que le régime de la *gens* fondé sur la religion familiale et le régime de la cité « étaient au fond deux régimes opposés… ou la cité ne devait pas durer, ou elle devait à la longue briser la famille » (*op. cit.*, p. 302). Cette contradiction, dans ce grand livre, vient à mon avis de ce que Fustel de Coulanges veut traiter à la fois de Rome et des cités grecques ; il tire surtout ses exemples et ses catégories de la pensée institutionnelle et politique de Rome, bien qu'il admette que, pour le culte de Vesta, « cette grande vénération s'affaiblit de bonne heure en Grèce… mais elle ne s'affaiblit jamais à Rome » (*op. cit.*, p. 166). Non seulement l'abîme entre le foyer et la cité était en Grèce beaucoup plus profond qu'à Rome, mais ce n'est qu'en Grèce que la religion de l'Olympe, celle d'Homère et de la cité, était opposée et supérieure à la vieille religion de la famille et du foyer. Alors que Vesta, déesse du Foyer, devient la protectrice du

De toutes les activités nécessaires existant dans les sociétés humaines, deux seulement passaient pour politiques et pour constituer ce qu'Aristote nommait *bios politikos* : à savoir l'action *(praxis)* et la parole *(lexis)* d'où provient le domaine des affaires humaines (*ta tôn anthropôn pragmata* selon l'expression de Platon), lequel exclut rigoureusement tout ce qui ne serait que nécessaire ou utile.

Toutefois, si à n'en pas douter la fondation de la cité put seule permettre aux hommes de passer leur vie entière dans le domaine politique, dans l'action et la parole, la conviction que ces deux facultés forment un tout et qu'elles sont les plus nobles semble avoir précédé la *polis* : on la trouve déjà dans la pensée présocratique. On ne comprend le prestige de l'Achille homérique qu'en le regardant comme « faiseur de grandes actions et diseur de grandes paroles[1] ». En un sens très différent de l'acception moderne, ces paroles ne tiraient point leur grandeur de celle des pensées qu'elles exprimaient ; au contraire, comme l'indiquent

« Foyer de la patrie » et fait partie du culte politique officiel après l'unification et la seconde fondation de Rome, sa sœur grecque, Hestia, est citée pour la première fois par Hésiode, le seul poète grec qui, s'opposant sciemment à Homère, glorifie la vie du foyer et de la famille ; dans la religion officielle de la *polis*, Hestia dut céder sa place, à l'assemblée des douze dieux de l'Olympe, à Dionysos (cf. Mommsen, *Römische Geschichte*, 5e éd., liv. I, ch. 12, et Robert Graves, *The Greek Myths*, 1955, 27 *k*).

1. Le passage se trouve dans le discours de Phœnix, *Iliade*, IX, 443. Il s'agit clairement de l'apprentissage de la guerre et de l'*agora*, l'assemblée publique, dans lesquelles les hommes peuvent se distinguer. Traduction littérale : « [ton père] m'a chargé de t'apprendre tout ceci, à être un diseur de paroles et un faiseur d'actions » *(mythôn te rhètèr' emenai prèktèra te ergôn)*.

les derniers vers d'*Antigone*, c'est peut-être la capacité de répondre par de « grands mots » *(megaloi logoi)* aux coups funestes qui un jour, dans la vieillesse, inspirera des pensées[1]. La pensée venait après la parole, mais l'on considérait le langage et l'action comme choses égales et simultanées, de même rang et de même nature ; et, à l'origine, cela signifiait non seulement que l'action politique, dans la mesure où elle ne participe pas de la violence, s'exerce généralement au moyen du langage, mais, de façon plus fondamentale, que les mots justes trouvés au bon moment sont de l'action, quelle que soit l'information qu'ils peuvent communiquer. Seule, la violence brutale est muette, et c'est pourquoi elle ne saurait avoir de grandeur. Même lorsque, à une époque relativement tardive dans l'Antiquité, les arts de la guerre et du langage (la *rhétorique*) furent devenus les principaux objets politiques de l'éducation, ce fut

---

1. La traduction littérale des derniers vers d'*Antigone* (1350-1354) est la suivante : « Mais les grands mots, contrecarrant [ou rendant] les grands coups des orgueilleux, enseignent la compréhension dans le vieil âge. » Le sens de ces vers est si embarrassant pour l'esprit moderne que fort peu de traducteurs ont l'audace de le rendre sans déguisement. Parmi les exceptions, Hölderlin : *« Grosse Blicke aber, / Grosse Streiche der hohen Schultern / Vergeltend, / Sie haben im Alter gelehrt, zu denken. »* Une anecdote rapportée par Plutarque peut illustrer les rapports de l'action et de la parole sur un plan bien inférieur. Un jour un homme vint trouver Démosthène pour lui raconter qu'on l'avait affreusement battu. « Tu n'as rien souffert de ce que tu me racontes », dit Démosthène. L'autre se mit à crier : « Quoi ? Je n'ai rien souffert ? » Alors Démosthène : « Ah maintenant j'entends la voix d'un homme battu et qui a souffert. » On peut trouver un souvenir de cet antique lien entre la parole et la pensée, fort étranger à nos idées sur la parole, expression de la pensée, dans la locution cicéronienne *ratio et oratio*.

encore sous l'inspiration, sous la domination de cette expérience et de cette tradition antérieures à la *polis*.

Au sein de la *polis*, le système le plus bavard de tous, comme on a pu le dire, et plus encore dans la philosophie politique qui en sortit, l'action et la parole se séparèrent et devinrent des activités de plus en plus indépendantes. On mit l'accent non plus sur l'action mais sur la parole, sur le langage comme moyen de persuasion plutôt que comme manière spécifiquement humaine de répondre, de répliquer, de se mesurer aux événements ou aux actes[1]. Être politique, vivre dans une *polis*, cela signifiait que toutes choses se décidaient par la parole et la persuasion et non pas par la force ni la violence. Aux yeux des Grecs, contraindre, commander au lieu de convaincre étaient des méthodes prépolitiques de traiter les hommes : c'est ce qui caractérisait la vie hors de la *polis*, celle du foyer et de la famille, dont le chef exerçait un pouvoir absolu, ou celle des empires barbares de l'Asie, dont on comparait le régime despotique à l'organisation de la famille.

La définition aristotélicienne de l'homme, *zôon politikon*, n'était pas seulement étrangère, voire opposée à la société naturelle vécue dans la maisonnée ; on ne la comprend pleinement qu'en y ajoutant la seconde

1. Caractéristiques de ce développement : tout homme politique s'appelait « rhéteur » et la rhétorique, l'art de parler en public, est définie par Aristote comme art de persuader (cf. *Rhétorique*, 1354 *a* 12 fr., 1355 *b* 26). (La distinction elle-même vient de Platon, *Gorgias*, 448.) C'est en ce sens qu'il faut comprendre l'opinion des Grecs sur le déclin de Thèbes : les Thébains avaient négligé la rhétorique en faveur de la préparation militaire (cf. Jacob Burckhardt, *Griechische Kulturgeschichte*, éd. Krœner, III, 190).

et non moins célèbre définition donnée par Aristote de l'homme, *zôon logon ekhon* (« un être vivant capable de langage »). La traduction latine, *animal rationale*, repose sur un malentendu aussi fondamental que l'expression « animal social ». Aristote ne voulait ni définir l'homme en général ni désigner la plus haute faculté humaine, qui pour lui n'était pas le *logos*, c'est-à-dire le langage ou la raison, mais le *nous*, la faculté de la contemplation, dont le principal caractère est de ne pouvoir s'exprimer dans le langage[1]. Dans ces deux définitions les plus célèbres, Aristote ne faisait que formuler l'opinion courante de la *polis* sur l'homme et la vie politique, et, d'après cette opinion, tout ce qui était en dehors de la *polis* – les barbares comme les esclaves – était *aneu logou*, ce qui ne veut évidemment pas dire privé de la parole, mais exclu d'un mode de vivre dans lequel le langage et le langage seul avait réellement un sens, d'une existence dans laquelle les citoyens avaient tous pour premier souci la conversation.

Le profond malentendu qu'exprime la traduction latine de « politique » par « social » n'apparaît peut-être jamais plus clairement que lorsque saint Thomas compare la nature du gouvernement familial au gouvernement politique : « Le chef de famille, dit-il, a quelque ressemblance avec le souverain du royaume, mais, ajoute-t-il, son pouvoir n'a pas la "perfection" de celui du roi[2]. » Or, non seulement en Grèce et dans la *polis* mais dans l'Occident antique tout entier, il eût

1. *Éthique à Nicomaque*, 1142 *a* 25 et 1178 *a* 6.
2. Saint Thomas, *op. cit.*, II, 2, 50, 3.

été absolument évident que le pouvoir du tyran était moins grand, moins « parfait » que celui du *paterfamilias*, du *dominus*, régnant sur sa maisonnée de parents et d'esclaves. Et cela non pas parce que le pouvoir du souverain est tenu en échec par les pouvoirs combinés des chefs de famille ; la raison est que l'autorité absolue, incontestée d'une part, et d'autre part le domaine politique proprement dit, s'excluent mutuellement[1].

La polis *et la famille*

Si l'on a mal compris le politique, si on l'a assimilé au social dès que les termes grecs ont été traduits en latin, dès qu'on les a adaptés à la pensée romano-chrétienne, la confusion n'a fait qu'augmenter dans l'usage moderne et dans la conception moderne de la société. La distinction entre la vie privée et la vie publique correspond aux domaines familial et politique, entités distinctes, séparées au moins depuis l'avènement de la Cité antique ; mais l'apparition du domaine social qui n'est, à proprement parler, ni privé ni public, est un phénomène relativement nouveau, dont l'origine a coïncidé avec la naissance des temps modernes et qui a trouvé dans l'État-nation sa forme politique.

1. Les mots *dominus* et *paterfamilias* étaient donc synonymes, de même que *servus* et *familiaris* : *« Dominum patrem familiae appellaverunt ; servos... familiares »* (Sénèque, *Epistolae*, 47, 12). L'antique liberté du citoyen romain disparut quand les empereurs prirent le titre de *dominus*, « ce nom qu'Auguste et que Tibère encore repoussaient comme une malédiction et une injure » (H. Wallon, *Histoire de l'esclavage dans l'Antiquité*, 1847, III, p. 21).

Ce qui nous intéresse ici, c'est l'extraordinaire difficulté qu'en raison de cette évolution nous avons à comprendre la division capitale entre domaine public et domaine privé, entre la sphère de la *polis* et celle du ménage, de la famille, et finalement entre les activités relatives à un monde commun et celles qui concernent l'entretien de la vie : sur ces divisions, considérées comme des postulats, comme des axiomes, reposait toute la pensée politique des Anciens. Dans nos conceptions, la frontière s'efface parce que nous imaginons les peuples, les collectivités politiques comme des familles dont les affaires quotidiennes relèvent de la sollicitude d'une gigantesque administration ménagère. La réflexion scientifique qui correspond à cette évolution ne s'appelle plus science politique mais « économie nationale », « économie sociale » ou *Volkswirtschaft*, et il s'agit là d'une sorte de « ménage collectif[1] » ; nous appelons « société » un ensemble de familles économiquement organisées en un fac-similé de famille supra-humaine, dont la forme politique d'organisation se nomme « nation[2] ». Nous avons donc

1. Selon Gunnar Myrdal (*The Political Element in the Development of Economic Theory*, 1953, p. XI), « l'idée d'économie sociale ou ménage collectif *(Volkswirtschaft)* est l'un des "trois grands foyers" autour desquels on voit se cristalliser la spéculation politique qui imprègne l'économie depuis le début ».

2. On ne veut pas nier que l'État et sa société soient issus de la monarchie médiévale et du féodalisme dont le cadre donnait à la cellule familiale une importance inégalée dans l'Antiquité classique. Mais il y a une nette différence. Dans le cadre féodal, les familles, les fiefs étaient presque indépendants les uns des autres, de sorte que la maison royale, représentant un territoire donné et régnant sur les barons comme *primus inter pares*, ne prétendait pas être chef d'une seule et unique famille comme un souverain

du mal à nous rendre compte que pour les Anciens le terme même d'« économie politique » eût été une contradiction dans les termes : tout ce qui était « économique », tout ce qui concernait la vie de l'individu et de l'espèce, était par définition non politique, affaire de famille[1].

Historiquement, il est fort probable que la croissance de la cité et du domaine public s'opéra aux dépens du domaine privé du foyer, de la maison[2]. Toutefois, l'antique sainteté du foyer, moins prononcée d'ailleurs dans la Grèce classique que dans l'ancienne Rome, ne disparut jamais complètement. Ce qui empêcha la *polis* de violer la vie privée de ses citoyens, ce qui lui fit tenir pour sacrées les limites de leurs champs, ce ne fut pas le respect de la propriété individuelle telle que nous l'entendons : c'est qu'à moins de posséder une maison, nul ne pouvait participer aux affaires du monde,

---

absolu. La « nation » médiévale était un agglomérat de familles ; ses membres ne croyaient nullement appartenir à une famille comprenant la nation entière.

1. La distinction est très nette au début de l'*Économique* du Ps. Aristote : on y oppose le gouvernement despotique d'un seul *(mon-archia)* dans l'organisation familiale à l'organisation toute différente de la *polis*.

2. À Athènes, le tournant apparaît dans les lois de Solon. Fustel de Coulanges a raison de voir dans la loi sur le devoir filial de pourvoir à l'entretien des parents une preuve de l'affaiblissement de l'autorité paternelle. Cependant, l'autorité paternelle n'avait de limite qu'en cas de conflit avec l'intérêt de la cité, nullement en raison des droits de la personne. C'est ainsi que pendant toute l'Antiquité on continua d'exposer les nouveau-nés et de vendre les enfants (cf. Barrow, *Slavery in the Roman Empire*, 1928, p. 8) : « Certains droits de la *patria potestas* tombèrent en désuétude ; mais celui d'exposer les nouveau-nés resta permis jusqu'en 374 après J.-C. »

n'y ayant point de place à soi[1]. Platon lui-même, dont les plans prévoyaient l'abolition de la propriété individuelle et qui eût étendu le domaine public au point d'anéantir totalement la vie privée, parle encore avec vénération de Zeus Herkeios, protecteur des bornes marquant les limites des propriétés, et ne voit pas la moindre contradiction à dire que ces bornes, ces *horoi*, sont divines[2].

Le trait distinctif du domaine familial était que les humains y vivaient ensemble à cause des nécessités et des besoins qui les y poussaient. Ils obéissaient ainsi à une force qui était la vie elle-même (les pénates, les dieux du Foyer étant, selon Plutarque, les « dieux qui nous font vivre et nourrissent notre corps[3] ») et qui, pour subsister dans l'individu et dans l'espèce, exige la compagnie. La subsistance individuelle était la tâche de l'homme, la perpétuation de l'espèce celle de la femme, voilà qui était évident ; et ces deux fonctions naturelles, travail masculin des nourritures

1. Dans certaines cités grecques, la loi obligeait les citoyens à partager leurs récoltes et à les consommer en commun, alors que chacun d'eux avait la propriété absolue, incontestée de ses terres. Fustel de Coulanges cite cette loi en y voyant une « singulière contradiction » ; en réalité ces deux types de propriété n'avaient rien de commun aux yeux des Anciens.

2. Cf. *Lois*, 842.

3. *Quaestiones Romanae*, 51. Il est curieux que Fustel de Coulanges, qui insiste tant sur les divinités souterraines de la religion grecque et romaine, n'ait pas vu que ces dieux étaient plus que les dieux des morts, le culte plus qu'un « culte de la mort », et que cette antique religion de la terre honorait la vie et la mort, y voyant deux aspects du même processus. La vie vient de la terre et y retourne ; naissance et mort ne sont que deux étapes différentes de la vie biologique que gouvernent les dieux souterrains.

à produire, travail féminin de la procréation, étaient soumises aux mêmes contraintes vitales. La communauté naturelle du foyer naissait, par conséquent, de la nécessité, et la nécessité en régissait toutes les activités.

Le domaine de la *polis*, au contraire, était celui de la liberté ; s'il y avait un rapport entre les deux domaines, il allait de soi que la famille devait assumer les nécessités de la vie comme condition de la liberté de la *polis*. En aucun cas la politique ne pouvait se borner à être un moyen de protéger la société – société des fidèles comme au Moyen Âge, société des propriétaires comme chez Locke, société engagée dans un processus sans fin d'acquisition comme chez Hobbes, société de producteurs comme chez Marx, société d'employés comme la nôtre, ou société de travailleurs comme dans les pays socialistes et communistes. Dans tous ces cas, c'est la liberté (parfois la prétendue liberté) de la société qui requiert et justifie une certaine restriction de l'autorité politique. La liberté se situe dans le domaine du social, la force ou la violence deviennent le monopole du gouvernement.

Ce que tous les philosophes grecs, quelle que fût leur opposition à la vie de la *polis*, tenaient pour évident, c'est que la liberté se situe exclusivement dans le domaine politique, que la contrainte est surtout un phénomène prépolitique, caractérisant l'organisation familiale privée, et que la force et la violence se justifient dans cette sphère comme étant les seuls moyens de maîtriser la nécessité (par exemple, en gouvernant les esclaves) et de se libérer. Parce que tous les humains sont soumis à la nécessité, ils ont droit à la violence envers autrui ; la violence est l'acte prépolitique de se libérer des contraintes de la vie pour accéder à la liberté du monde. Cette liberté est la condition essentielle de ce que les Grecs appelaient le bonheur, *eudaimonia*, et qui était un statut objectif dépendant avant tout de la richesse et de la santé. Être pauvre, être malade, signifiait soumission aux besoins physiques ; être esclave signifiait, en outre, soumission à la violence des hommes. Ce double « malheur », ce malheur redoublé de la servitude, est tout à fait indépendant du bien-être subjectif dont peut jouir, en fait, l'esclave. Ainsi, un homme libre pauvre préférait-il l'insécurité d'un marché du travail soumis aux hasards quotidiens à des besognes régulières, bien assurées : il voyait déjà une servitude *(douleia)* dans ces besognes qui eussent restreint sa liberté d'agir chaque jour à sa guise, et l'on préférait même un travail dur, pénible, à la vie facile de beaucoup d'esclaves familiaux[1].

Cependant, l'autorité prépolitique que le chef de famille exerçait sur la famille et les esclaves, et que l'on jugeait nécessaire du fait que l'homme est animal « social » avant d'être animal « politique », n'a rien de commun avec l'« état naturel » chaotique, brutal, auquel les hommes ne purent échapper, d'après les

1. Rappelons l'entretien de Socrate et d'Euthère dans les *Mémorables* de Xénophon (II, 8) : Euthère est contraint aux travaux manuels ; il sait que son corps ne pourra le supporter bien longtemps et que, devenu vieux, il tombera dans la misère. Cependant, il juge qu'il vaut mieux travailler que mendier. Sur quoi Socrate lui propose de chercher quelqu'un de plus fortuné ayant besoin d'un employé. Euthère réplique qu'il ne pourrait supporter la servitude *(douleia)*.

idées politiques du XVIIe siècle, qu'en établissant un gouvernement qui, grâce à son monopole de l'autorité et de la violence, abolirait la « guerre de tous contre tous » en les « maintenant tous dans la crainte »[1]. Bien au contraire, les concepts de domination et de sujétion, de gouvernement et d'autorité tels que nous les comprenons, d'ordre aussi et de règlement, étaient sentis comme prépolitique, relevant du domaine privé beaucoup plus que du domaine public.

La *polis* se distinguait de la famille en ce qu'elle ne connaissait que des « égaux », tandis que la famille était le siège de la plus rigoureuse inégalité. Être libre, cela signifiait qu'on était affranchi des nécessités de la vie et des ordres d'autrui, *et aussi* que l'on était soi-même exempt de commandement. Il s'agissait de n'être ni sujet ni chef[2]. Ainsi, dans le domaine de la famille la liberté n'existait pas, car le chef de famille, le maître, ne passait pour libre que dans la mesure où il avait le pouvoir de quitter le foyer pour entrer dans le domaine politique dont tous les membres étaient égaux. Certes, cette égalité était fort différente de celle

---

1. Expressions de Hobbes, *Leviathan*, 1re partie, ch. 13.

2. À ce propos, la référence la plus célèbre, la plus belle est la discussion des formes de gouvernement dans Hérodote (III, 80-83) au cours de laquelle Otanes, défenseur de l'égalité grecque *(isonomiè)*, déclare qu'il ne veut « ni commander ni être commandé ». Mais c'est dans le même esprit qu'Aristote expose comment la vie de l'homme libre est meilleure que celle du tyran : il refuse la liberté au tyran, la chose allant de soi (*Politique*, 1325 *a* 24). Selon Fustel de Coulanges, tous les mots grecs et latins qui indiquent une idée de domination, comme *rex, pater, anax, basileus*, se rapportent à l'origine aux relations familiales, c'étaient les noms que les esclaves donnaient au maître.

que nous concevons aujourd'hui : elle voulait dire que le citoyen vivait au milieu de ses pairs et n'avait à traiter qu'avec eux ; elle supposait l'existence d'hommes « inégaux » qui, en fait, constituaient toujours la majorité de la population d'une cité[1]. Par conséquent, l'égalité, loin d'être liée à la justice, comme aux temps modernes, était l'essence même de la liberté : on était libre si l'on échappait à l'inégalité inhérente au pouvoir, si l'on se mouvait dans une sphère où n'existait ni commandement ni soumission.

Cependant, on ne saurait poursuivre plus avant en termes d'opposition bien marquée la description des profondes différences qui séparent les conceptions ancienne et moderne de la politique. Dans le monde moderne, le domaine social et le domaine politique sont beaucoup moins distincts. L'idée que la politique n'est qu'une fonction de la société, que l'action, le langage, la pensée sont principalement des superstructures de l'intérêt social, n'est pas une découverte de Karl Marx ; c'est au contraire l'un des axiomes que Marx reçut sans examen des économistes politiques de l'époque moderne. Cette fonctionnalisation empêche de percevoir aucune frontière bien nette entre les deux domaines ; et ce n'est pas une question de théorie ni d'idéologie puisque depuis l'accession de la société, autrement dit du « ménage » *(oikia)* ou des activités économiques, au domaine public, l'économie et tous les problèmes relevant jadis de la sphère familiale sont

1. La proportion variait ; elle est certainement exagérée dans ce que Xénophon raconte de Sparte où, sur quatre mille personnes groupées sur la place du marché, un étranger n'aurait pas compté plus de soixante citoyens (*Helléniques*, III, 35).

devenus préoccupations « collectives »[1]. En fait, dans le monde moderne les deux domaines se recouvrent constamment comme des vagues dans le flot incessant de la vie.

La disparition de cet abîme, que les Anciens devaient franchir chaque jour afin de transcender l'étroit domaine familial et d'« accéder » au domaine politique, est un phénomène essentiellement moderne. La frontière existait encore, d'une certaine manière, au Moyen Âge, tout en ayant perdu beaucoup de sa signification et en s'étant déplacée considérablement. On a noté avec raison qu'après la chute de l'Empire romain c'est l'Église qui offrit aux hommes un substitut au droit de cité qui avait été autrefois la prérogative du gouvernement municipal[2]. Au Moyen Âge, la tension entre l'obscurité de la vie quotidienne et la splendeur du sacré, donc le passage du laïc au religieux, correspond à bien des égards au passage du privé au public

1. Cf. Myrdal, *op. cit.* : « L'idée que la société, comme un père de famille, héberge ses membres est profondément enracinée dans la terminologie économique… En allemand *Volkswirtschaftslehre* suggère… qu'il y a un sujet collectif de l'activité économique, avec un but commun et des valeurs communes. En anglais… *theory of wealth* ou *theory of welfare* (théories de la richesse ou de la prospérité) expriment des idées analogues » (p. 140). « Que signifie une économie sociale dont la fonction est de tenir le ménage social ? En premier lieu, cela implique ou suggère une analogie entre l'individu qui gère ses biens ou ceux de sa famille et la société. Adam Smith et James Mill ont élaboré explicitement cette analogie. Après la critique de J. S. Mill et lorsqu'on eut mieux reconnu la distinction entre économies politiques pratique et théorique, l'analogie fut généralement moins soulignée » (p. 143). Si l'on a abandonné cette analogie, c'est peut-être aussi que la société a dévoré la cellule familiale jusqu'à s'y substituer parfaitement.

2. R. H. Barrow, *The Romans* (1953), p. 194.

dans l'Antiquité. Il y a naturellement une différence très nette car, si « mondaine » que devînt l'Église, ce fut toujours, essentiellement, par les préoccupations de l'autre monde que la communauté des croyants maintint son unité. Mais, si l'on ne peut sans difficulté comparer le public au religieux, le domaine laïc sous la féodalité fut certainement dans sa totalité ce qu'avait été chez les Anciens le domaine privé. La marque distinctive de cette époque fut l'absorption de toutes les activités par le domaine familial, où elles n'avaient de valeur que privée, et, par conséquent, l'absence même de domaine public[1].

Un des faits qui caractérisent cette croissance du domaine privé et qui soulignent d'ailleurs la différence entre le maître antique et le seigneur féodal, c'est que le seigneur pouvait rendre la justice dans les limites de son fief, alors que chez les Anciens le maître, tout en régnant chez lui avec plus ou moins de dureté, ne connaissait ni lois ni justice hors du domaine politique[2]. L'inclusion

1. Les caractéristiques que E. Levasseur *(Histoire des classes ouvrières et de l'industrie en France avant 1789)* attribue aux organisations féodales du travail sont applicables à l'ensemble des communautés féodales : « Chacun vivait chez soi et vivait de soi-même, le noble sur sa seigneurie, le vilain sur sa culture, le citadin dans sa ville » (p. 229).

2. Le traitement équitable des esclaves que Platon recommande dans les *Lois* (p. 777) a fort peu de rapports avec la justice ; on ne le conseille pas « par égard pour les esclaves mais par respect de soi-même ». Sur la coexistence du droit politique de la justice et de la loi du gouvernement familial, cf. Wallon, *op. cit.*, II, p. 200 : « La loi pendant bien longtemps donc… s'abstenait de pénétrer dans la famille, où elle reconnaissait l'empire d'une autre loi. » Dans l'Antiquité, à Rome surtout, la juridiction concernant les affaires familiales, le traitement des esclaves, les liens de parenté, etc., avait

de toutes les activités humaines dans le domaine privé, toutes les relations humaines se concevant sur le modèle des rapports familiaux, marqua profondément les organisations professionnelles spécifiquement médiévales dans les villes : guildes, confréries, corporations, et jusqu'aux premières compagnies commerciales, où « la communauté familiale originelle paraît s'exprimer encore dans le mot même de compagnie *(cum-panis)*... et dans des locutions comme "gens qui mangent le même pain", "hommes partageant le pain et le vin"[1] ». Le concept de « bien commun » au Moyen Âge, loin de dénoter l'existence d'un domaine politique, reconnaît simplement que les individus ont en commun des intérêts matériels et spirituels, qu'ils ne peuvent garder leur liberté et s'occuper de leurs propres affaires que si l'un d'entre eux se charge de veiller à cet intérêt commun. Ce qui distingue de la réalité moderne cette attitude essentiellement chrétienne à l'égard de la politique, c'est moins la reconnaissance d'un « bien public » que l'exclusivisme du domaine privé, l'absence de ce curieux hybride dans lequel les intérêts privés prennent une importance publique et que nous nommons « société ».

Il n'est donc pas surprenant que la pensée politique médiévale, portant uniquement sur le domaine séculier,

---

essentiellement pour but de limiter le pouvoir, absolu autrement, du chef de famille ; une justice légale au sein de la société entièrement « privée » des esclaves était chose impensable : ils se trouvaient par définition hors du droit et soumis à l'autorité du maître. Seul le maître lui-même, mais en tant que citoyen, était soumis aux lois, qui dans l'intérêt de la cité pouvaient même éventuellement restreindre son pouvoir chez lui.

1. W. J. Ashley, *op. cit.*, p. 415.

ait toujours ignoré l'abîme qui sépare la calme existence familiale des dangers sans merci de la *polis* et que, par conséquent, elle n'ait jamais vu dans la vertu de courage l'une des attitudes politiques les plus élémentaires. Ce qui demeure surprenant, c'est que le seul théoricien postclassique qui, dans un effort extraordinaire pour rendre à la politique sa dignité, entrevit cet abîme et quel courage il fallait pour le franchir, fut Machiavel, Machiavel qui montra comment « le condottiere s'élève d'une basse condition jusqu'au premier rang », de la vie privée au principat, donc des conditions communes à la gloire des grands exploits[1].

Pour quitter son foyer, à l'origine afin de s'embarquer vers l'aventure et la gloire, plus tard afin de se consacrer simplement aux affaires de la cité, il fallait du courage puisque c'était seulement au sein de sa famille que l'homme s'occupait en premier lieu de sa vie et de sa sécurité. Qui entrait en politique devait d'abord être prêt à risquer sa vie : un trop grand amour de la vie faisait obstacle à la liberté, c'était un signe de servilité[2]. Le courage devint donc la vertu politique

---

1. Cette « montée » au rang ou au domaine supérieur est un thème qui revient souvent dans Machiavel (voir surtout *Le Prince*, ch. 6, sur Hiéron de Syracuse et ch. 7 ; et *Discours*, liv. II, ch. 13).

2. « Dès le temps de Solon on en vint à regarder la servitude comme pire que la mort » (Robert Schlaifer, « Théories grecques de l'esclavage d'Homère à Aristote », *Harvard Studies in Classical Philology*, 1936, XLVII). Par la suite, la *philopsychia* (« amour de la vie ») et la lâcheté s'identifièrent à la servilité. Ainsi, Platon croyait-il avoir démontré la servilité naturelle des esclaves par le seul fait qu'ils n'avaient pas préféré la mort à la servitude (*République*, 386 A). On retrouve encore cette idée dans la réponse de Sénèque aux plaintes des esclaves : « La liberté est si facile à saisir, comment reste-t-il un seul esclave ? » (Ép., 77, 14) ou dans

par excellence, et seuls les hommes qui en étaient doués pouvaient accéder à une société politique par son contenu et par ses buts et qui transcendait ainsi l'élémentaire rassemblement imposé à tout le monde (aux esclaves, aux barbares comme aux Grecs) par les besoins de la vie[1]. La « vie bonne » – celle du citoyen, selon Aristote – n'était donc pas seulement meilleure, plus libre, plus noble que la vie ordinaire, elle était d'une qualité absolument différente. Elle était « bonne », dans la mesure où, maîtrisant les besoins élémentaires, libérée du travail et de l'œuvre, dominant l'instinct de conservation propre à toute créature vivante, elle cessait d'être soumise aux processus biologiques.

---

sa phrase : *« vita si moriendi virtus abest, servitus est »* – « la vie, sans le courage de mourir, c'est la servitude » (77, 13). Pour comprendre l'attitude des Anciens à l'égard de l'esclavage, il n'est pas inutile de se rappeler que les esclaves étaient en majorité des ennemis vaincus et qu'il n'y avait en général qu'une faible proportion d'esclaves-nés. Si dans la République romaine les esclaves, dans l'ensemble, provenaient de l'étranger, les esclaves grecs étaient d'habitude de la même nationalité que leurs maîtres ; ils avaient prouvé leur servilité en refusant le suicide et, le courage étant la vertu politique par excellence, ils avaient montré ainsi leur indignité « naturelle », leur inaptitude à la citoyenneté. Cette attitude changea dans l'Empire romain en raison de l'influence du stoïcisme et aussi parce qu'il y avait dans la population servile une proportion beaucoup plus forte d'esclaves-nés. Cependant, pour Virgile, le *labor* reste intimement lié à la mort ignominieuse (*Énéide*, VI).

1. L'homme libre se distinguant de l'esclave par le courage : c'est apparemment le thème d'une œuvre du poète crétois Hybrias : « Mes richesses sont la lance et l'épée et le beau bouclier… Mais ceux qui n'osent porter la lance, l'épée et le beau bouclier qui protège le corps se prosternent épouvantés et me nomment Seigneur et grand Roi » (cité par Eduard Meyer, *Die Sklaverei im Altertum*, 1898, p. 22).

À la base de la conscience politique grecque, on trouve cette distinction exprimée avec une clarté, une précision sans égales. Aucune activité n'ayant d'autre but que le gain ou le simple entretien de la vie n'était admise dans le domaine politique – et cela au risque, gros de conséquences, d'abandonner le commerce et l'industrie aux esclaves et aux étrangers, de sorte qu'Athènes devint, en effet, la *pensionopolis* à « prolétariat de consommateurs » que Max Weber a si bien décrite[1]. Le véritable caractère de cette *polis* se manifeste encore dans les philosophies politiques de Platon et d'Aristote ; il arrive toutefois que la frontière entre ménage et *polis* s'y estompe un peu, surtout chez Platon qui, probablement à la suite de Socrate, commença à parler de la *polis* en prenant ses exemples dans les expériences quotidiennes de la vie privée, mais aussi chez Aristote quand ce dernier, suivant Platon, émit l'hypothèse que l'origine au moins historique de la *polis* doit être liée aux nécessités vitales et que, dans la « vie bonne », elle ne transcende la biologie que par son contenu ou son but *(telos)* essentiel.

Ces aspects de la doctrine socratique, qui allaient vite devenir axiomatiques, presque banals, étaient alors d'une nouveauté extrêmement révolutionnaire ; ils ne provenaient pas d'une expérience réelle de la vie politique, mais du désir de s'en libérer – désir que selon leurs propres conceptions les philosophes ne pouvaient justifier qu'en prouvant que ce mode de vie lui-même, le plus libre de tous, était encore lié et soumis à la

1. Max Weber : « Agrarverhältnisse im Altertum », *Gesammelte Aufsätze zur Sozial- und Wirtschaftsgeschichte* (1924), p. 147.

nécessité. Mais il restait un tel fonds d'expérience politique vécue que la distinction entre le domaine du ménage et celui de la politique ne fut jamais mise en doute. Si l'on ne maîtrise dans le ménage les nécessités biologiques, la vie, ordinaire ou « bonne », est impossible ; mais la politique n'est pas faite pour la vie. En ce qui concerne les membres de la *polis*, c'est la vie familiale qui existe en vue de la « vie bonne » au sein de la *polis*.

L'avènement du social

L'apparition de la société – l'avènement du ménage, de ses activités, de ses problèmes, de ses procédés d'organisation – sortant de la pénombre du foyer pour s'installer au grand jour du domaine public, n'a pas seulement effacé l'antique frontière entre le politique et le privé ; elle a si bien changé le sens des termes, leur signification pour la vie de l'individu et du citoyen, qu'on ne les reconnaît presque plus. Nous ne dirions certainement plus avec les Grecs qu'une vie passée dans l'intimité du chez soi, de ce que « l'on a à soi » *(idion)*, loin du monde commun, est « idiote » par définition, ni avec les Romains que la vie privée ne sert qu'à se retirer temporairement des affaires de la *res publica* ; plus encore, nous nommons aujourd'hui privé un domaine intime dont on peut chercher l'origine à la fin de l'Antiquité romaine, et dont on ne trouverait guère de traces dans l'Antiquité grecque, mais dont la diversité, la complexité singulière furent à coup sûr inconnues avant l'époque moderne.

Il ne s'agit pas d'un changement d'importance relative. Dans la pensée antique tout tenait dans le caractère privatif du privé, comme l'indique le mot lui-même ; cela signifiait que l'on était littéralement privé de quelque chose, à savoir des facultés les plus hautes et les plus humaines. L'homme qui n'avait d'autre vie que privée, celui qui, esclave, n'avait pas droit au domaine public, ou, barbare, n'avait pas su fonder ce domaine, cet homme n'était pas pleinement humain. Quand nous parlons du privé, nous ne pensons plus à une privation et cela est dû en partie à l'enrichissement énorme que l'individualisme moderne a apporté au domaine privé. Toutefois, ce qui paraît plus important encore, c'est que de nos jours le privé s'oppose au moins aussi nettement au domaine social (inconnu des Anciens qui voyaient dans son contenu une affaire privée) qu'au domaine politique proprement dit. Événement historique décisif : on découvrit que le privé au sens moderne, dans sa fonction essentielle qui est d'abriter l'intimité, s'oppose non pas au politique mais au social, auquel il se trouve par conséquent plus étroitement, plus authentiquement lié.

Le premier explorateur-interprète, et dans une certaine mesure le premier théoricien, de l'intimité fut Jean-Jacques Rousseau, le seul grand écrivain, cela est assez remarquable, que l'on désigne encore souvent par son prénom. Il fit sa découverte en se révoltant non point contre l'oppression de l'État, mais contre la société, contre son intolérable perversion du cœur humain, contre son intrusion dans un for intérieur qui, jusque-là, n'avait pas eu besoin de protection spéciale. L'intimité du cœur n'est pas comme le foyer : elle n'a pas de place tangible, objective dans le monde ; et la société contre laquelle elle proteste et s'affirme ne peut pas non plus se situer aussi sûrement que le domaine public. Pour Rousseau, l'intime et le social étaient plutôt, l'un et l'autre, des modes subjectifs de l'existence et dans son cas tout se passait comme si Jean-Jacques se révoltait contre un homme appelé Rousseau. C'est dans cette révolte du cœur que naquirent l'individu moderne et ses perpétuels conflits, son incapacité à vivre dans la société comme à vivre en dehors d'elle, ses humeurs changeantes et le subjectivisme radical de sa vie émotive. Si douteuse que soit l'authenticité de l'individu Rousseau, nul ne saurait douter de l'authenticité de sa découverte. L'étonnante floraison de poésie et de musique depuis le milieu du XVIIIe siècle jusqu'au dernier tiers, à peu près, du XIXe, et l'avènement du roman, seule forme d'art entièrement sociale, coïncidant avec le déclin non moins frappant des arts publics, en particulier de l'architecture, témoignent suffisamment des liens étroits qui unissent le social et l'intime.

La réaction de révolte contre la société au cours de laquelle Rousseau et les Romantiques découvrirent l'intimité était dirigée avant tout contre le nivellement social, ce que nous appellerions aujourd'hui le conformisme inhérent à toute société. Il importe de noter que cette révolte se produisit avant que le principe d'égalité, que depuis Tocqueville nous jugeons responsable du conformisme, ait eu le temps de s'imposer dans la vie sociale ou dans le domaine politique. À cet égard, il importe peu qu'une nation soit faite d'égaux ou de non-égaux, car la société exige toujours que ses membres agissent comme s'ils appartenaient à une seule énorme famille où tous auraient les mêmes opinions et les mêmes intérêts. Avant la désintégration de la famille, cette communauté d'intérêts et d'opinions était représentée par le père de famille qui régnait conformément à cette communauté et prévenait toute désunion dans la maisonnée[1]. La coïncidence frappante entre l'avènement de la société et le déclin de la famille indique clairement qu'en fait la cellule familiale s'est résorbée dans des groupements sociaux correspondants. À l'intérieur de ces groupements, l'égalité, bien loin d'être unc parité, n'évoque rien tant que l'égalité des membres d'une famille face au despotisme du père, avec cette différence que dans la société, où le nombre suffit à renforcer formidablement la puissance naturelle de l'intérêt commun et de l'opinion unanime, on a pu éventuellement se dispenser de l'autorité réellement exercée par un homme représentant cet intérêt commun, cette opinion correcte. Le phénomène du conformisme est caractéristique de cette dernière étape de l'évolution.

Il est vrai que le gouvernement d'un seul, le gouvernement monarchique, où les Anciens voyaient le procédé d'organisation de la famille, s'est transformé dans la société – celle que nous connaissons, dont le sommet n'est plus occupé par des familles royales – en une sorte de gouvernement sans chef. Mais, pour avoir perdu sa personnalité, ce qui passe en économie pour l'intérêt de la société dans son ensemble ou dans

1. Cf. la remarque de Sénèque qui, à propos de l'utilité d'esclaves très instruits (sachant les classiques par cœur) pour un maître supposé ignorant, déclare : « Ce que sait la maisonnée le maître le sait » (*Ép.*, 27, 6).

un salon pour l'opinion de l'honorable compagnie, ce pouvoir anonyme n'en continue pas moins de régner. Comme nous l'enseigne la forme la plus sociale de gouvernement, qui est la bureaucratie (dernier stade du gouvernement dans l'État-nation comme la monarchie en fut le premier stade dans l'absolutisme et le despotisme bienveillant), le gouvernement sans chef n'est pas nécessairement une absence de gouvernement ; en fait il peut devenir, dans certaines circonstances, tyrannique et cruel entre tous.

L'essentiel est que la société à tous les niveaux exclut la possibilité de l'action, laquelle était jadis exclue du foyer. De chacun de ses membres, elle exige au contraire un certain comportement, imposant d'innombrables règles qui, toutes, tendent à « normaliser » ses membres, à les faire marcher droit, à éliminer les gestes spontanés ou les exploits extraordinaires. Chez Rousseau, on rencontre ces exigences dans les salons de la haute société dont les conventions identifient toujours l'individu à sa position sociale. C'est cette identification qui compte, et il importe peu qu'elle concerne le rang dans la société à demi féodale du XVIIIe siècle, le titre dans la société de classe du XIXe, ou la simple fonction dans la société de masse d'aujourd'hui. Au contraire, l'avènement de la société de masse indique seulement que les divers groupes sociaux sont absorbés dans une société unique comme l'avaient été avant eux les cellules familiales ; ainsi le domaine du social, après des siècles d'évolution, est enfin arrivé au point de recouvrir et de régir uniformément tous les membres d'une société donnée. Mais en toutes circonstances la société égalise : la victoire de l'égalité dans le monde moderne n'est que la reconnaissance juridique et politique du fait que la société a conquis le domaine public, et que les distinctions, les différences sont devenues affaires privées propres à l'individu.

Cette égalité moderne, fondée sur le conformisme inhérent à la société et qui n'est possible que parce que le comportement a remplacé l'action comme mode primordial de relations humaines, diffère à tous les points de vue de l'égalité antique, notamment de celle des cités grecques. Appartenir au petit nombre des « égaux » *(homoioi)*, c'était pouvoir vivre au milieu de ses pairs ; mais le domaine public lui-même était animé d'un farouche esprit de compétition : on devait constamment s'y distinguer de tous les autres, s'y montrer constamment par des actes, des succès incomparables, le meilleur de tous *(aien aristeuein*[1]*)*. En d'autres termes, le domaine public était réservé à l'individualité ; c'était le seul qui permettait à l'homme de montrer ce qu'il était réellement, ce qu'il avait d'irremplaçable. C'est pour pouvoir courir cette chance, par amour d'une cité qui la leur procurait à tous, que les citoyens acceptaient de prendre leur part des charges de la défense, de la justice et de l'administration.

C'est le même conformisme, supposant que les hommes n'agissent pas les uns avec les autres mais qu'ils ont entre eux un certain comportement, que l'on trouve à la base de la science moderne de l'économie, née en même temps que la société et devenue avec

1. *« Aien aristeuein kai hypeirochon emmenai allôn »* (« toujours être le meilleur et l'emporter sur les autres »), c'est le but premier des héros d'Homère (*Iliade*, VI, 208), Homère l'« éducateur de l'Hellade ».

son outil principal, la statistique, la science sociale par excellence. L'économie – jusqu'aux temps modernes chapitre assez secondaire de la morale et de la politique, fondé sur l'hypothèse que les hommes agissent par rapport à leurs activités économiques comme ils agissent à tout autre égard[1] – l'économie ne put prendre un caractère scientifique que lorsque les hommes furent devenus des êtres sociaux et suivirent unanimement certaines normes de comportement, ceux qui échappaient à la règle pouvant passer pour asociaux ou pour anormaux.

Les lois de la statistique ne sont valables que pour les grands nombres ou les longues périodes ; les actes, les événements ne peuvent apparaître statistiquement que comme des déviations ou des fluctuations. Ce qui

1. « L'économie politique conçue en premier lieu comme "science" ne date que d'Adam Smith », elle était inconnue non seulement de l'Antiquité et du Moyen Âge mais aussi de la doctrine canonique, la première « doctrine économique complète », qui différait de l'économie moderne en ce qu'elle était un art plutôt qu'une science » (Ashley, *op. cit.*, pp. 379 *sq.*). L'économie classique supposait que l'homme en tant qu'être actif agit exclusivement par intérêt et n'est poussé que par le désir d'acquérir. En introduisant « une main invisible pour promouvoir une fin qui n'était dans l'intention de personne », Smith prouve que même ce minimum d'action à motivation uniforme contient encore trop d'initiative imprévisible pour qu'on puisse fonder une science. Marx développa l'économie classique en substituant les intérêts de groupe ou de classe aux intérêts individuels et personnels et en les réduisant à deux grandes classes, capitalistes et ouvriers, ne conservant ainsi qu'un seul conflit alors que les économistes classiques en avaient vu une foule. Si le système marxiste est plus cohérent et donc tellement plus « scientifique » apparemment que ses prédécesseurs, c'est surtout parce qu'il pose un « homme socialisé », être encore moins agissant que l'« homme économique » des libéraux.

justifie la statistique, c'est que les événements et les grandes actions sont rares dans la vie quotidienne et dans l'Histoire. Et, cependant, le sens des rapports quotidiens se révèle en de rares actions et non dans la vie quotidienne, de même que la signification d'une époque de l'Histoire ne se manifeste que dans les quelques événements qui l'éclairent. L'application de la loi des grands nombres et des longues durées à la politique ou à l'Histoire signifie tout simplement que l'on a volontairement oublié l'objet même de l'Histoire et de la politique et il est absolument vain d'y chercher une signification, un sens, après en avoir éliminé tout ce qui n'est pas comportement quotidien ou tendances automatiques.

Cependant, comme les lois de la statistique sont parfaitement valables quand il s'agit de grands nombres, il est évident que tout accroissement de la population entraîne un surcroît de valeur pour les statistiques et une diminution très nette des « déviations ». Politiquement, cela signifie que plus la population sera nombreuse dans un ensemble politique donné, plus le social aura de chances de l'emporter sur le politique pour y constituer le domaine public. Les Grecs, dont la cité fut la plus individualiste, la moins conformiste que nous connaissions, savaient fort bien que leur *polis*, mettant l'accent sur le langage et l'action, ne pouvait survivre qu'à condition de maintenir toujours restreint le nombre des citoyens. Une foule de gens entassés inclinerait bientôt presque irrésistiblement au despotisme, celui d'une personne ou celui de la majorité. Et si la statistique, le traitement mathématique du réel, était inconnue avant les temps modernes, les phénomènes sociaux qui autorisent ce traitement – les grands nombres, responsables du conformisme, du behaviorisme et de l'automatisme dans les affaires humaines – étaient précisément les traits qui, aux yeux des Grecs, distinguaient de la civilisation hellénique la civilisation perse.

La regrettable vérité, en ce qui concerne le behaviorisme et la validité de ses « lois », c'est que plus il y a de gens, plus ils ont tendance à « bien se conduire », et à ne point tolérer le non-conformisme. Dans la statistique, le fait est mis en évidence par le nivellement des fluctuations. Dans la réalité, les actions ont de moins en moins de chances de refouler la marée du comportement de masse, les événements perdent de plus en plus leur signification, c'est-à-dire leur pouvoir d'éclairer l'Histoire. L'uniformité statistique n'est en aucune façon un idéal scientifique inoffensif ; c'est l'idéal politique désormais avoué d'une société qui, engloutie dans la routine de la vie quotidienne, accepte la conception scientifique inhérente réellement à son existence.

Le comportement uniforme qui se prête aux calculs statistiques et, par conséquent, aux prédictions scientifiques, ne s'explique guère par l'hypothèse libérale d'une « harmonie » naturelle d'« intérêts », fondement de l'économie « classique » ; ce n'est pas Karl Marx, ce sont les économistes libéraux eux-mêmes qui durent introduire la « fiction communiste », c'est-à-dire admettre qu'il existe un intérêt de l'ensemble de la société grâce auquel une « main invisible » guide la conduite des hommes et harmonise leurs intérêts contradictoires[1]. La seule différence entre Marx et ses prédécesseurs, c'est qu'il prit au sérieux la réalité du conflit tel qu'il se présentait à la société de son époque, tout autant que la fiction hypothétique de l'harmonie ; il eut raison de conclure que la « socialisation de l'homme » harmoniserait immédiatement tous les intérêts, et il fit seulement preuve de plus de courage que ses maîtres libéraux lorsqu'il proposa d'établir dans la réalité la « fiction communiste » sous-jacente à toutes les théories économiques. Ce que Marx ne comprit pas (et ne pouvait comprendre à son époque), c'est que les germes de la société communiste se trouvaient déjà dans la réalité d'une économie nationale, et que ce n'étaient pas des intérêts de classe en soi qui les empêchaient de se développer, mais seulement la structure monarchique déjà périmée de l'État-nation. Ce qui, évidemment, s'opposait au bon fonctionnement de la société, c'étaient seulement certains résidus

1. L'utilitarisme libéral (et non le socialisme) « contraint d'adopter une insoutenable "fiction communiste" en ce qui concerne l'unité de la société », la « fiction communiste implicite dans la plupart des livres d'économie » : c'est l'une des thèses principales du brillant ouvrage de Myrdal (*op. cit.*, pp. 54 et 150). L'auteur démontre que l'économie n'est une science qu'en supposant un intérêt unique envahissant la société dans son ensemble. Derrière l'« harmonie des intérêts », il y a toujours la « fiction communiste » de l'intérêt unique, que l'on baptise si l'on veut prospérité ou bien commun. Les économistes libéraux ont donc toujours été guidés par un idéal « communiste », à savoir par l'« intérêt de la société comme un tout » (pp. 194-195). Le nœud du raisonnement est que cela « équivaut à admettre qu'il faut concevoir la société comme objet unique. Mais c'est précisément ce que l'on ne peut concevoir. Ce serait vouloir faire abstraction du fait essentiel que l'activité sociale résulte des intentions de plusieurs individus » (p. 154).

traditionnels qui intervenaient et exerçaient encore une influence sur le comportement des classes « arriérées ». Au point de vue de la société, il ne s'agissait que de facteurs de désordre retardant le plein épanouissement des « forces sociales » ; ces facteurs ne correspondaient plus à la réalité, ils étaient donc en un sens beaucoup plus « fictifs » que la fiction scientifique de l'intérêt unique.

Toute victoire complète de la société produit une sorte de « fiction communiste » dont la première caractéristique politique est bien, en effet, le gouvernement de la « main invisible », autrement dit celui de l'anonymat. Ce que nous appelons traditionnellement État et gouvernement fait place à l'administration pure – situation que Marx prédit correctement sous le nom de « dépérissement de l'État », en commettant toutefois l'erreur de supposer que seule la révolution peut la provoquer et, plus encore, de croire que ce triomphe de la société entraînerait éventuellement l'apparition du « règne de la liberté[1] ».

Pour mesurer la victoire de la société aux temps modernes, substituant d'abord le comportement à l'action et éventuellement la bureaucratie, la régie anonyme, au gouvernement personnel, il est bon de rappeler que sa science initiale, l'économie, qui n'instaure le comportement que dans le domaine d'activités relativement restreint qui la concerne, a finalement abouti à la prétention totale des sciences sociales qui,

---

1. Cet aspect habituellement négligé de l'actualité de Marx est brillamment exposé par Siegfried Landshut, « Die Gegenwart im Lichte der Marxchen Lehre », *Hamburger Jahrbuch für Wirtschafts- und Gesellschaftspolitik*, vol. I (1956).

en tant que « sciences du comportement », visent à réduire l'homme pris comme un tout, dans toutes ses activités, au niveau d'un animal conditionné à comportement prévisible. Si l'économie est la science de la société à ses débuts lorsqu'elle ne peut imposer ses règles de conduite qu'à certains secteurs de la population et pour une partie de leurs activités, l'avènement des « sciences du comportement » signale clairement le dernier stade de cette évolution, quand la société de masse a dévoré toutes les couches de la nation et que le « comportement social » est devenu la norme de tous les domaines de l'existence.

Depuis l'épanouissement de la société, depuis l'admission de l'économie familiale et des activités ménagères dans le domaine public, une tendance irrésistible à tout envahir, à dévorer les sphères anciennes du politique et du privé comme la plus récente, celle de l'intimité, a été l'une des caractéristiques dominantes de ce nouveau domaine. Cette croissance constante, dont on peut observer l'accélération non moins constante sur trois siècles au moins, tire son énergie du fait que, par la société, c'est le processus vital lui-même qui, sous une forme ou sous une autre, a pénétré le domaine public. Le domaine privé du foyer familial était la sphère où se trouvaient prises en charge et garanties les nécessités de la vie, la conservation de l'individu et la continuité de l'espèce. L'un des caractères du privé, avant la découverte de l'intime, était que l'homme n'existait pas dans cette sphère en tant qu'être vraiment humain mais en tant que spécimen de l'espèce animale appelée genre humain. C'est pour cela précisément que l'Antiquité le méprisait. L'apparition de la société a modifié le jugement porté sur tout ce domaine privé, mais elle n'en a guère transformé la nature. Le caractère monolithique de toute société, son conformisme n'autorisant qu'un seul intérêt et qu'une seule opinion, s'enracine en dernière analyse dans l'unité de l'espèce humaine. C'est parce que cette unité de l'espèce n'a rien d'imaginaire, parce qu'elle n'est pas une simple hypothèse scientifique comme dans la « fiction communiste » de l'économie classique, que la société de masse, où règne l'homme-animal social, et où l'on pourrait, semble-t-il, assurer mondialement la survie de l'espèce, peut dans le même temps menacer d'anéantir l'humanité.

Ce qui indique le plus clairement que la société constitue l'organisation publique du processus vital, c'est peut-être qu'en un temps relativement court la domination sociale a transformé toutes les collectivités modernes en sociétés de travailleurs et d'employés. (Pour avoir une société de travailleurs, il n'est évidemment pas nécessaire que ses membres soient tous des ouvriers – la condition n'est même pas dans l'émancipation de la classe ouvrière ni dans l'énorme puissance que lui confère virtuellement le principe de la majorité –, il faut seulement que tous ses membres considèrent leur activité, quelle qu'elle soit, comme essentiellement un moyen de gagner leur vie et celle de leurs familles.) La société est la forme sous laquelle on donne une importance publique au fait que les hommes dépendent les uns des autres pour vivre et rien de plus ; c'est la forme sous laquelle on permet aux activités concernant la survie pure et simple de paraître en public.

Il n'est certes pas indifférent qu'une activité ait lieu en public ou dans le privé. Le caractère du domaine public change évidemment selon les activités qu'on y fait entrer ; l'activité elle-même, dans une mesure considérable, change aussi de nature. Le travail, cependant uni en toutes circonstances au processus vital au sens le plus élémentaire, le plus biologique, demeura stationnaire pendant des milliers d'années, emprisonné dans l'éternel retour de ce processus auquel il était lié. L'élévation du travail au rang d'activité publique, loin de faire disparaître son caractère de processus – comme on aurait pu s'y attendre en songeant que les entités politiques visent toujours au permanent et que leurs lois s'entendent toujours comme des limites imposées au mouvement –, a, au contraire, délivré ce processus de sa monotone périodicité cyclique pour le transformer en une évolution de plus en plus rapide dont les résultats ont complètement changé en quelques siècles la totalité du monde habité.

Dès que le travail fut libéré des restrictions que lui imposait sa relégation au domaine privé – et cette émancipation ne fut pas une conséquence de l'émancipation de la classe ouvrière, elle la précéda –, on dirait que l'élément de croissance propre à toute vie organique surmonta, dépassa complètement les processus de dépérissement qui, dans l'économie de la nature, modèrent et équilibrent l'exubérance de la vie. Le règne du social, dans lequel le processus vital a établi son domaine public, a déclenché, pour ainsi dire, une croissance contre nature du naturel ; et c'est contre cette croissance, non pas simplement contre la société mais contre un domaine social toujours grandissant, que le privé et l'intime d'une part, et le politique (au sens strict du mot) d'autre part, se sont montrés incapables de se défendre.

Ce que nous avons appelé croissance contre nature du naturel est habituellement considéré comme l'augmentation en accélération constante de la productivité. Le facteur principal de cette augmentation constante est depuis le début l'organisation des tâches, visible dans ce qu'on nomme division du travail, qui précéda la révolution industrielle ; c'est sur elle que se fonde même la mécanisation du travail, second facteur de la productivité. Étant donné que le principe d'organisation lui-même relève nettement du domaine public, la division du travail est précisément le sort de cette activité, le travail, dans les conditions du domaine public, sort impossible au sein de l'économie familiale[1]. En aucune

1. Je n'applique le terme de « division du travail » qu'aux conditions modernes dans lesquelles une activité est divisée, atomisée en d'innombrables petites manipulations ; il ne s'agit pas de la « division du travail » que procure la spécialisation. On ne peut appeler division cette dernière qu'en admettant que la société est à concevoir comme sujet unique, dont les besoins sont satisfaits au moyen des tâches qu'une « main invisible » répartit parmi ses membres. Il en est de même, *mutatis mutandis*, de la notion bizarre d'une division du travail entre les sexes, qui passe même pour originelle chez certains auteurs. C'est admettre pour sujet unique l'espèce humaine qui aurait réparti ses besognes entre les hommes et les femmes. On trouve cet argument dans l'Antiquité (cf. Xénophon, *Économique*, VII, 22) mais avec un accent, un sens, tout différents. Il y a surtout division entre la vie passée au foyer et la vie passée dehors, dans le monde. Cette dernière seule est pleinement digne de l'homme, et la notion d'égalité des sexes, nécessaire à l'idée de division du travail, fait absolument défaut, cela va de soi. L'Antiquité ne semble avoir connu que la spécialisation professionnelle, que l'on supposait prédéterminée par les dons,

sphère de l'existence, semble-t-il, nous n'avons réussi aussi brillamment que dans la transformation révolutionnaire du travail, à tel point que nous commençons à ne plus comprendre le sens même du mot (qui a toujours été associé à la fatigue quasi intolérable, à l'effort, à la peine et, par conséquent, aux déformations du corps, en sorte que le travail ne pouvait avoir d'autre raison d'être que la misère[1]). Si la cruelle nécessité rendait le travail indispensable à l'entretien de la vie, l'excellence était bien la dernière chose qu'on en pouvait attendre.

L'excellence, que les Grecs eussent appelée *aretè*, les Romains *virtus*, a toujours été assignée au domaine public où l'on pouvait exceller, se distinguer des autres. Toute activité exécutée en public peut atteindre à une

---

les qualités naturels. Ainsi, le travail des mines d'or, qui occupaient des milliers d'ouvriers, était réparti d'après la force et l'habileté (cf. J.-P. Vernant, « Travail et nature dans la Grèce ancienne », *Journal de Psychologie normale et pathologique*, vol. LII, n° 1, 1955).

1. Tous les noms européens du « travail », *labor* en latin et en anglais, *ponos* en grec, *travail* en français, *Arbeit* en allemand, signifient fatigue, effort et servent aussi à désigner les douleurs de l'enfantement. Étymologiquement *labor* est de même racine que *labare* (« trébucher sous un fardeau ») ; *ponos* et *Arbeit* évoquent la « pauvreté » (*penia* en grec, *Armut* en allemand). Même Hésiode, qui passe pour l'un des rares défenseurs du travail dans l'Antiquité, fait du travail dur *(ponon alginoenta)* le premier des fléaux de l'homme (*Théogonie*, 226). Sur l'emploi du mot en grec, voir Herzog-Hauser, *Ponos, in* Pauly-Wissowa. En allemand, *Arbeit* et *arm* viennent du germanique *arbma* qui signifiait solitaire, négligé, abandonné (cf. Kluge-Götze, *Etymologisches Wörterbuch*, 1951). En allemand médiéval, le mot servait à traduire *labor, tribulatio, persecutio, adversitas, malum* (cf. Klara Vontobel, *Das Arbeitsethos des deutschen Protestantismus*, Berne, 1946).

excellence que l'on ne saurait égaler dans le privé ; car l'excellence par définition exige toujours la présence d'autrui ; et cette présence doit être officielle : pour public l'homme veut ses pairs et non l'assistance familière et banale de ses égaux ou de ses inférieurs[1]. Le règne du social lui-même – qui, cependant, a rendu anonyme la *virtus*, qui a exalté les progrès de l'humanité plutôt que les exploits des hommes et complètement changé le contenu du domaine public – n'a pu effacer tout à fait le lien qui existe entre l'excellence et l'acte public. Nous sommes devenus excellents dans les travaux que nous exécutons en public, mais notre aptitude à l'action et à la parole a beaucoup perdu de ses qualités depuis que l'avènement du social les a exilées dans la sphère de l'intime et du privé. On a généralement remarqué cette curieuse disparité ; on en accuse d'ordinaire un prétendu décalage entre nos capacités techniques et notre évolution humaniste en général, ou entre les sciences physiques qui modifient et dominent la nature, et les sciences sociales qui ne savent pas encore changer ni régir la société. Indépendamment des sophismes d'un tel raisonnement, si souvent soulignés qu'il est inutile de les répéter, on notera que cette critique concerne seulement un changement possible de la psychologie des humains – de ce qu'on appelle leurs types de comportement – et non pas du monde

1. La phrase souvent citée d'Homère : « Zeus enlève à l'homme la moitié de sa vertu *(aretè)* le jour où il tombe en servitude » (*Odyssée*, XVII, 320 *sq.*), est placée dans la bouche d'Eumée, esclave lui-même ; elle veut être une simple constatation, non une critique ni un jugement moral. L'esclave perdait l'excellence, parce qu'il perdait ses droits au domaine public où l'excellence peut paraître.

dans lequel ils vivent. Et cette interprétation psychologique, pour laquelle l'absence ou la présence d'un domaine public ne compte pas plus que toute autre réalité tangible du monde, paraît bien douteuse étant donné qu'aucune activité ne peut prétendre à l'excellence si le monde ne lui procure un terrain convenable à son exercice. Ni l'éducation, ni l'ingéniosité, ni le talent ne sauraient remplacer les éléments constitutifs du domaine public qui en font proprement le lieu de l'excellence humaine.

Domaine public : le commun

Le mot « public » désigne deux phénomènes liés l'un à l'autre mais non absolument identiques :

Il signifie d'abord que tout ce qui paraît en public peut être vu et entendu de tous, jouit de la plus grande publicité possible. Pour nous l'apparence – ce qui est vu et entendu par autrui comme par nous-mêmes – constitue la réalité. Comparées à la réalité que confèrent la vue et l'ouïe, les plus grandes forces de la vie intime – les passions, les pensées, les plaisirs des sens – mènent une vague existence d'ombres tant qu'elles ne sont pas transformées (arrachées au privé, désindividualisées pour ainsi dire) en objets dignes de paraître en public[1]. C'est la transformation qui se

---

1. C'est aussi pourquoi il est impossible « de tracer le portrait d'un esclave quelconque… Tant qu'ils n'émergent pas à la liberté et à la notoriété, les esclaves sont moins des personnes que des figurants » (Barrow, *Slavery in the Roman Empire*, p. 156).

produit d'ordinaire dans le récit et généralement dans la transposition artistique des expériences individuelles. Mais cette transfiguration n'exige pas nécessairement les ressources de l'art. Chaque fois que nous décrivons des expériences qui ne sont possibles que dans le privé ou dans l'intimité, nous les plaçons dans une sphère où elles prennent une sorte de réalité qu'en dépit de leur intensité elles n'avaient pas auparavant. C'est la présence des autres voyant ce que nous voyons, entendant ce que nous entendons, qui nous assure de la réalité du monde et de nous-mêmes ; et si l'intimité d'une vie privée pleinement développée, inconnue avant les temps modernes, donc avant le déclin du domaine public, doit toujours intensifier, enrichir sans cesse, la gamme des émotions subjectives et des sentiments privés, cette intensification se fera toujours aux dépens de la certitude de la réalité du monde et des hommes.

En fait, le sentiment le plus intense que nous connaissions, intense au point de tout effacer, à savoir l'expérience de la grande douleur physique, est à la fois le plus privé et le moins communicable de tous. C'est peut-être la seule expérience que nous soyons incapables de transformer pour lui donner une apparence publique ; plus encore, elle nous prive de notre sens du réel à tel point que rien ne s'oublie plus vite, plus aisément que la souffrance. De la subjectivité radicale, en laquelle je ne suis plus « reconnaissable », au monde extérieur de la vie, il semble qu'il n'y ait pas de pont[1]. En d'autres

1. Cf. un poème sur la douleur, peu connu, que Rilke écrivit sur son lit de mort. Les premiers vers de ce poème sans titre : « Komm du, du letzter, den ich anerkenne, / heilloser Schmerz im leiblichen Geweb » ; et les derniers : « Bin ich es noch, der da unkenntlich

termes, la douleur, véritable expérience-limite entre la vie conçue comme « être parmi les hommes » *(inter homines esse)* et la mort, est tellement subjective, si éloignée du monde des choses et des hommes qu'elle ne peut prendre aucune apparence[1].

Parce que notre sens du réel dépend entièrement de l'apparence, et donc de l'existence d'un domaine public où les choses peuvent apparaître en échappant aux ténèbres de la vie cachée, le crépuscule lui-même qui baigne notre vie privée, notre vie intime, est un reflet de la lumière crue du domaine public. Mais il y a beaucoup de choses qui ne peuvent supporter l'illumination implacable de la présence constante d'autrui sur la scène publique ; on n'y tolère que ce qui passe pour important, digne d'être vu ou entendu, le reste devenant automatiquement affaire privée. Cela ne signifie certes pas que les affaires privées soient généralement sans importance ; au contraire, nous verrons qu'il y a des choses très importantes qui ne peuvent subsister que dans le domaine privé. Par exemple l'amour, à la différence de l'amitié, meurt, ou plutôt s'éteint,

---

brennt ? / Erinnerungen reiss ich nicht herein. / O Leben, Leben : Draussensein / Und ich in Lohe. Niemand, der mich kennt. »

1. Sur la subjectivité de la douleur et ses rapports avec toutes les variétés d'hédonisme et de sensualisme, voir p. 209 et 503. Pour le vivant, la mort est avant tout disparition. Mais, à la différence de la douleur, il y a un aspect de la mort sous lequel elle semble apparaître parmi les vivants : la vieillesse. Goethe a dit que vieillir c'est se retirer graduellement de l'apparence *(stufenweises Zurücktreten aus der Erscheinung)* ; on sent la vérité de ce mot, comme l'apparence même de cette disparition, devant les autoportraits de vieillesse des grands maîtres (Rembrandt, Vinci, etc.), dans lesquels l'intensité du regard semble illuminer et dominer la chair qui se retire.

dès que l'on en fait étalage. (« Ne parle pas de ton amour. De l'amour qui ne se peut jamais dire… ») Essentiellement étranger au monde, l'amour ne peut que mentir et se pervertir lorsqu'on l'emploie à des fins politiques comme le changement ou le salut du monde.

Ce que le domaine public considère comme sans importance a parfois un charme si extraordinaire, si contagieux, que tout un peuple peut l'adopter pour mode de vie, sans pour autant en modifier le caractère essentiellement privé. La passion moderne pour les petites choses, prêchée, il est vrai, par la poésie du début du siècle dans la plupart des langues européennes, a trouvé sa présentation classique en France dans le *petit bonheur*[1]. Depuis le déclin de leur domaine public autrefois glorieux, les Français sont passés maîtres dans l'art d'être heureux au milieu des « petites choses », entre leurs quatre murs, entre le lit et l'armoire, le fauteuil et la table, le chien, le chat et le pot de fleurs, répandant sur tout cela un soin, une tendresse qui, dans un monde où l'industrialisation rapide ne cesse de tuer les choses d'hier pour fabriquer celles du lendemain, peuvent bien apparaître comme tout ce qui subsiste de purement humain dans le monde. Cet épanouissement du privé, cet enchantement, dirait-on, de tout un peuple ne fait pas un domaine public, mais au contraire signifie seulement que le domaine public s'est presque entièrement résorbé et que la grandeur a partout fait place au charme ; car si le domaine public peut être grand, il ne saurait être charmant pour la bonne raison qu'il ne peut accueillir ce qui est sans conséquence.

1. En français dans le texte.

En second lieu, le mot « public » désigne le monde lui-même en ce qu'il nous est commun à tous et se distingue de la place que nous y possédons individuellement. Cependant, ce monde n'est pas identique à la Terre ou à la nature, en tant que cadre du mouvement des hommes et condition générale de la vie. Il est lié aux productions humaines, aux objets fabriqués de main d'homme, ainsi qu'aux relations qui existent entre les habitants de ce monde fait par l'homme. Vivre ensemble dans le monde : c'est dire essentiellement qu'un monde d'objets se tient entre ceux qui l'ont en commun, comme une table est située entre ceux qui s'assoient autour d'elle ; le monde, comme tout entre-deux, relie et sépare en même temps les hommes.

Le domaine public, monde commun, nous rassemble mais aussi nous empêche, pour ainsi dire, de tomber les uns sur les autres. Ce qui rend la société de masse si difficile à supporter, ce n'est pas, principalement du moins, le nombre des gens ; c'est que le monde qui est entre eux n'a plus le pouvoir de les rassembler, de les relier, ni de les séparer. Étrange situation qui évoque une séance de spiritisme au cours de laquelle les adeptes, victimes d'un tour de magie, verraient leur table soudain disparaître, les personnes assises les unes en face des autres n'étant plus séparées, mais n'étant plus reliées non plus, par quoi que ce soit de tangible.

L'Histoire ne nous fait connaître qu'un seul principe imaginé pour maintenir la cohésion d'une collectivité dont les membres ne s'intéressaient plus au monde commun par lequel ils ne se sentaient plus ni reliés ni séparés. Trouver un lien entre les hommes assez fort pour remplacer le monde, ce fut la grande tâche politique de la philosophie chrétienne primitive, et saint Augustin proposa de fonder non seulement la « fraternité chrétienne » mais toutes les relations humaines sur la charité. Mais cette charité, bien que son éloignement du monde corresponde clairement à l'expérience humaine générale de l'amour, s'en distingue en même temps de façon très nette en ce qu'elle se situe, comme le monde, entre les hommes : « Même les voleurs ont entre eux *(inter se)* ce qu'ils appellent charité[1]. » Cet exemple surprenant du principe politique chrétien est, en fait, fort bien choisi, car le lien de charité, incapable, il est vrai, de fonder son domaine public, est tout à fait adapté au grand principe du Royaume-qui-n'est-pas-de-ce-monde et convient admirablement pour guider dans le monde un groupe d'hommes qui refusent le monde, groupe de saints ou groupe de criminels, à la seule condition qu'il soit bien entendu que le monde lui-même est condamné et que toute activité n'y est entreprise que sous la réserve *quamdiu mundus durat* (« tant que le monde dure »)[2]. Le caractère non politique, non public, de la communauté chrétienne était déjà défini dans la notion de *corpus*, cette communauté devant être un « corps » dont tous les membres seraient comme des frères[3]. On modela

1. *Contra Faustum Manichaeum*, v, 5.

2. C'est évidemment ce que suppose encore la philosophie politique de saint Thomas (cf. *op. cit.*, II, 181, 4).

3. L'expression *corpus rei publicae* est courante en latin préchrétien, mais désigne la population habitant une *res publica*, un domaine politique donné. Le terme grec correspondant, *sôma*, n'est jamais utilisé avant le christianisme au sens politique. Il semble que la métaphore apparaisse pour la première fois dans saint Paul (I Cor., 12, 12-27), on la trouve chez tous les premiers auteurs

la vie commune sur les relations familiales parce que ces dernières étaient notoirement apolitiques et même antipolitiques. Aucun domaine public ne s'était jamais instauré entre les membres d'une famille ; aucun ne naîtrait probablement de la vie commune des chrétiens si cette vie n'avait d'autre loi que le principe de la charité. Même en ce cas, comme nous l'apprennent l'Histoire et les règles des ordres monastiques (les seules communautés où l'on ait jamais essayé le principe de la charité comme moyen politique), le danger de voir les activités entreprises à cause de la *necessitas vitae praesentis*[1] se prêter d'elles-mêmes, parce que accomplies en présence d'autrui, à l'établissement d'une sorte de contre-monde, d'un domaine public au sein des ordres eux-mêmes, était assez grand pour que l'on dût recourir à des règles supplémentaires, la plus intéressante en ce qui nous concerne étant la prohibition de l'excellence et de l'orgueil qui en résulte[2].

Le refus du monde comme phénomène politique n'est possible que s'il est admis que le monde ne durera

---

chrétiens (voir par exemple Tertullien, *Apologeticus*, 39 ; Ambroise, *De officiis ministrorum*, III, 3, 17). Elle prit une très grande importance dans la théorie politique médiévale qui admit presque unanimement que les hommes sont *quasi unum corpus* (saint Thomas, *op. cit.*, II, 1, 81, 1). Mais, tandis que les anciens auteurs insistaient sur l'égalité des membres, tous également nécessaires au bien-être du corps, on mit plus tard l'accent sur la différence entre la tête et les membres, sur le devoir de la tête, qui est de commander, et sur celui des membres, qui est d'obéir (cf. Anton-Hermann-Chroust, « L'Idée de corporation au Moyen Âge », *Review of Politics*, vol. VIII, 1947).

1. Saint Thomas, *op. cit.*, II, 2, 179, 2.

2. Voir l'article 57 de la règle de saint Benoît, *in* Levasseur, *op. cit.* (p. 187) : « Si un moine devenait fier de son travail, il devait l'abandonner. »

pas ; mais, dans cette hypothèse, il est presque inévitable que le refus du monde, sous une forme ou sous une autre, se mette à dominer la scène politique. C'est ce qui arriva après la chute de l'Empire romain et, encore que pour de tout autres raisons, sous des formes très différentes et peut-être plus désolées encore, c'est ce qui semble se produire de nos jours. Le renoncement chrétien aux choses de ce monde n'est nullement la seule conclusion que l'on puisse tirer de la conviction que l'artifice humain, produit de mains mortelles, est aussi mortel que ses auteurs. Au contraire, cela peut aussi intensifier la jouissance et la consommation des choses de ce monde, tous rapports dans lesquels le monde n'est pas principalement conçu comme *koinon*, comme bien commun à tous. Seule dépend entièrement de la durée l'existence d'un domaine public dont la conséquence est de transformer le monde en une communauté d'objets qui rassemble les hommes et les relie les uns aux autres. Si le monde doit contenir un espace public, on ne peut pas l'édifier pour la durée de vie des hommes mortels.

À défaut de cette transcendance qui les fait accéder à une immortalité terrestre virtuelle, aucune politique au sens strict, aucun monde commun, aucun domaine public ne sont possibles. Car, à la différence du bien commun tel que l'entendait le christianisme – le salut de l'âme, préoccupation commune de tous –, le monde commun est ce qui nous accueille à notre naissance, ce que nous laissons derrière nous en mourant. Il transcende notre vie aussi bien dans le passé que dans l'avenir ; il était là avant nous, il survivra au bref séjour que nous y faisons. Il est ce que nous avons en commun non seulement avec nos contemporains, mais aussi avec ceux qui sont passés et avec ceux qui viendront après nous. Mais ce monde commun ne peut résister au va-et-vient des générations que dans la mesure où il paraît en public. C'est la publicité du domaine public qui sait absorber et éclairer d'âge en âge tout ce que les hommes peuvent vouloir arracher aux ruines naturelles du temps. Durant des siècles – mais cela est fini à présent –, des hommes sont entrés dans le domaine public parce qu'ils voulaient que quelque chose d'eux-mêmes ou quelque chose qu'ils avaient en commun avec d'autres fût plus durable que leur vie terrestre. (Ainsi le malheur de l'esclavage n'était pas seulement de vivre invisible et sans liberté ; il tenait aussi à la crainte qu'avaient les esclaves, ces êtres obscurs, de « devoir à cause de leur obscurité passer sans laisser de trace de leur existence[1] ».) Rien sans doute ne témoigne mieux de la perte du domaine public aux temps modernes que la disparition à peu près totale d'une authentique préoccupation de l'immortalité, disparition quelque peu effacée par la perte simultanée du souci métaphysique de l'éternité. Nous laisserons de côté ce dernier, qui appartient aux philosophes et à la *vita contemplativa*. Mais la première disparition est attestée par la classification actuelle qui confond la quête d'immortalité avec le vice privé de la vanité. Dans les conditions modernes

1. Barrow (*Slavery in the Roman Empire*, p. 168) dans un passage lumineux sur l'admission des esclaves dans les collèges romains, qui leur procurait outre « une bonne camaraderie dans la vie et la certitude d'avoir un enterrement décent… la gloire finale d'une épitaphe ; et dans cette dernière assurance l'esclave trouvait un plaisir mélancolique ».

il est en vérité si invraisemblable qu'un homme aspire sérieusement à l'immortalité terrestre que l'on a probablement raison de n'y voir que de la vanité.

Le célèbre passage d'Aristote : « Considérant les affaires humaines, on ne doit pas… considérer l'homme tel qu'il est, ni considérer ce qui est mortel dans les choses mortelles, mais les envisager [seulement] dans la mesure où elles ont la possibilité d'immortaliser », se trouve comme il se doit dans ses écrits politiques[1]. Car la *polis* pour les Grecs, comme la *res publica* pour les Romains, était avant tout leur garantie contre la futilité de la vie individuelle, l'espace protégé contre cette futilité et réservé à la relative permanence des mortels, sinon à leur immortalité.

Adam Smith a exprimé ce que l'époque moderne a pensé du domaine public quand la société eut fait en public son apparition spectaculaire ; avec une sincérité désarmante, il cite « cette race peu prospère d'hommes communément appelés hommes de lettres » pour qui « l'admiration publique… forme toujours une part de leur rémunération…, une part considérable dans la profession de médecine ; une plus grande encore peut-être dans celle du Droit ; en poésie et philosophie, elle en forme presque la totalité »[2]. Il est évident ici qu'admiration publique et rémunération en espèces sont de même nature et peuvent se substituer l'une à l'autre. L'admiration publique est, elle aussi, une chose à utiliser, à consommer ; la situation, comme on dirait aujourd'hui, satisfait un besoin comme la nourriture en

1. *Éthique à Nicomaque*, 1177 *b* 31.
2. *Wealth of Nations*, liv. I, ch. 10.

satisfait un autre ; la vanité individuelle consomme de l'admiration publique comme l'appétit consomme de la nourriture. Il est clair qu'à ce point de vue la pierre de touche du réel n'est pas dans la présence publique d'autrui, mais dans l'urgence plus ou moins pressante de besoins dont nul ne peut attester l'existence ou la non-existence, sauf l'individu qui se trouve en souffrir. Et, puisque le besoin de nourriture a un fondement de réalité démontrable dans le processus vital, il est également clair que les sensations parfaitement subjectives de faim ou de soif sont plus réelles quc la « gloriole » dont parlait Hobbes à propos du besoin d'admiration. Mais même si ces besoins, grâce à quelque miracle de la sympathie, étaient partagés par autrui, leur futilité leur interdirait de fonder quoi que ce soit d'aussi solide et durable qu'un monde commun. L'important n'est donc point le manque d'admiration pour la poésie et la philosophie dans le monde moderne, mais le fait que cette admiration ne sert aucunement à lutter contre la destruction du temps. Cette admiration, chaque jour consommée en plus grosse quantité, est au contraire si futile que la rétribution financière, chose futile entre toutes, devient plus « objective », plus réelle.

Par opposition à cette « objectivité » dont le seul fondement est l'argent, dénominateur commun de tous les besoins à satisfaire, la réalité du domaine public repose sur la présence simultanée de perspectives, d'aspects innombrables sous lesquels se présente le monde et pour lesquels on ne saurait imaginer ni commune mesure ni commun dénominateur. Car, si le monde commun offre à tous un lieu de rencontre, ceux qui s'y présentent y ont des places différentes, et la place de l'un ne coïncide pas plus avec celle d'un autre que deux objets ne peuvent coïncider dans l'espace. Il vaut la peine d'être vu et d'être entendu parce que chacun voit et entend de sa place, qui est différente de toutes les autres. Tel est le sens de la vie publique ; par comparaison, la plus riche, la plus satisfaisante vie familiale n'offre à l'homme que le prolongement ou la multiplication du point qu'il occupe avec les aspects et perspectives que comporte cette localisation. La subjectivité du privé peut se prolonger et se multiplier dans la famille, elle peut même devenir assez forte pour peser sur le domaine public ; mais ce « monde » familial ne remplacera jamais la réalité qui résulte de la somme des aspects que présente un unique objet à une multitude de spectateurs. Lorsque les choses sont vues par un grand nombre d'hommes sous une variété d'aspects sans changer d'identité, les spectateurs qui les entourent sachant qu'ils voient l'identité dans la parfaite diversité, alors, alors seulement apparaît la réalité du monde, sûre et vraie.

Dans les conditions d'un monde commun, ce n'est pas d'abord la « nature commune » de tous les hommes qui garantit le réel ; c'est plutôt le fait que, malgré les différences de localisation et la variété des perspectives qui en résulte, tous s'intéressent toujours au même objet. Si l'on ne discerne plus l'identité de l'objet, nulle communauté de nature, moins encore le conformisme contre-nature d'une société de masse, n'empêcheront la destruction du monde commun, habituellement précédée de la destruction des nombreux aspects sous lesquels il se présente à la pluralité humaine. C'est ce qui peut se produire dans les conditions d'un isolement radical, quand personne ne s'accorde plus avec personne, comme c'est le cas d'ordinaire dans les tyrannies. Mais cela peut se produire aussi dans les conditions de la société de masse ou de l'hystérie des foules où nous voyons les gens se comporter tous soudain en membres d'une immense famille, chacun multipliant et prolongeant la perspective de son voisin. Dans les deux cas, les hommes deviennent entièrement privés : ils sont privés de voir et d'entendre autrui, comme d'être vus et entendus par autrui. Ils sont tous prisonniers de la subjectivité de leur propre expérience singulière, qui ne cesse pas d'être singulière quand on la multiplie indéfiniment. Le monde commun prend fin lorsqu'on ne le voit que sous un seul aspect, lorsqu'il n'a le droit de se présenter que dans une seule perspective.

Domaine privé : la propriété

C'est par rapport à cette signification multiple du domaine public qu'il faut comprendre le mot « privé » au sens privatif original. Vivre une vie entièrement privée, c'est avant tout être privé de choses essentielles à une vie véritablement humaine : être privé de la réalité qui provient de ce que l'on est vu et entendu par autrui, être privé d'une relation « objective » avec les autres, qui provient de ce que l'on est relié aux autres et séparé d'eux par l'intermédiaire d'un monde d'objets commun, être privé de la possibilité d'accomplir quelque chose de plus permanent que la vie. La privation tient à l'absence des autres ; en ce qui les concerne l'homme privé n'apparaît point, c'est donc comme s'il n'existait pas. Ce qu'il fait reste sans importance, sans conséquence pour les autres, ce qui compte pour lui ne les intéresse pas.

Dans les circonstances modernes, cette privation de relations « objectives » avec autrui, d'une réalité garantie par ces relations, est devenue le phénomène de masse de la solitude qui lui donne sa forme la plus extrême et la plus antihumaine[1]. Cette extrémité vient de ce que la société de masse détruit non seulement le domaine public mais aussi le privé : elle prive les hommes non seulement de leur place dans le monde mais encore de leur foyer où ils se sentaient jadis protégés du monde, et où, du moins, même les exclus du monde pouvaient se consoler dans la chaleur du foyer et la réalité restreinte de la vie familiale. La vie au foyer s'est épanouie en espace intérieur, privé : nous le devons à l'extraordinaire sens politique des Romains qui, contrairement aux Grecs, ne sacrifièrent jamais le privé au public et comprirent que ces deux domaines devaient coexister. La condition des esclaves n'était sans doute guère meilleure à Rome qu'à Athènes ; il est cependant très remarquable qu'un auteur romain ait considéré que la maison du maître était aux esclaves ce que la *res publica* était aux citoyens[2]. Mais, si tolérable qu'ait pu être la vie privée au sein de la famille, on ne pouvait évidemment y voir plus qu'un substitut, même si le domaine privé à Rome comme à Athènes se prêtait

1. Cf. David Riesman, *The Lonely Crowd* (1950).

2. Pline le Jeune, cité par Westermann, *Sklaverei*, *in* Pauly-Wissowa, suppl. VI, p. 1045.

à maintes activités que nous classons aujourd'hui avant la politique : par exemple, l'enrichissement en Grèce, l'art et la science à Rome. Cette attitude « libérale » grâce à laquelle il put y avoir en certaines circonstances des esclaves très prospères et très cultivés signifiait simplement que dans la *polis* grecque la fortune n'avait pas de sens et que dans la République romaine il importait peu qu'on fût philosophe[1].

Il va sans dire que le caractère privatif du privé, la conscience d'être privé d'une chose essentielle par une vie passée exclusivement dans l'étroite sphère de la famille, devait s'effacer et presque disparaître à l'avènement du christianisme. La morale chrétienne, distincte de ses préceptes religieux fondamentaux, a toujours affirmé que chacun doit s'occuper de ses affaires et que la responsabilité politique est avant tout un fardeau, dont on se charge exclusivement pour le bien-être et le salut des autres ainsi délivrés du souci des affaires publiques[2]. Il est surprenant que cette attitude

1. Il y a de nombreuses preuves de cette évaluation différente de la richesse et de la culture à Rome et en Grèce. Mais il est remarquable que ces jugements aient toujours coïncidé avec la situation des esclaves. À Rome ces derniers jouèrent dans la culture un rôle beaucoup plus grand qu'en Grèce où, en revanche, ils eurent une grande importance dans la vie économique (cf. Westermann, *op. cit.*, p. 984).

2. Saint Augustin (*De civitate Dei*, XIX, 19) voit dans le devoir de *caritas* envers l'*utilitas proximi* la limite de l'*otium* et de la contemplation. Mais « dans la vie active, ce ne sont pas les honneurs ni le pouvoir que nous devons convoiter… mais le bien de nos subordonnés *[salutem subditorum]* ». Cette responsabilité ressemble évidemment à celle du père de famille plutôt qu'à une responsabilité politique proprement dite. Le précepte chrétien – s'occuper de ses affaires – vient de I Thess. (4, 11) : « Mettez

ait survécu jusque dans la laïcité de l'époque moderne au point que Karl Marx qui, dans ce cas comme dans d'autres, ne fit que résumer, mettre en concepts et en programme les idées sous-jacentes de deux cents ans de modernisme, en arriva à prédire et à espérer le « dépérissement » de tout le domaine public. La différence entre le point de vue chrétien et le point de vue socialiste à cet égard, l'un voyant dans le gouvernement un mal nécessaire à cause du péché, l'autre espérant l'abolir éventuellement, n'est pas une différence de jugement sur le domaine public, mais sur la nature humaine. Ce qu'il est impossible d'apercevoir d'un point de vue comme de l'autre, c'est que le « dépérissement de l'État » avait été précédé d'un dépérissement du domaine public, ou plutôt de sa transformation en une sphère de gouvernement très étroite ; à l'époque de Marx, ce gouvernement avait déjà dépéri un peu plus, il s'était transformé en « ménage » national ; de nos jours, il a commencé à disparaître complètement dans la sphère impersonnelle, plus étroite encore, de l'administration.

Étant donné la nature du rapport entre domaine privé et domaine public, il semble fatal que le dernier stade de la disparition du domaine public s'accompagne d'une menace de liquidation du domaine privé. Et ce n'est pas par hasard que toute la discussion a fini par se ramener à une dispute sur la désirabilité ou non-désirabilité de la propriété privée. Car le mot « privé » quand il s'agit

---

votre point d'honneur à vivre dans le calme, à vous occuper chacun de vos affaires… » (*prattein ta idia*, où *ta idia* s'entend par opposition à *ta koina*, les affaires communes, publiques).

de propriété, même dans la pensée politique ancienne, perd aussitôt son caractère privatif et s'oppose beaucoup moins au domaine public en général : la propriété possède apparemment certaines qualifications qui, tout en appartenant au domaine privé, ont toujours passé pour extrêmement importantes pour la cité politique.

Les liens qui unissent profondément le privé au public, et qui sont manifestes au niveau le plus élémentaire dans la question de la propriété privée, risquent d'être mal compris aujourd'hui en raison de l'équation moderne : propriété et richesse d'une part, manque de propriété et pauvreté d'autre part. La méprise est d'autant plus gênante que propriété et richesse ont historiquement, l'une et l'autre, plus d'importance que toute autre affaire privée pour le domaine public, et qu'elles ont joué, officiellement du moins, à peu près le même rôle de principale condition d'admission au domaine public et au droit de cité. Il est donc facile d'oublier que la richesse et la propriété, loin d'être identiques, sont de natures totalement différentes. Quand on voit aujourd'hui surgir partout des sociétés virtuellement ou en fait extrêmement riches, mais essentiellement dénuées de propriété, la richesse d'un individu étant dans sa part du revenu annuel de la société, on se rend compte que les deux choses ont fort peu de connexions.

Avant les temps modernes qui commencèrent par l'expropriation des pauvres et s'occupèrent ensuite d'émanciper les nouvelles classes sans propriété, toutes les civilisations reposaient sur le caractère sacré de la propriété privée. La richesse au contraire, possédée par l'individu ou répartie dans le public, n'avait jamais été sacrée auparavant. À l'origine, être propriétaire signifiait, ni plus ni moins, avoir sa place en un certain lieu du monde et donc appartenir à la cité politique, c'est-à-dire, être le chef d'une des familles qui, ensemble, constituaient le domaine public. Cette parcelle privée s'identifiait si complètement avec la famille qui la possédait[1] que l'expulsion d'un citoyen pouvait entraîner non seulement la confiscation de ses biens, mais même la destruction de sa maison[2]. La fortune d'un étranger ou d'un esclave ne remplaçait en aucun cas cette propriété[3] et la pauvreté ne privait le chef de famille ni de sa place dans le monde ni de la citoyenneté qui en résultait. Dans les premiers temps, s'il arrivait à un homme de perdre sa terre, il perdait presque automatiquement le droit de cité et la

1. Fustel de Coulanges : « La signification vraie de *familia* est propriété ; il désigne le champ, la maison, l'argent, les esclaves » (*op. cit.*, p. 118). Mais cette propriété n'est pas considérée comme attachée à la famille ; au contraire la famille est attachée au foyer, le foyer au sol. Seulement : « La fortune est immobile comme le foyer et le tombeau auxquels elle est attachée. C'est l'homme qui passe » (p. 78).

2. Levasseur, à propos de la fondation de la commune au Moyen Âge et des conditions pour y être admis : « Il ne suffisait pas d'habiter la ville pour avoir droit à cette admission. Il fallait… posséder une maison… » En outre, « toute injure proférée en public contre la commune entraînait la démolition de la maison et le bannissement du coupable » (*op. cit.*, p. 240).

3. La distinction est très claire dans le cas des esclaves qui, sans propriété au sens des Anciens, ne l'étaient aucunement au sens moderne. Le *peculium* (possession privée d'un esclave) pouvait s'élever à des sommes considérables et même comporter des esclaves *(vicarii)*. Barrow parle de la « propriété que possédait le plus humble de sa classe » *(op. cit.*, p. 122 ; l'ouvrage contient la meilleure étude sur le rôle du *peculium)*.

protection des lois[1]. Ce bien privé était sacré comme l'étaient les choses secrètes : la naissance et la mort, le commencement et la fin des mortels qui, de même que toute créature, sortent des ténèbres et retournent aux ténèbres du monde souterrain[2]. Le caractère non privatif du domaine privé venait à l'origine de ce que le foyer était le lieu de la naissance et de la mort qui doit rester caché au domaine public parce qu'il abrite les choses cachées aux regards, impénétrables à la connaissance[3]. Lieu caché, parce que l'homme ne sait pas d'où il vient, quand il naît ni où il va quand il meurt.

Ce n'est pas l'intérieur de ce royaume, lequel demeure caché et publiquement ne signifie rien, c'est son

---

1. Fustel de Coulanges cite une remarque d'Aristote d'après laquelle, dans les premiers temps, un fils ne pouvait pas être citoyen durant la vie de son père ; à la mort de ce dernier les droits politiques revenaient à l'aîné seulement. Selon le même auteur, la *plebs* romaine était composée à l'origine de gens sans feu ni lieu, elle était donc nettement distincte du *populus romanus* (pp. 278 *sq.*).

2. « Toute cette religion était renfermée dans l'enceinte de la maison… Tous ces dieux, Foyers, Lares, Mânes, on les appelait les dieux cachés ou les dieux de l'intérieur. Pour tous les actes de cette religion, il fallait le secret, *sacrificia occulta*, dit Cicéron » (Fustel de Coulanges, *op. cit.*, p. 36).

3. Il semble que les mystères d'Éleusis fournissaient une expérience commune et quasi publique de tout ce domaine qui, en raison de sa nature et bien qu'il fût commun à tous, exigeait de rester secret : tout le monde avait le droit d'y participer, personne n'avait le droit d'en parler. Les mystères concernaient l'ineffable, et les expériences étrangères au langage étaient non politiques, peut-être antipolitiques par définition (cf. Karl Kerenyi, *Die Geburt der Helena*, 1943-1945, pp. 48 *sq.*). Qu'ils aient eu pour objet le secret de la naissance et de la mort, cela paraît prouvé par un fragment de Pindare qui déclare que l'initié connaît la fin de la vie et le commencement donné par Zeus (*« oide men biou tel-eutan, oiden de diosdoton archan »*, frag. 137 *a*).

apparence extérieure qui compte pour la cité : il apparaît dans la cité grâce aux limites qui séparent les unes des autres les maisons familiales. La loi, à l'origine, s'identifiait à cette frontière[1] qui, autrefois, avait été en effet un espace, une sorte de *no man's land*[2] entre le privé et le public, abritant et protégeant les deux domaines tout en les séparant l'un de l'autre. Certes, la loi de la *polis* dépassa cette conception ancienne dont elle conserva cependant le sens spatial originel. La loi de la cité n'était ni le contenu de l'action politique (l'idée de l'activité politique principalement législative, bien que d'origine romaine, est essentiellement moderne et elle a trouvé sa meilleure expression dans la philosophie politique de Kant) ni un catalogue d'interdits fondé, comme le sont encore les lois modernes, sur les « Tu Ne Feras Pas » du Décalogue. C'était littéralement un mur à défaut duquel on aurait pu avoir une agglomération, une ville *(asty)* mais non pas une cité, une communauté politique. Cette loi-muraille était sacrée, mais seul l'enclos était politique[3]. Sans elle, un domaine public ne pouvait pas

1. Le mot grec pour loi, *nomos*, vient de *nemein* qui signifie répartir, posséder (ce qui est réparti) et résider. La combinaison de « loi » et de « palissade » est manifeste dans un fragment d'Héraclite : *machesthai chrè ton dèmon hyper tou nomou hokôsper teicheos* « le peuple devrait combattre pour la loi comme pour un mur ». Le mot latin *lex* a un sens tout différent ; il indique relation entre hommes plutôt que séparation. Mais la frontière et son dieu (Terminus) qui séparaient l'*agrum publicum a privato* étaient beaucoup plus vénérés que les *theoi horoi* qui leur correspondaient en Grèce.

2. Fustel de Coulanges cite une ancienne loi grecque interdisant de bâtir des édifices mitoyens (*op. cit.*, p. 65).

3. Le mot *polis* désignait à l'origine quelque chose comme « mur d'enceinte », et il semble que le latin *urbs* exprimait aussi

davantage exister qu'un terrain sans palissade ; l'une abritait, entourait la vie politique comme l'autre hébergeait, protégeait la vie biologique de la famille[1].

Il n'est donc pas tout à fait exact de dire que la propriété privée, avant les temps modernes, était considérée comme une condition évidente pour l'admission au domaine public ; elle était beaucoup plus. Le privé était comme l'autre face, sombre et cachée, du domaine public et si en étant politique on atteignait à la plus haute possibilité de l'existence humaine, en ne possédant point de place à soi (tel l'esclave) on cessait d'être humain.

D'origine toute différente et historiquement plus récente est la signification politique de la fortune privée d'où l'homme tire ses moyens de vivre. Nous avons parlé plus haut de l'ancienne identification de la nécessité avec le domaine privé familial, où chacun devait maîtriser pour soi les nécessités de la vie. L'homme libre, qui disposait de son privé et n'était pas comme l'esclave à la disposition d'un maître, pouvait cependant être soumis aux « contraintes » de la pauvreté. La pauvreté contraint l'homme libre à agir comme un esclave[2]. Ainsi la richesse privée devint-elle une

---

une idée de « cercle » et dérivait de la même racine que *orbis*. On trouve la même connexion dans le mot anglais *town* qui, à l'origine, comme l'allemand *Zaun*, désignait une palissade en rond (cf. Onian, *Les Origines de la pensée européenne*).

1. Le législateur n'était donc pas nécessairement un citoyen, on le faisait souvent venir d'ailleurs. Son œuvre n'était donc pas politique ; mais la vie politique ne pouvait commencer que lorsqu'il avait terminé sa législation.

2. Démosthène, *Discours*, 57, 45 : « La pauvreté force l'homme libre à faire bien des choses viles et serviles » *(polla doulika kai tapeina pragmata tous eleutherous he penia biazetai poiein).*

condition d'admission à la vie publique non pas parce que son possesseur travaillait à l'accumuler, mais au contraire parce qu'elle garantissait raisonnablement que ce propriétaire n'aurait pas à se consacrer à l'acquisition de ses moyens de consommation, qu'il était libre de s'adonner à des activités publiques[1]. La vie publique évidemment n'était possible qu'une fois réglés les problèmes beaucoup plus urgents de la vie elle-même. Il s'agissait de besoins à satisfaire au moyen du travail : la fortune d'un homme s'évaluait donc souvent d'après le nombre de travailleurs, c'est-à-dire d'esclaves, qu'il possédait[2]. Être propriétaire, dans ce cas, signifiait que l'on dominait les nécessités de son existence, et qu'en conséquence on était virtuellement une personne libre, libre de transcender sa vie individuelle et d'entrer dans le monde que tous ont en commun.

Ce n'est qu'avec la formation de ce monde commun sous un aspect tangible, concret, autrement dit à

---

1. Cette condition existait encore dans le haut Moyen Âge. En Angleterre, les coutumes distinguaient encore nettement entre l'artisan et le *franke homme*... Si un artisan devenait assez riche pour vouloir devenir homme libre, il devait d'abord renoncer à son métier et se défaire de tous ses outils (Ashley, *op. cit.*, p. 83). C'est seulement sous le règne d'Édouard III que les artisans s'enrichirent au point que « la citoyenneté en vint à être liée à l'appartenance à une corporation » (p. 89).

2. Fustel de Coulanges est l'un des rares auteurs à souligner les activités absorbantes et épuisantes exigées du citoyen antique, de préférence à ses « loisirs » ; il juge correctement qu'en disant que l'on ne peut être citoyen si l'on doit travailler pour vivre, Aristote n'exprimait pas un préjugé mais constatait un fait. Il est typique de l'évolution moderne que la richesse comme telle, quelle que soit l'occupation du possesseur, soit devenue une qualification pour la citoyenneté : c'est alors que le droit de cité devint un pur privilège indépendant de toute activité spécifiquement politique.

l'avènement de la cité, que ce genre de propriété privée put prendre une haute signification politique : il est donc normal que l'on ne puisse trouver ce fameux « dédain des occupations serviles » dans le monde d'Homère. Si le propriétaire décidait d'accroître ses biens au lieu de les dépenser à mener une vie politique, c'était comme s'il sacrifiait sa liberté pour devenir volontairement ce que l'esclave était contre son gré : un être soumis à la nécessité[1].

Jusqu'au début de l'époque moderne, on n'avait jamais tenu pour sacrée cette sorte de propriété ; c'est seulement lorsque la richesse, en tant que source de revenus, coïncidait avec la terre sur laquelle la famille était installée, donc dans une société essentiellement agricole, que ces deux types de propriété pouvaient coïncider au point de revêtir ensemble un caractère sacré. En tout cas, les défenseurs modernes de la propriété privée, qui y voient unanimement la richesse

1. C'est ce qui me paraît résoudre le « puzzle bien connu de l'histoire économique du monde antique : l'industrie se développa jusqu'à un certain point sans jamais faire les progrès que l'on aurait pu attendre… [en considérant] la perfection, la capacité d'organisation sur une grande échelle, dont font preuve les Romains dans d'autres secteurs, dans les services publics et dans l'armée » (Barrow, *op. cit.*, pp. 109-110). Il semble que ce soit un préjugé dû aux conditions modernes de s'attendre à trouver dans les affaires privées la même capacité d'organisation que dans les « services publics ». Max Weber, dans son remarquable essai *(op. cit.)*, avait déjà montré que les cités antiques étaient « des centres de consommation plutôt que de production » et que le propriétaire d'esclaves n'était pas un capitaliste *(Unternehmer)* mais un rentier (pp. 13, 22 *sq.* et 144). L'indifférence même des auteurs anciens pour les questions économiques et le manque de documents sur ce sujet confirment l'argument de Weber.

privée et rien de plus, sont bien mal fondés à se réclamer d'une tradition pour laquelle il ne pouvait y avoir de domaine public libre sans statut et sans protection du domaine privé. Car l'énorme accumulation de richesse, toujours en cours, dans la société moderne, qui a commencé par l'expropriation (expropriation de la classe paysanne qui fut la conséquence presque accidentelle de l'expropriation des biens d'Église après la Réforme[1]), n'a jamais eu beaucoup d'égards pour la

---

1. Toutes les histoires de la classe ouvrière, d'une classe de gens sans aucune propriété et ne vivant que du travail de leurs mains, pèchent en supposant naïvement que cette classe a toujours existé. Or, dans l'Antiquité, nous l'avons vu, les esclaves eux-mêmes n'étaient pas dénués de propriété et d'ordinaire le prétendu travail libre consistait en réalité en « boutiquiers, marchands et artisans libres » (Barrow, *op. cit.*, p. 126). M. E. Park (*The Plebs Urbana in Cicero's Day*, 1921) arrive ainsi à la conclusion qu'il n'y avait point de travailleurs libres, l'homme libre se trouvant toujours être propriétaire de quelque chose. Ashley résume la situation du Moyen Âge jusqu'au XVe siècle : « Il n'y avait pas encore de grande classe de travailleurs à gage, de "classe ouvrière" au sens moderne du mot. Par "classe ouvrière", nous entendons un groupe d'hommes où quelques individus peuvent sans doute accéder à la maîtrise, mais dont la majorité n'a aucun espoir d'acquérir une situation plus élevée. Au XIVe siècle, quelques années de travail à la journée n'étaient qu'un stade à franchir pour les plus pauvres, la plupart s'établissaient probablement comme maîtres artisans dès la fin de l'apprentissage » (*op. cit.*, pp. 93-94). Ainsi dans l'Antiquité la classe ouvrière n'était ni libre ni dénuée de propriété ; si, par la manumission, l'esclave recevait (à Rome) ou achetait (à Athènes) sa liberté, il ne devenait pas travailleur libre mais immédiatement commerçant ou artisan indépendant. « Il semble que la plupart des esclaves aient apporté dans la liberté un capital à eux », pour monter un commerce ou une industrie (Barrow, *op. cit.*, p. 103). Au Moyen Âge, l'état d'ouvrier, au sens moderne du mot, correspondait à un stade temporaire dans la vie, une préparation à la maîtrise et à l'âge d'homme. Au Moyen

propriété privée, sacrifiée, au contraire, chaque fois qu'elle est entrée en conflit avec l'accumulation de richesses. Le mot de Proudhon, « la propriété, c'est le vol », a un solide fondement de vérité dans les origines du capitalisme moderne ; il est d'autant plus significatif que Proudhon ait hésité devant le douteux remède de l'expropriation générale : il savait trop bien que l'abolition de la propriété privée peut guérir le mal de la pauvreté mais risque d'amener un plus grand mal, la tyrannie[1]. Comme il ne faisait pas de distinction entre propriété et richesse, ses vues se présentent dans son œuvre comme des contradictions, ce qu'elles ne sont pas en réalité. À la longue, l'appropriation individuelle des richesses n'aura pas plus de respect pour la propriété privée que la socialisation des processus d'accumulation. Ce n'est pas Karl Marx qui l'a inventé, c'est un fait qui tient à la nature même de cette société : tout ce qui est privé ne peut qu'entraver le développement de la « productivité » sociale et toute considération de propriété privée est donc à rejeter

Âge, le travail à la journée était exceptionnel ; les manœuvres, les journaliers (les *Tagelöhner* de la Bible de Luther) vivaient en marge des collectivités, on les confondait avec les pauvres, les *labouring poor* des Anglais (cf. Pierre Brizon, *Histoire du travail et des travailleurs*, 1926, p. 40). En outre, le fait que le travail libre n'est traité dans aucun code de lois avant le Code Napoléon (cf. W. Endemann, *Die Behandlung der Arbeit im Privatrecht*, 1896, pp. 49-53) montre bien à quel point la classe ouvrière est récente.

1. Cf. le spirituel commentaire de « la propriété, c'est le vol » dans le livre posthume de Proudhon, *Théorie de la propriété*, pp. 209-210, où la propriété dans sa « nature égoïste, satanique » est présentée comme le « moyen le plus efficace de résister au despotisme sans renverser l'État ».

en faveur du processus constamment accéléré de la richesse sociale[1].

Le social et le privé

Ce que nous avons appelé l'avènement du social coïncida historiquement avec la transformation en intérêt public de ce qui était autrefois une affaire individuelle concernant la propriété privée. La société, en pénétrant dans le domaine public, se travestit en organisation de propriétaires qui, au lieu de demander accès au domaine public en raison de leur fortune, exigèrent qu'on les en protégeât afin de pouvoir grossir cette fortune. Comme le disait Bodin, le gouvernement appartenait aux rois et la propriété aux sujets : le devoir des rois était donc de gouverner dans l'intérêt de la propriété des sujets. En Angleterre, on l'a souligné récemment, l'État *(common-wealth)* existait surtout pour servir la commune richesse *(wealth)*[2].

Lorsque cette richesse commune, résultat d'activités jadis reléguées au fond de l'économie ménagère,

---

1. J'avoue que je ne vois pas sur quelles bases, dans la société actuelle, les économistes libéraux (qui se nomment aujourd'hui conservateurs) peuvent justifier leur optimisme quand ils déclarent que l'appropriation privée des richesses suffira à sauvegarder les libertés individuelles – autrement dit jouera le rôle de la propriété privée. Dans une société d'employés, ces libertés ne se maintiennent qu'aussi longtemps qu'elles sont garanties par l'État, et dès maintenant elles sont constamment menacées, non point par l'État mais par la société, qui distribue les emplois et fixe les parts d'appropriation individuelle.

2. R. W. K. Hinton, « Charles Ier fut-il un tyran ? », *Review of Politics* (1956), vol. XVIII.

eut le droit de s'emparer du domaine public, les possessions privées – qui sont essentiellement beaucoup moins durables, beaucoup plus exposées à la mortalité de leurs possesseurs que le monde commun qui, toujours, vient du passé pour se transmettre aux générations futures – commencèrent à saper la permanence du monde. Il est vrai que la richesse peut s'accumuler à tel point qu'une vie individuelle ne saurait l'épuiser, de sorte qu'elle appartient plus à une famille qu'à un individu. Mais elle n'en est pas moins une chose à user, à consommer, quel que soit le nombre des individus qu'elle fasse vivre. C'est seulement lorsque la richesse devint le capital, dont la grande fonction est d'engendrer encore du capital, que la propriété privée égala ou presque la permanence qui était le propre du monde commun à tous les hommes[1]. Toutefois, cette permanence est bien différente ; c'est la permanence d'un processus plutôt que celle d'une structure stable. N'était le processus d'accumulation, la richesse retomberait aussitôt dans le processus inverse de désintégration par usure et consommation.

La richesse commune ne peut donc pas devenir commune au sens de monde commun ; elle resta, ou plutôt on voulut la faire rester, strictement privée. Il n'y eut de commun que le gouvernement, nommé pour protéger les uns des autres les propriétaires concurrents dans la

1. Sur l'histoire du mot « capital » qui vient de *caput* employé en droit romain pour désigner le principal d'une dette, voir Ashley, *op. cit.*, pp. 429, 433, n. 183. Le sens moderne de « richesse investie de façon à produire des bénéfices » ne remonte qu'aux auteurs du XVIIIe siècle.

lutte pour l'enrichissement. L'évidente contradiction de cette conception moderne du gouvernement, dans laquelle les hommes n'ont en commun que leurs intérêts privés, ne nous troublera plus comme elle troublait encore Marx : nous savons que la contradiction entre privé et public, caractéristique des premières étapes de l'époque moderne, fut un phénomène temporaire qui annonçait l'effacement total de la différence même entre domaines public et privé, l'un et l'autre résorbés dans la sphère du social. De même, nous sommes en bien meilleure position pour apprécier les conséquences qu'entraîne pour l'existence humaine la disparition de ces deux domaines de la vie, le public devenu une fonction du privé et le privé devenu la seule et unique préoccupation commune.

De ce point de vue, la découverte moderne de l'intimité apparaît comme une évasion du monde extérieur, un refuge cherché dans la subjectivité de l'individu protégé autrefois, abrité par le domaine public. Comment ce dernier s'est dissous dans le social, on l'observe aisément dans la transformation progressive des biens immeubles en biens meubles, qui aboutit à priver de toute signification la distinction entre propriété et richesse, entre les *fungibiles* et les *consumptibiles* du droit romain, tout ce qui est tangible, *fungibilis*, étant devenu objet de « consommation ». La propriété a perdu sa valeur d'usage privé, qui était déterminée par son emplacement, pour prendre une valeur exclusivement sociale déterminée par sa perpétuelle mutabilité, la fluctuation des échanges ne pouvant être fixée temporairement que par rapport à un dénominateur commun, l'argent[1]. Étroitement liée à cette évaporation sociale du concret, la contribution moderne la plus révolutionnaire au concept de propriété fit de cette dernière, non plus une parcelle du monde, fixe, bien délimitée, et acquise d'une façon ou de l'autre par son propriétaire, mais au contraire une production de l'homme lui-même, ayant sa source dans le fait que l'homme a un corps et qu'il possède indiscutablement la force de ce corps, ce que Marx appelait « force de travail ».

Ainsi la propriété moderne perdant le caractère qui la rattachait au monde vint-elle se localiser dans la personne, autrement dit dans ce qu'un individu ne peut perdre qu'avec la vie. Historiquement, l'hypothèse de Locke : le travail du corps, origine de la propriété, est plus que douteuse ; mais il est plus que probable qu'elle deviendra vraie, étant donné que nous vivons déjà dans des conditions telles que nous n'avons de propriété assurée que nos talents, notre puissance de travail. Car la richesse, une fois reconnue d'intérêt public, a pris de telles proportions qu'elle n'est presque plus maniable au moyen de la propriété privée. On dirait que le domaine public a pris sa revanche contre ceux qui voulaient le mettre au service de leurs intérêts. Seulement, ce qui est réellement menacé ici, ce n'est pas la possession privée des richesses, c'est la propriété privée en tant que place concrète dans le monde.

Pour comprendre le danger que fait courir à l'existence humaine l'élimination du domaine privé, que

1. L'économie médiévale ne voyait pas encore dans l'argent un étalon, un dénominateur commun ; elle le rangeait parmi les *consumptibiles*.

l'intime remplace de façon précaire, le mieux est sans doute de considérer les caractères non privatifs du privé, qui sont indépendants de la découverte de l'intimité et plus anciens qu'elle. La différence entre ce que nous avons en commun et ce que nous possédons en privé, c'est d'abord que nos possessions privées, que nous utilisons et consommons quotidiennement, sont beaucoup plus nécessaires que tout ce qui relève du monde commun ; sans propriété, comme Locke l'a montré, « le commun ne sert à rien[1] ». La même nécessité qui, au regard du domaine public, ne révèle que son aspect négatif de privation de liberté, possède une force infiniment supérieure à celle de tous les désirs de l'homme et de ce qu'on nomme ses plus hautes aspirations ; non seulement, elle sera toujours au premier rang des besoins et des soucis, elle préviendra aussi l'apathie, la mort de l'initiative qui menace avec tant d'évidence les collectivités trop riches[2]. La nécessité et la vie sont si intimement liées que la vie elle-même est en danger lorsqu'on se débarrasse complètement de la nécessité. Car l'élimination de la nécessité, bien loin d'entraîner automatiquement l'instauration de la liberté, ne fait que brouiller la ligne qui distingue la liberté de la nécessité. (Les discussions modernes sur la liberté, dans lesquelles la liberté n'est jamais conçue comme un état objectif de l'existence, mais tantôt soulève un insoluble problème de subjectivité, de volonté entièrement déterminée ou indéterminée, tantôt se présente

1. *Second Treatise of Civil Government*, sec. 27.

2. C'est ce danger qui a inspiré les auteurs anciens, assez rares, qui louent le travail et la pauvreté (voir références *in* Herzog-Hauser, *op. cit.*).

comme fruit de la nécessité, montrent toutes que l'on a cessé de percevoir la différence objective, tangible, qui sépare un être libre d'un être soumis à la nécessité.)

La seconde des grandes caractéristiques non privatives du privé, c'est que les quatre murs de la propriété privée offrent à l'homme la seule retraite sûre contre le monde public commun, la seule où il puisse échapper à la publicité, vivre sans être vu, sans être entendu. Une vie passée entièrement en public, en présence d'autrui, devient comme on dit superficielle. Tout en restant visible, elle perd la qualité de le devenir à partir d'un fond sombre qui doit demeurer caché à moins de perdre sa profondeur en un sens non subjectif et très réel. La seule manière efficace de garantir contre le grand jour de la publicité l'ombre des choses qui ont besoin du secret, c'est la propriété privée, un lieu que l'on possède pour s'y cacher[1].

S'il est tout naturel que les caractères non privatifs du domaine privé apparaissent très clairement au moment où les hommes sont en danger de le perdre, la façon dont les États prémodernes ont pratiquement traité la propriété privée fait bien voir que l'on a toujours eu conscience de leur existence et de leur importance. Toutefois, on ne protégeait pas pour autant, directement, les activités du domaine privé mais plutôt les bornes séparant la propriété privée de toutes les autres parties du monde et surtout du monde commun lui-même. La marque distinctive de la théorie politique

1. En grec et en latin, les noms qui désignent l'intérieur de la maison, *megaron* et *atrium*, évoquent les ténèbres, la noirceur (cf. Mommsen, *op. cit.*, pp. 22 et 236).

et économique moderne, au contraire, dans la mesure où elle voit dans la propriété privée un problème grave, a été d'insister sur les activités privées des propriétaires et le besoin qu'ils ont d'être protégés par le gouvernement pour pouvoir accumuler de la richesse aux dépens de la propriété concrète. Cependant, ce qui compte pour le domaine public, ce n'est pas l'énergie plus ou moins entreprenante des gens d'affaires, mais les barrières qui entourent les maisons et les jardins des citoyens. L'expropriation est le moyen le plus efficace de réaliser l'invasion du privé par la société, la « socialisation de l'homme » (Marx), mais ce n'est pas le seul moyen. Dans ce cas comme dans d'autres, les mesures révolutionnaires du socialisme ou du communisme peuvent fort bien se remplacer par un « dépérissement » plus lent, non moins sûr, du domaine privé en général et de la propriété privée en particulier.

La distinction entre domaines privé et public, au point de vue du privé plutôt que de la cité, se ramène à la distinction entre les choses qui doivent être montrées et celles qui doivent être cachées. C'est seulement l'époque moderne, dans sa révolte contre la société, qui a découvert quelles richesses, quelle complexité, peut recéler le domaine secret dans les conditions de l'intimité ; mais il est frappant que, des origines de l'Histoire jusqu'à nos jours, ce qui a besoin du secret, c'est la part corporelle de l'existence, ses aspects liés à la nécessité du processus vital qui, avant les temps modernes, comprenaient toutes les activités mises au service de la subsistance de l'individu et de la survie de l'espèce. On cachait les travailleurs qui « avec leurs corps pourvoient aux besoins [corporels] de la vie[1] », on cachait les femmes qui, avec leurs corps, assurent la perpétuation de l'espèce. Les femmes et les esclaves appartenaient à la même catégorie ; on ne les cachait pas parce qu'ils étaient la propriété de quelqu'un, mais parce qu'ils menaient une vie « laborieuse », vouée aux fonctions corporelles[2]. Au début des temps modernes, quand le travail « libre » sortit de la cachette où on l'avait tenu dans la maisonnée, les travailleurs furent relégués, séparés de la communauté comme des criminels ; on les enferma, on les mit sous surveillance[3]. Si les temps modernes ont émancipé la classe ouvrière et les femmes à peu près au même moment de l'Histoire, c'est un fait qu'il convient certainement de ranger parmi les caractéristiques d'une époque qui ne croit plus à la nécessité de dissimuler les fonctions corporelles ni les soucis matériels. On jugera d'autant plus symptomatique de la nature de ces phénomènes que le peu qui nous reste de strictement privé dans notre civilisation se rapporte aux « besoins », au sens original, qu'entraîne le fait d'avoir un corps.

---

1. Aristote, *Politique*, 1254 *b* 25.

2. Aristote qualifie de *ponetikos* la vie de la femme (*De la génération des animaux*, 775 *a* 33). Les femmes et les esclaves partageant la même vie, aucune femme, même l'épouse du maître, ne vivant avec ses égales, les autres femmes libres, de sorte que le rang dépendait moins de la naissance que de l'« occupation » ou fonction – tout cela est très bien exposé par Wallon (*op. cit.*, I, pp. 77 *sq.*) qui parle de la « confusion des rangs, ce partage de toutes les fonctions domestiques » : « Les femmes… se confondaient avec leurs esclaves dans les soins habituels de la vie intérieure. De quelque rang qu'elles fussent, le travail était leur apanage, comme aux hommes la guerre. »

3. Cf. Brizon, *Histoire du travail et des travailleurs* (1926), p. 184, sur le travail dans les manufactures au XVIIe siècle.

Le lieu des activités humaines

Bien que la distinction entre privé et public coïncide avec l'opposition entre la nécessité et la liberté, la futilité et la durée et finalement la honte et l'honneur, il ne s'ensuit nullement que le domaine privé soit le lieu réservé au nécessaire, au futile, au honteux. Le sens le plus élémentaire des deux domaines indique que certaines choses, tout simplement pour exister, ont besoin d'être cachées tandis que d'autres ont besoin d'être étalées en public. Si nous considérons ces choses, sans nous occuper du lieu où nous les trouvons dans telle ou telle civilisation, nous verrons que chaque activité humaine signale l'emplacement qui lui est propre dans le monde. Cela est vrai des principales activités de la *vita activa*, le travail, l'œuvre et l'action ; mais il y a de ce phénomène un exemple, exemple extrême, nous le reconnaissons, dont il y a avantage à se servir parce qu'il a joué un rôle considérable dans la théorie politique.

La bonté au sens absolu, dans laquelle il ne s'agit ni d'être « bon pour » ni « excellent » comme dans l'Antiquité grecque et romaine, n'est connue dans notre civilisation que depuis l'avènement du christianisme. Depuis lors, nous voyons dans les bonnes œuvres une importante variété de l'action humaine possible. Le fameux antagonisme du christianisme primitif et de la *res publica*, que résume admirablement la formule de Tertullien : *nec ulla magis res aliena quam publica* (« rien ne nous est plus étranger que les affaires publiques »)[1] est généralement interprété, à juste titre, comme une conséquence des perspectives eschatologiques, qui ne perdirent leur signification immédiate que lorsque l'expérience eut montré que la chute de Rome elle-même n'annonçait pas la fin du monde[2]. Mais le souci de l'autre monde, dans le christianisme, a aussi une autre cause, plus intimement liée peut-être à la doctrine de Jésus de Nazareth, et en tout cas si indépendante de la croyance à la fragilité du monde que l'on est tenté d'y voir la raison véritable, profonde, pour laquelle l'aliénation chrétienne a pu si facilement survivre aux espérances eschatologiques.

Jésus enseigna, par la parole et par l'action, une activité : la bonté ; et la bonté a évidemment tendance à se cacher : elle ne veut être ni vue ni entendue. L'hostilité chrétienne envers le domaine public, la tendance des chrétiens, du moins à l'origine, à mener une vie aussi écartée que possible du domaine public, peut s'interpréter aussi comme une conséquence toute naturelle de la dévotion au bien, indépendamment de toute croyance et de toute attente. Car il est clair que dès qu'une bonne œuvre se fait connaître, devient publique, elle cesse d'appartenir spécifiquement au bien, d'être accomplie uniquement pour le bien. La bonté qui paraît au grand jour n'est plus de la bonté, même si elle reste utile en tant que charité organisée ou comme acte de solidarité.

---

1. Tertullien, *op. cit.*, 38.

2. Cette expérience peut expliquer en partie la différence entre le parfait bon sens de saint Augustin et les opinions affreusement concrètes de Tertullien en matière de politique. Ils étaient l'un et l'autre romains, profondément influencés par la vie politique romaine.

Donc : « N'allez pas pratiquer la vertu avec ostentation pour être vus des hommes. » La bonté n'existe que si nul ne l'aperçoit, pas même son auteur ; quiconque s'observe en train d'accomplir une bonne action cesse d'être bon, il est tout au plus un membre utile de la société ou un paroissien exemplaire. « Que ta main gauche ignore ce que fait ta main droite. »

C'est peut-être cette curieuse qualité négative de la bonté : l'absence de manifestation extérieure, qui fait de l'apparition historique de Jésus de Nazareth un événement si profondément paradoxal ; il semble bien que ce soit la raison pour laquelle il jugeait et enseignait que personne ne peut être bon : « Pourquoi m'appelles-tu bon ? Il n'y a de bon que Dieu seul[1]. » La même conviction s'exprime dans la légende talmudique des trente-six justes en faveur desquels Dieu sauve le monde et qui sont inconnus de tout le monde, d'eux-mêmes en premier lieu. Cela rappelle la grande pensée de Socrate : « Nul ne peut être sage », d'où est sorti l'amour de la sagesse, la philosophie ; toute la vie de Jésus semble montrer comment l'amour de la bonté vient de la pensée que nul ne peut être bon.

L'amour de la sagesse et l'amour de la bonté, s'ils se résolvent en activités consistant à philosopher et à faire le bien, ont ceci de commun qu'ils cessent

1. Luc, 18, 19. On trouve la même idée dans Matt., 6, 1-18, où Jésus condamne l'hypocrisie et la piété tapageuse. La piété ne doit pas « être vue des hommes » mais seulement de Dieu qui « voit dans le secret ». Certes, Dieu le « rendra » à l'homme, mais non pas, comme le disent certaines traductions, « en public ». L'allemand *Scheinheiligkeit* exprime bien ce phénomène religieux dans lequel le simple fait de paraître est déjà hypocrisie.

immédiatement, qu'ils s'annulent, pour ainsi dire, dès que l'on admet qu'il est possible à l'homme *d'être* sage ou *d'être* bon. Les tentatives n'ont pas manqué pour faire exister ce qui ne peut survivre à l'instant de l'acte, elles ont toujours conduit à l'absurde. Les philosophes de la basse Antiquité qui se forçaient à *être* sages étaient absurdes de se prétendre heureux quand on les grillait vifs dans le fameux Taureau de Phalère. Non moins absurde, le commandement chrétien *d'être* bon et de tendre l'autre joue, lorsqu'on ne le prend pas comme métaphore et qu'on essaye de le mettre en pratique dans la vie.

Mais la ressemblance entre les activités qui naissent de l'amour du bien et celles qu'inspire l'amour de la sagesse ne va pas plus loin. Les unes comme les autres, il est vrai, s'opposent au domaine public, mais le cas de la bonté est, à cet égard, extrême et, par conséquent, mieux approprié à notre contexte. Seule la bonté doit absolument, sous peine de mort, se dissimuler, fuir l'apparence. Le philosophe, même s'il décide avec Platon de quitter la « caverne » des affaires humaines, n'a pas besoin de se cacher à soi-même ; au contraire, sous le ciel des idées il ne découvre pas seulement les essences véritables de tout ce qui est, il se découvre dans ce dialogue entre « moi et moi-même » *(eme emautô)* où Platon voyait apparemment l'essence de la pensée[1]. Être seul, c'est être avec soi-même, et l'acte de penser, sans doute le plus solitaire de tous les actes, n'est jamais cependant sans partenaire, sans compagnie.

1. L'expression se trouve en plusieurs passages de Platon (cf. surtout *Gorgias*, 482).

Mais l'homme qui est épris de bonté ne saurait mener une vie solitaire ; pourtant, sa vie avec autrui et pour autrui doit essentiellement demeurer sans témoin : il lui manque avant tout la compagnie du moi. Cet homme n'est pas solitaire, il est seul ; vivant avec les autres il lui faut se cacher aux autres, il ne peut même pas se faire confiance pour se regarder agir. Le philosophe peut toujours compter sur ses pensées pour lui tenir compagnie, les bonnes actions ne tiendront jamais compagnie à personne ; à peine accomplies elles exigent d'être oubliées, car le souvenir suffit à détruire leur « bonté ». En outre, la réflexion, pouvant se confier à la mémoire, peut se cristalliser en pensée, et les pensées, comme tout ce qui doit l'existence au souvenir, peuvent se transformer en objets tangibles qui, manuscrits ou livres imprimés, s'ajoutent à l'artifice humain. Les bonnes œuvres, puisqu'il faut les oublier dans l'instant, ne s'intègrent jamais au monde ; elles vont et viennent sans laisser de trace. En vérité, elles ne sont point de ce monde.

C'est ce refus du monde, inhérent aux bonnes œuvres, qui fait de l'homme épris du bien une figure essentiellement religieuse et de la bonté, comme de la sagesse dans l'Antiquité, une qualité essentiellement non humaine, surhumaine. Et pourtant l'amour du bien, fort différent de l'amour de la sagesse, n'est pas réservé à une élite, de même que l'isolement, fort différent de la solitude, est à la portée de tout le monde. En un sens, la bonté et l'isolement sont donc plus importants pour la politique que la sagesse et la solitude ; toutefois, la solitude peut devenir avec le personnage du philosophe un mode de vie authentique, alors que l'expérience, beaucoup plus générale, de l'isolement contredit si nettement la condition humaine de pluralité qu'elle devient vite intolérable et qu'il lui faut la compagnie de Dieu, seul témoin imaginable des bonnes œuvres, pour ne pas anéantir l'existence humaine. La préoccupation de l'au-delà qui caractérise l'expérience religieuse, dans la mesure où elle est vraiment expérience d'amour au sens d'activité, et non, comme il arrive bien plus souvent, contemplation passive d'une vérité révélée, se manifeste ici-bas, dans le monde ; comme toute activité, elle ne quitte pas le monde, c'est en lui qu'il lui faut s'accomplir. Mais cette manifestation, bien qu'elle s'opère dans l'espace où se font toutes les activités, bien qu'elle en dépende, est de nature activement négative : fuyant le monde et ses habitants, elle nie l'espace que le monde offre aux hommes et, plus que tout, cette part publique du monde où chaque chose et chaque homme s'exposent à la vue d'autrui.

Ainsi le bien, en tant que mode de vie cohérent, n'est pas seulement impossible dans les bornes du domaine public, il est l'ennemi mortel de ce domaine. Nul peut-être n'a plus vivement senti ce danger de faire le bien que Machiavel qui, dans une page célèbre, osa enseigner « à ne pas être bon[1] ». Certes, il ne dit ni ne voulut dire qu'il faut apprendre aux hommes à être mauvais ; l'acte criminel, encore que pour d'autres raisons, doit aussi se cacher. Pour Machiavel, le critère de l'action politique était la gloire, comme pour l'Antiquité classique, et le mal échappe à la gloire autant que le bien. Par conséquent, tous les moyens sont mauvais

1. *Le Prince*, ch. 15.

par lesquels « on peut conquérir quelque seigneurie, mais non pas honneur[1] ». Le mal qui sort de son repaire vient effrontément détruire le monde commun ; le bien qui sort de sa réclusion pour jouer un rôle public cesse d'être bon, il se corrompt intérieurement et partout où il va porte sa corruption. Ainsi pour Machiavel, si l'influence de l'Église corrompait la politique italienne, c'était parce qu'elle participait aux affaires du siècle, et non pas à cause de la corruption des prélats. À ses yeux, l'alternative posée par le problème de la domination religieuse dans le domaine séculier était inévitablement celle-ci : ou bien le domaine public corrompait la religion et partant se corrompait lui-même, ou bien la religion demeurait intacte et détruisait complètement le domaine public. Une Église réformée était donc plus dangereuse encore, pensait Machiavel, et il regardait avec un grand respect, mais surtout une vive inquiétude le renouveau religieux de son époque, les « nouveaux ordres » qui, en « épargnant à la religion d'être ruinée par la licence des prélats et des princes de l'Église », enseignent aux gens à être bons et « à ne point résister au mal » – ce qui a pour conséquence que « les princes scélérats font tout le mal qu'ils veulent »[2].

Nous avons choisi l'exemple des bonnes œuvres, exemple extrême encore une fois puisque cette activité n'appartient même pas au domaine privé, afin de montrer que les jugements historiques des collectivités politiques qui, dans chaque cas, ont fixé la place des activités de la *vita activa*, les unes devant paraître en

1. *Ibid.*, ch. 8.
2. *Discours*, liv. III, ch. 1.

public, les autres se dissimuler dans le privé, peuvent correspondre à la nature de ces activités elles-mêmes. En soulevant cette question, je ne souhaite pas tenter l'analyse exhaustive des activités de la *vita activa*, dont les articulations ont été curieusement négligées par une tradition qui l'a surtout considérée du point de vue de la *vita contemplativa*, mais je voudrais essayer d'en définir avec un peu de précision la signification politique.

Chapitre III

LE TRAVAIL

On trouvera dans ce chapitre une critique de Karl Marx. Cela est gênant à une époque où tant d'auteurs qui naguère vivaient en empruntant, expressément ou sans le dire, au trésor des idées et des intuitions de Marx, ont décidé de devenir antimarxistes professionnels ; ce faisant, l'un d'eux a même découvert que Karl Marx n'avait jamais su gagner sa vie, oubliant soudain les générations d'intellectuels que Marx a « entretenus ». Devant cette difficulté, on m'excusera de rappeler ce que dit un jour Benjamin Constant quand il se vit contraint d'attaquer Rousseau : « J'éviterai, certes, de me joindre aux détracteurs d'un grand homme. Quand le hasard fait qu'en apparence je me rencontre avec eux sur un seul point, je suis en défiance de moi-même ; et pour me consoler de paraître un instant de leur avis... j'ai besoin de désavouer et de flétrir, autant qu'il est en moi, ces prétendus auxiliaires[1]. »

1. « De la liberté des Anciens comparée à celle des Modernes » (1819), réimprimé in *Cours de politique constitutionnelle* (1872), II, 549.

« Le travail de notre corps et l'œuvre de nos mains[1] *»*

La distinction que je propose entre le travail et l'œuvre n'est pas habituelle. Les preuves phénoménales en sa faveur sont trop évidentes pour passer inaperçues. Mais, historiquement, c'est un fait qu'à part quelques remarques çà et là, jamais développées d'ailleurs même dans les théories de leurs auteurs, on ne trouve à peu près rien pour l'appuyer, ni dans la tradition politique prémoderne ni dans le vaste corpus des théories modernes du travail. En face de cette rareté des documents historiques il y a cependant un témoignage obstiné et très clair : le simple fait que toutes les langues européennes, anciennes et modernes, possèdent deux mots étymologiquement séparés[2] pour désigner ce que nous considérons aujourd'hui comme une seule et même activité, et conservent ces mots bien qu'on les emploie constamment comme synonymes.

Ainsi, la distinction de Locke entre l'ouvrage des mains et le travail du corps rappelle un peu l'ancienne

1. Locke, *Second Treatise of Civil Government*, sec. 26.

2. Ainsi le grec distingue *ponein* et *ergazesthai*, le latin *laborare* et *facere* ou *fabricare* (même racine), l'anglais *labor* et *work*, l'allemand *arbeiten* et *werken*. Dans tous ces cas, seuls les équivalents de « travail » signifient sans équivoque peine et malheur. L'allemand *Arbeit* ne s'appliquait d'abord qu'aux travaux des champs exécutés par les serfs et non à l'œuvre de l'artisan, appelée *Werk*. En français, travailler qui a remplacé labourer vient de *tripalium*, sorte d'instrument de torture (cf. Grimm, *Wörterbuch*, pp. 1854 *sq.* ; et Lucien Fèbre, « Travail : évolution d'un mot et d'une idée », *Journal de Psychologie normale et pathologique*, 1948, vol. XLI, n° 1).

distinction grecque entre le *cheirotechnès*, l'artisan, auquel correspond l'allemand *Handwerker*, et ceux qui, « tels les esclaves et les animaux domestiques, pourvoient avec leurs corps aux besoins de la vie[1] », soit en grec *tô sômati ergazesthai*, travaillent par le corps (et pourtant même ici le travail et l'œuvre sont déjà traités comme identiques puisque le verbe employé n'est pas *ponein* (travailler) mais *ergazesthai* (ouvrer). Il n'y a qu'un cas, linguistiquement toutefois le plus important, dans lequel les Modernes comme les Anciens ne parviennent pas à employer les deux mots comme synonymes, c'est dans la formation d'un nom correspondant. Là encore, nous trouvons l'unanimité ; avant le milieu du XIXe siècle le mot « travail » ne désigne jamais le produit fini, le résultat de l'acte de travailler, il reste un substantif verbal à classer avec le gérondif, tandis que le nom du produit est invariablement dérivé de celui de l'œuvre. Cependant, au moins en allemand et en français, l'usage a si bien suivi l'évolution moderne que *travail* et *Arbeit* s'emploient pour le produit fini, alors que la forme verbale du substantif « œuvre » est tombée en désuétude[2].

1. Aristote, *Politique*, 1254 *b* 25.

2. C'est le cas d'ouvrer en français et de *werken* en allemand. Dans ces deux langues, à la différence de l'emploi de *labor* en anglais, les mots travailler et *arbeiten* ont à peu près perdu le sens original de peiner, souffrir. Grimm *(op. cit.)* avait déjà noté cette évolution au milieu du siècle dernier : « Während in älterer Sprache die Bedeutung von *molestia* und schwerer Arbeit vorherrschte, die von *opus, opera*, zurücktrat, tritt umgekehrt in der heutigen diese vor und jene erscheint seltener. » Il est remarquable aussi que l'on ait de plus tendance dans les trois langues à employer œuvre, *work, Werk* pour désigner les œuvres d'art.

Si cette distinction a pu être négligée dans l'Antiquité, si l'on n'en a pas étudié la signification, c'est pour une raison assez évidente, semble-t-il. Lié à l'origine à la volonté passionnée de se libérer de la nécessité et au refus non moins passionné des efforts qui ne laisseraient point de trace, point de monument ni d'œuvre mémorable, le mépris du travail gagna du terrain en même temps que la *polis* qui dévorait les journées des citoyens en exigeant leur abstention *(skholè)* de toute activité autre que politique et, finalement, il recouvrit tout ce qui demandait un effort. L'ancienne coutume politique, avant l'épanouissement de la cité, distinguait simplement les esclaves, ennemis vaincus *(dmôes* ou *douloi)* que le vainqueur emmenait chez lui avec le reste du butin pour en faire des domestiques *(oiketai* ou *familiares)* travaillant pour vivre et faire vivre le maître et, d'autre part, les *demiourgoi*, ouvriers de tout le monde, libres de passer librement du domaine privé au domaine public[1]. Plus tard, on changea jusqu'au nom de ces artisans que Solon désignait encore comme les fils d'Athéna et d'Héphaistos, on les appela *banausoi*, gens dont l'intérêt principal est le métier et non pas la place publique. C'est seulement à la fin du ve siècle que la *polis* commença à classer les occupations d'après les efforts qu'elles exigeaient,

1. Cf. J.-P. Vernant, « Travail et nature dans la Grèce ancienne » *(Journal de Psychologie normale et pathologique*, 1955, vol. LII, n° 1) : « Le terme [*demiourgoi*] chez Homère et Hésiode ne qualifie pas à l'origine l'artisan en tant que tel, comme "ouvrier" : il définit toutes les activités qui s'exercent en dehors du cadre de l'*oikos*, en faveur d'un public, *dèmos* : les artisans – charpentiers et forgerons – mais non moins qu'eux les devins, les héraults, les aèdes. »

de sorte qu'Aristote mit au rang le plus bas celles « où le corps est le plus déformé ». Il n'admettait pas les *banausoi* au droit de cité ; il aurait cependant accepté les bergers et les peintres (mais ni les cultivateurs ni les sculpteurs)[1].

1. *Politique*, 1258 *b* 35 *sq*. Pour le jugement d'Aristote sur l'admission des *banausoi* au droit de cité, voir *Politique*, III, 5. Sa théorie suit de près la réalité : on estime que 80 % des travailleurs libres, ouvriers, commerçants étaient des non-citoyens, soit des « étrangers » *(katoi-kountes* et *metoikoi)*, soit des esclaves émancipés qui s'élevaient dans ces classes (cf. Heichelheim, *Wirtschaftsgeschichte des Altertums*, 1938, I, p. 398). Jacob Burckhardt qui dans sa *Griechische Kulturgeschichte* (vol. II, sec. 6 et 8) rapporte les opinions grecques sur qui appartient ou non à la classe des *banausoi*, remarque aussi que nous ne connaissons aucun traité de sculpture. Étant donné que l'on possède beaucoup d'essais sur la musique et la poésie, ce n'est sans doute pas un hasard de la tradition, pas plus que le fait que nous ayons tant d'histoires sur l'orgueil voire l'arrogance des peintres célèbres, auxquelles ne répond aucune anecdote de sculpteurs. Ce jugement a survécu pendant des siècles. On le trouve encore à la Renaissance : la sculpture s'y rangeait au nombre des arts serviles, la peinture occupant une position moyenne entre arts serviles et arts libéraux (cf. Otto Neurath, « Beiträge zur Geschichte der Opera Servilia », *Archiv fur Sozialwissenschaft und Sozial-politik*, 1915, vol. XLI, n° 2).

Une remarque d'Aristote sur la vie des pasteurs indique bien que l'opinion publique dans les cités grecques jugeait les occupations d'après l'effort et le temps qu'elles exigeaient : « Il y a de grandes différences dans les façons de vivre. La plus paresseuse est celle des bergers ; car sans travail [*ponos*], ils tirent leur nourriture de leurs animaux et ils ont des loisirs *[skholazousln]* » *(Politique*, 1256 *a* 30 *sq.)*. On notera qu'Aristote, suivant probablement l'opinion courante, cite la paresse *(aergia)* un peu comme condition de la *skholè*, l'abstention de certaines activités qui conditionne la vie politique. Généralement, il faut se rappeler que *aergia* et *skholè* ne sont pas la même chose. L'oisiveté avait les mêmes connotations que pour nous, et une vie de *skholè* ne passait pas pour oisive. Cependant, l'équivalence de *skholè* et d'oisiveté caractérise une

Nous verrons plus loin qu'à part leur mépris du travail les Grecs avaient leurs raisons pour se méfier de l'artisan, ou plutôt de la mentalité *homo faber*. Toutefois, cette méfiance n'est le fait que de certaines époques, tandis que tous les jugements anciens sur les activités humaines, y compris ceux d'Hésiode par exemple, qui est censé louer le travail[1], reposent sur la

évolution interne de la *polis*. Ainsi, Xénophon raconte que l'on accusait Socrate d'avoir cité le vers d'Hésiode : « Ce n'est pas l'ouvrage qui déshonore, c'est l'oisiveté [*aergia*]. » On reprochait ainsi à Socrate d'avoir inculqué à ses disciples un esprit servile (*Mémorables*, I, 2, 56). Au point de vue historique, il importe de distinguer d'une part le mépris des cités grecques pour toute occupation non politique, causé par l'énorme consommation de temps et d'énergie imposée aux citoyens, et d'autre part le mépris plus ancien et plus général pour les activités qui ne servent qu'à la sustentation – *ad vitae sustentationem*, comme on le disait encore des *opera servilia* au XVIIIe siècle. Dans le monde d'Homère, Pâris et Ulysse travaillent à bâtir leur maison, Nausicaa lave le linge de ses frères, etc. Tout cela relève de l'autonomie du héros homérique, de son indépendance, de la libre suprématie de sa personne. Il n'y a pas d'œuvre sordide si elle accroît l'indépendance ; la même activité peut être signe de servilité s'il ne s'agit plus d'indépendance mais de salut pur et simple, si elle n'exprime plus la souveraineté mais la soumission à la nécessité. On connaît naturellement le jugement différent qu'Homère porte sur l'artisanat. Mais le vrai sens en est très bien élucidé dans un essai de Richard Harder, *Eigenart der Griechen* (1949).

1. Hésiode distingue le travail et l'œuvre *(ponos* et *ergon)* ; l'œuvre est due à Éris, déesse de la lutte salutaire (*Les Travaux et les Jours*, 20-26), le travail comme tous les maux est sorti de la boîte de Pandore (90 *sq.*), c'est un châtiment de Zeus que Prométhée le « rusé » a trompé. Depuis lors, « les dieux ont caché la vie aux hommes » (42 *sq.*), ils ont maudit les « hommes mangeurs de pain » (82). Pour Hésiode, il va de soi que les travaux des champs sont le lot des esclaves et des bêtes. Il loue la vie de tous les jours – ce qui est assez extraordinaire pour un Grec – mais son idéal, c'est le *gentleman-farmer* et non pas le laboureur ; c'est

conviction que le travail corporel rendu nécessaire par les besoins du corps est servile. Aussi des occupations qui ne consistaient pas à travailler dur, auxquelles on se livrait cependant pour gagner sa vie et non pour le plaisir, étaient assimilées au statut du travail, et c'est ce qui explique les variations des valeurs et du classement qui leur furent attribués à différentes époques et en divers endroits. Dire que le travail et l'artisanat étaient méprisés dans l'Antiquité parce qu'ils étaient réservés aux esclaves, c'est un préjugé des historiens modernes. Les Anciens faisaient le raisonnement inverse : ils jugeaient qu'il fallait avoir des esclaves à cause de la nature servile de toutes les occupations qui pourvoyaient aux besoins de la vie[1]. C'est même par ces motifs que l'on défendait et justifiait l'institution de l'esclavage. Travailler, c'était l'asservissement à la nécessité, et cet asservissement était inhérent aux conditions de la vie humaine. Les hommes étant soumis aux nécessités de la vie ne pouvaient se libérer qu'en dominant ceux qu'ils soumettaient de force à la nécessité. La dégradation de l'esclave était un coup du sort, un sort

---

le propriétaire qui reste chez lui, fuit l'aventure en mer comme les affaires publiques de l'*agora* (29 *sq.*) et gouverne tranquillement son ménage.

1. Aristote commence son célèbre chapitre sur l'esclavage (*Politique*, 1253 *b* 25) en déclarant que « sans le nécessaire la vie de même que la vie bonne est impossible ». Avoir des esclaves, c'est la façon humaine de maîtriser la nécessité, ce n'est donc pas *para physin*, contre-nature ; la vie l'exige. C'est pourquoi les paysans, qui pourvoyaient aux besoins de la vie, étaient classés par Platon comme par Aristote avec les esclaves (cf. R. Schlaifer, « Théories de l'esclavage en Grèce d'Homère à Aristote », *Harvard Studies in Classical Philology*, 1936, vol. XLVII).

pire que la mort, car il provoquait une métamorphose qui changeait l'homme en un être proche des animaux domestiques[1]. C'est pourquoi si le statut de l'esclave se modifiait, par exemple par la manumission, ou si un changement des conditions politiques générales élevait certaines occupations au rang d'affaires publiques, la « nature » de l'esclave changeait automatiquement[2].

L'institution de l'esclavage dans l'Antiquité, au début du moins, ne fut ni un moyen de se procurer de la main-d'œuvre à bon marché ni un instrument d'exploitation en vue de faire des bénéfices ; ce fut plutôt une tentative pour éliminer des conditions de la vie le travail. Ce que les hommes partagent avec les autres animaux, on ne le considérait pas comme humain. (C'était d'ailleurs aussi la raison de la théorie grecque, si mal comprise, de la nature non humaine de l'esclave. Aristote, qui exposa si explicitement cette théorie et qui, sur son lit de mort, libéra ses esclaves, était sans doute moins inconséquent que les Modernes ont tendance à le croire. Il ne niait pas que l'esclave fût capable d'être humain ; il refusait de donner le nom d'« hommes » aux membres de l'espèce humaine tant

1. C'est en ce sens qu'Euripide qualifie de « mauvais » tous les esclaves : ils voient tout du point de vue du ventre (*Supplementum Euripideum*, éd. Arnim, frag. 49, n° 2).

2. Ainsi Aristote recommandait de traiter avec plus de dignité et non en esclaves les serviteurs à qui l'on confiait des « occupations libres » *(ta eleuthera tôn ergôn)*. D'autre part, dans les premiers siècles de l'Empire romain, quand augmentèrent la valeur et l'importance de certaines fonctions qui avaient toujours été remplies par les esclaves publics – tâches de fonctionnaires, en fait –, ces *servi publici* eurent le droit de porter la toge et d'épouser des femmes libres.

qu'ils étaient totalement soumis à la nécessité[1].) Et il est vrai que l'emploi du mot « animal » dans le concept d'*animal laborans*, par opposition à l'emploi très discutable du même mot dans l'expression *animal rationale*, est pleinement justifié. L'*animal laborans* n'est, en effet, qu'une espèce, la plus haute si l'on veut, parmi les espèces animales qui peuplent la Terre.

Il n'est pas surprenant que l'Antiquité classique ait négligé la distinction entre l'œuvre et le travail. Du ménage privé au domaine politique public, du domestique qui était esclave au père de famille qui était citoyen, des activités obligatoirement cachées à celles qui étaient dignes de paraître et de rester en mémoire, la différence était telle qu'elle recouvrit et détermina toute autre distinction, et finalement il ne resta plus qu'un critère : consacre-t-on plus de temps et d'effort au privé ou au public ? l'occupation est-elle motivée par *cura privati negotii* ou *cura rei publicae*, le souci des affaires privées, ou de l'État[2] ? Quand se développa la théorie politique, les philosophes effacèrent encore ces distinctions qui avaient au moins discerné les activités, en opposant la contemplation à toute espèce d'activité. En même temps, l'activité politique elle-même fut ramenée au rang de la nécessité qui, dès lors, devint le dénominateur commun de toutes les articulations de la *vita activa*. Et l'on ne saurait raisonnablement attendre

1. Selon Aristote les deux qualités qui manquent à l'esclave – c'est à cause de ces défauts qu'il n'est pas humain – sont la faculté de délibérer et décider *(to bouleutikon)*, et celle de prévoir et choisir *(proairesis)*. Ce n'est évidemment qu'une manière plus explicite de dire que l'esclave est soumis à la nécessité.

2. Cicéron, *De re publica*, v, 2.

aucun secours de la pensée politique chrétienne, qui accepta en l'affinant la distinction des philosophes et, puisque la religion s'adresse aux foules quand la philosophie est réservée à l'élite, lui conféra une valeur universelle, obligatoire pour tous les hommes.

Mais il est étonnant au premier abord que l'époque moderne – qui a renversé toutes les traditions, l'ordre traditionnel de l'action et de la contemplation non moins que la hiérarchie traditionnelle de la *vita activa* elle-même, en glorifiant le travail source de toute valeur et en élevant l'*animal laborans* au rang jadis occupé par l'*animal rationale* – n'ait pu produire une seule théorie dans laquelle fussent nettement distingués l'*animal laborans* et l'*homo faber*, « le travail de nos corps et l'œuvre de nos mains ». Au lieu de cela, on trouve d'abord la distinction entre travail productif et improductif, et un peu plus tard la différenciation du travail qualifié et du travail non qualifié, et enfin, dominant cette double hiérarchie sous prétexte d'importance fondamentale, la division de toutes les activités en travail manuel et travail intellectuel. De ces trois distinctions, cependant, celle qui fait le départ entre travail productif et travail improductif est la seule qui aille au fond du problème, et ce n'est pas par hasard que les deux grands théoriciens de ce domaine, Adam Smith et Karl Marx, ont fondé sur elle tout l'édifice de leurs doctrines. C'est à cause de sa « productivité » que le travail, à l'époque moderne, s'est élevé au premier rang, et l'idée apparemment blasphématoire de Marx : l'homme créé par le travail (et non par Dieu), le travail (et non la raison) distinguant l'homme des autres animaux, ne fut que la formulation radicale et logique d'une opinion acceptée par l'époque moderne tout entière[1].

De plus, Smith et Marx s'accordaient tous deux avec l'opinion publique moderne lorsqu'ils méprisaient le travail improductif, jugé parasitaire, considéré comme une sorte de perversion, comme si rien n'était digne du nom de travail à moins d'enrichir le monde. Marx partageait certainement le dédain de Smith pour les « domestiques » pareils à « des invités paresseux...

---

1. La « création de l'homme par le travail humain » fut l'une des idées les plus arrêtées de Marx, depuis sa jeunesse. On la trouve sous maints aspects dans les *Jugendschriften* (où dans la « Kritik der Hegelschen Dialektik » il l'attribue à Hegel) (*Marx-Engels Gesamtausgabe*, 1re partie, Berlin, 1932, vol. V, pp. 156, 167). On voit clairement dans le contexte que Marx voulait remplacer la définition traditionnelle de l'homme, *animal rationale*, par la définition *animal laborans*. La théorie est renforcée par une phrase de la *Deutsche Ideologie* qui fut supprimée plus tard : « Der erste geschichtliche Akt dieser Individuen, wodurch sie sich von den Tieren unterscheiden, is nicht, dass sie denken, sondern, dass sie angangen ihre Lebensmittel zu produzieren » (*ibid.*, 568). Il y a des formules analogues dans les « ökonomisch-philosophische Manuskripte » (*ibid.*, 125), et dans « Die heilige Familie » (*ibid.*, 189). Engels les a employées souvent, par exemple dans la Préface de 1884 d'*Ursprung der Familie* ou dans l'article de 1876 « Le Travail dans le passage du singe à l'homme » (cf. Marx-Engels, *Selective Works*, Londres, 1950, vol. II).

Il semble que ce soit Hume qui ait le premier insisté sur le travail distinguant l'homme de l'animal (A. Tilgher, *Homo Faber*, 1929). Le travail ne jouant pas de rôle important dans la philosophie de Hume, cela n'a qu'un intérêt historique ; pour lui cette caractéristique ne rendait pas la vie humaine plus productive, mais seulement plus dure, plus pénible que celle de l'animal. Il est, toutefois, intéressant ici de noter avec quel soin Hume répétait que ni la pensée ni la raison ne distinguent l'homme de l'animal et que le comportement des bêtes démontre qu'elles sont capables de l'une et de l'autre.

qui ne laissent rien pour ce qu'ils ont consommé[1] ». Or, c'était précisément à ces serviteurs, à ces domestiques, *oiketai* ou *familiares*, travaillant pour subsister, employés beaucoup moins pour produire que pour permettre une consommation sans effort, que l'on avait toujours pensé, avant les temps modernes, lorsqu'on identifiait le travail avec l'esclavage. Ce qu'ils laissaient pour prix de leur consommation, c'était ni plus ni moins que la liberté de leurs maîtres ou, en langage moderne, la productivité potentielle de leurs maîtres.

En d'autres termes, la distinction entre travail productif et travail improductif contient, encore que de manière préjudicielle, la distinction plus fondamentale du travail et de l'œuvre[2]. C'est, en effet, la marque de tout travail de ne rien laisser derrière soi, de voir le résultat de l'effort presque aussitôt consommé que l'effort est dépensé. Et pourtant, cet effort, en dépit de sa futilité, naît d'une grande nécessité, il est motivé par une impulsion plus puissante que tout, car la vie elle-même en dépend. Les temps modernes en général et

1. *Wealth of Nations* (éd. Everyman's), II, 302.

2. La distinction entre travail productif et improductif est due aux physiocrates, qui distinguaient entre classes productives, propriétaires et stériles. Comme ils pensaient que la source de toute productivité se trouve dans les forces naturelles de la Terre, leur norme de productivité était liée à la création d'objets et aux besoins des hommes. Ainsi le marquis de Mirabeau, le père du célèbre orateur, qualifie de stérile la « classe d'ouvriers dont les travaux, quoique nécessaires aux besoins des hommes et utiles à la société, ne sont pas néanmoins productifs » et donne comme exemple d'ouvrage stérile et d'ouvrage productif la différence entre tailler une pierre et la produire (cf. Jean Dautry, « La Notion de travail chez Saint-Simon et Fourier », *Journal de Psychologie normale et pathologique*, 1955, vol. LII, n° 1).

Karl Marx en particulier, accablés pour ainsi dire par la productivité réelle, sans précédent, de l'humanité occidentale, tendirent presque irrésistiblement à considérer tout travail comme une œuvre et à parler de l'*animal laborans* en des termes qui eussent mieux convenu à l'*homo faber*, en espérant sans cesse qu'il ne restait plus qu'un pas à faire pour éliminer complètement le travail et le besoin[1].

Sans doute, l'évolution historique qui fit sortir le travail de sa réclusion et qui l'installa dans le domaine public, où l'on put l'organiser et le « diviser[2] », apportait-elle un argument de poids à ces théories. Mais il y eut à cet égard un fait encore plus significatif, déjà deviné par les économistes classiques et bien mis en lumière par Karl Marx : le travail, indépendamment des circonstances historiques, et qu'il soit situé dans le domaine public ou dans le domaine privé, possède en effet une « productivité » propre, si fragiles, si éphémères qu'en soient les résultats. Cette productivité ne réside pas dans les produits du travail, mais dans l'« énergie » humaine que n'épuise pas la production de ses moyens de vivre et de subsister, qui peut au contraire produire un « surplus », c'est-à-dire plus qu'il

1. Jusqu'à la fin, Marx conserva cet espoir. On le trouve déjà dans la *Deutsche Ideologie*, « Es handelt nicht darum die Arbeit zu befreien, sondern sie aufzuheben » (*Gesamtausgabe*, 1re partie, vol. III, p. 185), et de longues années plus tard dans le troisième volume de *Das Kapital*, ch. 48 : « Das Reich der Freiheit beginnt in der Tat erst da, wo das Arbeiten… aufhört » (Marx-Engels, *Gesamtausgabe*, IIe partie, Zurich, 1933, p. 873).

2. Dans l'introduction au deuxième livre de la *Wealth of Nations* (I, 241 *sq.*), Smith explique que la productivité est due à la division du travail plus qu'au travail lui-même.

ne faut pour sa « reproduction ». C'est parce que le surplus de « *force* de travail » *(Arbeitskraft)*, et non le travail lui-même, explique la productivité du travail, que l'introduction de ce terme – Engels l'a bien noté – constitua l'élément le plus original, le plus révolutionnaire de tout le système de Marx[1]. Bien différente de la productivité de l'œuvre, qui ajoute de nouveaux objets à l'artifice humain, la productivité de la force de travail ne produit qu'incidemment des objets et se préoccupe avant tout des moyens de se reproduire ; comme son énergie n'est pas épuisée lorsque sa reproduction est assurée, on peut l'employer à la reproduction de plus d'une vie, mais elle ne « produit » jamais rien que de la vie[2]. Par oppression violente dans une société esclavagiste, ou par exploitation dans la société capitaliste du temps de Marx, on peut la canaliser de telle sorte que le travail de quelques-uns suffise à la vie de tous.

De ce point de vue purement social, qui est celui de toute l'époque moderne mais qui a trouvé sa meilleure et sa plus cohérente expression dans l'œuvre de Marx, tout travail est « productif », et il n'y a plus rien de valable dans l'ancienne distinction entre l'exécution de « tâches serviles » qui ne laissent aucune trace et la production d'objets assez durables pour être accumulés. Le point de vue social, nous l'avons vu, s'identifie à

---

1. Cf. introduction d'Engels à « Salaire, Travail et Capital » (*Selected Works*, I, 384) où Marx avait introduit le terme avec une certaine insistance.

2. Marx a toujours dit, dans sa jeunesse surtout, que la grande fonction du travail est la « production de vie », et donc rangeait le travail avec la procréation (cf. *Deutsche Ideologie*, p. 19 ; aussi *Salaire, Travail et Capital*, p. 77).

une interprétation qui ne tient compte que d'une chose : le processus vital de l'humanité ; dans son système de références tout devient objet de consommation. Dans une humanité complètement « socialisée », qui n'aurait d'autre but que d'entretenir le processus vital – et c'est l'idéal, nullement utopique hélas ! qui guide les théories de Marx[1] –, il ne resterait aucune distinction entre travail et œuvre ; toute œuvre serait devenue travail, toutes choses ayant un sens non plus de par leur qualité objective de choses-du-monde, mais en tant que résultats du travail vivant et fonctions du processus vital[2].

1. Marx a souvent employé les termes *vergesellschafteter Mensch* ou *gesellschaftliche Menschheit* pour désigner le but du socialisme (par ex. 3e vol. de *Das Kapital*, 873, et le 10e des *Thèses sur Feuerbach*) : « Le point de vue de l'ancien matérialisme est la société "civile" ; celui du nouveau est la société humaine, ou humanité socialisée » (*Selected Works*, II, 367). Il s'agit de supprimer le fossé entre l'existence individuelle et l'existence sociale de l'homme, pour que l'homme « dans son être le plus individuel soit en même temps un être social *(Gemeinwesen)* » (*Jugendschriften*, p. 113). Marx nomme souvent cette nature sociale de l'homme son *Gattungswesen*, son être d'espèce, et la fameuse « aliénation de soi » est avant tout le fait d'être aliéné du *Gattungswesen* (*ibid.*, 89) : « Eine unmittelbare Konsequenz davon, dass der Mensch dem Produkt seiner Arbeit seines Lebenstätigkeit, seinem Gattungswesen entfremdet ist, ist die Entfremdung des Menschen von *dem* Menschen. » La société idéale est un état de choses où toutes les activités humaines dérivent de la « nature » humaine aussi naturellement que la sécrétion de la cire par les abeilles ; vivre et travailler pour vivre seront devenus une seule et même chose, et l'on ne pourra plus dire que la vie « commence, pour le travailleur, où l'activité de travail cesse ».

2. Ce que Marx à l'origine reproche à la société capitaliste, ce n'est pas seulement de transformer tous les objets en marchandises, c'est que « le travailleur se comporte à l'égard du produit de son travail comme à l'égard d'un objet étranger » (« dass der Arbeiter zum Produkt seiner Arbeit als einem fremden Gegenstand sich

On notera que les distinctions entre travail qualifié et non qualifié, comme entre travail manuel et travail intellectuel, ne jouent le moindre rôle ni dans l'économie classique ni dans l'œuvre de Marx. Comparées à la productivité du travail, elles sont en effet d'importance secondaire. Toute activité exige un certain talent, une certaine qualification, le nettoyage et la cuisine autant que la littérature ou l'architecture. La distinction ne s'applique pas à des activités différentes, elle signale seulement des étapes et des qualités à l'intérieur de chacune d'elles. Elle pourrait avoir une certaine importance grâce à la division moderne du travail, qui fige en occupations de toute une vie les besognes jadis assignées aux jeunes et aux débutants. Mais cette conséquence de la division du travail, d'après laquelle chaque activité est divisée en tant de parcelles que chaque exécutant spécialisé n'a besoin que d'un minimum de savoir-faire, tend à abolir complètement le travail qualifié, comme Marx l'a prédit. C'est pourquoi ce que l'on vend et ce que l'on achète sur le marché du travail, ce n'est pas le talent individuel, c'est une « force de travail » dont tous les êtres humains devraient posséder à peu près la même quantité. En outre, une œuvre non qualifiée étant une contradiction dans les termes, la distinction elle-même n'est valable que pour le travail, et en essayant d'en faire un système de référence on montre déjà que l'on abandonne en faveur du travail la distinction entre le travail et l'œuvre.

---

verhält ») (*Jugendschriften*, p. 83) – autrement dit que les choses de ce monde, une fois produites par les hommes, sont dans une certaine mesure indépendantes, « aliénées » de la vie humaine.

Toute différente, la catégorie plus populaire des travaux manuel et intellectuel. Ici, le lien sous-jacent entre l'homme qui peine avec ses mains et celui qui peine avec sa tête est encore le travail accompli dans un cas par la tête, dans l'autre par quelque autre partie du corps. Cependant, la pensée, que l'on peut supposer être l'activité de la tête, bien qu'elle ressemble un peu au travail – étant aussi un processus qui, sans doute, ne prend fin qu'avec la vie –, est encore moins « productive » que le travail ; si le travail ne laisse point de trace durable, la pensée ne laisse absolument rien de tangible. L'acte de penser ne se manifeste jamais de lui-même en objets. Dès qu'il veut manifester ses pensées, le travailleur intellectuel doit se servir de ses mains et acquérir des talents manuels tout comme un autre ouvrier. En d'autres termes, penser et ouvrer sont deux activités qui ne coïncident jamais tout à fait ; le penseur qui veut faire connaître au monde le « contenu » de ses pensées doit d'abord s'arrêter de penser et se rappeler ses pensées. La mémoire, dans ce cas comme dans tous les autres, prépare l'intangible et le fugace à leur éventuelle matérialisation ; c'est le commencement du processus de l'œuvre et, de même que pour l'artisan l'étude du modèle à suivre, c'en est le stade le plus immatériel. L'œuvre elle-même exige toujours un matériau sur lequel on l'exécutera et qui par la fabrication, par l'activité de l'*homo faber* sera transformé en un objet-du-monde. Le caractère ouvrier du travail intellectuel n'est pas moins dû à l'« œuvre de nos mains » que toute autre espèce d'ouvrage.

Il semble plausible, et il est en effet courant, de relier la distinction moderne entre travail manuel et intellectuel à la distinction ancienne entre arts « libéraux » et arts « serviles ». Mais la marque qui distingue ces professions n'est aucunement le « degré d'intelligence » ni le fait que l'« artiste libéral » travaille avec son cerveau tandis que le « sordide boutiquier » se servirait de ses mains. Le critère ancien est principalement politique. Sont libérales les occupations comportant la *prudentia*, l'aptitude à bien juger qui est la qualité de l'homme d'État, et les professions d'intérêt public *(ad hominum utilitatem)*[1], telles que l'architecture, la médecine et l'agriculture[2]. Tous les métiers, celui du scribe comme celui du charpentier, sont « sordides », indignes d'un citoyen de plein droit, et les pires sont ceux que nous dirions les plus utiles : « poissonniers, bouchers, cuisiniers, éleveurs de volailles et pêcheurs[3] ». Mais, même dans ces métiers, il n'y a pas forcément que du travail corporel. Il existe une troisième catégorie dans laquelle on paye l'effort lui-même, la fatigue (les

1. Par commodité, je suis l'examen que donne Cicéron des occupations libérales et serviles dans le *De Officiis*, 1, 150-154. Les critères de *prudentia* et *utilitas* ou *utilitas hominum* se trouvent aux § 151 et 155. (La traduction de *prudentia* par « degré d'intelligence supérieure », selon Walter Miller, me paraît fausse.)

2. Le classement de l'agriculture parmi les arts libéraux est évidemment tout romain. Cela ne tient pas à une « utilité » spéciale de cette occupation comme nous le penserions, mais bien plutôt à l'idée romaine de *patria*, d'après laquelle le domaine public occupe non seulement la ville de Rome mais aussi l'*ager romanus.*

3. C'est cette simple utilité pour vivre que Cicéron nomme *mediocris utilitas* (§ 151) et qu'il élimine des arts libéraux.

operae distinctes de l'*opus*, l'activité pure distincte de l'œuvre), et alors « le salaire est en soi un gage de servitude[1] ».

La distinction entre travaux manuels et intellectuels, bien qu'on puisse la faire remonter au Moyen Âge[2], est moderne et elle a deux causes fort différentes, toutes deux cependant également caractéristiques du climat de l'époque moderne. Comme, dans les conditions modernes, chaque occupation dut prouver son « utilité » pour la société dans son ensemble, et l'utilité des occupations intellectuelles devenant plus que douteuse face à la glorification du travail, il était tout naturel que les intellectuels voulussent, eux aussi, se faire ranger dans la population laborieuse. Mais en même temps, contredisant en apparence seulement cette évolution, l'estime et la demande de cette société pour certains travaux « intellectuels » atteignirent un degré sans précédent dans notre Histoire, sauf pendant la décadence de l'Empire romain. Il convient de se rappeler ici que, dans toute l'Histoire ancienne, les services « intellectuels » des scribes, dans le domaine public comme dans le domaine privé, furent exécutés par les esclaves et jugés en conséquence. C'est la bureaucratisation de

1. Les Romains voyaient entre *opus* et *operae* une différence si décisive qu'ils avaient deux formules différentes de contrats, la *locatio operis* et la *locatio operarum*, ce dernier ne jouant qu'un rôle insignifiant puisque la plupart des gros travaux étaient faits par des esclaves (cf. Edgar Lœning, in *Handwörterbuch der Staatswissenschaften*, 1890, I, 742 *sq.*).

2. Les *opera liberalia* furent identifiés au Moyen Âge avec le travail intellectuel ou plutôt spirituel (cf. Otto Neurath, « Beiträge zur Geschichte der Opera Servilia », *Archiv für Sozialwissenschaft und Sozialpolitik*, 1915, vol. XLI, n° 2).

l'Empire romain accompagnée de l'élévation sociale et politique des empereurs, qui provoqua une revalorisation des services « intellectuels »[1]. Dans la mesure où l'intellectuel n'est vraiment pas « ouvrier », occupé comme tout ouvrier, du plus humble artisan au plus grand artiste, à ajouter un objet de plus, durable si possible, à l'artifice humain – on ne saurait sans doute mieux le comparer qu'au « domestique » d'Adam Smith, encore que sa fonction soit moins de garder intact le processus vital et de pourvoir à sa régénération que d'assurer l'entretien des diverses machines géantes de la bureaucratie dont le fonctionnement consomme ses propres services et dévore ses propres produits aussi rapidement, aussi impitoyablement que le processus biologique lui-même[2].

---

1. H. Wallon décrit cette évolution sous le règne de Dioclétien : « … les fonctions jadis serviles se trouvèrent anoblies, élevées au premier rang de l'État. Cette haute considération qui de l'empereur se répandait sur les premiers serviteurs du palais, sur les plus hauts dignitaires de l'Empire, descendait à tous les degrés des fonctions publiques… le service public devint un office public. Les charges les plus serviles… les noms que nous avons cités aux fonctions de l'esclavage, sont revêtus de l'éclat qui rejaillit de la personne du Prince » (*op. cit.*, III, pp. 126 et 131). Avant cet anoblissement des services, les scribes étaient mis au rang des gardiens d'édifices publics ou même des gens qui conduisaient les gladiateurs aux arènes (*ibid.*, p. 171). Il paraît remarquable que cette élévation des « intellectuels » ait coïncidé avec l'établissement d'une bureaucratie.

2. « Le travail de certains des ordres les plus respectables de la société est, comme celui des domestiques, improductif de toute valeur », écrit Adam Smith qui y range « toute l'armée et la marine », les « fonctionnaires publics » et les professions libérales comme « gens d'Église, hommes de loi, médecins, gens de lettres de toute espèce ». Leur œuvre « comme la déclamation des

L'objectivité du monde

Le mépris du travail dans la théorie ancienne et sa glorification dans la théorie moderne s'orientent sur l'attitude ou l'activité subjective du travailleur, tantôt se méfiant de son dur effort, tantôt exaltant sa productivité. Le subjectivisme de cette conception est peut-être plus évident dans la distinction entre travail facile et travail pénible, mais nous avons vu qu'au moins dans le cas de Marx – qui, étant le plus grand théoricien moderne du travail, sert forcément de pierre de touche dans ces discussions – la productivité du travail se mesure aux choses dont le processus vital a besoin pour se reproduire ; elle réside dans le surplus que possède virtuellement l'énergie du travail humain, elle n'est point dans la qualité ni le caractère des objets produits. De même, le jugement des Grecs, qui estimaient les peintres plus que les sculpteurs, ne se fondait certes pas sur la primauté de la peinture[1]. Il semble que la distinction du travail et de l'œuvre, si constamment négligée par nos théoriciens, si obstinément conservée par le langage, ne soit plus en effet qu'une différence de degré, si l'on ne prend pas en

---

acteurs, la harangue de l'orateur ou l'air des musiciens… périt dans l'instant même de sa production » (*op. cit.*, I, pp. 295-296). Il est clair que Smith n'aurait eu aucune difficulté à classer nos « emplois de bureau ».

1. Au contraire aucune peinture, sans doute, ne fut autant admirée que le *Zeus* d'Olympie ; cette statue de Phidias passait pour avoir un pouvoir magique qui faisait oublier les soucis et les peines ; il suffisait de la contempler pour n'avoir pas vécu en vain, etc.

considération le caractère d'objet-de-ce-monde de la chose produite : son emplacement, sa fonction, la durée de son séjour dans le monde. La distinction entre un pain, dont la « vie moyenne » ne dépasse guère une journée, et une table, qui survit aisément à plusieurs générations humaines, est certainement beaucoup plus nette et plus décisive que la différence entre un boulanger et un menuisier.

Le curieux écart entre le langage et la théorie, que nous avons noté en commençant, apparaît donc comme unc contradiction entre le langage « objectif », tourné-vers-le-monde, que nous parlons, et les théories subjectives dont nous nous servons en essayant de comprendre. C'est le langage et les expériences humaines fondamentales qu'il recouvre, bien plus que la théorie, qui nous enseignent que les choses de ce monde parmi lesquelles s'écoule la *vita activa* sont de natures très diverses et qu'elles sont produites par des activités très différentes. Considérés comme parties du monde, les produits de l'œuvre – et non ceux du travail – garantissent la permanence, la durabilité, sans lesquelles il n'y aurait point de monde possible. C'est à l'intérieur de ce monde de choses durables que nous trouvons les biens de consommation par lesquels la vie s'assure des moyens de subsistance. Nécessaires au corps et produites par son travail, mais dépourvues de stabilité propre, ces choses faites pour une consommation incessante apparaissent et disparaissent dans un milieu d'objets qui ne sont pas consommés, mais utilisés et habités, et auxquels, en les habitant, nous nous habituons. Comme tels, ils donnent naissance à la familiarité du monde, à ses coutumes, à ses rapports usuels entre l'homme et les choses aussi bien qu'entre l'homme et les hommes. Les objets d'usage sont au monde humain ce que les biens de consommation sont à la vie. C'est d'eux que les biens de consommation reçoivent leur caractère d'objets ; et le langage, qui n'autorise pas l'activité de travail à former quoi que ce soit d'aussi ferme, d'aussi non verbal qu'un substantif, suggère que très probablement nous ne saurions même pas ce qu'est un objet sans avoir devant nous l'« œuvre de nos mains ».

Distincts à la fois des biens de consommation et des objets d'usage, il y a enfin les « produits » de l'action et de la parole, qui ensemble forment le tissu des relations et affaires humaines. Laissés à eux-mêmes, non seulement la tangibilité des objets leur fait défaut ; ils sont encore moins durables, plus futiles que ce que nous produisons pour la consommation. Leur réalité dépend entièrement de la pluralité humaine, de la constante présence d'autrui qui peut voir, entendre et donc témoigner de leur existence. Agir et parler sont encore des manifestations extérieures de la vie humaine, laquelle ne connaît qu'une seule activité qui, encore que liée de bien des façons au monde extérieur, ne s'y manifeste pas nécessairement et pour être réelle n'a besoin d'être vue, ni entendue, ni utilisée, ni consommée : c'est l'activité de la pensée.

Toutefois, considérées dans leur appartenance-au-monde, l'action, la parole et la pensée ont beaucoup plus de rapports communs qu'elles n'en ont avec l'œuvre ou le travail. Elles ne « produisent » pas, elles ne produisent rien, elles sont aussi futiles que la vie. Pour devenir choses de ce monde, pour devenir exploits, faits, événements, systèmes de pensées ou d'idées, il leur faut d'abord être vues, entendues, mises en mémoire puis transformées, réifiées pour ainsi dire, en objets : poèmes, écrits ou livres, tableaux ou statues, documents et monuments de toutes sortes. Pour être réel et continuer d'exister, tout le monde factuel des affaires humaines dépend premièrement de la présence d'un autrui qui voit, entend et se souvient, et secondement de la transformation de l'intangible en objets concrets. Sans la mémoire, et sans la réification dont la mémoire a besoin pour s'accomplir et qui fait bien d'elle, comme disaient les Grecs, la mère de tous les arts, les activités vivantes d'action, de parole et de pensée perdraient leur réalité à chaque pause et disparaîtraient comme si elles n'avaient jamais été. La matérialisation qu'elles doivent subir afin de demeurer au monde a pour rançon que la « lettre » toujours remplace ce qui naquit de l'« esprit », ce qui en vérité exista un instant comme esprit. Il leur faut payer cette rançon parce que, essentiellement, elles ne sont pas de ce monde, et qu'elles ont donc besoin d'une activité de nature entièrement différente ; pour leur réalité et leur matérialisation elles dépendent de l'ouvrage qui construit tous les objets de l'artifice humain.

La réalité et la solidité du monde humain reposent avant tout sur le fait que nous sommes environnés de choses plus durables que l'activité qui les a produites, plus durables même, en puissance, que la vie de leurs auteurs. La vie humaine, en tant qu'elle bâtit un monde, est engagée dans un processus constant de réification, et les choses produites, qui à elles toutes forment l'artifice humain, sont plus ou moins du-monde selon qu'elles ont plus ou moins de permanence dans le monde.

Le travail et la vie

Les objets tangibles les moins durables sont ceux dont a besoin le processus vital. Leur consommation survit à peine à l'acte qui les produit ; selon les expressions de Locke, toutes les « bonnes choses » qui sont « réellement utiles à la vie de l'homme », à la « nécessité de subsister », sont « généralement de courte durée » au point que si on ne les consomme pas elles se corrompent et périssent d'elles-mêmes[1]. Après un bref séjour dans le monde, elles retournent au processus naturel qui les a fournies, soit qu'elles entrent par absorption dans le processus vital de l'animal humain, soit qu'elles se corrompent, sous la forme que leur a donnée l'homme et qui leur procure une place éphémère dans le monde des choses faites de main d'homme, elles disparaissent plus vite que toute autre parcelle du monde. Considérées dans leur appartenance-au-monde, elles sont moins de-ce-monde que tout autre objet, et en même temps elles sont plus naturelles que tout. Bien que faites de main d'homme, elles vont et viennent, sont produites et consommées selon le perpétuel mouvement cyclique de la nature. C'est aussi un mouvement cyclique que celui de l'organisme vivant, sans exclure le corps humain, tant qu'il peut résister au processus qui le pénètre et qui

1. Locke, *op. cit.*, sec. 46.

l'anime. La vie est un processus qui partout épuise la durabilité, qui l'use, la fait disparaître, jusqu'à ce que la matière morte, résultante de petits cycles vitaux individuels, retourne à l'immense cycle universel de la nature, dans lequel il n'y a ni commencement ni fin, où toutes choses se répètent dans un balancement immuable, immortel.

La nature et le mouvement cyclique qu'elle impose à tout ce qui vit ne connaissent ni mort ni naissance au sens où nous entendons ces mots. La naissance et la mort des êtres humains ne sont pas de simples événements naturels ; elles sont liées à un monde dans lequel apparaissent et d'où s'en vont des individus, des entités uniques, irremplaçables, qui ne se répéteront pas. La naissance et la mort présupposent un monde où il n'y a pas de mouvement constant, dont la durabilité au contraire, la relative permanence, font qu'il est possible d'y paraître et d'en disparaître, un monde qui existait avant l'arrivée de l'individu et qui survivra à son départ. Sans un monde auquel les hommes viennent en naissant et qu'ils quittent en mourant, il n'y aurait rien que l'éternel retour, l'immortelle perpétuité de l'espèce humaine comme des autres espèces animales. Une philosophie de la vie qui n'aboutit pas, comme celle de Nietzsche, à l'affirmation de l'« éternel retour » *(ewige Wiederkehr)* comme principe suprême de l'être, ne sait tout simplement pas ce dont elle parle.

Le mot « vie » cependant a un sens tout différent si on l'emploie par rapport au monde, pour désigner l'intervalle entre la naissance et la mort. Bornée par un commencement et par une fin, c'est-à-dire par les deux événements suprêmes de l'apparition et de la disparition dans le monde, cette vie suit un mouvement strictement linéaire, causé néanmoins par le même moteur biologique qui anime tous les vivants et qui conserve perpétuellement le mouvement cyclique naturel. La principale caractéristique de cette vie spécifiquement humaine, dont l'apparition et la disparition constituent des événements de-ce-monde, c'est d'être elle-même toujours emplie d'événements qui à la fin peuvent être racontés, peuvent fonder une biographie ; c'est de cette vie, *bios* par opposition à la simple *zôè*, qu'Aristote disait qu'elle « est en quelque manière une sorte de *praxis*[1] ». Car l'action et la parole qui, nous l'avons vu, étaient étroitement liées dans la pensée politique grecque, sont en effet les deux activités dont le résultat final sera toujours une histoire assez cohérente pour être contée, si accidentels, si fortuits que puissent paraître un à un lcs événements et leurs causes.

C'est seulement au sein du monde humain que le mouvement cyclique de la nature se manifeste en croissance et en déclin. De même que la naissance et la mort, ce ne sont pas des événements naturels à proprement parler ; ils n'ont point de place dans le cycle infatigable, incessant où se meut perpétuellement toute l'économie de la nature. C'est seulement lorsqu'ils entrent dans le monde fait de main d'homme que les processus naturels peuvent se caractériser par la croissance et le déclin ; c'est seulement lorsque nous considérons les produits de la nature, cet arbre ou ce chien, comme des êtres individuels, les ôtant ainsi à leur environnement « naturel » pour les placer

1. *Politique*, 1254 *a* 7.

dans notre monde, qu'ils commencent à croître et à décliner. Si la nature se manifeste dans l'existence humaine par le mouvement cyclique de nos fonctions corporelles, elle fait sentir sa présence dans le monde fait de main d'homme en le menaçant constamment d'hypercroissance ou de corruption. Le caractère commun au processus biologique dans l'homme et au processus de croissance et déclin dans le monde, c'est qu'ils font partie du mouvement cyclique de la nature et par conséquent se répètent indéfiniment ; toutes les activités humaines qui viennent de la nécessité de leur tenir tête sont liées aux cycles perpétuels de la nature et n'ont en elles-mêmes ni commencement ni fin à proprement parler ; alors qu'*ouvrer* prend fin quand l'objet est achevé, prêt à s'ajouter au monde commun des objets, *travailler* tourne sans cesse dans le même cercle que prescrivent les processus biologiques de l'organisme vivant, les fatigues et les peines ne prennent fin que dans la mort de cet organisme[1].

---

1. Jusqu'au dernier tiers du XIXe siècle, il n'était pas rare que la littérature insistât sur la connexion entre le travail et le mouvement cyclique de la vie. Ainsi, Schulze-Delitzch (*Die Arbeit*, Leipzig, 1863) commence par décrire le cycle désir-effort-satisfaction : « Beim letzten Bissen fängt schon die Verdauung an. » Mais, dans l'énorme littérature postmarxiste sur le problème du travail, le seul auteur à insister et à théoriser sur cet aspect élémentaire de l'activité de travail est Pierre Naville, dont *La Vie de travail et ses problèmes* (1954) est la contribution récente la plus intéressante et peut-être la plus originale. À propos des traits particuliers de la journée de travail, distincte des autres mesures du temps de travail, il écrit : « Le trait principal est son caractère cyclique ou rythmique. Ce caractère est lié à la fois à l'esprit naturel et cosmologique de la journée… et au caractère des fonctions physiologiques de l'être humain, qu'il a en commun avec les espèces animales supérieures…

Quand Marx définissait le travail comme le « métabolisme de l'homme avec la nature », processus dans lequel « le matériau de la nature est adapté par un changement de forme aux besoins de l'homme », de sorte que « le travail s'est incorporé à son sujet », il indiquait clairement qu'il « parlait physiologiquement » et que travail et consommation ne sont que deux stades du cycle perpétuel de la vie biologique[1]. Ce cycle a besoin d'être entretenu par consommation, et l'activité qui fournit les moyens de consommation, c'est l'activité de travail[2]. Tout ce que produit le travail est fait pour être absorbé presque immédiatement dans le processus vital, et cette consommation, régénérant le processus vital, produit – ou plutôt reproduit – une

---

Il est évident que le travail devrait être de prime abord lié à des rythmes et fonctions naturels. » Il s'ensuit le caractère cyclique de la dépense et de la reproduction d'énergie qui détermine l'unité de temps de la journée de travail. L'idée la plus importante de Naville est que le caractère temporel de la vie humaine, en tant qu'elle n'est pas seulement une partie de la vie de l'espèce, s'oppose absolument au caractère temporel cyclique de la journée de travail. « Les limites naturelles supérieures de la vie… ne sont pas dictées, comme celles de la journée, par la nécessité et la possibilité de se reproduire, mais au contraire par l'impossibilité de se renouveler, sinon à l'échelle de l'espèce. Le cycle s'accomplit en une fois et ne se renouvelle pas » (pp. 19-24).

1. Cette formule est fréquente chez Marx qui la répète presque *verbatim*. Le travail est l'éternelle nécessité naturelle d'effectuer le métabolisme entre l'homme et la nature (cf. par ex. *Das Kapital*, vol. I, Ire partie, sec. 2 et IIIe partie, ch. 5). On trouve presque la même formule dans le volume III de *Das Kapital*, p. 872. Il est évident que lorsque Marx parle comme il le fait souvent du « processus vital de la société », il ne pense pas en métaphore.

2. Marx appelait le travail « consommation productive » et ne perdit jamais de vue qu'il s'agissait d'une condition physiologique.

nouvelle « force de travail » nécessaire à l'entretien du corps[1]. Du point de vue des exigences du processus vital, de la « nécessité de subsister », comme disait Locke, le travail et la consommation se suivent de si près qu'ils constituent presque un seul et même mouvement qui, à peine terminé, doit se recommencer. La « nécessité de subsister » régit à la fois le travail et la consommation, et le travail lorsqu'il incorpore, « rassemble » et « assimile » physiquement les choses que procure la nature[2], fait activement ce que le corps

1. Toute la théorie de Marx repose sur l'idée originelle que le travailleur avant tout reproduit sa vie en produisant ses moyens de subsistance. Dans ses premiers écrits, il pensait que « les hommes commencent à se distinguer des animaux quand ils commencent à produire leurs moyens de subsistance » (*Deutsche Ideologie*, p. 10). C'est bien le contenu de la définition de l'homme comme *animal laborans*. Il est d'autant plus remarquable que dans d'autres passages Marx ne se contente pas de cette définition, parce qu'elle ne distingue pas assez nettement l'homme des animaux. « L'araignée poursuit des opérations qui ressemblent à celles d'un tisserand et l'abeille fait honte à plus d'un architecte en construisant ses alvéoles. Mais ce qui distingue le plus mauvais architecte de la meilleure abeille, c'est que l'architecte élève son édifice en imagination avant de l'ériger en réalité. À la fin de chaque processus de travail, on obtient un résultat qui existait déjà dans l'imagination du travailleur à son commencement » (*Capital*, p. 198). Il est évident que Marx ne parle plus du travail mais de l'œuvre – qui ne l'intéressait pas ; la preuve en est que l'élément apparemment dominant de l'« imagination » ne joue absolument aucun rôle dans sa théorie du travail. Dans le troisième volume du *Capital*, il répète que le surplus de travail au-delà des besoins immédiats sert à l'« extension progressive du processus de reproduction » (pp. 278, 872). Malgré quelques hésitations çà et là, Marx demeura convaincu que « Milton produisit *Le Paradis perdu* pour la même raison qu'un ver à soie produit de la soie » (*Theories of Surplus Value*, Londres, 1951, p. 186).

2. Locke, *op. cit.*, sec. 26 et 27, 46.

fait de façon plus intime encore lorsqu'il consomme sa nourriture. Ce sont deux processus dévorants qui saisissent et détruisent de la matière, et l'« ouvrage » qu'accomplit le travail sur son matériau n'est que la préparation de son éventuelle destruction.

Cet aspect destructeur, dévorant de l'activité de travail n'est, certes, visible que du point de vue du monde et par opposition à l'œuvre, qui ne prépare pas la matière pour l'incorporer, mais la change en matériau afin d'y ouvrer et d'utiliser le produit fini. Du point de vue de la nature, c'est plutôt l'œuvre qui est destructrice, puisque son processus arrache la matière à la nature sans la lui rendre dans le rapide métabolisme du corps vivant.

Également liée aux cycles perpétuels des mouvements naturels, mais moins sévèrement imposée à l'homme par la « condition de la vie humaine[1] », il y a une seconde tâche du travail : la lutte incessante contre les processus de croissance et de déclin par lesquels la nature envahit constamment l'artifice humain, menaçant la durabilité du monde et son aptitude à servir aux hommes. La protection et la sauvegarde du monde contre les processus naturels sont de ces tâches qui exigent l'exécution monotone de corvées quotidiennement répétées. Cette lutte laborieuse, distincte de l'accomplissement essentiellement pacifique du travail obéissant aux besoins immédiats du corps, bien qu'elle soit encore moins « productive » que le métabolisme direct de l'homme avec la nature, est beaucoup plus étroitement liée au monde qu'elle défend

1. *Ibid.*, sec. 34.

contre la nature. Dans les vieilles légendes, dans les contes mythologiques, elle a souvent revêtu la grandeur de combats héroïques contre d'écrasants périls, comme dans le récit d'Hercule qui compte au nombre des douze « travaux » le nettoyage des écuries d'Augias. Une idée analogue d'exploits héroïques, exigeant force et courage, accomplis dans un esprit de lutte s'exprime dans l'emploi que l'on faisait au Moyen Âge des mots travail, *labour, Arbeit.* Cependant, la lutte quotidienne dans laquelle le corps humain est engagé pour nettoyer le monde et pour l'empêcher de s'écrouler ressemble bien peu à de l'héroïsme ; l'endurance qu'il faut pour réparer chaque matin le gâchis de la veille n'est pas du courage, et ce qui rend l'effort pénible, ce n'est pas le danger, mais l'interminable répétition. Les « travaux » d'Hercule ont une chose en commun avec tous les grands exploits : ils sont uniques ; malheureusement, il n'y a que les mythiques écuries d'Augias pour rester propres une fois l'effort accompli et la tâche achevée.

Travail et fertilité

L'ascension soudaine, spectaculaire du travail, passant du dernier rang, de la situation la plus méprisée, à la place d'honneur et devenant la mieux considérée des activités humaines, commença lorsque Locke découvrit dans le travail la source de toute propriété. Elle se poursuivit lorsque Adam Smith affirma que le travail est la source de toute richesse ; elle trouva son point culminant dans le « système du travail[1] » de Marx, où le travail devint la source de toute productivité et l'expression de l'humanité même de l'homme. De ces trois auteurs, seul Marx s'intéressait au travail en tant que tel ; Locke s'occupait de l'institution de la propriété privée comme base de la société, et Smith voulait expliquer et assurer le progrès sans frein d'une accumulation indéfinie de richesse. Mais tous les trois, Marx surtout, avec plus de force et de cohérence, considéraient le travail comme la plus haute faculté humaine d'édification du monde ; et comme le travail est en fait l'activité la plus naturelle, la plus étrangère-au-monde, tous les trois, surtout Marx là aussi, se trouvèrent en proie à d'authentiques contradictions. Ceci tient apparemment à la nature même du problème : la solution la plus évidente de ces contradictions, ou plutôt la raison la plus évidente pour laquelle ces grands auteurs n'ont pu les apercevoir, c'est qu'ils confondaient l'œuvre et le travail, de sorte qu'ils attribuaient au travail des qualités qui n'appartiennent qu'à l'œuvre. Cette confusion mène toujours à des absurdités manifestes qui, toutefois, ne paraissent pas, d'ordinaire, aussi éclatantes que dans cette phrase de Veblen : « La preuve durable du travail productif est son produit matériel – communément quelque article de consommation[2] », où la « preuve durable » du commencement, nécessaire à la prétendue productivité du travail, est immédiatement

1. Expression de Karl Dunkmann (*Soziologie der Arbeit*, 1933, p. 71) qui remarque avec raison que le grand ouvrage de Marx devrait s'intituler *System der Arbeit.*

2. Cette curieuse formule de Thorstein Veblen se trouve dans *The Theory of the Leisure Class* (1917), p. 44.

détruite par la « consommation » finale, exigée en quelque sorte par l'évidence factuelle du phénomène.

Ainsi Locke, afin d'épargner au travail le déshonneur de ne produire que « des choses de courte durée », dut introduire l'argent – « chose durable qui peut se conserver sans se gâter » –, sorte de *deus ex machina* sans lequel le corps laborieux, dans l'obédience du processus vital, n'aurait jamais rien engendré d'aussi permanent que la propriété, puisqu'il n'y a point de « choses durables » à conserver pour survivre à l'activité du processus de travail. Et Marx lui-même, qui définit l'homme comme *animal laborans*, dut admettre que la productivité du travail à proprement parler ne commence qu'avec la réification *(Vergegenständlichung)*, avec l'« édification d'un monde objectif » *(Erzeugung einer gegenständlichen Welt*[1]*)*. Mais l'effort du travail ne dispense jamais l'animal travaillant de recommencer

1. Le mot *vergegenständlichen* n'est pas très fréquent chez Marx mais apparaît toujours dans un contexte important (cf. *Jugendschriften*, p. 88) : « Das praktische Erzeugen einer gegenständlichen Welt, die Bearbeitung der unorganischen Natur ist die Bewährung des Menschen als eines bewussten Gattungswesens… [Das Tier] produziert unter der Herrschaft des unmittelbaren Bedürfnisses, während der Mensch selbst frei vom physischen Bedürfnis produziert und erst wahrhaft produziert in der Freiheit von demselben. » Ici, comme dans le passage du *Capital* cité plus haut, Marx introduit évidemment un concept de travail tout différent : il parle d'œuvre et de fabrication. La même réification est mentionnée dans *Das Kapital* (vol. I, IIIe partie, ch. 5), bien que de manière assez équivoque : « [Die Arbeit] ist vergegenständlicht und der Gegenstand ist verarbeitet. » Le jeu de mots sur *Gegenstand* obscurcit le vrai développement du processus : par la réification, une chose a été produite, mais l'« objet » que ce processus a transformé en chose n'est, du point de vue du processus, qu'un matériau et non une chose.

le même effort et reste, par conséquent, « une nécessité éternelle imposée par la nature[1] ». Quand Marx affirme que « le processus de travail s'achève dans le produit[2] », il oublie qu'il a défini lui-même ce processus : « métabolisme entre l'homme et la nature », en quoi le produit est immédiatement « incorporé », consommé et annihilé par le processus vital du corps.

Comme ni Locke ni Smith ne s'occupent du travail en tant que tel, ils peuvent se permettre certaines distinctions qui, en fait, équivaudraient à une distinction de principe entre le travail et l'œuvre, n'était l'interprétation qui traite comme purement accessoires les caractères authentiques de l'activité de travail. Ainsi Smith nomme-t-il « travail improductif » toutes les activités liées à la consommation, comme s'il s'agissait d'un caractère accidentel et négligeable d'une chose qui aurait pour nature véritable d'être productive. Le mépris dont il accable les « besognes et services subalternes [qui] généralement périssent dans l'instant de leur exécution et laissent rarement la moindre trace ou valeur[3] » est en soi beaucoup plus proche de l'opinion prémoderne que de l'enthousiasme moderne concernant ces occupations. Smith et Locke savaient encore que ce n'est pas toute espèce de travail qui « place sur toute chose la différence de valeur[4] », et qu'il existe une

1. Cette formule revient souvent dans les livres de Marx (voir par ex. *Das Kapital*, vol. I [Modern Library], p. 50 et vol. III, pp. 873-874).

2. « Des Prozess erlischt im Produkt » (*Das Kapital*, vol. I, IIIe partie, ch. 5).

3. Adam Smith, *op. cit.*, I, 295.

4. Locke, *op. cit.*, sec. 40.

sorte d'activité qui n'ajoute rien « à la valeur des matériaux sur lesquels elle agit[1] ». Certes, le travail apporte aussi à la nature quelque chose de l'homme, mais la proportion entre ce que donne la nature – les « bonnes choses » – et ce que l'homme ajoute est, dans les produits du travail, exactement le contraire de ce qu'elle est dans les produits de l'œuvre. Les « bonnes choses », bonnes pour la consommation, ne perdent jamais complètement leur naturalité : le grain ne disparaît pas dans le pain comme l'arbre dans la table. Ainsi Locke, tout en faisant peu de cas de sa propre distinction entre « le travail de nos corps et l'œuvre de nos mains », dut-il reconnaître la différence entre les choses « de courte durée » et celles qui durent assez pour pouvoir « se conserver sans se gâter »[2]. La difficulté pour Smith et pour Locke était la même ; leurs produits devaient rester assez longtemps dans le monde des choses tangibles pour acquérir une « valeur » : aussi importe-t-il peu que la valeur soit définie par Locke comme ce qui peut se conserver et devenir propriété ou par Smith comme ce qui dure assez longtemps pour pouvoir être échangé.

Mais ce ne sont là que des vétilles, comparé à la contradiction fondamentale qui traverse d'un trait rouge toute la pensée de Marx et que l'on ne rencontre pas moins dans le troisième volume du *Capital* que dans les écrits du jeune Marx. L'attitude de Marx à l'égard du travail, c'est-à-dire à l'égard de l'objet central de sa réflexion, a toujours été équivoque[3]. Alors que le travail

1. Adam Smith, *op. cit.*, I, 294.
2. *Op. cit.*, sec. 46 et 47.
3. *L'Être et le travail* (1949) de Jules Vuillemin est un bon exemple de ce qui arrive quand on essaye de résoudre les

est une « nécessité éternelle imposée par la nature », la plus humaine et la plus productive des activités, la révolution selon Marx n'a pas pour tâche d'émanciper les classes laborieuses, mais d'émanciper l'homme, de le délivrer du travail ; il faudra que le travail soit aboli pour que le « domaine de la liberté » supplante le « domaine de la nécessité ». Car « le domaine de la liberté ne commence que lorsque cesse le travail déterminé par le besoin et l'utilité extérieure », lorsque prend fin la « loi des besoins physiques immédiats »[1]. Des contradictions aussi fondamentales, aussi flagrantes sont rares chez les écrivains médiocres ; sous la plume des grands auteurs elles conduisent au centre même de l'œuvre. Dans le cas de Marx, dont on ne peut mettre en doute la loyauté, l'honnêteté à décrire les phénomènes tels qu'ils se présentaient à ses yeux, les contradictions graves, notées par tous les critiques,

---

contradictions et les équivoques de la pensée marxiste. On ne peut le faire qu'en abandonnant totalement l'évidence phénoménale pour traiter les concepts de Marx comme s'ils constituaient en eux-mêmes un puzzle d'abstractions très compliqué. Ainsi, le travail « naît apparemment de la nécessité », mais « en fait réalise l'œuvre de liberté et affirme notre pouvoir » ; dans le travail « la nécessité exprime une liberté cachée » (pp. 15, 16). Devant ces tentatives de vulgarisation alambiquée on se rappellera le détachement de Marx à l'égard de son œuvre, tel que le dépeint l'anecdote suivante : en 1881, Kautsky demanda à Marx s'il n'envisageait pas de faire une édition de ses œuvres complètes , Marx répondit : « Il faut d'abord que ces œuvres soient écrites » (Kautsky, *Aus der Frühzeit des Marxismus*, 1935, p. 53).

1. *Das Kapital*, III, p. 873. Dans la *Deutsche Ideologie*, Marx déclare que « die kommunistische Revolution… die Arbeit beseitigt » (p. 59), après avoir dit quelques pages plus haut (p. 10) que c'est uniquement par le travail que l'homme se distingue des animaux.

ne sont attribuables ni à la différence « entre le point de vue scientifique de l'historien et le point de vue moral du prophète[1] » ni à une dialectique exigeant le négatif, le mal, afin de produire le positif, le bien. Il reste qu'à tous les stades de son œuvre Marx définit l'homme comme *animal laborans* avant de l'entraîner dans une société où l'on n'a plus besoin de cette force, la plus grande, la plus humaine de toutes. On nous laisse la triste alternative de choisir entre l'esclavage productif et la liberté improductive.

Ainsi se pose la question de savoir pourquoi Locke et ses successeurs, en dépit de leur pénétration, ont voulu si obstinément faire du travail l'origine de la propriété, de la richesse, de toutes les valeurs et finalement de l'humanité même de l'homme. Ou, en d'autres termes, quelles furent les expériences inhérentes à l'activité de travail qui s'avérèrent d'une si haute importance pour les temps modernes ?

Historiquement, les théoriciens politiques à partir du XVIIe siècle furent en présence d'un processus inouï d'accroissement de richesse, de propriété, d'acquisition. En essayant d'expliquer cette augmentation constante, ils remarquèrent naturellement le phénomène du processus progressif, de sorte que, pour des raisons que nous aurons à examiner plus tard[2], le concept de processus devint le concept clé de l'époque et de ses sciences, historiques et naturelles. Dès le début, on se représenta ce processus, puisqu'il paraissait sans fin,

1. La formule est d'Edmund Wilson (*To the Finland Station*, Anchor, éd. 1953), mais la critique est bien connue dans la littérature marxiste.

2. Voir ch. VI, p. 478.

comme un processus naturel et plus spécialement sous l'aspect du processus vital. La superstition la plus grossière des temps modernes – l'argent fait de l'argent –, de même que sa plus fine intuition politique – la puissance engendre la puissance –, doit sa vraisemblance à la métaphore sous-jacente de la fécondité naturelle de la vie. De toutes les activités humaines seul le travail (ni l'action ni l'œuvre) ne prend jamais fin, et avance automatiquement d'accord avec la vie, hors de portée des décisions volontaires ou des projets humainement intelligibles.

Ce qui peut-être indique le plus clairement le niveau de la pensée de Marx et la fidélité de ses descriptions à la réalité phénoménale, c'est qu'il fonda toute sa théorie sur le travail et la procréation conçus comme deux modes du même processus de fertilité vitale. Pour lui, le travail était la « reproduction de la vie », assurant la conservation de l'individu, et la procréation était la production « de la vie d'autrui » assurant la perpétuation de l'espèce[1]. Cette idée est chronologiquement l'origine jamais oubliée de la théorie qu'il élabora ensuite en substituant au « travail abstrait » la force de travail de l'organisme et en se représentant la plus-value comme la quantité de force de travail subsistant lorsque le travailleur a produit ses moyens de reproduction. C'est ainsi qu'il sonda l'expérience à une profondeur que n'avait atteinte aucun de ses prédécesseurs – auxquels il devait pour le reste presque toutes ses inspirations décisives – et que n'atteignit aucun de ses successeurs. Il fit cadrer sa théorie, la théorie de

1. *Deutsche Ideologie*, p. 17.

l'époque moderne, avec les plus anciennes, les plus persistantes idées sur la nature du travail, lequel dans la tradition hébraïque comme dans la tradition classique était lié à la vie de façon aussi intime que la procréation. De même, le véritable sens de la productivité du travail qui venait d'être découverte n'apparaît que dans l'œuvre de Marx, où il repose sur l'équivalence de la productivité et de la fertilité, de sorte que le fameux développement des « forces productives » de l'humanité parvenant à une société d'abondance n'obéit, en fait, à d'autre loi, n'est soumis à d'autre nécessité qu'au commandement primordial « Croissez et multipliez », dans lequel résonne la voix de la nature elle-même.

La fécondité du métabolisme humain dans la nature, provenant de la surabondance naturelle de la force de travail, participe encore de la profusion que nous voyons partout dans l'économie de la nature. Le « bonheur », la « joie » du travail est la façon humaine de goûter le simple bonheur de vivre que nous partageons avec toutes les créatures vivantes, et c'est même la seule manière dont les hommes puissent tourner avec satisfaction dans le cycle de la nature, entre la peine et le repos, le travail et la consommation, avec la tranquille et aveugle régularité du jour et de la nuit, de la vie et de la mort. Fatigues et labeurs trouvent leur récompense dans la fécondité de la nature, dans la calme assurance que celui qui a bien travaillé à la sueur de son front continuera de faire partie de la nature dans ses enfants et dans les enfants de ses enfants. L'Ancien Testament qui, bien différent en cela de l'Antiquité classique, tenait la vie pour sacrée et, par conséquent, ne considérait ni le travail ni la mort comme un mal (et moins encore comme un argument contre la vie)[1], fait voir combien les Patriarches s'inquiétaient peu de la mort, et qu'ils ne réclamaient ni l'immortalité terrestre individuelle, ni l'assurance de l'immortalité de l'âme : la mort leur apparaissait sous la forme familière de la nuit, du repos, du sommeil éternel, « après une heureuse vieillesse, âgés et rassasiés de jours ».

1. Nulle part dans l'Ancien Testament la mort n'est le « salaire du péché ». Et la malédiction qui chassa l'homme du paradis ne lui donna pas pour châtiment le travail et la naissance : elle fit seulement que le travail devint pénible et que la femme enfanta dans la douleur. D'après la Genèse, l'homme *(adam)* avait été créé pour veiller sur la terre *(adamah)*, comme l'indique son nom, forme masculine du mot « terre » (Genèse, 2, 5-15). « Et *Adam* ne devait pas labourer l'*adamah*... et Lui, Dieu, créa Adam de la poussière de l'*adamah*... Lui, Dieu, prit Adam et le plaça dans le jardin d'Éden pour le cultiver et le garder » (je suis la traduction de Martin Buber et Franz Rosenzweig, *Die Schrift*, Berlin). Le mot pour « labourer » qui plus tard signifia travailler, *leawod*, a le sens de « servir ». La malédiction (3, 17-19) n'emploie pas ce mot, mais le sens est clair : le service pour lequel fut créé l'homme devient servitude. La malédiction est généralement mal comprise, parce qu'on l'interprète inconsciemment à la lumière des idées grecques. Les auteurs catholiques évitent d'ordinaire cette erreur (cf. par ex. Jacques Leclercq, *Leçons de droit naturel*, vol. IV, 2e partie, « Travail, propriété », 1946, p. 31) : « La peine du travail est le résultat du péché originel... L'homme non déchu eût travaillé dans la joie, mais il eût travaillé » ; ou J. Chr. Nattermann, *Die moderne Arbeit soziologisch und theologisch betrachtet* (1953), p. 9. Il est intéressant dans ce contexte de comparer la malédiction de l'Ancien Testament avec l'explication apparemment semblable de la peine du travail dans Hésiode. Hésiode dit que les dieux, pour châtier l'homme, lui dérobèrent la vie de sorte qu'il dut la chercher, alors qu'auparavant il n'avait, paraît-il, qu'à cueillir les fruits des champs et des arbres. La malédiction consiste ici non seulement dans la dureté du travail mais dans le travail lui-même.

La joie de vivre, qui est celle du travail, ne se trouvera jamais dans l'œuvre : elle ne saurait se confondre avec le soulagement, la joie inévitablement brève, qui suivent l'accomplissement et accompagnent la réussite. Le bonheur du travail, c'est que l'effort et sa récompense se suivent d'aussi près que la production et la consommation des moyens de subsistance, de sorte que le bonheur accompagne le processus tout comme le plaisir accompagne le fonctionnement d'un corps en bonne santé. Le « bonheur du plus grand nombre » dans lequel nous généralisons et vulgarisons la félicité dont la vie terrestre a toujours joui, a conceptualisé en « idéal » la réalité fondamentale de l'humanité travailleuse. Le droit de poursuivre ce bonheur est, certes, aussi indéniable que le droit de vivre ; il lui est même identique. Mais il n'a rien de commun avec la chance qui est rare, ne dure pas et que l'on ne peut pas poursuivre, car la chance, la fortune, dépendent du hasard et de ce que le hasard donne et reprend, bien que la plupart des gens en « poursuivant le bonheur » courent après la fortune et se rendent malheureux même quand ils la rencontrent, parce qu'ils veulent conserver la chance et en jouir comme d'une abondance inépuisable de « biens ». Il n'y a pas de bonheur durable hors du cycle prescrit des peines de l'épuisement et des plaisirs de la régénération, et tout ce qui déséquilibre ce cycle – pauvreté, dénuement où la fatigue est suivie de misère au lieu de régénération, ou grande richesse et existence oisive où l'ennui remplace la fatigue, où les meules de la nécessité, de la consommation et de la digestion écrasent à mort, impitoyables et stériles, le corps impuissant – ruine l'élémentaire bonheur qui vient de ce que l'on est en vie.

La force de la vie est la fécondité. L'être vivant n'est pas épuisé lorsqu'il a pourvu à sa propre reproduction, et sa « plus-value » réside dans sa multiplication potentielle. Le naturalisme cohérent de Marx découvrit la « force de travail » comme mode spécifiquement humain de la force vitale aussi capable que la nature de créer une plus-value, un surproduit. S'intéressant presque exclusivement à ce processus, celui des « forces productives de la société », dans la vie de laquelle, comme dans la vie de toute espèce animale, la production et la consommation s'équilibrent toujours, Marx ignora complètement la question d'une existence séparée d'objets du-monde dont la durabilité résiste et survit aux processus dévorants de la vie. Du point de vue de l'espèce, toutes les activités trouvent en effet leur dénominateur commun dans le travail, et pour les distinguer il ne reste d'autre critère que l'abondance ou la rareté des biens à introduire dans le processus vital. Quand tout est devenu objet de consommation, le fait que la plus-value du travail ne change pas la nature, la « courte durée » des produits eux-mêmes perd toute importance : on le voit assez chez Marx, dans le mépris avec lequel il traite les laborieuses distinctions de ses prédécesseurs entre travail productif et improductif, ou travail qualifié et non qualifié.

Si les prédécesseurs de Marx ne purent se débarrasser de ces distinctions qui équivalent essentiellement à la distinction plus fondamentale entre œuvre et travail, ce n'est pas qu'ils étaient moins « scientifiques », c'est qu'ils raisonnaient encore d'après l'hypothèse de la propriété privée, ou du moins de l'appropriation individuelle de la richesse nationale. Pour établir la propriété l'abondance ne peut suffire ; les produits du travail ne deviennent pas plus durables quand ils sont abondants, ils ne peuvent s'entasser ni s'emmagasiner pour devenir propriété d'un homme ; au contraire, ils n'ont que trop tendance à disparaître dans le processus d'appropriation ou à « périr inutilement » s'ils ne sont consommés « avant de se gâter ».

Le caractère privé de la propriété et de la richesse

Il doit paraître bien étrange, au premier abord, qu'une théorie qui s'acheva de manière si concluante par l'abolition de toute propriété ait eu pour point de départ la fondation théorique de la propriété privée. Cependant, la chose semble un peu moins étrange si l'on se rappelle l'aspect très polémique de l'intérêt de l'époque moderne pour la propriété, dont les droits s'affirmaient explicitement contre le domaine commun et contre l'État. Comme aucune théorie politique avant le socialisme et le communisme n'avait proposé d'établir une société entièrement sans propriété, et comme aucun gouvernement avant le XXe siècle ne s'était montré sérieusement enclin à exproprier ses citoyens, le contenu de la théorie nouvelle ne pouvait certainement pas s'inspirer du besoin de protéger les droits de la propriété contre l'intrusion possible de l'administration gouvernementale. Mais précisément, alors que de nos jours toutes les théories de la propriété sont évidemment sur la défensive, les économistes étaient agressivement, ouvertement hostiles à l'ensemble de la sphère du gouvernement considéré dans le meilleur des cas comme un « mal nécessaire », « une fâcheuse conséquence de la nature humaine[1] », et dans le pire comme un parasite de la société qui sans lui serait parfaitement saine[2]. Ce que les temps modernes ont défendu avec tant d'ardeur, ce n'est pas la propriété en soi, c'est l'accroissement effréné de la propriété, ou de l'appropriation ; contre tous les organes qui eussent maintenu la permanence « morte » d'un monde commun, ils ont lutté au nom de la vie, de la vie de la société.

Il n'est pas douteux que, le processus naturel de la vie étant situé dans le corps, il n'y ait point d'activité plus immédiatement vitale que le travail. Locke ne pouvait se contenter ni de l'explication traditionnelle

---

1. Tous les auteurs de l'époque moderne s'accordent à penser que le « bon » côté « productif » de la nature humaine se reflète dans la société, et que la perversité de cette nature rend nécessaire le gouvernement. Selon Thomas Paine : « La société est produite par nos besoins, le gouvernement par notre perversité ; celle-là fait notre bonheur positivement en unissant nos affections, celui-ci négativement en réprimant nos vices… La société en tout État est un bien, mais le gouvernement même dans le meilleur État un mal nécessaire » (*Common Sense*, 1776). Ou selon Madison : « Mais qu'est-ce que le gouvernement lui-même, sinon le plus grand blâme qu'on puisse adresser à la nature humaine ? Si les hommes étaient des anges, il n'y aurait pas besoin de gouvernement. Si les anges gouvernaient les hommes, il n'y aurait pas besoin de contrôle ni externe ni interne » (*The Federalist*, Modern Library éd., p. 337).

2. C'était l'avis d'Adam Smith, par exemple, qui s'indignait de l'« extravagance publique du gouvernement » : « Tout ou presque tout le revenu public sert, dans la plupart des pays, à entretenir des employés improductifs » (*op. cit.*, I, 306).

du travail, conséquence naturelle et inévitable de la pauvreté qu'il ne saurait en aucun cas abolir, ni de l'explication traditionnelle de l'origine de la propriété attribuée à l'acquisition, à la conquête ou à une répartition originelle du monde commun[1]. Ce qui l'intéressait en fait, c'était l'appropriation, et le but de sa recherche était une activité d'appropriation du monde, activité dont, en même temps, le caractère privé serait absolument indiscutable.

Certes rien n'est plus privé que les fonctions corporelles du processus vital, la fécondité comprise, et il est remarquable que les rares cas où même l'« humanité socialisée » respecte et impose un caractère strictement privé concernent précisément les « activités » rendues nécessaires par le processus vital. Dans ce nombre, le travail, étant une activité et non pas seulement une fonction, est pour ainsi dire la moins privée, la seule que nous n'éprouvions pas le besoin de dissimuler ;

1. « Avant 1690, personne ne comprenait que l'homme eût naturellement droit à la propriété créée par son travail ; après 1690, l'idée fut bientôt un axiome de la science sociale » (Richard Schlatter, *Private Properly : The History of an Idea*, 1951, p. 156). Évidemment, les concepts de travail et de propriété s'excluaient mutuellement alors que travail et pauvreté *(ponos* et *penia, Arbeit* et *Armut)* allaient de pair en ce sens que l'activité correspondant à l'état de pauvreté était le travail. C'est pourquoi Platon qui déclarait que les esclaves étaient « mauvais », parce qu'ils n'étaient pas maîtres de la part animale de leur être, en disait à peu près autant de l'état de pauvreté. Le pauvre n'est « pas maître de soi » (*« penès ôn kai heautou mè kratôn »* [Lettre VII, 351 A]). Aucun auteur classique ne songea au travail comme à une source possible de richesse. D'après Cicéron – qui ne fait probablement que résumer l'opinion de ses contemporains – la propriété provient soit anciennement d'une conquête ou d'une victoire, soit d'une répartition légale *(« aut vetere occupatione aut victoria aut lege ») (De Officiis*, I, 21).

il reste pourtant assez proche du processus vital pour rendre plausible l'argument en faveur du caractère privé de l'appropriation, argument très différent du plaidoyer pour le caractère privé de la propriété[1]. Locke fondait la propriété privée sur la chose la plus individuellement possédée qui soit, la « propriété [de l'homme] dans sa personne », c'est-à-dire dans son corps[2]. « Le travail de nos corps et l'œuvre de nos mains » se confondent parce qu'ils sont l'un et l'autre les « moyens » de « s'approprier » ce que « Dieu… donna… aux hommes en commun ». Et ces moyens, le corps, les mains, la bouche, sont les outils naturels de l'appropriation parce que loin d'« appartenir à l'humanité en commun » ils sont donnés à chacun pour son usage particulier[3].

De même que Marx dut introduire une force naturelle, la « force de travail » du corps, pour expliquer la productivité du travail et le processus graduel de l'accroissement des richesses, Locke, encore que moins explicitement, dut faire remonter la propriété à une origine naturelle, l'appropriation, afin d'ouvrir une brèche dans les stables murailles de-ce-monde qui séparent « du commun » la portion de monde que chaque personne possède en particulier[4]. Marx, comme Locke encore, voulut voir dans le processus de l'accroissement des richesses un processus naturel, suivant ses propres lois automatiquement, hors de toute décision et de toute finalité. S'il y avait une activité humaine à faire entrer dans le processus, ce ne pouvait être

1. Voir p. 132.
2. *Op. cit.*, sec. 26.
3. *Ibid.*, sec. 25.
4. *Ibid.*, sec. 31.

qu'une « activité » corporelle dont on ne pût arrêter le fonctionnement même si on le voulait. Faire obstacle à ces « activités », c'est en effet détruire la nature, et pour toute l'époque moderne, que l'on se cramponne à l'institution de la propriété privée ou qu'on la considère comme un obstacle à l'accumulation des richesses, tout frein ou tout contrôle imposé au processus de la richesse équivaut à un attentat contre la vie même de la société.

L'évolution des temps modernes et l'avènement de la société, dans lesquels la plus privée des activités humaines, le travail, est devenue publique en recevant le droit de fonder son domaine commun, font peut-être douter que l'existence de la propriété en tant que possession privée d'une place dans le monde puisse résister à l'implacable processus de l'accumulation de richesse. Il est vrai néanmoins que le caractère privé de ce que l'on possède, c'est-à-dire son indépendance complète par rapport au « commun », ne saurait être mieux garanti que par la transformation de la propriété en appropriation ou par une interprétation de la « séparation du commun » qui y voie le résultat, le « produit », de l'activité corporelle. Sous cet aspect le corps devient en effet la quintessence de toute propriété puisqu'il est la seule chose que l'on ne puisse partager même si l'on y consent. En fait, il n'y a rien de moins commun et de moins communicable, et donc de plus sûrement protégé contre la vue et l'ouïe du domaine public, que ce qui se passe à l'intérieur du corps, ses plaisirs et ses douleurs, son travail de labeur et de consommation. De même, rien ne nous expulse du monde plus radicalement qu'une concentration exclusive sur la vie corporelle, concentration imposée par la servitude ou par l'extrémité d'une souffrance intolérable. Si, pour une raison quelconque, on veut que l'existence humaine soit entièrement « privée », indépendante du monde et uniquement consciente du fait de son existence, on devra nécessairement fonder son raisonnement sur de telles expériences ; et puisque les corvées impitoyables de l'esclavage ne sont pas « naturelles », mais d'origine humaine et opposées à la fécondité naturelle de l'*animal laborans* dont l'énergie n'est pas épuisée ni le temps consumé lorsqu'il a reproduit sa propre vie, l'expérience « naturelle » qui est à la base de l'indépendance soit stoïcienne, soit épicurienne n'est pas le travail ni la servitude, c'est la douleur. Le bonheur que l'on atteint dans l'isolement et dont on jouit confiné dans l'existence privée ne sera jamais que la fameuse « absence de douleur », définition sur laquelle s'accordent obligatoirement toutes les variantes d'un sensualisme cohérent. L'hédonisme, pour lequel seules les sensations du corps sont réelles, n'est que la forme la plus radicale d'un mode de vie apolitique, totalement privé, véritable mise en pratique de la devise d'Épicure : *lalhe biôsas kai mè politeuesthai* (« vivre caché et ne point se soucier du monde »).

Normalement l'absence de douleur n'est rien de plus que la condition corporelle nécessaire pour connaître le monde ; il faut que le corps ne soit pas irrité, que par l'irritation il ne soit pas rejeté sur soi, pour que les sens puissent fonctionner normalement, recevoir ce qui leur est donné. L'absence de douleur n'est habituellement « ressentie » que dans le bref intervalle entre la souffrance et la non-souffrance, et la sensation qui correspond au concept sensualiste du bonheur est le soulagement plutôt que l'absence de peine. L'intensité de cette sensation ne fait aucun doute ; en fait, elle n'a d'égale que celle de la sensation de douleur elle-même[1]. L'effort mental que requièrent les philosophies qui, pour diverses raisons, veulent nous « libérer » du monde est toujours un acte d'imagination dans lequel la simple absence de souffrance s'éprouve et s'actualise comme sensation de soulagement[2].

---

1. Il me semble que certaines formes bénignes et assez fréquentes d'addiction aux stupéfiants, attribuées d'ordinaire à l'accoutumance que provoquent les drogues, pourraient être dues au désir de répéter un plaisir de soulagement accompagné d'une intense euphorie. Le phénomène était bien connu dans l'Antiquité, mais dans la littérature moderne je ne trouve pour appuyer mon hypothèse qu'une page d'Isak Dinesen (« Converse at Night in Copenhagen », *Last Tales*, 1957, pp. 338 *sq.*) où elle cite la « cessation de la douleur » parmi les « trois sortes de bonheur parfait ». Platon réfute déjà ceux qui « lorsqu'ils sont arrachés à la souffrance croient fermement avoir atteint le but du plaisir » (*République*, 585 A), mais concède que les « plaisirs mêlés » qui suivent la peine ou la privation sont plus intenses que les plaisirs purs, tels que de respirer un parfum exquis ou de contempler les figures géométriques. Chose curieuse, ce sont les hédonistes qui embrouillèrent la question en refusant d'admettre que le plaisir du soulagement est plus intense que le « plaisir pur », pour ne rien dire de la simple absence de peine. C'est ainsi que Cicéron accusait Épicure d'avoir confondu l'absence de douleur avec le soulagement (cf. V. Brochard, *Études de philosophie ancienne et de philosophie moderne*, 1912, pp. 252 *sq.*). Et Lucrèce s'écriait : « Ne vois-tu pas que la nature ne réclame que deux choses, un corps sans souffrance, un esprit sans souci et sans crainte… ? » (*De rerum Natura*, II, 16).

2. Brochard *(op. cit.)* donne une excellente analyse des philosophes de la basse Antiquité, en particulier d'Épicure. Le bonheur sensuel que rien ne trouble dépend de la capacité de l'âme de fuir dans un monde plus heureux qu'elle crée, de sorte qu'à l'aide de l'imagination elle peut toujours persuader le corps de goûter le même plaisir qu'elle a une fois connu (pp. 278 et 294 *sq.*).

En tout cas, la souffrance et le soulagement de la souffrance sont les seules expériences des sens à être si indépendantes du monde qu'elles ne contiennent l'expérience d'aucun objet-de-ce-monde. La douleur que me fait une épée ou le chatouillement que me cause une plume ne me disent absolument rien de la qualité ni même de l'existence-au-monde de l'épée ou de la plume[1]. Seule une irrésistible méfiance envers les

1. Toutes les théories qui nient que les sens soient capables de nous donner le monde refusent de reconnaître la vision pour le plus noble et le plus parfait de nos sens et lui substituent le toucher ou le goût, qui sont bien les sens les plus privés, ceux dans lesquels le corps se sent surtout lui-même en percevant un objet. Tous les penseurs qui nient la réalité du monde extérieur approuveraient Lucrèce qui disait : « Car le toucher, rien que le toucher (par tout ce que les hommes nomment sacré) est l'essence de toutes nos sensations corporelles » (*op. cit.*, IV). Mais cela ne suffit pas ; le toucher ou le goût dans un corps non irrité donnent encore trop de la réalité du monde : si je mange des fraises j'ai le goût de fraises, je ne goûte pas le goût ; ou, pour emprunter un exemple à Galilée, quand « je passe la main d'abord sur une statue de marbre puis sur un homme vivant », j'ai conscience d'un marbre et d'un corps vivant et non principalement de ma main qui les touche. C'est pourquoi Galilée, lorsqu'il veut démontrer que les qualités secondes, comme les couleurs, les goûts, les odeurs, ne « sont rien d'autre que des noms qui résident uniquement dans le corps sensitif », est contraint de renoncer à cet exemple et d'amener la plume et la sensation de chatouillement, avant de conclure : « Je suis convaincu que c'est une existence précisément semblable et non pas plus grande que possèdent les diverses qualités que l'on attribue aux corps naturels, tels que les goûts, les odeurs, les couleurs et autres » (*Il Saggiatore*, in *Opere*, IV, 333 *sq.)*.

Cet argument ne peut se fonder que sur les expériences sensorielles dans lesquelles le corps est nettement rejeté sur soi et donc en quelque sorte rejeté du monde où il se meut normalement. Plus la sensation interne est forte, plus l'argument devient plausible. Descartes suit le même raisonnement : « Le seul mouvement dont une épée coupe quelque partie de notre peau nous fait sentir de la

sens et leur capacité d'expérience adéquate du monde – cette méfiance est à l'origine de toute philosophie spécifiquement moderne – explique la décision étrange, voire absurde, d'utiliser comme exemples d'expérience sensorielle des phénomènes qui, tels la douleur ou le chatouillement, empêchent évidemment nos sens de fonctionner normalement ; seule cette méfiance peut aussi faire dériver de ces phénomènes la subjectivité des qualités « secondes » et même des qualités « premières ». Si nous n'avions d'autres perceptions sensorielles que celles dans lesquelles le corps se sent lui-même, c'est peu de dire que la réalité du monde extérieur serait douteuse, nous n'aurions même pas l'idée d'un monde.

La seule activité qui corresponde strictement à l'expérience d'absence-du-monde ou plutôt à la perte du monde que provoque la douleur, est l'activité de travail, dans laquelle le corps humain, malgré son activité, est également rejeté sur soi, se concentre sur le fait de son existence et reste prisonnier de son métabolisme avec la nature sans jamais le transcender, sans jamais se délivrer de la récurrence cyclique de son propre fonctionnement. Nous avons cité plus haut la double peine liée au processus vital, ces peines accouplées que le langage désigne d'un seul nom et qui, selon la Bible, furent imposées en même temps à la vie humaine : l'effort

douleur, sans nous faire savoir pour cela quel est le mouvement ou la figure de cette épée. Et il est certain que l'idée que nous avons de cette douleur n'est pas moins différente du mouvement qui la cause, ou de celui de la partie de notre corps que l'épée coupe, que sont les idées que nous avons des couleurs, des sons, des odeurs ou des goûts » (*Principes*, IV, 197).

douloureux qu'exige la reproduction de la vie individuelle et de la vie de l'espèce. Si cet effort douloureux de la vie et de la fécondité était la véritable origine de la propriété, cette propriété serait certes aussi privée, aussi étrangère-au-monde que le fait éminemment privé d'avoir un corps et de connaître la souffrance.

Mais, s'il s'agit bien là essentiellement du caractère privé de l'appropriation, ce n'est pas du tout ce que Locke, dont les concepts étaient encore ceux de la tradition prémoderne, entendait par propriété privée. Quelle qu'en fût l'origine cette propriété restait pour lui « un enclos dans le commun », c'est-à-dire en premier lieu une place dans le monde où ce qui est privé peut se cacher et s'abriter du domaine public. Comme telle, elle demeurait en contact avec le monde commun même à une époque où l'accroissement de richesse et d'appropriation commençait à menacer le monde commun. La propriété n'aggrave pas, elle pallie plutôt, la rupture entre le monde et le processus de travail, en raison de sa propre sécurité dans-le-monde. De même le caractère de processus qui distingue le travail, la contrainte, l'impitoyable poussée qu'exerce constamment sur le travail le processus vital, rencontre un obstacle dans l'acquisition de la propriété. Dans une société de propriétaires, à la différence d'une société de travailleurs ou d'employés, c'est encore le monde et non pas l'abondance naturelle ni la simple nécessité de vivre qui se tient au centre des préoccupations humaines.

Tout devient différent si l'intérêt dominant n'est plus la propriété mais l'accroissement de richesse et le processus d'accumulation comme tel. Ce processus peut être infini comme le processus vital de l'espèce, et son infinité est constamment menacée, interrompue par le fait regrettable que les individus ne vivent pas éternellement, n'ont pas de temps infini devant eux. Il faut que la vie de la société dans son ensemble, au lieu des vies limitées des individus, soit considérée comme le gigantesque sujet du processus d'accumulation, pour que ce processus se développe en toute liberté, à toute vitesse, débarrassé des limites qu'imposeraient l'existence individuelle et la propriété individuelle. Il faut que l'homme n'agisse plus en individu, uniquement préoccupé de son existence, mais en « membre de l'espèce », en *Gattungswesen* comme disait Marx, il faut que la reproduction de la vie individuelle s'absorbe dans le processus vital du genre humain, pour que le processus vital collectif d'une « humanité socialisée » suive sa propre « nécessité », c'est-à-dire le cours automatique de sa fécondité, au double sens de la multiplication des vies et de l'abondance croissante des biens dont elles ont besoin.

Il y a une coïncidence frappante entre la philosophie du travail de Marx et les théories du développement et de l'évolution au XIXe siècle : évolution naturelle d'un unique processus vital depuis les formes les plus simples de la vie organique jusqu'à l'apparition de l'animal humain, et développement historique d'un processus vital de l'humanité considérée comme un tout ; cette coïncidence fut signalée très tôt par Engels, qui appelait Marx le « Darwin de l'Histoire ». Ce qu'ont de commun toutes ces théories, en diverses sciences – économie, histoire, biologie, géologie –, c'est le concept de processus, qui était pratiquement inconnu avant les temps modernes. Comme la découverte des processus par les sciences naturelles avait coïncidé avec la découverte de l'introspection en philosophie, il est tout naturel que le processus biologique qui se déroule en nous soit devenu éventuellement le modèle du nouveau concept ; dans le cadre des expériences livrées à l'introspection, nous ne connaissons qu'un processus, celui de la vie dans nos corps, et la seule activité dans laquelle nous puissions le traduire, et qui lui corresponde, c'est le travail. Après cela il peut paraître presque inévitable qu'à la mise en équation de la productivité et de la fertilité dans la philosophie du travail à l'époque moderne aient dû succéder les diverses variétés de philosophie de la vie qui reposent sur la même équation[1]. La différence entre les théories du travail et les philosophies de la vie qui les ont suivies cst surtout que ces dernières ont perdu de vue la seule activité nécessaire à l'entretien du processus vital. Mais cette perte elle-même semble correspondre au développement historique qui a rendu le travail moins pénible et par conséquent plus semblable encore à l'automatisme du processus vital. Si à la fin du siècle (avec Nietzsche et Bergson) la vie, et non pas le travail, fut proclamée « créatrice de toutes les valeurs », cette

1. Ce rapport a été entrevu par les disciples de Bergson en France (cf. surtout Édouard Berlh, *Les Méfaits des intellectuels*, 1914, ch. 1, et Georges Sorel, *D'Aristote à Marx*, 1935). À la même école appartient en Italie Adriano Tilgher *(op. cit.)*, qui souligne que l'idée de travail est centrale et constitue la clé de la nouvelle conception de la vie. L'école de Bergson, comme son maître, idéalise le travail en l'égalant à l'œuvre et à la fabrication. Mais il y a une ressemblance frappante entre le moteur de la vie biologique et l'« élan vital » de Bergson.

glorification du dynamisme élémentaire du processus vital excluait le minimum d'initiative que l'on trouve même dans les activités, telles que le travail et la procréation, qu'impose à l'homme la nécessité.

Cependant, ni l'énorme accroissement de fertilité ni la socialisation du processus, c'est-à-dire le fait que ce processus n'a plus pour sujet l'homme individuel mais la société, l'homme collectif, ne peuvent éliminer le caractère strictement, voire cruellement privé de l'activité de travail et de l'expérience des processus corporels dans lesquels la vie se manifeste. Ni l'abondance de biens ni la diminution du temps effectivement passé à travailler n'ont de chances d'aboutir à la fondation d'un monde commun, et l'*animal laborans* exproprié n'est pas moins privé lorsqu'on lui dérobe le lieu privé où il pouvait se cacher et s'abriter du domaine commun. Marx a prédit correctement, encore qu'avec une jubilation mal justifiée, le « dépérissement » du domaine public dans les conditions de libre développement des « forces productives de la société », et il a eu également raison, c'est-à-dire est resté logique avec sa conception de l'homme *animal laborans*, lorsqu'il a prévu que les « hommes socialisés » emploieraient leurs loisirs, étant délivrés du travail, à ces activités strictement privées et essentiellement hors-du-monde que l'on appelle des « passe-temps[1] ».

---

1. Dans une société communiste ou socialiste toutes les professions deviendraient pour ainsi dire des passe-temps : il n'y aurait plus de peintres, mais seulement des gens qui, entre autres choses, passeraient une partie de leur temps à peindre ; il y aurait des gens qui « aujourd'hui font ceci, demain cela, qui chassent le matin, vont pêcher l'après-midi, élèvent du bétail le soir, sont critiques

Les instruments de l'œuvre et la division du travail

Malheureusement, ceci paraît tenir aux conditions de la vie telle qu'elle est donnée à l'homme : le seul avantage possible de la fécondité de la force de travail réside dans son aptitude à pourvoir aux nécessités de la vie pour plus d'un homme ou plus d'une famille. Les produits du travail, les produits du métabolisme de l'homme avec la nature ne demeurent pas dans le monde assez longtemps pour en faire partie, et l'activité de travail elle-même, exclusivement concentrée sur la vie et son entretien, s'intéresse si peu au monde qu'elle se situe hors du monde. L'*animal laborans* mené par les besoins de son corps ne se sert pas librement de ce corps comme l'*homo faber* de ses mains, outils primordiaux, et c'est pourquoi Platon estimait que les travailleurs et les esclaves n'étaient pas seulement soumis à la nécessité et incapables de liberté, mais, en outre, inaptes à gouverner la partie « animale » de leur être[1]. Une société de masse, une société de travailleurs telle que Marx l'imaginait en parlant d'« humanité socialisée », consiste en spécimens hors-du-monde de l'espèce Homme, qu'ils soient esclaves-domestiques réduits à cet état par la violence d'autrui, ou qu'ils soient libres accomplissant volontairement leurs fonctions.

---

après dîner, comme bon leur semble, sans pour autant devenir chasseurs, pêcheurs, bouviers ou critiques » (*Deutsche Ideologie*, pp. 22 et 373).

1. *République*, 590 C.

Certes, si l'*animal laborans* est hors-du-monde, c'est dans un sens tout différent du refus de la publicité du monde dont nous avons vu qu'il est le propre de l'activité des « bonnes œuvres ». L'*animal laborans* ne fuit pas le monde, il en est expulsé dans la mesure où il est enfermé dans le privé de son corps, captif de la satisfaction de besoins que nul ne peut partager et que personne ne saurait pleinement communiquer. Le fait que la servitude et la réclusion dans la domesticité ont été généralement la condition sociale de tous les travailleurs avant l'époque moderne est dû principalement à la condition humaine ; la vie, qui pour toute autre espèce animale est l'essence même de l'être, devient un fardeau pour l'homme à cause de sa « répugnance » innée « à la futilité »[1]. Ce fardeau est d'autant plus lourd que parmi les désirs prétendus « plus nobles » aucun n'est aussi fort, aucun n'est aussi réellement imposé à l'homme par la nécessité, que le sont les besoins élémentaires de la vie. La servitude était la condition sociale des classes laborieuses parce qu'on y voyait la condition naturelle de la vie. *Omnis vita servitium est*[2].

On ne peut se débarrasser du fardeau de la vie biologique qui pèse sur l'existence proprement humaine entre la naissance et la mort, qu'en employant des serviteurs ; dans l'Antiquité, la principale fonction des esclaves était de porter le fardeau de la consommation bien plus que de produire pour la société en général[3]. Si le travail servile a

1. Veblen, *op. cit.*, p. 33.
2. Sénèque, *De tranquillitate animae*, II, 3.
3. Cf. l'excellente analyse de Winston Ashley, in *The Theory of Natural Slavery According to Aristotle and S. Thomas* (Thèse de

pu jouer un rôle aussi énorme dans les sociétés anciennes sans que l'on en découvrît le gaspillage, l'improductivité, c'est que la cité antique était avant tout un « centre de consommation », à la différence des cités médiévales qui étaient surtout des centres de production[1]. Le prix à payer pour soulager du fardeau de la vie les épaules de tous les citoyens était énorme, et il ne s'agissait pas d'injustice, ni de violence forçant une partie de l'humanité à s'enfoncer dans les ténèbres de la souffrance et de la nécessité. Puisque ces ténèbres sont naturelles, inhérentes à la condition humaine – il n'y a d'artificiel que l'acte de violence auquel recourt un groupe d'hommes pour tenter de se débarrasser des fers qui nous enchaînent tous à la souffrance et à la nécessité –, le prix à payer pour se libérer absolument de la nécessité, c'est, en un sens, la vie elle-même, ou du moins faut-il substituer à la vraie vie une vie par procuration. Dans les conditions de l'esclavage les grands de ce monde pouvaient même user de leurs sens par procuration, ils pouvaient « voir et entendre par leurs esclaves », comme le dit la langue grecque dans Hérodote[2].

À son niveau le plus élémentaire, le dur labeur de se procurer et les plaisirs de s'« incorporer » les nécessités

---

l'université Notre-Dame, 1941, ch. 5), qui souligne avec raison : « Ce serait ne rien entendre à l'argument d'Aristote que de croire qu'il considérait les esclaves comme universellement nécessaires comme outils de production seulement. Il souligne au contraire leur nécessité pour la consommation. »

1. Max Weber, *Agrarverhältnisse im Altertum* (1924).

2. Hérodote, I, 113, par exemple *eide le dia toutôn* et *passim*. Expression analogue dans Pline, *Naturalis historia*, XXIX, 19 : *alienis pedibus ambulamus ; alienis oculis agnoscimus ; aliena memoria salutamus ; aliena vivimus opere.*

vitales sont si bien mêlés dans le cycle biologique, dont le rythme circulaire conditionne la vie humaine en son mouvement unique et linéaire, que l'élimination parfaite de la peine et de l'effort du travail déroberait à la vie biologique ses plaisirs les plus naturels et, pis encore, priverait la vie spécifiquement humaine de toute son animation et de toute sa vitalité. La condition humaine est telle que la peine et l'effort ne sont pas simplement des symptômes que l'on peut faire disparaître sans changer la vie ; ce sont plutôt les modalités d'expression de la vic elle-même, en même temps que de la nécessité à laquelle elle est liée. Pour les mortels, la « vie facile des dieux » serait une vie sans vie.

Car notre croyance à la réalité de la vie est autre chose que la croyance à la réalité du monde. Celle-ci provient surtout de la permanence et de la durabilité du monde, qui sont bien supérieures à celles de la vie mortelle. Si nous pensions que la fin du monde dût accompagner notre mort ou la suivre de près, le monde perdrait toute réalité, comme ce fut le cas aux yeux des premiers chrétiens tant qu'ils furent persuadés de l'accomplissement immédiat de leurs prévisions eschatologiques. La croyance à la réalité de la vie, au contraire, dépend presque exclusivement de l'intensité avec laquelle on éprouve la vie, de la force avec laquelle elle se manifeste. Cette intensité est telle, cette force est si élémentaire que chaque fois qu'elle domine, dans le bonheur ou dans la souffrance, elle efface toute autre réalité de-ce-monde. Que la vie des riches perde en vitalité, en familiarité avec les « bonnes choses » de la nature ce qu'elle gagne en raffinement, en sensibilité pour les belles choses du monde, on l'a bien souvent remarqué. Le fait est que la capacité humaine de vivre dans le monde comporte toujours une aptitude à transcender et à s'aliéner les processus de la vie, alors que la vitalité et la vivacité ne peuvent se garder que dans la mesure où les hommes acceptent de se charger du fardeau, des labeurs et des peines de la vie.

Il est vrai que les extraordinaires perfectionnements de nos outils (les robots que l'*homo faber* a fournis à l'*animal laborans*, par opposition aux instruments parlants, humains – puisqu'on appelait l'esclave *instrumentum vocale* – que l'homme d'action devait gouverner et opprimer en voulant libérer l'*animal laborans*), ont rendu plus aisé, moins pénible que jamais le double labeur de la vie, l'effort de l'entretenir et le travail de l'enfanter. Cela n'a certes pas ôté au travail son caractère d'obligation, ni dispensé la vie de sa soumission au besoin et à la nécessité. Mais à la différence de la société esclavagiste, où la « malédiction » de la nécessité était sans cesse présente, la vie de l'esclave témoignant quotidiennement du fait que « la vie est un esclavage », cette condition n'est plus aussi manifeste, elle n'apparaît plus aussi pleinement : aussi est-il beaucoup plus difficile de la remarquer et de s'en souvenir. L'homme ne peut pas être libre s'il ne sait pas qu'il est soumis à la nécessité, car il gagne toujours sa liberté en essayant sans jamais y réussir parfaitement de se délivrer de la nécessité. Et, s'il est vrai peut-être que ce qui le pousse le plus fortement à cette libération, c'est son « dégoût de la futilité », il est possible aussi qu'une telle aspiration s'affaiblisse à mesure que la « futilité » semble plus facile et qu'elle requiert moins d'effort. Car il reste probable que les énormes changements de la révolution industrielle derrière nous et les changements plus grands encore de la révolution atomique qui nous attend seront toujours des changements du monde, et non pas de la condition fondamentale de la vie humaine sur Terre.

Les outils et les instruments qui peuvent faciliter considérablement le travail ne sont pas eux-mêmes des produits du travail, mais des produits de l'œuvre ; ils n'appartiennent pas au processus de consommation : ils font partie du monde des objets d'usage. Leur rôle, si grand soit-il dans le travail d'une civilisation donnée, ne peut jamais avoir l'importance fondamentale des outils destinés à toutes sortes d'œuvres. Aucune œuvre ne peut se faire sans outils ; la naissance de l'*homo faber* et l'avènement d'un monde artificiel d'objets sont contemporains, en fait, de la découverte des outils et instruments. Au point de vue du travail, les outils renforcent et multiplient la force humaine et parviennent presque à la remplacer, comme dans tous les cas où des forces naturelles, animaux domestiques, énergie hydraulique ou électricité, et non plus simplement des choses, sont soumises à un maître humain. De même, ils accroissent la fertilité naturelle de l'*animal laborans* et fournissent une abondance de biens de consommation. Mais tous ces changements sont d'ordre quantitatif, tandis que la qualité propre des objets fabriqués, du plus simple bien d'usage aux chefs-d'œuvre de l'art, dépend essentiellement de l'existence d'instruments adéquats.

En outre, les limitations des instruments quand il s'agit de faciliter le travail de la vie – le simple fait qu'une centaine d'appareils ménagers et une demi-douzaine de robots dans le sous-sol ne remplacent jamais les services d'une bonne – sont des limitations fondamentales. Témoignage curieux et inattendu de cette constatation : elle a pu être prédite des milliers d'années avant que se produisît le fabuleux développement moderne des outils et des machines. Sur le mode mi-fantaisiste, mi-ironique, Aristote imagina un jour ce qui, depuis lors, est devenu une réalité, à savoir que « tous les outils exécuteraient leur ouvrage sur commande… comme les statues de Dédale ou les tripodes d'Héphaistos qui, selon le poète, entrèrent d'eux-mêmes dans l'assemblée des dieux ». Ainsi « la navette tisserait, le plectre ferait résonner la lyre sans qu'une main les guidât ». Cela, poursuit Aristote, signifierait certainement que l'artisan n'aurait plus besoin d'assistants, mais cela ne voudrait pas dire que l'on pourrait se dispenser d'esclaves domestiques. Car les esclaves ne sont pas des outils à fabriquer, à produire, mais à vivre, la vie consommant sans cesse leurs services[1]. Le processus de fabrication est limité et la fonction de l'outil a une finalité prévisible, contrôlable dans le produit fini ; le processus de vie qui exige le travail est une activité sans fin et le seul « instrument » à sa mesure serait un *perpetuum mobile*, c'est-à-dire l'*instrumentum vocale* aussi vivant, aussi « actif » que l'organisme vivant qu'il sert. Précisément, parce que « des instruments domestiques rien ne résulte que l'usage de la possession elle-même », ces instruments ne peuvent pas se remplacer par des outils « d'où résulte quelque chose de plus que le simple usage »[2].

1. *Politique*, 1253 *b* 30-1254 *a* 18.
2. Winston Ashley, *op. cit.*, ch. 5.

Si les outils et instruments, faits pour une production entièrement différente de leur simple usage, sont d'une importance secondaire pour le travail en tant qu'activité, il n'en va pas de même pour l'autre grand principe du processus de travail humain : la division du travail. La division du travail naît directement du processus de l'activité de travail et il ne faut pas la confondre avec le principe apparemment similaire de la spécialisation qui règne dans les processus de l'activité d'œuvre, comme on le fait habituellement. La spécialisation de l'œuvre et la division du travail n'ont en commun que le principe général d'organisation qui lui-même n'est lié ni à l'œuvre ni au travail, mais doit son origine à la sphère strictement politique de la vie, au fait que les hommes sont capables d'agir, et d'agir ensemble de façon concertée. C'est seulement dans le cadre de l'organisation politique, dans lequel les hommes ne se bornent pas à cohabiter mais agissent ensemble, qu'il peut y avoir spécialisation de l'œuvre et division du travail.

Mais, tandis que la spécialisation est essentiellement guidée par le produit fini, dont la nature est d'exiger des compétences diverses qu'il faut rassembler et organiser, la division du travail, au contraire, présuppose l'équivalence qualitative de toutes les activités pour lesquelles on ne demande aucune compétence spéciale, et ces activités n'ont en soi aucune finalité : elles ne représentent que des sommes de force de travail que l'on additionne de manière purement quantitative. La division du travail se fonde sur le fait que deux hommes peuvent mettre en commun leur force de travail et « se conduire l'un envers l'autre comme s'ils étaient un[1] ». Cette « unité » est exactement le contraire de la coopération, elle renvoie à l'unité de l'espèce par rapport à laquelle tous les membres un à un sont identiques et interchangeables. (La formation d'un collectif du travail dans lequel les travailleurs sont organisés socialement d'après ce principe d'une force de travail commune et divisible s'oppose essentiellement aux diverses organisations ouvrières, depuis les anciennes corporations jusqu'à certains syndicats professionnels modernes dont les membres sont unis par les qualifications et spécialisations qui les distinguent des autres.) Comme aucune des activités en lesquelles le processus est divisé n'a de fin en soi, leur fin « naturelle » est exactement la même que dans le cas du travail « non divisé » : soit la simple reproduction des moyens de subsistance, c'est-à-dire la capacité de consommation des travailleurs, soit l'épuisement de la force de travail. Toutefois, ni l'une ni l'autre de ces limites ne sont définitives ; l'épuisement fait partie du processus vital de l'individu, non de la collectivité, et le sujet du processus de travail, lorsqu'il y a division du travail, est une force collective et non pas individuelle. L'« inépuisabilité » de cette force de travail correspond exactement à l'immortalité de l'espèce, dont le processus vital pris dans l'ensemble n'est pas davantage interrompu par les naissances et les morts individuelles de ses membres.

1. Cf. Viktor von Weizsäcker, « Zum Begriff der Arbeit », in *Festschrift für Alfred Weber* (1948). L'essai contient d'intéressantes observations ; dans l'ensemble, il est malheureusement inutilisable, Weizsäcker obscurcit encore le concept de travail en supposant de façon assez gratuite que le malade doit « exécuter un travail » afin de guérir.

Plus grave, semble-t-il, est la limitation imposée par la capacité de consommation, qui reste liée à l'individu, même lorsqu'une force collective de travail a remplacé la force de travail individuelle. Le progrès de l'accumulation de richesse peut être sans limite dans une « humanité socialisée » qui s'est débarrassée des limitations de la propriété individuelle et qui a surmonté celles de l'appropriation individuelle en dissolvant toute richesse stable, toute possession d'objets « entassés » et « thésaurisés », en argent à dépenser et à consommer. Nous vivons déjà dans une société où la richesse s'évalue en termes de gain et de dépense, qui ne sont que des modifications du double métabolisme du corps humain. Le problème est donc d'adapter la consommation individuelle à une accumulation illimitée de richesse.

Comme il s'en faut encore de beaucoup que l'humanité dans son ensemble ait atteint la limite de l'abondance, on ne peut envisager que sous réserve et au plan national la manière dont la société peut surmonter cette limitation naturelle de sa propre fertilité. En ce cas, la solution paraît assez simple. Elle consiste à traiter tous les objets d'usage comme des biens de consommation, de sorte que l'on consomme une chaise ou une table aussi vite qu'une robe, et une robe presque aussi vite que de la nourriture. De tels rapports avec les objets du monde correspondent d'ailleurs parfaitement à la manière dont ils sont produits. La révolution industrielle a remplacé l'artisanat par le travail ; il en résulte que les objets du monde moderne sont devenus des produits du travail dont le sort naturel est d'être consommés, au lieu d'être des produits de l'œuvre, destinés à servir. De même que les outils, bien que tirant leur origine de l'œuvre, ont toujours été employés aussi dans les processus de travail, de même la division du travail, entièrement ajustée aux processus de travail, est devenue l'une des principales caractéristiques des processus modernes de l'œuvre, autrement dit de la fabrication, de la production d'objets d'usage. C'est la division du travail plutôt qu'une mécanisation accrue qui a remplacé la spécialisation rigoureuse exigée autrefois dans l'artisanat. On ne fait appel à l'artisanat que pour concevoir et fabriquer des modèles ; l'œuvre passe ensuite à la production de masse, laquelle dépend aussi des outils et des machines. Mais, en outre, la production de masse serait tout à fait impossible sans le remplacement des artisans et de la spécialisation par les travailleurs et la division du travail.

Les outils, les instruments soulagent l'effort et la peine et par là changent les modalités sous lesquelles l'urgente nécessité inhérente au travail se manifestait jadis universellement. Ils ne changent pas la nécessité elle-même ; ils ne servent qu'à la dissimuler à nos sens. Il y a quelque chose d'analogue dans les produits du travail qui ne deviennent pas plus durables dans l'abondance. Le cas est tout différent dans la transformation correspondante du processus de l'œuvre par l'introduction du principe de division du travail. Ici, la nature même de l'œuvre est modifiée et le processus de production, bien qu'il ne produise aucunement des objets pour la consommation, prend les caractéristiques du travail. Si les machines nous ont jetés dans une cadence de répétition infiniment plus rapide que le cycle prescrit des processus naturels (et cette accélération spécifiquement moderne n'est que trop capable de nous faire oublier le caractère répétitif de toute activité de travail), la répétition infinie du processus lui-même le marque du sceau de l'activité de travail. C'est encore plus évident dans les objets d'usage produits par ces techniques de travail. Leur abondance même les transforme en biens de consommation. La perpétuité des processus de travail est garantie par le retour perpétuel des besoins de la consommation ; la perpétuité de la production n'est assurée que si les produits perdent leur caractère d'objets à employer pour devenir de plus en plus des choses à consommer, ou, en d'autres termes, si l'on accélère tellement la cadence d'usure que la différence objective entre usage et consommation, entre la relative durabilité des objets d'usage et le va-et-vient rapide des biens de consommation, devient finalement insignifiante.

Avec le besoin que nous avons de remplacer de plus en plus vite les choses de-ce-monde qui nous entourent, nous ne pouvons plus nous permettre de les utiliser, de respecter et de préserver leur inhérente durabilité ; il nous faut consommer, dévorer pour ainsi dire, nos maisons, nos meubles, nos voitures comme s'il s'agissait des « bonnes choses » de la nature qui se gâtent sans profit à moins d'entrer rapidement dans le cycle incessant du métabolisme humain. C'est comme si nous avions renversé les barrières qui protégeaient le monde, l'artifice humain, en le séparant de la nature, du processus biologique qui se poursuit en son sein comme des cycles naturels qui l'environnent, pour leur abandonner, pour leur livrer la stabilité toujours menacée d'un monde humain.

Les idéaux de l'*homo faber*, fabricateur du monde : la permanence, la stabilité, la durée, ont été sacrifiés à l'abondance, idéal de l'*animal laborans*. Nous vivons dans une société de travailleurs parce que le travail seul, par son inhérente fertilité, a des chances de faire naître l'abondance ; et nous avons changé l'œuvre en travail, nous l'avons brisée en parcelles minuscules jusqu'à ce qu'elle se prête à une division où l'on atteint le dénominateur commun de l'exécution la plus simple afin de faire disparaître devant la force de travail (cette partie de la nature, peut-être même la plus puissante des forces naturelles) l'obstacle de la stabilité « contre-nature », purement de-ce-monde, de l'artifice humain.

Une société de consommateurs

On dit souvent que nous vivons dans une société de consommateurs et puisque, nous l'avons vu, le travail et la consommation ne sont que deux stades d'un même processus imposé à l'homme par la nécessité de la vie, ce n'est qu'une autre façon de dire que nous vivons dans une société de travailleurs. Cette société n'est pas née de l'émancipation des classes laborieuses, mais de l'émancipation de l'activité de travail, qui précéda de plusieurs siècles l'émancipation politique des travailleurs. L'important n'est pas que, pour la première fois dans l'Histoire, les travailleurs soient admis en pleine égalité de droits dans le domaine public : c'est que nous ayons presque réussi à niveler toutes les activités humaines pour les réduire au même dénominateur qui est de pourvoir aux nécessités de la vie et de produire l'abondance.

Quoi que nous fassions nous sommes censés le faire pour « gagner notre vie » ; tel est le verdict de la société, et le nombre des gens, des professionnels en particulier, qui pourraient protester a diminué très rapidement. La seule exception que consente la société concerne l'artiste qui, à strictement parler, est le dernier « ouvrier » dans une société du travail. La même tendance à rabaisser toutes les activités sérieuses au statut du gagne-pain se manifeste dans les plus récentes théories du travail, qui, presque unanimement, définissent le travail comme le contraire du jeu. En conséquence, toutes les activités sérieuses, quels qu'en soient les résultats, reçoivent le nom de travail et toute activité qui n'est nécessaire ni à la vie de l'individu ni au processus vital de la société est rangée parmi les amusements[1]. Dans ces théories, qui

1. Bien que ce couple travail-jeu paraisse au premier abord tellement général qu'il n'a aucun sens, c'est une catégorie caractéristique à un autre égard : la véritable antithèse sous-jacente est celle de la nécessité et de la liberté et il est bien remarquable de voir combien il est plausible pour la pensée moderne de considérer le jeu comme la source de la liberté. À part cette généralisation on peut dire que les idéalisations modernes du travail se rangent en gros dans les catégories suivantes : 1° Le travail est un moyen pour une fin supérieure. C'est généralement la position catholique, qui a le grand mérite de ne pas pouvoir s'évader complètement du réel, de sorte que les connexions intimes entre travail et vie, entre travail et douleur sont d'habitude au moins mentionnées. Un représentant éminent de cette école est Jacques Leclercq, de Louvain (cf. en particulier son analyse du travail et de la propriété dans *Leçons de droit naturel*, 1946, vol. IV, 2e partie). 2° Le travail est un façonnement dans lequel « une structure donnée est transformée en structure autre et supérieure ». C'est la thèse centrale du fameux livre d'Otto Lipmann, *Grundriss der Arbeitswissenschaft* (1926). 3° Dans une société de travail, le travail devient un plaisir ou « peut être rendu aussi pleinement satisfaisant que les activités de

en répercutant au niveau théorique l'opinion courante d'une société de travail la durcissent et la conduisent à ses extrêmes, il ne reste même plus l'« œuvre » de l'artiste : elle se dissout dans le jeu, elle perd son sens pour le monde. On a le sentiment que l'amusement de l'artiste remplit la même fonction dans le processus vital de travail de la société que le tennis ou les passe-temps dans la vie de l'individu. L'émancipation du travail n'a pas abouti à son égalité avec les autres activités de la *vita activa*, mais à sa prédominance à peu près incontestée. Au point de vue du « gagne-pain » toute activité qui n'est pas liée au travail devient un « passe-temps[1] ».

---

loisir » (cf. Glen W. Cleeton, *Making Work Human*, 1949). C'est aujourd'hui la position de Corrado Gini (*Economica Lavorista*, 1954) qui considère les États-Unis comme une *societa lavorista* « où le travail est un plaisir et où tous les hommes veulent travailler » (voir un résumé allemand de sa position dans *Zeitsschrift für die gesamte Staatswissenschaft*, 1953 et 1954, CIX et CX). Cette théorie est d'ailleurs moins neuve qu'elle ne le paraît. Elle a été formulée par F. Nitti (« Le Travail humain et ses lois », *Revue internationale de Sociologie*, 1895), qui soutenait même que « l'idée que le travail est pénible est un fait psychologique bien plus que physiologique », et que la peine disparaîtra dans une société où tout le monde travaillera. 4° Enfin le travail est l'affirmation de l'homme contre la nature, laquelle est dominée par le travail. C'est l'hypothèse qui est à la base, explicitement ou non, de la tendance nouvelle, surtout française, d'un humanisme du travail, dont le représentant le plus connu est Georges Friedmann.

Après ces théories et ces discussions académiques, il est rafraîchissant d'apprendre qu'à la question « Pourquoi travaille-t-on ? » une grande majorité d'ouvriers répondent simplement « Pour pouvoir vivre » ou « Pour gagner de l'argent » (cf. Helmut Schelsky, *Arbeiterjugend Gestern und Heute*, 1955, dont les publications sont remarquablement exemptes de préjugés et d'idéalisations).

1. Le rôle du passe-temps dans la société de travail est très frappant ; c'est peut-être l'expérience à la base des théories sur

Afin de dissiper la vraisemblance de cette auto-interprétation de l'homme moderne, il convient de rappeler que toutes les civilisations qui ont précédé la nôtre auraient plutôt admis avec Platon que l'« art du gain » *(technè mistharnètikè)* est entièrement indépendant du contenu factuel des arts, même de ceux, comme la médecine, la navigation ou l'architecture, qui comportent une rémunération. C'est pour expliquer cette rémunération, qui est évidemment d'une nature toute différente de la santé, objet de la médecine, ou de la construction d'édifices, objet de l'architecture, que Platon introduisit un art supplémentaire accompagnant les autres arts. Cet art supplémentaire n'est conçu en aucune façon comme élément de travail présent dans les arts d'ailleurs libres, mais au contraire comme l'art au moyen duquel l'« artiste », le professionnel dirions-nous, se libère de la nécessité de travailler[1]. Cet art appartient à la même catégorie que celui du maître de maison qui doit savoir user d'autorité et de violence en gouvernant les esclaves. Il a pour but d'écarter l'obligation du gagne-pain et les buts des autres arts sont encore plus éloignés de cette nécessité élémentaire.

L'émancipation du travail, accompagnée de l'émancipation des classes laborieuses libérées de l'oppression

---

le-travail-et-le-jeu. Particulièrement à noter dans ce contexte : Marx, qui ne se doutait pas de ce développement, escomptait que dans sa société utopique sans travail toutes les activités s'exécuteraient d'une manière très semblable aux passe-temps.

1. *République*, 346. Donc « l'art du gain écarte la pauvreté comme la médecine écarte la maladie » (*Gorgias*, 478). La rémunération étant volontaire (Lœning, *op. cit.*), les professions libérales ont dû en effet atteindre une perfection remarquable dans l'« art du gain ».

et de l'exploitation, a été certainement un progrès dans le sens de la non-violence. Il est moins sûr qu'elle ait été aussi un progrès dans le sens de la liberté. Aucune violence humaine, sauf celle de la torture, n'est comparable à la force de contrainte de la nécessité. C'est pour cette raison que les Grecs employaient pour « torture » un mot *(anagkai)* dérivé du mot signifiant « nécessité », et non de *bia*, violence exercée par l'homme sur l'homme ; c'est ce qui explique aussi le fait historique que dans toute l'Antiquité occidentale la torture, « nécessité à laquelle nul ne résiste », n'était appliquée qu'aux esclaves soumis à la nécessité de toute façon[1]. C'étaient les arts de la violence, les arts de la guerre et de la piraterie, et finalement l'absolutisme qui mettaient les vaincus au service des vainqueurs, et c'est ainsi qu'ils tinrent la nécessité en respect tout au long de la plus grande partie de l'Histoire[2]. L'époque moderne, beaucoup plus nettement

1. L'explication courante aujourd'hui de cette coutume caractéristique de toute l'Antiquité grecque et romaine est qu'il faut en chercher l'origine dans la « croyance que l'esclave était incapable de dire la vérité si ce n'est sous la torture » (Barrow, *op. cit.*, p. 31) ; c'est une erreur complète. La croyance était au contraire que nul ne peut inventer un mensonge sous la torture : « On croyait recueillir la voix même de la nature dans les cris de la douleur. Plus la douleur pénétrait avant, plus intime et plus vrai sembla être ce témoignage de la chair et du sang » (Wallon, *op. cit.*, I, 325). La psychologie des Anciens voyait mieux que nous l'élément de liberté, de libre invention dans le mensonge. Les « nécessités » de la torture passaient pour détruire cette liberté, elles ne pouvaient par conséquent être appliquées aux citoyens libres.

2. Les mots grecs les plus anciens pour esclaves, *douloi* et *dmôes*, désignent les vaincus. Sur la guerre et la vente des prisonniers de guerre comme source principale de l'esclavage dans l'Antiquité, voir W. L. Westermann, *Sklaverei*, *in* Pauly-Wissowa.

que le christianisme, a provoqué – en même temps que la glorification du travail – une énorme baisse de prestige pour ces arts et un déclin, moins marqué mais non moins important, du recours à la violence dans les affaires humaines en général[1]. L'élévation du travail et la nécessité propre au métabolisme de travail paraissent profondément liées à la dégradation de toutes les activités qui naissent directement de la violence, comme l'emploi de la force dans les relations humaines, ou qui recèlent un élément de violence, ce qui est le cas, nous le verrons, de tout artisanat. Tout se passe comme si l'élimination progressive de la violence au cours des temps modernes entraînait presque automatiquement le retour de la nécessité à son niveau le plus élémentaire. Ce qui s'est passé une fois déjà dans notre Histoire, aux siècles de la décadence de l'Empire romain, se produit peut-être de nouveau. Déjà à cette époque le travail était devenu l'occupation des classes libres « pour ne leur apporter que les obligations des classes serviles[2] ».

1. À cause des récents perfectionnements des outils de guerre et de destruction, nous risquons aujourd'hui de négliger cette tendance importante des temps modernes. En fait, le XIXe siècle a été l'un des plus paisibles de l'Histoire.

2. Wallon, *op. cit.*, III, 265. Wallon montre bien comment la généralisation de la fin du stoïcisme, tous les hommes sont esclaves, reposait sur l'évolution de l'Empire romain ; l'antique liberté peu à peu abolie par le gouvernement impérial, finalement il n'y eut plus personne de libre, tout le monde eut un maître. Il y eut un tournant lorsque Caligula d'abord, puis Trajan, consentirent à se faire appeler *dominus*, nom réservé autrefois au maître de maison. Ce qu'on a appelé la morale servile de la basse Antiquité n'admettant pas de vraie différence entre la vie de l'esclave et celle de l'homme libre avait un arrière-plan très réaliste. Désormais, l'esclave pouvait dire à son maître : « Personne n'est libre, tout le monde a un maître. »

Que l'émancipation du travail à l'époque moderne non seulement échoue à instaurer une ère de liberté universelle mais aboutisse au contraire à courber toute l'humanité pour la première fois sous le joug de la nécessité, c'est un danger que Marx avait bien aperçu lorsqu'il soulignait que le but de la révolution ne pouvait pas être l'émancipation déjà accomplie des classes laborieuses et qu'elle devait consister à émanciper l'homme du travail. Au premier abord ce but paraît utopique : le seul élément strictement utopique de la doctrine de Marx[1]. Être émancipé du travail, déclare Marx, c'est être émancipé de la nécessité, ce qui finalement signifierait être émancipé de la consommation aussi, c'est-à-dire du métabolisme naturel qui est la condition même de la vie humaine[2]. Mais l'évolution

Wallon écrit : « Les condamnés aux mines ont pour confrères, à un moindre degré de peine, les condamnés aux moulins, aux boulangeries, aux relais publics, à tout autre travail faisant l'objet d'une corporation particulière » (p. 216). « C'est le droit de l'esclavage qui gouverne maintenant le citoyen ; et nous avons retrouvé toute la législation propre aux esclaves dans les règlements qui gouvernent sa personne, sa famille ou ses biens » (pp. 219-220).

1. La société sans classe et sans État de Marx n'est pas utopique. Sans parler du fait que la tendance moderne est nettement de supprimer les distinctions de classe dans la société et de remplacer le gouvernement par cette « administration des choses » qui, selon Engels, devait caractériser la société socialiste, ces idéaux dans Marx lui-même étaient évidemment conçus en conformité avec la démocratie athénienne, sauf que dans la société communiste tout le monde jouirait des privilèges des hommes libres.

2. Il n'est peut-être pas exagéré de dire que *La Condition ouvrière* (1951) de Simone Weil est le seul livre, dans l'énorme littérature du travail, qui traite le problème sans préjugé ni sentimentalisme. L'auteur, qui en tête de son journal d'usine avait mis en exergue ce vers d'Homère : *poll' aekadzomenè, kraterè*

de ces dernières années, en particulier les perspectives qu'ouvrirait le progrès de l'« automatisation », font que l'on peut se demander si l'utopie d'hier ne sera pas la réalité de demain, et si un jour l'effort de consommation ne sera pas tout ce qui restera des labeurs et des peines inhérents au cycle biologique dont le moteur enchaîne la vie humaine.

Cependant, cette utopie elle-même ne saurait changer l'essentielle futilité mondaine du processus vital. Les deux stades par lesquels doit passer le cycle perpétuel de la vie biologique, celui du travail et celui de la consommation, peuvent changer de proportion pour arriver même au point où presque toute la « force de travail » de l'homme se dépenserait à consommer, ce qui entraîne le grave problème social des loisirs, problème essentiellement d'occasions suffisantes d'épuisement quotidien pour maintenir intacte la capacité de consommation[1]. Une consommation sans peine ne

d'epikeiset' anagkè (« bien malgré toi, sous la pression d'une dure nécessité »), conclut que l'espoir en une libération éventuelle du travail et de la nécessité est le seul élément utopique du marxisme tout en étant en fait le moteur de tous les mouvements révolutionnaires ouvriers d'inspiration marxiste. C'est l'« opium du peuple » que Marx avait attribué à la religion.

1. Il va sans dire que ces loisirs tels qu'on les conçoit aujourd'hui ne sont pas du tout la *skholè* antique, qui n'était pas un phénomène de consommation, étalée ou non, et ne résultait pas d'un « temps libre » pris sur le travail, puisqu'il s'agissait au contraire d'une « abstention » consciente de toutes les activités liées à l'existence, activité de consommation tout autant qu'activité de travail. La pierre de touche de cette *skholè*, par opposition à l'idéal moderne des loisirs, est la frugalité bien connue, souvent décrite, de la vie des Grecs à l'époque classique. Il est caractéristique que le commerce maritime, qui plus que toute autre cause fut responsable de la richesse d'Athènes, fût jugé suspect ; c'est pourquoi Platon, à

changerait rien au caractère dévorant de la vie biologique, elle ne ferait que l'accentuer : finalement une humanité totalement « libérée » des entraves de l'effort et du labeur serait libre de « consommer » le monde entier et de reproduire chaque jour tout ce qu'elle voudrait consommer. Combien d'objets apparaîtraient et disparaîtraient à la journée, à l'heure, dans le processus vital d'une pareille société, dans le meilleur des cas cela n'aurait aucune importance pour le monde, à supposer que le monde et son caractère d'objet puissent résister au furieux dynamisme d'un processus vital totalement motorisé. Le danger de l'automatisation future est bien moins la mécanisation tant déplorée de la vie naturelle que le fait qu'en dépit de son artificialité toute la productivité humaine serait aspirée par un processus vital énormément intensifié et en suivrait automatiquement, sans labeur et sans effort, le perpétuel cycle naturel. La cadence des machines ne pourrait qu'accélérer la cadence naturelle de la vie, elle ne changerait pas, sinon pour le rendre plus fatal, le caractère principal de la vie à l'égard du monde, qui est d'user la durabilité.

Il y a loin de cette utopie à la diminution des heures de travail qui n'a cessé de s'opérer progressivement depuis près d'un siècle. On a d'ailleurs exagéré l'importance de cette diminution parce qu'on l'a mesurée aux conditions d'exploitation exceptionnellement inhumaines qui ont régné au cours des premiers stades du capitalisme. Si l'on considère des périodes un peu plus longues, le total des temps libres dont jouit dans l'année chaque

---

la suite d'Hésiode, recommandait que les nouvelles cités fussent fondées loin de la mer.

individu de nos jours apparaît moins comme une victoire de l'époque moderne que comme un retour tardif à la normale[1]. À ce point de vue comme à d'autres le spectre d'une vraie société de consommateurs est plus alarmant comme idéal de la société actuelle que comme réalité déjà existante. L'idéal n'est pas nouveau ; il était clairement indiqué dans le postulat de l'économie politique classique : le but ultime de la *vita activa*, c'est l'accroissement des richesses, l'abondance et le « bonheur du plus grand nombre ». Et qu'est-ce, finalement, que cet idéal de la société moderne, sinon le vieux rêve des misérables qui a son charme tant qu'il demeure un rêve, mais se révèle marché de dupes dès qu'on le réalise ?

L'espoir qui inspira Marx et l'élite des divers mouvements ouvriers – le temps libre délivrant un jour les

1. On calcule qu'au Moyen Âge les gens ne travaillaient guère plus de la moitié de l'année. Il y avait cent quarante et une fêtes chômées (cf. Levasseur, *op. cit.*, p. 239 ; et Liesse, *Le Travail*, 1889, p. 253, sur le nombre de jours ouvrables en France avant la Révolution). L'extension monstrueuse de la journée de travail caractérise le début de la révolution industrielle, les travailleurs étant obligés de concurrencer les premières machines. Auparavant, en Angleterre, la journée de travail allait de onze ou douze heures au XVe siècle à dix heures au XVIIe (cf. H. Herkner, « Arbeitszeit », in *Handwörterbuch für die Staatswissenschaft*, 1923, I, 889 *sq.*). En bref « les travailleurs ont connu pendant la première moitié du XIXe siècle des conditions d'existence pires que celles subies auparavant par les plus infortunés » (Édouard Dolléans, *Histoire du travail en France*, 1953). Le progrès accompli à notre époque est généralement surestimé puisque nous le mesurons à un véritable « âge des ténèbres ». Il est possible, par exemple, que l'espérance de vie telle qu'elle est aujourd'hui dans les pays les plus civilisés corresponde seulement à ce qu'elle était dans certains siècles de l'Antiquité. Nous n'en savons évidemment rien, mais la longévité de nombreux personnages célèbres invite à poser la question.

hommes de la nécessité et rendant productif l'*animal laborans* – repose sur l'illusion d'une philosophie mécaniste qui assume que la force de travail, comme toute autre énergie, ne se perd jamais, de sorte que si elle n'est pas dépensée, épuisée dans les corvées de la vie, elle nourrira automatiquement des activités « plus hautes ». Le modèle de cette espérance chez Marx était sans aucun doute l'Athènes de Périclès qui, dans l'avenir, grâce à la productivité immensément accrue du travail humain, n'aurait pas besoin d'esclaves et deviendrait réalité pour tous les hommes. Cent ans après Marx, nous voyons l'erreur de ce raisonnement : les loisirs de l'*animal laborans* ne sont consacrés qu'à la consommation, et plus on lui laisse de temps, plus ses appétits deviennent exigeants, insatiables. Ces appétits peuvent devenir plus raffinés, de sorte que la consommation ne se borne plus aux nécessités mais se concentre au contraire sur le superflu : cela ne change pas le caractère de cette société, mais implique la menace qu'éventuellement aucun objet du monde ne sera à l'abri de la consommation, de l'anéantissement par consommation.

La désagréable vérité, c'est que la victoire que le monde moderne a remportée sur la nécessité est due à l'émancipation du travail, c'est-à-dire au fait que l'*animal laborans* a eu le droit d'occuper le domaine public, et que cependant, tant qu'il en demeure propriétaire, il ne peut y avoir de vrai domaine public, mais seulement des activités privées étalées au grand jour. Le résultat est ce qu'on appelle par euphémisme culture de masse, et son profond malaise est un universel malheur causé d'une part par le manque d'équilibre entre le travail et la consommation, d'autre part par les exigences obstinées de l'*animal laborans* qui veut un bonheur que l'on n'obtient que dans l'équilibre parfait des processus vitaux de l'épuisement et de la régénération, de la peine et du soulagement. La poursuite universelle du bonheur et le malheur généralisé dans notre société (ce sont les deux faces d'une même médaille) sont des signes très précis de ce que nous avons commencé à vivre dans une société de travail qui n'a pas assez de labeur pour être satisfaite. Car l'*animal laborans*, et non pas l'homme de métier, ni l'homme d'action, est le seul qui ait jamais demandé à être heureux ou cru que les mortels peuvent être heureux.

Un des signaux d'alarme les plus visibles indiquant que nous sommes peut-être en voie de réaliser l'idéal de l'*animal laborans*, c'est la mesure dans laquelle toute notre économie est devenue une économie de gaspillage dans laquelle il faut que les choses soient dévorées ou jetées presque aussi vite qu'elles apparaissent dans le monde pour que le processus lui-même ne subisse pas un arrêt catastrophique. Mais si l'idéal était déjà réalisé, si vraiment nous n'étions plus que les membres d'une société de consommateurs, nous ne vivrions plus du tout dans un monde, nous serions simplement poussés par un processus dont les cycles perpétuels feraient paraître et disparaître des objets qui se manifesteraient pour s'évanouir, sans jamais durer assez pour environner le processus vital.

Le monde, la maison humaine édifiée sur Terre et fabriquée avec les matériaux que la nature terrestre livre aux mains humaines, ne consiste pas en choses que l'on consomme, mais en choses dont on se sert. Si la nature et la terre constituent généralement la condition de la *vie* humaine, le monde et les choses du monde sont la condition dans laquelle cette vie spécifiquement humaine peut s'installer sur Terre. La nature, aux yeux de l'*animal laborans*, est la grande pourvoyeuse de toutes les « bonnes choses » qui appartiennent également à tous ses enfants, lesquels « les lui prennent » et « s'y mêlent » dans le travail et la consommation[1]. La même nature, aux yeux de l'*homo faber*, le constructeur du monde, « ne fournit que les matériaux presque sans valeur en eux-mêmes », et dont toute la valeur réside dans l'œuvre accomplie sur eux[2]. Sans prendre ses biens à la nature pour les consommer, sans se défendre contre les processus naturels de la croissance et du déclin, l'*animal laborans* ne survivrait pas. Mais, si nous n'étions installés au milieu d'objets qui par leur durée peuvent servir et permettre d'édifier un monde dont la permanence s'oppose à la vie, cette vie ne serait pas humaine.

Plus la vie devient facile dans une société de consommateurs ou de travailleurs, plus il devient difficile de rester conscient des forces de nécessité auxquelles elle obéit même quand le labeur et l'effort, manifestations extérieures de la nécessité, deviennent à peine sensibles. Le danger est qu'une telle société, éblouie par l'abondance de sa fécondité, prise dans le fonctionnement béat d'un processus sans fin, ne soit plus capable de reconnaître sa futilité – la futilité d'une vie qui « ne se fixe ni ne se réalise en un sujet permanent qui dure après que son labeur est passé[3] ».

---

1. Locke, *op. cit.*, sec. 28.
2. *Ibid.*, sec. 43.
3. Adam Smith, *op. cit.*, I, 295.

Chapitre IV

L'ŒUVRE

La durabilité du monde

L'œuvre de nos mains, par opposition au travail de nos corps – l'*homo faber* qui fait, qui « ouvrage[1] » par opposition à l'*animal laborans* qui peine et « assimile » –, fabrique l'infinie variété des objets dont la somme constitue l'artifice humain. Ce sont surtout, mais non exclusivement, des objets d'usage ; ils ont la durabilité dont Locke avait besoin pour l'établissement de la propriété, la « valeur » que cherchait Adam Smith

1. Le latin *faber*, probablement apparenté à *facere* (« fabriquer »), désignait à l'origine le fabricateur, l'artiste ouvrant sur une matière dure, pierre ou bois ; on l'employait pour traduire le grec *tektôn*, qui a la même connotation. Le mot *fabri*, souvent suivi de *tignarii*, désigne spécialement les ouvriers du bâtiment, les charpentiers. Je n'ai pu établir la date ni le lieu de naissance de l'expression *homo faber* qui est certainement d'origine moderne, postmédiévale. D'après J. Leclercq (« Vers la société basée sur le travail », *Revue du Travail*, 1950, vol. LI, n° 3), c'est Bergson qui aurait mis en circulation le concept d'*homo faber*.

pour le marché, et ils témoignent de la productivité où Marx voyait le test de la nature humaine. L'usage auquel ils se prêtent ne les fait pas disparaître et ils donnent à l'artifice humain la stabilité, la solidité qui seules lui permettent d'héberger cette instable et mortelle créature, l'homme.

La durabilité de l'artifice humain n'est pas absolue ; l'usage que nous en faisons l'use, bien que nous ne le consommions pas. Le processus vital qui imprègne tout notre être l'envahit aussi, et si nous n'utilisons pas les objets du monde, ils finiront par se corrompre, par retourner au processus naturel global d'où ils furent tirés, contre lequel ils furent dressés. Laissée à elle-même, ou rejetée du monde humain, la chaise redeviendra bois, le bois pourrira et retournera au sol d'où l'arbre était sorti avant d'être coupé pour devenir un matériau à ouvrer, avec lequel bâtir. Mais, si telle est sans doute la fin inévitable de chaque objet au monde et ce qui le désigne comme produit d'un auteur mortel, ce n'est pas aussi sûrement le sort éventuel de l'artifice humain lui-même, où chaque objet peut constamment être remplacé à mesure que changent les générations qui viennent habiter le monde fait de main d'homme, et s'en vont. En outre, si forcément l'usage use ces objets, cette fin n'est pas leur destin dans le même sens que la destruction est la fin inhérente de toutes les choses à consommer. Ce que l'usage use, c'est la durabilité.

C'est cette durabilité qui donne aux objets du monde une relative indépendance par rapport aux hommes qui les ont produits et qui s'en servent, une « objectivité » qui les fait « s'opposer[1] », résister, au moins quelque temps, à la voracité de leurs auteurs et usagers vivants. À ce point de vue, les objets ont pour fonction de stabiliser la vie humaine, et – contre Héraclite affirmant que l'on ne se baigne pas deux fois dans le même fleuve – leur objectivité tient au fait que les hommes, en dépit de leur nature changeante, peuvent recouvrer leur identité dans leurs rapports avec la même chaise, la même table. En d'autres termes, à la subjectivité des hommes s'oppose l'objectivité du monde fait de main d'homme bien plus que la sublime indifférence d'une nature vierge dont l'écrasante force élémentaire, au contraire, les oblige à tourner sans répit dans le cercle de leur biologie parfaitement ajustée au vaste cycle de l'économie de la nature. C'est seulement parce que nous avons fabriqué l'objectivité de notre monde avec ce que la nature nous donne, parce que nous l'avons bâtie en l'insérant dans l'environnement de la nature dont nous sommes ainsi protégés, que nous pouvons regarder la nature comme quelque chose d'« objectif ». À moins d'un monde entre les hommes et la nature, il y a mouvement éternel, il n'y a pas d'objectivité.

Bien que l'usage ne soit pas la consommation, pas plus que l'œuvre n'est le travail, ils paraissent se recouvrir en certains domaines importants, au point que l'accord unanime avec lequel les savants comme le public ont confondu ces deux choses différentes semble bien justifié. L'usage, en effet, contient certainement

1. Ceci est impliqué dans le verbe *objicere*, d'où dérive le mot « objet », comme dans le mot allemand correspondant : *Gegenstand*. Objet signifie littéralement « jeté contre » ou « posé contre ».

un élément de consommation, dans la mesure où le processus d'usure a lieu par contact entre l'objet et l'organisme vivant qui consomme : plus le contact entre le corps et l'objet utilisé est étroit, plus l'assimilation paraît plausible. Si comme objets d'usage on imagine, par exemple, les vêtements, on sera tenté de conclure que l'usage n'est qu'une consommation lente. À cela s'oppose ce que nous avons dit plus haut : la destruction, encore qu'inévitable, est incidente à l'usage, mais inhérente à la consommation. Ce qui distingue la plus mince paire de souliers de n'importe quel bien de consommation, c'est qu'ils restent intacts si je ne les porte pas, qu'ils ont une certaine indépendance, si modeste soit-elle, qui leur permet de survivre même un temps considérable à l'humeur changeante de leur propriétaire. Utilisés ou non, ils demeureront un certain temps dans le monde à moins qu'on ne les détruise délibérément.

On peut avancer en faveur de l'identification de l'œuvre et du travail un argument analogue, beaucoup plus célèbre et plausible. Le travail le plus nécessaire, le plus élémentaire de l'homme, celui de la terre, semble un parfait exemple de travail se transformant en quelque sorte de lui-même en œuvre. C'est que le travail de la terre, malgré ses liens avec le cycle biologique et sa totale dépendance du grand cycle de la nature, laisse après son activité une certaine production qui s'ajoute de manière durable à l'artifice humain : la même tâche, accomplie d'année en année, transformera une lande sauvage en terroir cultivé. Cet exemple figure en bonne place, pour cette raison précisément, dans toutes les théories du travail, anciennes et modernes.

Cependant, malgré une indéniable similarité, et bien que sans doute la vénérable dignité de l'agriculture vienne de ce que les labours non seulement procurent des moyens de subsistance, mais, ce faisant, préparent la terre pour la construction du monde, même dans ce cas la distinction demeure très nette : la terre cultivée n'est pas, à proprement parler, un objet d'usage, qui est là dans sa durabilité propre et dont la permanence ne requiert que des soins ordinaires de préservation ; le sol labouré, pour rester terre cultivée, exige un travail perpétuellement recommencé. En d'autres termes, il n'y a pas là de vraie réification par laquelle on s'assure en son existence, une fois pour toutes, de la chose produite ; il faut la reproduire sans cesse pour qu'elle reste dans le monde humain.

Réification

La fabrication, l'œuvre de l'*homo faber*, consiste en réification. La solidité, inhérente à tous les objets, même les plus fragiles, vient du matériau ouvragé, mais ce matériau lui-même n'est pas simplement donné et présent, comme les fruits des champs ou des arbres que l'on peut cueillir ou laisser sans changer l'économie de la nature. Le matériau est déjà un produit des mains qui l'ont tiré de son emplacement naturel, soit en tuant un processus vital, comme dans le cas de l'arbre qu'il faut détruire afin de se procurer du bois, soit en interrompant un lent processus de la nature, comme dans le cas du fer, de la pierre ou du marbre, arrachés aux entrailles de la

Terre. Cet élément de violation, de violence est présent en toute fabrication : l'*homo faber*, le créateur de l'artifice humain, a toujours été destructeur de la nature. L'*animal laborans*, qui au moyen de son corps et avec l'aide d'animaux domestiques nourrit la vie, peut bien être le seigneur et maître de toutes les créatures vivantes, il demeure serviteur de la nature et de la terre ; seul, l'*homo faber* se conduit en seigneur et maître de la terre. Sa productivité étant conçue à l'image d'un Dieu créateur, puisque, si Dieu crée *ex nihilo*, l'homme crée à partir d'une substance donnée, la productivité humaine devait par définition aboutir à une révolte prométhéenne parce qu'elle ne pouvait édifier un monde fait de main d'homme qu'après avoir détruit une partie de la nature créée par Dieu[1].

1. Cette interprétation de la créativité humaine est médiévale, tandis que la notion de l'homme maître de la terre est caractéristique des temps modernes. L'une et l'autre contredisent l'esprit de la Bible. Selon l'Ancien Testament, l'homme est maître des créatures vivantes (Gen., 1) qui ont été créées pour l'aider (2, 9). Mais, nulle part, il n'est instauré seigneur et maître de la terre ; au contraire, il fut placé dans le jardin d'Éden afin de le servir et de le protéger (2, 15). On remarquera que Luther, rejetant consciemment le compromis scolastique avec l'Antiquité grecque et latine, tente d'éliminer de l'œuvre et du travail humains toute trace de production et de fabrication. Le travail humain, d'après lui, n'est que de « trouver » les trésors que Dieu a mis dans la terre. À la suite de l'Ancien Testament, il souligne que l'homme dépend entièrement de la terre, au lieu d'en être le maître. « Sage an, wer legt das Silber und Gold in die Berge, dass man es findet ? Wer legt in die Äcker solch grosses Gut als heraus wächst ?… Tut das Menschen Arbeit ? Ja wohl, Arbeit findet es wohl ; aber Gott muss es dahin legen, soll es die Arbeit finden… So finden wir denn, dass alle unsere Arbeit nichts ist denn Gottes Güter finden und aufheben, nichts aber möge machen und erhalten » (*Werke*, éd. Walch, 1873, V).

L'expérience de cette violence est la plus élémentaire expérience de la force humaine ; c'est, par conséquent, l'opposé de l'effort épuisant, pénible qui est vécu dans le simple travail. Elle peut donner assurance et satisfaction, elle peut même devenir une source de confiance en soi pendant toute une vie : ce qui est tout à fait différent de la béatitude qui peut récompenser une vie de labeur, ou du plaisir fugace mais intense du travail lui-même en cas d'effort coordonné et rythmé, plaisir qui est essentiellement le même que celui que procure tout mouvement rythmique du corps. Les descriptions de la « joie du travail », quand elles ne sont pas de lointains reflets du bonheur biblique de vivre et de mourir, ou simplement lorsqu'elles ne confondent pas l'orgueil de la tâche accomplie avec la « joie » de l'accomplir, se rapportent généralement à l'exaltation que l'on ressent à exercer violemment une force par laquelle l'homme se mesure aux forces écrasantes des éléments et que, grâce à l'habile invention des outils, il sait multiplier bien au-delà de ses capacités naturelles[1]. La solidité n'est pas le résultat du plaisir ou de la fatigue que l'on ressent à gagner son pain « à la sueur de son front » ; c'est le résultat de cette force, et elle n'est pas simplement empruntée ou cueillie comme un cadeau de la présence éternelle de la nature, encore qu'elle serait impossible sans le matériau arraché à la nature : c'est déjà un produit des mains de l'homme.

---

1. Hendrik de Man, par exemple, décrit presque exclusivement les satisfactions du faire, de l'artisanat sous le titre trompeur : *der Kampf um die Arbeitsfreude* (1927).

L'œuvre factuelle de fabrication s'exécute sous la conduite d'un modèle conformément auquel l'objet est construit. Ce modèle peut être une image que contemplent les yeux de l'esprit ou un plan dans lequel une œuvre a déjà fourni à l'image un essai de matérialisation. Dans les deux cas, ce qui guide l'œuvre de fabrication est extérieur au fabricateur et précède le processus factuel de l'œuvre, à peu près de la même façon que les contraintes du processus vital dans le travailleur précèdent le processus de travail. (Cette description est en contradiction flagrante avec les données de la psychologie moderne, qui affirme généralement que les images mentales sont logées dans la tête des gens aussi sûrement que les tiraillements de la faim dans l'estomac. Cette subjectivisation de la science moderne, qui ne fait que refléter la subjectivisation plus radicale encore du monde moderne, se justifie dans ce cas du fait que l'œuvre s'exécute en majeure partie aujourd'hui dans le mode du travail, de sorte que l'ouvrier, même s'il y tenait, ne pourrait pas « travailler pour son œuvre plutôt que pour lui-même[1] », et qu'il sert fréquemment à produire des objets dont il ignore complètement la forme ultime[2].) Ces circonstances qui ont d'ailleurs une grande importance historique

1. Yves Simon, *Trois leçons sur le travail* (Paris, s. d.). Ce genre d'idéalisation est fréquent dans la pensée catholique de gauche ou libérale en France (cf. Jean Lacroix, « La Notion du travail », *La Vie intellectuelle*, juin 1952 ; et le P. dominicain M.-D. Chenu, « Pour une théologie du travail », *Esprit*, 1952 et 1955 : « Le travailleur travaille pour son œuvre plutôt que pour lui-même : loi de générosité métaphysique, qui définit l'activité laborieuse. »

2. Georges Friedmann (*Problèmes humains du machinisme industriel*, 1946, p. 211) rapporte que bien souvent les ouvriers

n'ont pas à entrer dans une description des articulations fondamentales de la *vita activa*. Ce qui doit attirer l'attention, c'est l'abîme qui sépare toutes nos sensations corporelles, plaisirs ou souffrances, désirs et satisfactions – toutes si « privées » que l'on ne peut même pas les exprimer adéquatement, moins encore les représenter dans le monde extérieur, et qu'elles sont donc incapables de réification –, des images mentales qui se prêtent si aisément, si naturellement à la réification que nous ne pouvons concevoir de fabriquer un lit sans avoir quelque image, quelque « idée » de lit dans notre regard intérieur, ni imaginer un lit sans recourir à quelque expérience visuelle d'un objet réel.

Il importe beaucoup au rôle que joue la fabrication dans la hiérarchie de la *vita activa* que l'image ou modèle dont la forme guide le processus de fabrication non seulement le précède, mais en outre ne disparaisse pas une fois le produit fini : elle survit intacte, présente, en quelque sorte, pour se prêter à une poursuite indéfinie de la fabrication. Cette multiplication virtuelle, inhérente à l'œuvre, diffère en principe de la répétition qui est la marque du travail. Cette répétition est imposée, elle demeure soumise au cycle biologique ; les besoins et les désirs du corps vont et viennent, et, s'ils reparaissent périodiquement à intervalles réguliers, ils ne durent jamais longtemps. La multiplication, par opposition à la simple répétition, multiplie quelque chose qui possède déjà dans le monde une existence relativement stable, relativement permanente. Cette qualité, dans le

---

d'une grande usine ne savent même pas le nom ni la fonction exacte de la pièce que produit leur machine.

modèle ou l'image, de permanence, d'être là avant la fabrication et de subsister après, de survivre à tous les objets d'usage possibles que la même image contribue à faire exister, cette qualité a puissamment influé sur la doctrine platonicienne des idées éternelles. Dans la mesure où cette doctrine s'inspira du mot *idea* ou *eidos* (« aspect », « forme ») que Platon fut le premier à employer dans un sens philosophique, elle reposait sur des expériences de *poièsis*, de fabrication ; Platon se servit de sa théorie pour exprimer des expériences toutes différentes et peut-être beaucoup plus « philosophiques », mais il ne manqua jamais de prendre ses exemples dans le domaine du faire pour démontrer la plausibilité de ses propos[1]. L'idée éternelle unique

1. Aristote, dans le premier livre de sa *Métaphysique* (987 *b* 8), témoigne que Platon introduisit le terme *idea* dans le vocabulaire philosophique. On trouve un excellent exposé de l'usage ancien du mot et de la doctrine de Platon dans Gerard F. Else, « The Terminology of Ideas », *Harvard Studies in Classical Philology* (1936), vol. XLVII. Else a raison de souligner que « ce que fut la doctrine des Idées sous sa forme complète et définitive, c'est une chose que nous ne pouvons apprendre dans les Dialogues ». Nous sommes aussi peu sûrs de l'origine de la doctrine, mais ici le meilleur guide est sans doute le mot lui-même que Platon introduisit de façon si frappante dans le vocabulaire philosophique, bien que le mot ne fût pas courant dans la langue attique. Les mots *eidos* et *idea* se rapportent certainement aux formes visibles, en particulier des créatures vivantes ; de sorte qu'il est peu probable que Platon conçut la doctrine des idées sous l'influence des formes géométriques. La thèse de Francis M. Cornford (*Plato and Parmenides*, éd. Liberal Arts, pp. 69-100) soutient que la doctrine est probablement d'origine socratique, dans la mesure où Socrate cherchait à définir la justice en soi ou le bien en soi, que ne peuvent percevoir les sens, autant que pythagoricienne, dans la mesure où la doctrine de l'existence *(chôrismos)* éternelle des idées, séparée de toutes les choses périssables, implique l'« existence séparée d'une âme

dominant une multitude de choses périssables tire sa plausibilité dans la doctrine de Platon de la permanence et de l'unicité du modèle d'après lequel un grand nombre d'objets périssables peuvent être fabriqués.

Le processus du faire est lui-même entièrement déterminé par les catégories de la fin et des moyens. L'objet fabriqué est une fin en ce double sens que le processus de production s'y achève (« Le processus disparaît dans le produit », dit Marx), et qu'il n'est qu'un moyen de produire cette fin. Le travail, certes, produit aussi pour une fin : celle de la consommation ; mais comme cette fin, la chose à consommer, n'a pas la permanence dans-le-monde d'une œuvre, la fin du processus ne dépend pas du produit fini mais plutôt de l'épuisement de la force de travail ; et, d'autre part, les produits eux-mêmes redeviennent immédiatement des moyens, moyens de subsistance et de reproduction de la force de travail. Dans le processus du faire, au

---

consciente et connaissante, en dehors du corps et des sens » : cela me paraît très convaincant. Mais mon exposé ne touche pas à de telles hypothèses. Il se rapporte simplement au dixième livre de la *République* où Platon explique lui-même sa doctrine en prenant l'« exemple commun » d'un artisan qui fait des lits et des tables « conformément à [leur] idée », et ajoute : « C'est notre façon de parler dans ce cas et dans des cas analogues. » Il est évident que pour Platon le mot *idea* était suggestif et devait suggérer l'« artisan qui fait un lit ou une table non pas en regardant… un autre lit ou une autre table, mais en regardant l'idée du lit » (Kurt von Fritz, *The Constitution of Athens*, 1950, pp. 34-35). Il va sans dire qu'aucune de ces explications ne va au fond du problème : l'expérience spécifiquement philosophique sous-jacente au concept des idées d'une part et, d'autre part, leur qualité la plus frappante, leur puissance d'illumination, le fait qu'elles sont *to phanotaton* ou *ekphanestaton*.

contraire, la fin n'est pas douteuse : elle arrive dès qu'un objet entièrement nouveau, assez durable pour demeurer dans le monde comme entité indépendante, a été ajouté à l'artifice humain. En ce qui concerne l'objet, finalité et produit de la fabrication, le processus n'a pas à être répété. Le besoin de répétition vient de ce que l'artisan doit gagner ses moyens de subsistance, auquel cas son activité artisanale coïncide avec son activité de travail ; ou bien, il vient d'une demande de multiplication sur le marché, auquel cas l'artisan qui veut répondre à cette demande ajoute, comme aurait dit Platon, l'art de gagner de l'argent. Ce qui importe ici, c'est que dans les deux cas le processus se répète pour des raisons qui lui sont extérieures : il diffère de la répétition obligatoire inhérente à l'activité laborieuse dans laquelle il faut manger pour travailler et travailler pour manger.

Avoir un commencement précis, une fin précise et prévisible, voilà ce qui caractérise la fabrication qui, par ce seul signe, se distingue de toutes les autres activités humaines. Le travail, pris dans le mouvement cyclique du processus vital corporel, n'a ni commencement ni fin. L'action, comme nous le verrons, si elle peut avoir un commencement défini, n'a jamais de fin prévisible. Cette grande sécurité de l'œuvre se reflète dans le fait que le processus de fabrication, à la différence de l'action, n'est pas irréversible : tout ce qui est produit par l'homme peut être détruit par l'homme, et aucun objet d'usage n'est si absolument nécessaire au processus vital que son auteur ne puisse lui survivre ou en supporter la destruction. L'*homo faber* est bien seigneur et maître, non seulement parce qu'il est ou s'est fait maître de la nature, mais surtout parce qu'il est maître de soi et de ses actes. Cela n'est vrai ni de l'*animal laborans*, soumis à la nécessité de sa vie, ni de l'homme d'action, toujours dépendant de ses semblables. Seul avec son image du futur produit, l'*homo faber* est libre de produire, et de même, confronté seul à l'œuvre de ses mains, il est libre de détruire.

Instrumentalité et animal laborans

Au point de vue de l'*homo faber*, qui compte entièrement sur les outils primordiaux de ses mains, l'homme, comme disait Benjamin Franklin, est un fabricant d'outils. Les mêmes instruments qui ne font qu'alléger le fardeau et mécaniser le travail de l'*animal laborans*, l'*homo faber* les invente et les destine à l'édification d'un monde d'objets, et leur commodité, leur précision sont dictées par les buts « objectifs » qu'il invente à son gré, plutôt que par des désirs et besoins subjectifs. Outils et instruments sont si bien objets-du-monde qu'ils peuvent servir de critères pour classer des civilisations entières. Mais leur caractère d'objets-du-monde n'est jamais plus manifeste que lorsqu'on les emploie dans les processus du travail, où ils sont vraiment tout ce qui survit de tangible au travail comme au processus de consommation. Ainsi pour l'*animal laborans*, en tant que soumis et, constamment occupé aux processus dévorants de la vie, la durabilité, la stabilité du monde sont représentées avant tout par les outils et instruments dont il se sert, et, dans une société de travailleurs, les outils risquent fort d'acquérir des caractères ou des fonctions qui dépassent la simple instrumentalité.

On déplore souvent la perversion des fins et des moyens dans la société moderne, où les hommes deviennent les esclaves des machines qu'ils ont inventées et « s'adaptent » aux exigences de ces machines au lieu de les mettre au service des besoins humains : c'est se plaindre de la situation de fait de l'activité de travail. Dans cette situation, où la production consiste avant tout en une préparation à la consommation, la distinction même de la fin et des moyens, si nettement caractéristique des activités de l'*homo faber*, n'a tout simplement aucun sens ; et les instruments que l'*homo faber* a inventés et avec lesquels il vient en aide au travail de l'*animal laborans* perdent ainsi leur caractère instrumental dès que ce dernier les emploie. Au sein du processus vital, dont l'activité de travail fait intégralement partie et qu'elle ne transcende jamais, il est vain de soulever des questions qui supposent la catégorie de la fin et des moyens, comme de savoir si les hommes vivent et consomment afin d'avoir la force de travailler ou s'ils travaillent afin d'avoir les moyens de consommer.

Si l'on considère cette perte de la faculté de distinguer clairement entre la fin et les moyens en termes de comportement humain, on peut dire qu'à l'emploi librement choisi de l'outil en vue d'une fin spécifique se substitue l'union rythmique du corps au travail et de son instrument, le mouvement du travail lui-même agissant comme force unifiante. Le travail, et non pas l'œuvre, exige pour bien réussir une exécution rythmée, et lorsque plusieurs travailleurs font équipe, il lui faut une coordination rythmique de tous les gestes individuels[1]. Dans ce mouvement, les outils perdent leur caractère essentiel, et entre l'homme et ses instruments,

1. Le fameux recueil de chants rythmiques de travail fait par Karl Bücher en 1897 *(Arbeit und Rhythmus)* a été suivi d'une volumineuse littérature de genre plus scientifique. L'une des meilleures études (Joseph Schopp, *Das deutsche Arbeitslied*, 1935) souligne qu'il n'existe que des chants de travail : il n'y a pas de chansons d'œuvre. Les artisans ont des chansons sociales, chantées après l'ouvrage. Le fait est, évidemment, qu'il n'y a pas de rythme « naturel » pour l'œuvre. La ressemblance frappante entre le rythme « naturel » inhérent à toute opération de travail et le rythme des machines a été notée quelquefois en dehors des plaintes répétées à propos du rythme « artificiel » que les machines imposent au travailleur. Il est caractéristique que ces plaintes soient relativement rares chez les travailleurs eux-mêmes qui, au contraire, paraissent trouver dans le fonctionnement répétitif de la machine le même plaisir que dans tout travail répétitif (cf. par ex. Georges Friedmann, *Où va le travail humain ?* 2e éd., 1953, p. 233 ; et Hendrik de Man, *op. cit.*, p. 213). Cela confirme des observations déjà faites dans les usines Ford au début du siècle. Karl Bücher, qui considérait le travail rythmé comme « hautement spirituel » *(vergeistigt)*, déclarait : « Aufreibend werden nur solche einförmigen Arbeiten, die sich nicht rhythmisch gestalten lassen » (*op. cit.*, p. 443). Car, bien que la vitesse du travail à la machine soit sans aucun doute beaucoup plus élevée et plus répétitive que celle du travail spontané « naturel », le fonctionnement rythmique comme tel fait que le travail à la machine et le travail préindustriel ont beaucoup plus de points communs que l'un ou l'autre n'en a avec l'œuvre. Hendrik de Man, par exemple, se rend bien compte que « diese von Bücher... gepriesene Welt weniger die des... handwerks-mässig schöpferischen Gewerbes als die der einfachen, schieren... Arbeitsfrom [ist] » (*op. cit.*, p. 244).

Toutes ces théories semblent très contestables du fait que les ouvriers expliquent eux-mêmes de façon toute différente leur préférence pour le travail répétitif. Ils le préfèrent parce qu'il est mécanique et n'exige pas d'attention, de sorte qu'en l'exécutant ils peuvent penser à autre chose. (Selon la formule d'ouvriers berlinois, ils peuvent *geistig wegtreten*. Cf. Thielicke et Pentzlin, comme entre l'homme et ses fins, la distinction se brouille. Ce qui domine le processus de travail et les processus ouvriers qui s'exécutent dans le mode du travail, ce n'est ni l'effort lucide de l'homme ni le produit qu'il désire, mais le mouvement du processus lui-même et le rythme qu'il impose aux travailleurs. Les outils de travail entrent dans ce rythme et pour finir le corps et l'outil participent du même mouvement de répétition : dans l'emploi des machines qui, de tous les outils, sont les mieux adaptées au fonctionnement de l'*animal laborans*, ce n'est plus le mouvement du corps qui détermine le mouvement de l'instrument, ce sont les mouvements de la machine qui règlent ceux du corps. En effet, rien ne se mécanise plus facilement, moins artificiellement, que le rythme du processus de travail, lequel à son tour correspond au rythme répétitif également automatique du processus vital et de son métabolisme. C'est précisément parce que l'*animal laborans* n'utilise pas les outils pour construire un monde mais pour soulager les labeurs de son processus vital qu'il vit littéralement dans un monde de machines depuis que la révolution industrielle et l'émancipation

---

Mensch und Arbeit im technischen Zeitalter : Zum Problem der Rationalisierung, 1954, pp. 35 *sq*., qui rapportent aussi que, d'après une enquête du Max Planck Institut für Arbeitspsychologie, environ 90 % des ouvriers préfèrent les tâches monotones.) Cette explication est d'autant plus remarquable qu'elle coïncide avec les toutes premières recommandations chrétiennes sur les mérites du travail manuel, lequel, demandant moins d'attention, risque moins que d'autres tâches de nuire à la contemplation (cf. Étienne Delaruelle, « Le Travail dans les règles monastiques occidentales du IVe au IXe siècle », *Journal de Psychologie normale et pathologique*, 1948, vol. XLI, n° 1).

du travail ont remplacé presque tous les outils à main par des machines qui d'une manière ou de l'autre substituent à la force humaine de travail la force supérieure des énergies naturelles.

La différence décisive entre les outils et les machines trouve peut-être sa meilleure illustration dans la discussion apparemment sans fin sur le point de savoir si l'homme doit « s'adapter » à la machine ou la machine s'adapter à la « nature » de l'homme. Nous avons donné au premier chapitre la principale raison expliquant pourquoi pareille discussion ne peut être que stérile : si la condition humaine consiste en ce que l'homme est un être conditionné pour qui toute chose, donnée ou fabriquée, devient immédiatement condition de son existence ultérieure, l'homme s'est « adapté » à un milieu de machines dès le moment où il les a inventées. Elles sont certainement devenues une condition de notre existence aussi inaliénable que les outils aux époques précédentes. L'intérêt de la discussion à notre point de vue tient donc plutôt au fait que cette question d'adaptation puisse même se poser. On ne s'était jamais demandé si l'homme était adapté ou avait besoin de s'adapter aux outils dont il se servait : autant vouloir l'adapter à ses mains. Le cas des machines est tout différent. Tandis que les outils d'artisanat à toutes les phases du processus de l'œuvre restent les serviteurs de la main, les machines exigent que le travailleur les serve et qu'il adapte le rythme naturel de son corps à leur mouvement mécanique. Cela ne veut pas dire que les hommes en tant que tels s'adaptent ou s'asservissent à leurs machines ; mais cela signifie bien que pendant toute la durée du travail à la machine le processus mécanique remplace le rythme du corps humain. L'outil le plus raffiné reste au service de la main qu'il ne peut ni guider ni remplacer. La machine la plus primitive guide le travail corporel et éventuellement le remplace tout à fait.

Comme il arrive souvent dans les lignes d'évolution historique, il semble que les vraies significations de la technologie, c'est-à-dire de la substitution du machinisme à l'outillage, ne sont apparues qu'au dernier stade, à l'avènement de l'automatisation. Il peut être utile de rappeler ici brièvement les étapes principales du développement de la technologie moderne depuis le début des temps modernes. Le premier stade, l'invention de la machine à vapeur qui introduisit la révolution industrielle, était encore caractérisé par une imitation de processus naturels et une utilisation des forces naturelles pour des buts humains qui ne différaient pas en principe de l'antique utilisation des énergies hydraulique et éolienne. Ce n'est pas le principe de la machine à vapeur qui était nouveau mais plutôt la découverte et l'emploi des mines de houille pour l'alimenter[1]. Les machines-outils de ce premier stade reflètent cette imitation de processus connus naturellement ; elles aussi imitent et utilisent plus puissamment

1. L'une des conditions matérielles importantes de la révolution industrielle fut la destruction des forêts et la découverte du charbon comme substitut du bois. L'explication que R. H. Barrow *(Slavery in the Roman Empire)* propose des limites du développement industriel, dans l'Antiquité, est fort intéressante et même convaincante à ce point de vue. « Le seul facteur, dit-il, qui fit obstacle à l'application des machines à l'industrie [fut]... l'absence de bon combustible peu coûteux – étant donné qu'il n'y avait pas de ressources abondantes et accessibles de charbon » (p. 123).

les activités naturelles de la main de l'homme. Mais aujourd'hui on nous dit que « le grand piège à éviter est de croire qu'il s'agit de reproduire les gestes manuels de l'opérateur ou du travailleur[1] ».

L'étape suivante est caractérisée surtout par l'emploi de l'électricité, laquelle en fait détermine encore le stade actuel du développement technique. On ne peut plus décrire ce stade comme un agrandissement gigantesque, une continuation des vieux métiers, et c'est à ce mode seulement que les catégories de l'*homo faber*, pour qui tout instrument est un moyen en vue d'une fin prescrite, cessent de s'appliquer. Car cette fois nous n'employons plus le matériau tel que la nature nous le livre, en tuant ou interrompant des processus naturels, ou en les imitant. Dans tous ces cas nous changions, nous dénaturions la nature en vue de nos fins, celles de notre monde, de telle sorte que le monde ou artifice humain d'une part et la nature de l'autre restaient deux entités nettement séparées. Aujourd'hui nous avons commencé à « créer » en quelque sorte, c'est-à-dire à déclencher nous-mêmes des processus naturels qui ne se seraient pas produits sans nous, et au lieu d'entourer soigneusement l'artifice humain de remparts contre les forces élémentaires de la nature, qu'il s'agissait de tenir aussi éloignées que possible du monde humain, nous avons canalisé ces forces en même temps que leur énergie élémentaire pour les introduire dans le monde. Le résultat est une véritable révolution du concept de fabrication ; la manufacture

1. John Diebold, *Automation : The Advent of the Automatic Factory* (1952), p. 67.

qui avait toujours été « une série d'actes séparés » est devenue « un processus continu », celui de la chaîne de montage[1].

Dans cette évolution l'automatisation est le stade le plus récent, qui « éclaire toute l'histoire du machinisme[2] ». Ce sera certainement le point culminant de

1. *Ibid.*, p. 69.

2. Friedmann, *Problèmes humains du machinisme industriel*, p. 168. En fait, c'est la conclusion évidente du livre de Diebold : le travail à la chaîne est le résultat du concept de fabrication comme processus continu, et l'automation, peut-on ajouter, est le résultat de la machinisation du travail à la chaîne. Au dégagement de la force de travail humain dans la première étape de l'industrialisation, l'automatisation ajoute le dégagement de la force cérébrale puisque « les tâches de supervision et de contrôle exécutées humainement aujourd'hui seront faites par les machines » (*op. cit.*, p. 140). L'un et l'autre soulagent le travail, non pas l'œuvre. L'ouvrier ou l'artisan qui se respecte, dont presque tous les auteurs en ce domaine essayent désespérément de sauver les « valeurs humaines et psychologiques » (p. 164) (parfois avec un grain d'ironie involontaire comme lorsque Diebold et d'autres croient sérieusement que l'entretien, qui ne sera peut-être jamais entièrement automatique, peut inspirer la même satisfaction que la fabrication d'un objet), cet ouvrier n'a rien à faire ici pour la bonne raison qu'il a été éliminé de l'usine bien avant que l'on parle d'automatisation. Les ouvriers d'usine ont toujours été des travailleurs, et bien qu'ils puissent avoir d'excellentes raisons de se respecter, ce ne sera certainement pas à cause de leur ouvrage. Espérons seulement qu'ils n'accepteront pas les ersatz sociaux de la satisfaction et du respect de soi-même que leur offrent les théoriciens du travail qui croient vraiment que l'intérêt de l'œuvre et la satisfaction de l'artisan peuvent se remplacer par les « relations humaines » et le respect que l'ouvrier « s'attire de la part de ses camarades ». L'automatisation aurait au moins l'avantage de démontrer l'absurdité des « humanismes du travail » ; si l'on tient un peu compte du sens sémantique et historique du mot « humanisme », l'expression « humanisme du travail » est évidemment une contradiction dans les termes (voir une excellente critique de la vogue des « relations humaines » dans Daniel Bell, *Work*

l'évolution moderne, même si l'âge atomique et une technologie basée sur les découvertes nucléaires y mettent fin rapidement. Les premiers instruments de la technologie nucléaire, les diverses sortes de bombes atomiques qui, si on les lâche en quantités suffisantes, ce qui ne veut pas dire de bien grandes quantités, peuvent détruire toute la vie sur Terre, témoignent assez de l'énorme échelle sur laquelle un tel changement pourrait se produire. Il ne s'agirait plus de déclencher, de déchaîner des processus naturels élémentaires, mais de manier sur la Terre, dans la vie quotidienne, des énergies qui ne se manifestent qu'en dehors de la Terre, dans l'univers ; cela se fait déjà, mais seulement dans les laboratoires des physiciens nucléaires[1]. Si la technologie actuelle consiste à canaliser les forces naturelles dans le monde de l'artifice humain, la technologie future peut consister à canaliser les forces universelles du cosmos pour les introduire dans la nature terrestre. Reste à voir si les futures techniques transformeront l'économie de la nature telle que nous la connaissons depuis le début de notre monde autant ou même plus

---

and its Discontents, 1956, ch. 5 ; et dans R. P. Genelli, « Facteur humain ou facteur social du travail », *Revue française du Travail*, 1952, vol. VII, n°s 1-3, où l'on trouve une dénonciation très nette de la « terrible illusion » de la « joie du travail »).

1. Günther Anders, dans un intéressant essai sur la bombe atomique (*Die Antiquiertheit des Menschen*, 1956), expose de façon convaincante que le mot « expérience » ne peut plus s'appliquer aux essais nucléaires comportant des explosions de nouvelles bombes. Car une des caractéristiques des expériences était de se dérouler dans un espace strictement limité isolé du monde extérieur. Les effets des bombes sont si énormes que « leur laboratoire coïncide avec le globe ».

que la technologie actuelle a changé l'appartenance-au-monde de l'artifice humain.

La pénétration des forces naturelles dans le monde humain a brisé la finalité du monde, le fait que les objets sont les fins en vue desquelles on conçoit les outils. Ce qui caractérise tous les processus naturels, c'est qu'ils se produisent sans l'aide de l'homme, les choses naturelles sont celles qui ne sont pas « fabriquées », qui poussent toutes seules. (C'est aussi le sens authentique du mot « nature », qu'on le fasse dériver de la racine latine *nasci*, naître, ou qu'on le fasse remonter à son modèle grec, *physis*, qui vient de *phyein*, naître, croître.) À la différence des productions de la main de l'homme, qui doivent être réalisées étape par étape et dans lesquelles le processus de fabrication est entièrement distinct de l'existence de l'objet fabriqué, l'existence de la chose naturelle n'est pas séparée du processus par lequel elle vient à l'être, elle lui est en quelque sorte identique : la graine contient, et en un sens elle *est* déjà l'arbre, et l'arbre cesse d'exister lorsque cesse le processus de croissance par lequel il est né. Si nous considérons ces processus par rapport à la finalité humaine, qui a un commencement voulu et une fin déterminée, ils ont un caractère d'automatisme. Nous appelons automatiques tous les mouvements qui s'enchaînent d'eux-mêmes et par conséquent échappent aux interventions voulues et ordonnées. Dans le mode de production qu'introduit l'automatisation, la distinction entre l'opération et le produit, de même que la primauté du produit sur l'opération (qui n'est qu'un moyen en vue d'une fin) n'ont plus de sens, elles sont désuètes[1]. Les catégories de l'*homo faber* et de son monde ne s'appliquent pas davantage ici qu'à la nature et à l'univers naturel. C'est pourquoi, d'ailleurs, les avocats de l'automatisation s'opposent très nettement d'ordinaire à la conception mécaniste de la nature et à l'utilitarisme pratique du XVIIIe siècle qui caractérisaient si bien l'orientation résolument, unilatéralement ouvrière de l'*homo faber*.

La discussion du problème de la technologie dans son ensemble, c'est-à-dire de la transformation de la vie et du monde par l'introduction de la machine, s'est étrangement égarée parce que l'on s'est concentré trop exclusivement sur les bons ou mauvais services que les machines rendent aux hommes. On a admis que les outils, les instruments étaient conçus principalement pour rendre plus facile la vie humaine et moins pénible le travail humain. C'est en ce sens anthropocentrique que l'on a compris exclusivement l'instrumentalité. Mais l'instrumentalité des outils est liée beaucoup plus étroitement à l'objet qu'elle doit produire, et la « valeur humaine » des outils se borne à l'usage qu'en fait l'*animal laborans*. En d'autres termes, l'*homo faber*, le fabricant d'outils, inventa les outils pour édifier un monde et non pas – non pas principalement du moins – pour aider le processus vital. Il ne s'agit donc pas tellement de savoir si nous sommes les esclaves ou les maîtres de nos machines, mais si les machines servent encore le monde et ses objets ou si au contraire avec le mouvement automatique de leurs processus elles n'ont pas commencé à dominer, voire à détruire le monde et les objets.

1. Diebold, *op. cit.*, pp. 59-60.

Une chose est sûre : l'automatisme continu de la fabrication n'a pas seulement écarté l'« hypothèse gratuite » que « les mains de l'homme guidées par le cerveau de l'homme représentent l'optimum d'efficacité[1] », mais aussi l'hypothèse beaucoup plus importante que les objets du monde qui nous entoure dépendent de conceptions humaines et se construisent conformément à des normes humaines d'utilité ou de beauté. Au lieu d'utilité et de beauté, normes du monde, on en arrive à concevoir des produits qui remplissent encore certaines « fonctions de base », mais dont la forme sera déterminée avant tout par les opérations de la machine. Les « fonctions de base » sont naturellement celles de la vie animale de l'homme, puisqu'il n'y a pas d'autres fonctions nécessaires à la base, mais le produit lui-même – non seulement les variétés mais même le « changement total de produit » – dépendra entièrement de la capacité de la machine[2].

Concevoir des objets pour la capacité opérationnelle de la machine au lieu de concevoir des machines pour la production de certains objets, ce serait bien le renversement parfait de la catégorie de la fin et des moyens, si cette catégorie avait encore un sens. Mais même la fin la plus générale, le dégagement de main-d'œuvre que l'on assignait habituellement aux machines, est considérée maintenant comme un but secondaire et désuet, inadapté et nuisible à de virtuelles « augmentations étonnantes d'efficacité[3] ». Au point où nous en

1. *Ibid.*, p. 67.
2. *Ibid.*, pp. 38-45.
3. *Ibid.*, pp. 110, 157.

sommes, il devient aussi absurde de décrire ce monde de machines en termes de fins et de moyens que de demander à la nature si elle produit la graine pour l'arbre ou l'arbre pour la graine. De même il est fort probable que le processus continu qui accompagne la canalisation dans le monde humain des processus sans fin de la nature, s'il peut parfaitement détruire le monde en tant que monde-artifice humain, fournira à l'espèce humaine ce qu'il lui faut pour vivre avec la même sécurité, la même abondance que la nature le faisait avant que les hommes se missent à édifier leur patrie artificielle sur Terre et à élever des barrières entre eux et la nature.

Pour une société de travailleurs le monde des machines remplace le monde réel, même si ce pseudo-monde ne peut jouer le rôle le plus important de l'artifice humain, qui est d'offrir aux mortels un séjour plus durable et plus stable qu'eux-mêmes. Dans le processus opérationnel continu le monde des machines est même en train de perdre cette indépendance, ce caractère du-monde que les outils et les premières machines des temps modernes possédaient à un degré si éminent. Les processus naturels dont il se nourrit de plus en plus l'apparentent au processus biologique, au point que les appareils que naguère on maniait à son gré commencent à ressembler à des parties du corps humain « comme la carapace fait partie du corps de la tortue ». Vue dans cette perspective, la technologie n'apparaît plus « comme le produit d'un effort humain conscient en vue d'augmenter la puissance matérielle, mais plutôt comme un développement biologique de l'humanité dans lequel les structures innées de l'organisme humain sont transplantées de plus en plus dans l'environnement de l'homme[1] ».

Instrumentalité et homo faber

Les outils de l'*homo faber*, qui ont donné lieu à l'expérience la plus fondamentale de l'instrumentalité, déterminent toute œuvre, toute fabrication. C'est ici que la fin justifie les moyens ; mieux encore, elle les produit et les organise. La fin justifie la violence faite à la nature pour obtenir le matériau, le bois justifie le massacre de l'arbre, la table justifie la destruction du bois. C'est à cause du produit final que les outils sont conçus, les appareils inventés ; c'est le produit final qui organise le processus d'œuvre, décide des spécialistes nécessaires, mesure la coopération, dénombre les aides, etc. Au cours du processus d'œuvre, tout se juge en termes de convenance et d'utilité uniquement par rapport à la fin désirée.

Les mêmes normes de moyens et de fin s'appliquent au produit. Bien qu'il soit une fin pour les moyens par lesquels on l'a produit, et la fin du processus de fabrication, il ne devient jamais, pour ainsi dire, une fin en soi, du moins tant qu'il demeure objet à utiliser. La chaise, qui est la fin de l'ouvrage de menuiserie, ne peut prouver son utilité qu'en devenant un moyen, soit comme objet que sa durabilité permet d'employer comme moyen de vie confortable, soit comme moyen

1. Werner Heisenberg, *Das Naturbild der heutigen Physik*, pp. 14-15.

d'échange. L'inconvénient de la norme d'utilité inhérente à toute activité de fabrication est que le rapport entre les moyens et la fin sur lequel elle repose ressemble fort à une chaîne dont chaque fin peut servir de moyen dans un autre contexte. Autrement dit, dans un monde strictement utilitaire, toutes les fins seront de courte durée et se transformeront en moyens en vue de nouvelles fins[1].

Cette perplexité inhérente à l'utilitarisme cohérent, qui est par excellence la philosophie de l'*homo faber*, peut se diagnostiquer théoriquement comme une incapacité congénitale de comprendre la distinction entre l'utilité et le sens, distinction qu'on exprime linguistiquement en distinguant entre « afin de » et « en raison de ». Ainsi l'idéal utilitaire qui imprègne une société d'artisans – comme l'idéal de confort d'une société de travailleurs ou l'idéal d'acquisition qui domine les sociétés commerçantes – n'est plus une question d'utilité, mais de sens. C'est « en raison de » l'utile en général que l'*homo faber* juge et fait tout en termes d'« afin de ». L'idéal de l'utile, comme les idéaux d'autres sociétés, ne peut plus se concevoir comme chose nécessaire afin d'avoir autre chose ; il défie qu'on l'interroge sur sa propre utilité. Il n'y a évidemment pas de réponse à la question que Lessing posait aux philosophes utilitaristes de son temps : « Et à quoi sert l'utilité ? » Le problème de l'utilitarisme est de se laisser prendre dans la chaîne sans fin de la fin

1. Sur la chaîne toujours recommencée de-la-fin-et-des-moyens (le *Zweckprogressus in infinitum*) et sa destruction du sens, cf. Nietzsche, *La Volonté de puissance*, aph. 666.

et des moyens, sans pouvoir arriver à un principe qui justifierait la catégorie de la fin et des moyens, autrement dit de l'utilité elle-même. L'« afin de » devient le contenu du « en raison de » ; en d'autres termes, l'utilité instaurée comme sens engendre le non-sens.

À l'intérieur de la catégorie de la fin et des moyens, dans les expériences de l'instrumentalité qui régit tout entier le monde de l'utilité et des objets d'usage, il est impossible de mettre un terme à la chaîne des moyens et des fins et d'empêcher les fins de resservir éventuellement de moyens, sinon en déclarant que telle ou telle chose est « une fin en soi ». Dans le monde de l'*homo faber* où tout doit servir à quelque chose, le sens lui-même ne peut apparaître que comme une fin, une « fin en soi », ce qui est soit une tautologie s'appliquant à toutes les fins, soit une contradiction dans les termes. Car une fin, une fois atteinte, cesse d'être une fin et perd sa capacité de guider et de justifier le choix des moyens, de les organiser et de les produire. Elle est devenue un objet parmi d'autres, elle s'est ajoutée à l'immense arsenal du donné dans lequel l'*homo faber* choisit librement ses moyens en vue de ses fins. Le sens, au contraire, doit être permanent et ne rien perdre de son caractère, qu'il soit atteint, ou plutôt trouvé, par l'homme, ou qu'il échappe à l'homme. L'*homo faber*, dans la mesure où il n'est que fabricateur et ne pense qu'en termes de fins et de moyens, termes dictés par son activité d'œuvre, est tout aussi incapable de comprendre un sens que l'*animal laborans* de comprendre une instrumentalité. Et, comme les outils que l'*homo faber* emploie à édifier le monde deviennent pour l'*animal laborans* le monde lui-même, le sens de ce monde, qui est en fait inaccessible à l'*homo faber*, devient pour lui la paradoxale « fin en soi ».

La seule manière de sortir du dilemme du non-sens en toute philosophie strictement utilitariste est de tourner le dos au monde objectif des choses d'usage pour revenir à la subjectivité de l'usage lui-même. C'est seulement en un monde purement anthropocentrique, où l'usager, c'est-à-dire l'homme, devient la fin dernière mettant un terme à la chaîne des moyens et des fins, que l'utilité en tant que telle s'élève à la dignité du sens. Mais la tragédie, c'est qu'à l'instant où l'*homo faber* semble avoir trouvé la plénitude dans les termes de son activité, il se met à dégrader le monde d'objets, la fin et le produit final de son cerveau et de ses mains ; si l'homme usager est la fin dernière, la « mesure de toutes choses » ce n'est pas seulement la nature, traitée par l'*homo faber* en matériau presque « sans valeur », ce sont les objets de « valeur » eux-mêmes qui deviennent de simples moyens et perdent ainsi leur « valeur » intrinsèque.

L'utilitarisme anthropocentrique de l'*homo faber* a trouvé sa plus haute expression dans la formule de Kant : l'homme ne peut servir de moyen en vue d'une fin, tout être humain est une fin en soi. On trouve auparavant (par exemple, lorsque Locke proclame que nul n'a le droit de posséder le corps d'un autre homme ou de se servir de sa force corporelle) une certaine conscience des funestes conséquences auxquelles l'homme est contraint d'aboutir s'il pense exclusivement et aveuglément en termes de fins et de moyens ; mais c'est chez Kant seulement que la philosophie des premiers stades de l'époque moderne se libère complètement des platitudes de bon sens qui toujours règnent quand l'*homo faber* régit les normes de la société. La raison en est évidemment que Kant ne voulait formuler ni mettre en concepts les thèses de l'utilitarisme de son temps : il voulait, au contraire, avant tout reléguer à sa place la catégorie de la fin et des moyens, empêcher que l'on ne s'en servît dans le domaine de l'action politique. Cependant, sa formule ne saurait renier ses origines utilitaristes, pas plus que son interprétation également célèbre et également paradoxale de l'attitude de l'homme envers les seuls objets dont on peut « se servir », à savoir les œuvres d'art, dans lesquelles, dit-il, nous prenons un plaisir pur et « désintéressé[1] ». Car l'opération qui établit l'homme comme « fin suprême » permet à l'homme, s'il le peut, de « soumettre toute la nature », c'est-à-dire de dégrader la nature et le monde au rang de moyens, en les privant l'une et l'autre de leur dignité indépendante. Kant lui-même n'a pu résoudre la perplexité, ni guérir l'aveuglement de l'*homo faber* en ce qui concerne le problème du sens, sans recourir au paradoxe de la « fin en soi », et cette perplexité tient au fait que si la fabrication seule avec son instrumentalité est capable de construire un monde, ce monde n'aura pas plus de valeur que les matériaux employés, ce ne sera plus qu'un moyen pour d'autres fins, dès que les normes qui présidèrent à sa création sont autorisées à le gouverner une fois qu'il est établi[2].

---

1. « Ein Wohlgefallen ohne alles Interesse » (*Critique du jugement*, § 2).
2. *Ibid.*, § 82.

L'homme, en tant qu'*homo faber*, instrumentalise, et son instrumentalisation signifie que tout se dégrade en moyens, tout perd sa valeur intrinsèque et indépendante : finalement, non seulement les objets fabriqués, mais aussi « la Terre en général et toutes les forces de la nature » qui, évidemment, sont venues à l'être sans l'aide de l'homme et qui existent indépendamment du monde humain, perdent leur « valeur parce qu'elles ne présentent pas la réification qui vient du travail »[1]. C'est précisément en raison de cette attitude de l'*homo faber* à l'égard du monde que les Grecs de l'époque classique traitaient le domaine des arts et métiers, celui où l'on se sert d'instruments, où l'on ne fait rien pour le plaisir et tout pour produire autre chose, de *banausique*, ce que l'on pourrait traduire par « philistin », pour signifier la pensée vulgaire et l'action fondée sur les expédients. La violence de ce mépris ne cessera pas de nous surprendre si l'on songe que les grands maîtres de la sculpture et de l'architecture grecques n'y échappaient en aucune façon.

Ce qui est en jeu, ce n'est évidemment pas l'instrumentalité en tant que telle, l'emploi de moyens en vue d'une fin ; c'est plutôt la généralisation de l'expérience de fabrication dans laquelle l'utile, l'utilité sont posés comme normes ultimes de la vie et du monde des hommes. Cette généralisation est inhérente à l'activité de l'*homo faber* parce que l'expérience de la fin et des moyens, présente dans la fabrication, ne disparaît pas

1. « Der Wasserfall, wie die Erde überhaupt, wie alle Naturkraft hat keinen Wert, weil er keine in ihm vergegenständlichte Arbeit darstellt » (*Das Kapital*, vol. III).

quand le produit est fini mais s'étend à la destination ultime de ce produit, qui est de servir d'objet d'usage. L'instrumentalisation du monde et de la Terre, cette dévaluation sans limite de tout ce qui est donné, ce processus de non-sens croissant dans lequel toute fin se transforme en moyen et que l'on ne peut arrêter qu'en faisant de l'homme le seigneur et maître de toutes choses, tout cela ne vient pas directement du processus de fabrication ; car au point de vue de la fabrication le produit fini est une fin en soi, une entité indépendante et durable douée d'une existence propre, tout comme l'homme est une fin en soi dans la philosophie politique de Kant. C'est seulement dans la mesure où la fabrication fabrique surtout des objets d'usage que le produit fini devient un moyen ; c'est seulement dans la mesure où le processus vital s'empare des objets et les utilise à ses fins que l'instrumentalité productive et limitée de la fabrication se change en instrumentalisation illimitée de tout ce qui existe.

Il est bien évident que les Grecs redoutaient cette dévaluation du monde et de la nature, et l'anthropocentrisme qui lui est inhérent – l'idée « absurde » que l'homme est l'être suprême, que tout est soumis aux exigences de la vie humaine (Aristote) –, autant qu'ils méprisaient la vulgarité de tout utilitarisme cohérent. À quel point ils se rendaient compte des risques qu'il y aurait à voir en l'*homo faber* la plus haute possibilité humaine, on en a un exemple dans la célèbre attaque de Platon contre Protagoras et sa maxime apparemment évidente, « l'homme est la mesure de tous les objets *(chrèmata)*, de l'existence de ceux qui existent, et de la non-existence de ceux qui ne sont pas[1] ». (Protagoras n'a évidemment pas dit : « L'homme est la mesure de toutes choses », comme le veulent la tradition et les traductions courantes.) On doit le remarquer : Platon vit immédiatement que si l'on fait de l'homme la mesure de tous les objets d'usage, c'est avec l'homme usager et instrumentalisant que le monde est mis en rapport, et non pas avec l'homme parlant et agissant ni avec l'homme pensant. Et, puisqu'il est dans la nature de l'homme usager et instrumentalisant de tout regarder comme moyen en vue d'une fin – tout arbre comme bois en puissance –, il s'ensuivra éventuellement que l'homme sera la mesure non seulement des objets dont l'existence dépend de lui, mais littéralement de tout ce qui existe.

D'après cette interprétation platonicienne, Protagoras apparaît comme le premier précurseur de Kant car, si l'homme est la mesure de tout, l'homme est le seul objet à échapper aux relations de fins et de moyens, la seule fin en soi à pouvoir utiliser tout le reste comme moyen. Platon savait bien que les possibilités de produire des objets d'usage et de traiter toutes les choses de la nature comme des objets d'usage en puissance

---

1. *Théétète*, 152 et *Cratyle*, 385 E. Ici, comme dans d'autres citations anciennes de la phrase, on fait toujours dire à Protagoras : *pantôn chrematôn metron estin anthrôpos* (cf. Diels, *Fragmente der Vorsokratiker*, 4e éd., frag. B 1). Le mot *chrèmata* ne signifie absolument pas « toutes choses » mais spécifiquement « choses employées, demandées ou possédées par l'homme ». La phrase attribuée à Protagoras, « l'homme est la mesure de toutes choses », serait en grec *anthrôpos metron pantôn*, comme Héraclite dit *polemos patèr pantôn* (« le combat est le père de toutes choses »).

sont aussi illimitées que les besoins et les talents des êtres humains. Si on laisse les normes de l'*homo faber* gouverner le monde fini comme elles gouvernent, il le faut bien, la création de ce monde, l'*homo faber* se servira un jour de tout et considérera tout ce qui existe comme un simple moyen à son usage. Il classera toutes choses parmi les *chrèmata*, les objets d'usage, et, pour reprendre l'exemple de Platon, on ne comprendra plus le vent tel qu'il est comme force naturelle, on le considérera exclusivement par rapport aux besoins humains de fraîcheur ou de chaleur – ce qui évidemment signifie que le vent en tant que chose objectivement donnée aura été éliminé de l'expérience humaine. C'est à cause de ces conséquences que Platon qui, à la fin de sa vie, rappelle encore dans les *Lois* la phrase de Protagoras, réplique par une formule presque paradoxale : ce n'est pas l'homme – qui en raison de ses besoins et de ses talents veut tout utiliser et, par conséquent, finit par priver toutes choses de leur valeur intrinsèque – ce n'est pas l'homme, mais le « dieu qui est la mesure [même] des objets d'usage[1] ».

Le marché

Marx – dans l'une de ces nombreuses remarques qui témoignent de son extraordinaire sens de l'Histoire – nota un jour que la définition de Benjamin Franklin : « L'homme est un fabricant d'outils », est

1. *Lois*, 716 D, cite textuellement la phrase de Protagoras en remplaçant *anthrôpos* par *ho theos*.

aussi caractéristique du « yanquisme », c'est-à-dire de l'époque moderne, que l'était de l'Antiquité la définition de l'homme comme animal politique[1]. La vérité de cette remarque tient au fait que les temps modernes ont été aussi anxieux d'exclure de leur domaine public l'homme politique, celui qui parle et agit, que l'Antiquité d'exclure l'*homo faber*. Dans les deux cas, l'exclusion n'allait pas de soi, comme celle des travailleurs et des classes sans propriété jusqu'à leur émancipation au XIXe siècle. L'époque moderne s'est rendu compte, naturellement, que le domaine public n'est pas toujours, ne doit pas nécessairement être, une simple fonction de la « société », destinée à protéger au moyen de l'administration gouvernementale le côté productif, social de la nature humaine ; mais elle a regardé tout ce qui dépasse l'ordre et la police comme du « bavardage » et de la « vaine gloire ». La capacité humaine sur laquelle elle a fondé son affirmation de la productivité naturelle, innée de la société, c'est la productivité indiscutable de l'*homo faber*. Réciproquement, l'Antiquité connaissait fort bien des types de collectivités dans lesquelles le citoyen de la *polis*, et la *res publica* en tant que telle, n'établissaient ni ne déterminaient le contenu du domaine public, et où la vie publique de l'homme du commun se bornait à « travailler pour le peuple », à être un *dèmiourgos*, un ouvrier du peuple, par opposition à l'*oiketès*, travailleur domestique, autrement dit esclave[2]. La caractéristique de ces collectivités non

1. *Le Capital*, éd. Modern Library, p. 358, n. 3.

2. L'histoire des débuts du Moyen Âge, en particulier celle des corporations, illustre bien la vérité de l'ancienne conception des travailleurs comme domestiques familiaux par opposition aux artisans,

politiques, c'était que leur place publique, leur *agora*, n'était pas un lieu de rencontre pour citoyens, mais une place du marché où les artisans venaient exposer et échanger leurs produits. De plus, en Grèce, tous les tyrans eurent l'ambition, toujours déçue, de décourager les citoyens de s'occuper des affaires publiques et de perdre leur temps dans l'*agoreuein* et le *politeuesthai* improductifs : ils auraient voulu transformer l'*agora* en un assemblage de boutiques comparable aux bazars du despotisme oriental. Ce qui caractérisait ces marchés, comme plus tard les quartiers d'artisanat et de commerce dans les villes médiévales, c'était que l'étalage des marchandises s'accompagnait d'un étalage de fabrication. La production en public est, en fait, un trait de la société de producteurs, de même que la consommation en public est typique d'une société de travailleurs.

À la différence de l'*animal laborans* dont la vie sociale est grégaire et sans-monde, et qui, par conséquent, est incapable de construire ou d'habiter un domaine public, du-monde, l'*homo faber* est parfaitement capable d'avoir un domaine public à lui, même

---

considérés comme ouvriers au service du public. « L'apparition [des corporations] marque le deuxième stade de l'histoire de l'industrie, la transition du système familial au système artisanal ou corporatif. Dans le premier, il n'y avait pas de classe d'artisans proprement dite… parce que tous les besoins de la famille ou autres groupes domestiques… étaient satisfaits par le travail des membres du groupe » (W. J. Ashley, *An Introduction to English Economic History and Theory*, 1931, p. 76). Dans l'Allemagne médiévale, le mot *Störer* équivaut exactement au mot grec *dèmiourgos*. « Der griechische *dèmiourgos* heisst "Störer", er geht beim Volk arbeiten, er geht auf die Stör. » *Stör* signifie *dèmos*, « peuple » (cf. Jost Trier, « Arbeit und Gemeinschaft », *Studium Generale*, 1950, vol. III, n° 2).

s'il ne s'agit pas de domaine politique à proprement parler. Son domaine public, c'est le marché où il peut exposer les produits de ses mains et recevoir l'estime qui lui est due. Ce goût de la parade a probablement des racines aussi profondes que l'inclination, à laquelle il est étroitement lié, « à troquer et échanger une chose pour une autre » qui, selon Adam Smith, distingue l'homme de l'animal[1]. En tout cas, l'*homo faber*, constructeur du monde, producteur d'objets, n'entre vraiment en relation avec les autres qu'en échangeant ses produits contre les leurs, car ces produits eux-mêmes sont toujours fabriqués dans la solitude. Le respect de la vie privée qu'on exigeait au début de l'époque moderne comme le droit suprême de chaque membre de la société était, en fait, la garantie de l'isolement sans lequel aucune œuvre ne peut être produite. Ce ne furent pas les spectateurs aux marchés du Moyen Âge, où l'artisan isolé s'exposait en pleine lumière au public, ce fut l'avènement du domaine social où les autres ne se contentent pas de regarder, de juger, d'admirer, mais veulent se faire admettre dans la compagnie de l'artisan et participer en égaux au processus d'œuvre, qui menaça le « splendide isolement » de l'ouvrier et finit par saper les notions mêmes de compétence et d'excellence. Cet isolement est la condition de vie nécessaire à toute maîtrise, qui consiste à être seul avec l'« idée », l'image mentale de l'objet futur. Pareille maîtrise, bien différente des formes politiques de la domination, régit

1. Il insiste en ajoutant : « On n'a jamais vu un chien échanger délibérément un os contre un autre avec un autre chien » *(Wealth of Nations*, I, 12).

avant tout des choses, des matériaux, et non pas des hommes. En fait, le commandement des hommes est tout à fait secondaire dans l'artisanat ; à l'origine, les mots « ouvrier » et « maître » s'employaient comme synonymes[1].

La seule compagnie qui naisse directement de l'artisanat vient de ce que le maître peut avoir besoin d'aides ou désirer instruire autrui dans son art. Mais la distinction entre l'art du maître et l'ignorance du compagnon est temporaire, comme la distinction entre adultes et enfants. Il n'est rien de plus étranger ni même de plus nuisible à l'artisanat que le travail en équipe, qui n'est qu'une variante de la division du travail et qui suppose que l'on a « divisé les opérations dans les mouvements simples qui les composent[2] ». L'équipe, sujet polycéphale de toute production exécutée selon le principe de la division du travail, a la même unité que les parties d'un tout, et la moindre tentative d'isolement de la part des membres de l'équipe serait fatale à la production.

1. E. Levasseur, *Histoire des classes ouvrières et de l'industrie en France avant 1789* (1900) : « Les mots maître et ouvrier étaient encore pris comme synonymes au XIVe siècle » (p. 564, n. 2), alors que, « au XVe siècle… la maîtrise est devenue un titre auquel il n'est pas permis à tous d'aspirer » (p. 572). À l'origine, « le mot ouvrier s'appliquait d'ordinaire à quiconque ouvrait, faisait ouvrage, maître ou valet » (p. 309). À l'atelier, comme dans la vie sociale, on ne faisait guère de distinction entre le maître ou le marchand et les ouvriers (cf. aussi Pierre Brizon, *Histoire du travail et des travailleurs*, 1926, pp. 39 *sq.*).

2. Charles R. Walker et Robert H. Guest, *The Man on the Assembly Line* (1952). La fameuse description, par Adam Smith, de ce principe dans la fabrication des épingles (*op. cit.*, I, 4 *sq.*) montre bien que la division du travail a précédé et inspiré le travail à la machine.

Mais ce n'est pas seulement cette unité qui manque au maître et à l'ouvrier activement engagés dans la production ; les formes spécifiquement politiques de l'union, de l'action en commun et du dialogue échappent complètement au domaine de la productivité artisanale. Ce n'est qu'en s'arrêtant, lorsque son produit est achevé, que l'ouvrier peut sortir de son isolement.

Historiquement, le dernier domaine public, le dernier lieu de rencontre qui conserve quelque lien avec l'activité de l'*homo faber* est le marché sur lequel sont exposés ses produits. La société commerciale, typique des premiers stades de l'époque moderne ou des débuts du capitalisme de manufacture, est née de cette production en public et de son appétit de possibilités universelles de troc et d'échange ; et elle est morte lorsque le travail et la société de travail ont remplacé cette production et sa fierté par la consommation en public et sa vanité.

Les gens qui se rencontraient au marché des changes n'étaient certes plus les fabricants, et ils ne se rencontraient plus en tant que personnes mais en tant que propriétaires de valeurs commerciales, comme Marx l'a abondamment signalé. Dans une société où l'échange des produits est devenu la principale activité publique, les travailleurs eux-mêmes, parce que confrontés aux « propriétaires d'argent ou de valeurs », deviennent propriétaires, « propriétaires de leur force de travail ». C'est seulement à ce stade que s'installe la fameuse aliénation marxiste, la dégradation des hommes en marchandises : cette dégradation caractérise la situation du travail dans une société de manufacture qui ne juge pas les hommes en tant que personnes mais en tant que producteurs, d'après la qualité de leur production.

Une société de travail, au contraire, juge les hommes d'après les fonctions qu'ils remplissent dans le processus de travail ; tandis qu'aux yeux de l'*homo faber* la force de travail n'est qu'un moyen en vue d'une fin nécessairement plus haute, objet d'usage ou objet d'échange, la société de travail confère à la force de travail la même valeur supérieure qu'elle attribue à la machine. En d'autres termes, cette société n'est plus « humaine » qu'en apparence, encore que dans les conditions de cette société le prix du travail humain augmente à tel point qu'il peut paraître mieux apprécié et plus précieux que toute matière ou tout matériau donnés ; en fait, il ne fait qu'annoncer quelque chose d'encore plus « précieux », à savoir le parfait fonctionnement de la machine dont la formidable force de fabrication commence par tout normaliser avant de tout dévaluer en faisant de tous les objets des biens de consommation.

La société commerciale, le capitalisme à ses débuts, encore animé d'un esprit farouche de gain et de concurrence, continue à suivre les normes de l'*homo faber*. Quand l'*homo faber* sort de son isolement, il apparaît en marchand, en commerçant, et c'est en cette capacité qu'il établit le marché. Ce marché doit exister avant l'avènement d'une classe de manufacturiers qui produira exclusivement pour le marché, c'est-à-dire produira des objets d'échange plutôt que des objets d'usage. Dans ce processus, qui va de l'artisanat isolé à la manufacture en vue du marché, le produit final change de qualité, mais en partie seulement. La durabilité qui seule décide si un objet peut exister en tant que tel et durer dans le monde comme entité distincte, reste le critère suprême, bien qu'elle ne fasse plus de l'objet une chose à utiliser mais plutôt une marchandise à stocker en vue d'un échange futur[1].

Tel est le changement de qualité que reflète la distinction courante entre valeur d'usage et valeur d'échange, cette dernière étant à la première comme le marchand au fabricant. Dans la mesure où l'*homo faber* fabrique des objets d'usage, il ne les produit pas seulement dans le privé de l'isolement, mais aussi pour le privé de l'utilisation, d'où ils émergent et paraissent en public en devenant marchandises sur le marché. On a souvent remarqué, et souvent oublié malheureusement, que la valeur, « idée d'un rapport entre la possession d'une chose et la possession d'une autre dans la conception de l'homme[2] », « signifie toujours valeur d'échange[3] ». Car c'est seulement au marché, où tout peut s'échanger contre autre chose, que tous les objets, produits du travail ou de l'œuvre, biens de consommation ou objets d'usage, nécessaires à l'existence, au confort ou à la vie intellectuelle, deviennent des « valeurs ». La valeur consiste uniquement dans l'estime du domaine public où les objets paraissent en tant que marchandises, et ce ne sont ni le travail, ni l'œuvre, ni le travail, ni le profit, ni le matériau qui confèrent cette valeur à un objet, mais seulement et exclusivement le domaine public où il paraît pour être estimé, demandé ou négligé. La

---

1. Adam Smith, *op. cit.*, II, 241.

2. C'est la définition d'un économiste italien, l'abbé Galiani. Je cite d'après Hannah R. Sewall, *The Theory of Value before Adam Smith* (1901), *Publications de l'Association économique américaine*, 3e sér., vol. II, n° 3, p. 92.

3. Alfred Marshall, *Principles of Economics* (1920), I, 8.

valeur est la qualité qu'un objet ne peut jamais posséder dans le privé, mais qu'il acquiert automatiquement dès qu'il paraît en public. Cette « valeur marchande », comme Locke l'a bien marqué, n'a rien à voir avec la « valeur naturelle intrinsèque d'une chose[1] » qui est une qualité objective « indépendante de la volonté de l'acheteur ou du vendeur ; une chose attachée à l'objet lui-même, existante qu'on le veuille ou non, et qu'on est obligé de reconnaître[2] ». On ne peut modifier la valeur intrinsèque d'un objet qu'en modifiant l'objet – ainsi ruine-t-on la valeur d'une table en la privant d'un pied – tandis que l'on altère la « valeur marchande » d'une marchandise « en altérant un rapport entre cette marchandise et autre chose[3] ».

Autrement dit, les valeurs, par opposition aux choses, aux actes, aux idées, ne sont jamais les produits d'une activité humaine spécifique ; elles apparaissent lorsque

---

1. « Considérations sur l'abaissement de l'intérêt et l'élévation de la valeur de la monnaie », *Collected Works* (1801), II, 21.

2. W. J. Ashley (*op. cit.*, p. 140) remarque que « la différence fondamentale entre le point de vue médiéval et le point de vue moderne… est que chez nous la valeur est quelque chose de subjectif ; c'est ce que l'individu veut bien donner contre une chose. Chez saint Thomas, c'était quelque chose d'objectif ». Cela n'est vrai qu'en partie, car « les maîtres du Moyen Âge enseignent avec insistance que la valeur n'est pas déterminée par l'excellence intrinsèque de l'objet, car en ce cas, une mouche aurait plus de valeur qu'une perle, sa valeur intrinsèque étant supérieure » (George O'Brien, *An Essay on Medieval Economic Teaching*, 1920). On résout la difficulté en introduisant la distinction de Locke entre *valor naturalis* et *pretium* ou *valor*. Cette distinction existe partout sauf dans les sociétés les plus primitives, mais aux temps modernes la valeur naturelle disparaît devant la valeur marchande (pour le Moyen Âge, cf. Slater, *Irish Ecclesiastical Record*, 1901).

3. Locke, *Second Treatise of Civil Government*, sec. 22.

ces produits sont entraînés dans la relativité instable des échanges entre les membres de la société. Personne, comme Marx le dit justement, « ne produit de valeurs dans la solitude », et il aurait pu ajouter que dans la solitude personne ne s'en soucie ; les objets, les idées, les idéaux « ne deviennent des valeurs que dans leurs rapports sociaux[1] ».

La confusion en économie classique[2], et la confusion pire encore due à l'emploi du mot « valeur » en philosophie, ont été causées à l'origine par la substitution au vieux mot « prix », que l'on trouve encore dans Locke, du terme apparemment plus scientifique de « valeur d'usage ». Marx accepta aussi cette terminologie et, conformément à sa répugnance à l'égard du domaine public, vit de manière très logique dans le passage de la valeur d'usage à la valeur d'échange la faute originelle du capitalisme. Mais, contre ce péché de la société commerciale où en effet le marché est le plus important des lieux publics et où par conséquent tout objet devient une valeur échangeable, une marchandise, Marx ne fit pas appel à la valeur objective, « intrinsèque » de la chose en soi. Il mit à la place la fonction qu'ont les choses dans le processus vital de consommation, processus qui ne connaît ni prix objectif et intrinsèque ni valeur subjective et socialement

1. *Das Kapital*, vol. III, p. 689 ; Marx-Engels, *Gesamtausgabe*, IIe partie, Zurich (1933).

2. Exemple de cette confusion : la théorie des valeurs chez Ricardo qui croyait désespérément à une valeur absolue (excellentes interprétations dans Gunnar Myrdal, *The Political Element in the Development of Economic Theory*, 1953, pp. 66 *sq.*, et Walter A. Weisskopf, *The Psychology of Economics*, 1955, ch. 3).

déterminée. Dans la distribution socialiste de tous les biens à tous ceux qui travaillent, tout objet concret se dissout en une simple fonction du processus de régénération de la vie et de la force de travail.

Cependant, cette confusion verbale n'explique pas tout. Si Marx s'est obstiné à conserver l'expression « valeur d'usage », et si l'on a fait tant de vaines tentatives pour trouver une source objective – le travail, la terre, le profit… – aux valeurs, c'est qu'il a paru difficile d'accepter le simple fait qu'il n'y a pas de « valeur absolue » dans le marché des changes, qui est la sphère propre des valeurs, et que la recherche de cette valeur équivaut à la quadrature du cercle. La dépréciation, tant déplorée, de toutes choses, c'est-à-dire la perte de tout prix intrinsèque, commence lorsque les choses se transforment en valeurs ou en marchandises, car, dès ce moment, elles n'existent que par rapport à autre chose que l'on peut acquérir à leur place. La relativité universelle, une chose n'existant que par rapport à d'autres, et la perte de valeur intrinsèque, rien n'ayant plus de valeur « objective » indépendante des estimations toujours changeantes de l'offre et de la demande, sont inhérentes au concept même de valeur[1].

1. Ce qu'il y a de vrai dans la remarque d'Ashley citée plus haut, c'est que le Moyen Âge ne connaissait pas le marché des changes proprement dit. Pour les maîtres du Moyen Âge, la valeur d'une chose était déterminée soit par son prix intrinsèque, soit par les besoins objectifs des hommes – par exemple dans Buridan : *valor rerum aestimatur secundum humanam indigenliam* – et le « juste prix » résultait normalement de l'évaluation commune, sauf que, « à cause des désirs divers et corrompus de l'homme, il devient commode de fixer le médium d'après le jugement de quelques sages » (Gerson, *De contractibus*, I, 9). En l'absence du marché

La raison pour laquelle cette évolution, qui paraît inévitable dans une société commerçante, a engendré un malaise grave avant de constituer le grand problème de la science nouvelle de l'économie, ce ne fut même pas la relativité en tant que telle : ce fut plutôt que l'*homo faber*, dont toute l'activité est déterminée par l'emploi constant de repères, de mesures, de règles, de normes, ne put supporter de perdre les normes ou les repères « absolus ». Car l'argent, qui sert évidemment de dénominateur commun aux objets de toutes sortes qui peuvent ainsi s'échanger les uns contre les autres, ne possède nullement l'existence indépendante et objective, transcendant toutes les utilisations et résistant à toute manipulation que possèdent l'aune ou la toise à l'égard des choses qu'elles doivent mesurer et à l'égard des hommes qui s'en servent.

C'est cette perte des normes et des règles universelles, sans lesquelles l'homme ne pourrait édifier un monde, que Platon devinait dans la proposition de Protagoras : établir l'homme fabricant d'objets et l'usage qu'il en fait comme mesure suprême des objets. Cela montre combien la relativité du marché est étroitement liée à l'instrumentalité que provoquent le monde de l'artisan et l'expérience de la fabrication. En fait, la première se développe avec une parfaite continuité à partir de la seconde. Cependant, la réponse de Platon – ce n'est pas l'homme, c'est un « dieu qui est la mesure de toutes

---

des changes, on ne pouvait concevoir que la valeur d'une chose dépende uniquement de ses rapports avec autre chose. Il s'agit donc moins de savoir si la valeur est objective ou subjective, que si elle peut être absolue ou si elle indique seulement des relations entre objets.

choses » – ne serait qu'une phrase de morale creuse s'il était vrai, comme les temps modernes l'ont admis, que l'instrumentalité sous le masque de l'utile régit le domaine du monde fini aussi exclusivement qu'elle gouverne l'activité qui donne naissance au monde et à tout ce qu'il contient.

La permanence du monde et l'œuvre d'art

Parmi les objets qui donnent à l'artifice humain la stabilité sans laquelle les hommes n'y trouveraient point de patrie, il y en a qui n'ont strictement aucune utilité et qui en outre, parce qu'ils sont uniques, ne sont pas échangeables et défient par conséquent l'égalisation au moyen d'un dénominateur commun tel que l'argent ; si on les met sur le marché on ne peut fixer leurs prix qu'arbitrairement. Bien plus, les rapports que l'on a avec une œuvre d'art ne consistent certainement pas à « s'en servir » ; au contraire, pour trouver sa place convenable dans le monde, l'œuvre d'art doit être soigneusement écartée du contexte des objets d'usage ordinaire. Elle doit être de même écartée des besoins et des exigences de la vie quotidienne, avec laquelle elle a aussi peu de contacts que possible. Que l'œuvre d'art ait toujours été inutile, ou qu'elle ait autrefois servi aux prétendus besoins religieux comme les objets d'usage ordinaire servent aux besoins ordinaires, c'est une question hors de propos ici. Même si l'origine historique de l'art était d'un caractère exclusivement religieux ou mythologique, le fait est que l'art a glorieusement résisté à sa séparation d'avec la religion, la magie et le mythe.

En raison de leur éminente permanence, les œuvres d'art sont de tous les objets tangibles les plus intensément du-monde ; leur durabilité est presque invulnérable aux effets corrosifs des processus naturels, puisqu'elles ne sont pas soumises à l'utilisation qu'en feraient les créatures vivantes, utilisation qui, en effet, loin d'actualiser leur finalité – comme la finalité d'une chaise lorsqu'on s'assied dessus –, ne peut que les détruire. Ainsi leur durabilité est-elle d'un ordre plus élevé que celle dont tous les objets ont besoin afin d'exister ; elle peut atteindre à la permanence à travers les siècles. Dans cette permanence, la stabilité même de l'artifice humain qui, habité et utilisé par des mortels, ne saurait être absolu, acquiert une représentation propre. Nulle part la durabilité pure du monde des objets n'apparaît avec autant de clarté, nulle part, par conséquent, ce monde d'objets ne se révèle de façon aussi spectaculaire comme la patrie non mortelle d'êtres mortels. Tout se passe comme si la stabilité du monde se faisait transparente dans la permanence de l'art, de sorte qu'un pressentiment d'immortalité, non pas celle de l'âme ni de la vie, mais d'une chose immortelle accomplie par des mains mortelles, devient tangible et présent pour resplendir et qu'on le voie, pour chanter et qu'on l'entende, pour parler à qui voudra lire.

La source immédiate de l'œuvre d'art est l'aptitude humaine à penser, comme la propension de l'homme à « échanger et troquer » est l'origine des objets d'échange, la capacité d'utiliser, l'origine des objets d'usage. Ce sont là des facultés de l'homme et non de simples attributs de l'animal humain comme les sentiments, les désirs, les besoins auxquels elles sont liées et qui souvent en forment le contenu. Ces propriétés humaines sont aussi étrangères au monde que l'homme crée pour se faire une patrie sur Terre que les propriétés correspondantes des autres espèces animales, et si elles devaient former un environnement fait de main d'homme pour l'animal humain ce serait un non-monde, produit d'une émanation plutôt que d'une création. La pensée est apparentée au sentiment et en métamorphose le muet désespoir comme l'échange transforme la cupidité, et l'utilisation, l'appétit lancinant des besoins – et ainsi besoin, sentiment, cupidité sont-ils rendus dignes d'entrer dans le monde, transformés en objets, réifiés. Dans chaque cas une faculté humaine qui, de nature, cst communicative, ouverte au monde, transcende et libère de son emprisonnement dans le soi une intensité passionnée qu'elle donne au monde.

Dans le cas des œuvres d'art, la réification est plus qu'une transformation ; c'est une transfiguration, une véritable métamorphose dans laquelle, dirait-on, le cours de la nature qui veut réduire en cendres tout ce qui brûle est soudain renversé, et voilà que de la poussière même peuvent jaillir des flammes[1]. Les œuvres

1. Je fais allusion à un poème de Rilke, intitulé *Magie*, qui décrit cette transfiguration. « Aus unbeschreiblicher Verwandlung stammen / solche Gebilde : Fühl ! und glaub ! / Wir leidens oft : zu Asche werden Flammen, / doch, in der Kunst : zur Flamme wird der Staub. / Hier ist Magie. In das Bereich des Zaubers / scheint das gemeine Wort hinaufgestuft… / und ist doch wirklich wie der

d'art sont des objets de pensée, mais elles n'en sont pas moins des objets. De soi-même le processus de pensée ne produit, ne fabrique pas plus d'objets concrets, livres, tableaux, statues, partitions, que de soi-même l'utilisation ne produit, ne fabrique des maisons ou des meubles. La réification qui a lieu dans l'écriture, la peinture, le modelage ou la composition est évidemment liée à la pensée qui l'a précédée, mais ce qui fait de la pensée une réalité, ce qui fabrique des objets de pensée, c'est le même ouvrage qui, grâce à l'instrument primordial des mains humaines, construit les autres objets durables de l'artifice humain.

Nous avons déjà dit que cette réification, cette matérialisation sans laquelle aucune pensée ne peut devenir concrète doit toujours être payée, et que le prix en est la vie elle-même : c'est toujours dans la « lettre morte » que l'« esprit vivant » doit survivre, dans une mort dont on ne peut le sauver que si la lettre rentre en contact avec une vie qui veut la ressusciter, encore que cette résurrection des morts soit, comme tout ce qui vit, promise de nouveau à la mort. Cependant, cette mortalité, toujours présente dans l'art et indiquant, pour ainsi dire, la distance qui sépare le foyer originel de la pensée, dans le cœur ou le cerveau de l'homme, de son éventuelle destinée dans le monde, cette mortalité n'est pas la même dans tous les arts. Dans la musique et la poésie, les arts les moins « matérialistes » puisqu'ils ont pour « matériaux » les sons et les mots, la réification et l'ouvrage qu'elle exige sont réduits au

Ruf des Taubers, / der nach der unsichtbaren Taube ruft », dans *Aus Taschen-Büchern und Merk-Blättern* (1950).

minimum. Le jeune poète, le jeune musicien prodige peuvent atteindre une certaine perfection sans expérience et presque sans apprentissage – phénomène que l'on ne trouve guère en peinture, en sculpture ou en architecture.

La poésie, qui a pour matériau le langage, est sans doute de tous les arts le plus humain, le moins du-monde, celui dans lequel le produit final demeure le plus proche de la pensée qui l'a inspiré. La durabilité d'un poème est produite par condensation, comme si le langage parlé dans sa plus grande densité, concentré à l'extrême, était poétique en soi. Ici la mémoire, *mnemosynè*, mère des muses, se change immédiatement en souvenir : pour réaliser cette transformation le poète emploie le rythme, au moyen duquel le poème se fixe presque de lui-même dans le souvenir. C'est cette proximité du souvenir vivant qui permet au poème de demeurer, de conserver sa durabilité en dehors de la page écrite ou imprimée, et bien que la « qualité » soit soumise à une grande variété de normes, le poème inévitablement doit être « mémorable » afin d'être durable, afin d'avoir une chance d'être fixé de façon permanente dans le souvenir de l'humanité. De tous les objets de pensée la poésie est le plus proche de la pensée, et le poème est moins objet que toute autre œuvre d'art ; et pourtant le poème lui-même, si longtemps qu'il ait existé comme parole vivante dans le souvenir du barde et de son auditoire, sera un jour « fait » : il sera écrit et transformé en chose tangible parmi les choses, car la mémoire et le don du souvenir, d'où naît toujours le désir de l'impérissable, ont besoin de choses tangibles pour les rappeler et les sauvegarder[1].

Penser est autre chose que connaître. La pensée, source des œuvres d'art, se manifeste sans transformation ni transfiguration dans la grande philosophie, tandis que la principale manifestation des processus cognitifs, par lesquels nous acquérons et accumulons des connaissances, se trouve dans les sciences. La cognition poursuit toujours un but défini, que peuvent fixer soit des considérations pratiques, soit une « vaine curiosité » ; mais, dès que ce but est atteint, le processus cognitif s'achève. La pensée, au contraire, n'a ni fin ni but hors de soi : elle ne produit même pas de résultats ; non seulement la philosophie utilitariste de l'*homo faber*, mais aussi les gens d'action, les admirateurs des succès scientifiques, ne se lassent jamais de montrer à quel point la pensée est « inutile » – aussi inutile, en effet, que les œuvres d'art qu'elle inspire. Et ces produits inutiles, la pensée ne peut même pas les revendiquer, car, de même que les grands systèmes philosophiques, ils peuvent à peine passer pour les

1. L'expression vulgaire « faire des vers » se rapporte déjà à cette réification. Il en va de même de l'allemand *dichten* qui vient probablement du latin *dictare* : « das ausgesonnene geistig Geschaffene niederschreiben oder zum Niederschreiben vorsagen » (Grimm, *Wörterbuch*) ; il en serait de même si le mot venait, comme le suggère maintenant l'*Etymologisches Wörterbuch* (1951) de Kluge-Götze, de *lichen*, vieux mot pour *schaffen*, peut-être apparenté au latin *fingere*. En ce cas, on entend aussi comme un « faire » l'activité poétique qui produit le poème avant qu'il soit écrit. Ainsi, Démocrite loue-t-il le génie divin d'Homère, « qui de toute sorte de mots construisit un cosmos » – *« epeôn kosmon etektènato pantoiôn »* (Diels, *op. cit.*, B 21). On retrouve la même vue artisanale de la poésie dans l'expression *tektônes hymnôn.*

résultats de la pensée pure à proprement parler, puisque c'est précisément le processus de la pensée que l'artiste ou le philosophe écrivain doivent interrompre et transformer pour la réification matérialisante de leur œuvre. L'activité de penser est aussi incessante, aussi répétitive que la vie, et la question de savoir si la pensée a un sens se ramène à l'énigme sans réponse du sens de la vie ; ses processus imprègnent si profondément la totalité de l'existence humaine que son commencement et sa fin coïncident avec ceux de la vie elle-même. Ainsi la pensée, bien qu'elle inspire la productivité la plus hautement du-monde de l'*homo faber*, n'est aucunement sa prérogative ; elle ne commence à s'affirmer comme sa source d'inspiration que lorsqu'il se dépasse, pour ainsi dire, et se met à produire des choses inutiles, étrangères à ses besoins matériels ou intellectuels, à ses nécessités physiques comme à sa soif de connaissance. D'un autre côté, la cognition appartient à tous les processus d'œuvre et non pas seulement à ceux qui sont intellectuels ou artistiques ; comme la fabrication, c'est un processus qui a un commencement et une fin, dont on peut éprouver l'utilité et qui échoue s'il ne produit pas de résultats, de même que l'ouvrage d'un menuisier échoue s'il fabrique une table à deux pieds. Les processus cognitifs en sciences ne diffèrent pas fondamentalement du rôle de la cognition en fabrication ; les résultats scientifiques produits au moyen de la cognition s'ajoutent à l'artifice humain comme les autres objets.

Il faut, en outre, distinguer la pensée et la cognition du pouvoir de raisonnement logique qui se manifeste dans des opérations telles que la déduction à partir de propositions axiomatiques ou évidentes, la réduction de cas particuliers à des règles générales ou les techniques qui consistent à dévider des séries logiques de conclusions. En fait, dans ces facultés humaines nous rencontrons une sorte de force d'intellect qui, à plus d'un égard, ressemble surtout à la force de travail que l'animal humain exerce dans son métabolisme avec la nature. Les processus mentaux qu'alimente cette force sont ce que nous nommons d'ordinaire intelligence, l'intelligence que l'on peut mesurer par des tests comme on mesure la forcc corporelle. On peut découvrir les lois de la logique comme les autres lois de la nature, parce qu'elles ont leurs racines dans la structure du cerveau humain, et que, pour l'individu normalement constitué, elles sont aussi impérieuses que la nécessité qui règle les autres fonctions du corps. Il est dans la structure du cerveau humain de se voir obligé d'admettre que deux et deux font quatre. Si l'homme était vraiment un *animal rationale* au sens où l'époque moderne a entendu ce terme, c'est-à-dire une espèce animale qui diffère des autres en ce qu'elle est douée d'un cerveau supérieur, les machines électroniques récemment inventées qui, tantôt à l'effroi, tantôt à la confusion de leurs inventeurs, sont de façon si spectaculaire plus « intelligentes » que les humains, seraient certainement des *homunculi*. En fait, elles sont simplement, comme toutes les machines, des substituts et des perfectionnements artificiels de la force de travail de l'homme, suivant le vieux procédé de toute division du travail qui consiste à réduire chaque opération à ses mouvements constitutifs les plus simples, substituant par exemple l'addition répétée à la multiplication. La supériorité de la machine est manifeste dans sa vitesse, qui est beaucoup plus grande que celle du cerveau humain ; grâce à cette vitesse supérieure la machine peut se dispenser de la multiplication, laquelle est un procédé technique préélectronique destiné à accélérer l'addition. Tout ce que prouvent les ordonnatrices géantes, c'est que les temps modernes ont eu tort de croire avec Hobbes que la rationalité, au sens du « calcul des conséquences », est la plus haute, la plus humaine des facultés de l'homme, et que les philosophes de la vie et du travail, Marx, Bergson ou Nietzsche, ont eu raison de voir dans ce type d'intelligence, qu'ils prenaient pour la raison, une simple fonction du processus vital ou, comme disait Hume, une simple « esclave des passions ». Il est évident que cette force cérébrale et les processus logiques obligatoires qu'elle engendre sont incapables d'édifier un monde, qu'ils sont aussi étrangers-au-monde que les processus obligatoires de la vie, du travail et de la consommation.

C'est une des incohérences frappantes de l'économie classique que les mêmes théoriciens qui se vantaient de la logique de leurs conceptions utilitaristes ont souvent vu d'un très mauvais œil l'utilité pure et simple. Ils se rendaient bien compte, généralement, que la productivité spécifique de l'œuvre réside moins dans son utilité que dans sa capacité de produire de la durabilité. Ainsi reconnaissaient-ils tacitement le manque de réalisme de leur philosophie utilitariste. Car, si la durabilité des objets ordinaires n'est qu'un pâle reflet de la permanence dont sont capables les objets qui sont pleinement du-monde, les œuvres d'art, il y a, inhérent à tout objet en tant qu'objet, un peu de cette qualité – divine pour Platon parce qu'elle approche de l'immortalité – et c'est précisément la présence ou l'absence de cette qualité qui éclatent dans la forme de l'objet et qui en font la beauté ou la laideur. Certes, un objet d'usage ordinaire n'est pas, ni ne doit être, conçu pour être beau ; mais tout ce qui a une forme, tout ce qui est visible est forcément beau ou laid, ou entre les deux. Tout ce qui est doit paraître, et rien ne peut paraître sans une forme propre ; aussi n'y a-t-il en fait aucun objet qui ne transcende de quelque façon son utilisation fonctionnelle et sa transcendance, beauté ou laideur, est identique à son apparence en public, au fait d'être vu. De même, dans sa pure existence dans-le-monde, chaque objet transcende aussi la sphère de l'instrumentalité pure dès qu'il est achevé. La norme selon laquelle on juge de l'excellence d'un objet n'est jamais l'utilité uniquement, comme si une table laide jouait le même rôle qu'une table élégante, c'est son rapport à ce à quoi il devrait *ressembler*, ce qui, en langage platonicien, n'est autre que son rapport à l'*eidos* ou *idea*, l'image mentale ou plutôt l'image vue par l'œil intérieur, qui a précédé sa venue au monde et qui survit à sa destruction virtuelle. En d'autres termes, on juge même les objets d'usage non seulement d'après les besoins subjectifs des hommes, mais aussi selon les normes objectives du monde où ils trouveront leur place pour durer, pour être vus, pour être utilisés.

Le monde d'objets faits de main d'homme, l'artifice humain érigé par l'*homo faber*, ne devient pour les mortels une patrie, dont la stabilité résiste et survit au mouvement toujours changeant de leurs vies et de leurs actions, que dans la mesure où il transcende à la fois le pur fonctionnalisme des choses produites pour la consommation et la pure utilité des objets produits pour l'usage. La vie au sens non biologique, le laps de temps dont chaque humain dispose entre la naissance et la mort, se manifeste dans l'action et dans la parole qui l'une et l'autre partagent l'essentielle futilité de la vie. « Accomplir de grandes actions et dire de grandes paroles » ne laisse point de trace, nul produit qui puisse durer après que le moment aura passé de l'acte et du verbe. Si l'*animal laborans* a besoin de l'*homo faber* pour faciliter son travail et soulager sa peine, si les mortels ont besoin de lui pour édifier une patrie sur Terre, les hommes de parole et d'action ont besoin aussi de l'*homo faber* en sa capacité la plus élevée : ils ont besoin de l'artiste, du poète et de l'historiographe, du bâtisseur de monuments ou de l'écrivain, car sans eux le seul produit de leur activité, l'histoire qu'ils jouent et qu'ils racontent, ne survivrait pas un instant. Afin d'être ce que le monde est toujours censé être, patrie des hommes durant leur vie sur Terre, l'artifice humain doit pouvoir accueillir l'action et la parole, activités qui, non seulement sont tout à fait inutiles aux nécessités de la vie, mais, en outre, diffèrent totalement des multiples activités de fabrication par lesquelles sont produits le monde et tout ce qu'il contient. Nous n'avons pas ici à choisir entre Platon et Protagoras, ni à décider qui de l'homme ou d'un dieu doit être la mesure de toutes choses. Ce qui est sûr, c'est que la mesure ne peut être ni la nécessité contraignante de la vie biologique et du travail ni l'instrumentalisme utilitaire de l'usage et de la fabrication.

Chapitre V

L'ACTION

Tous les chagrins sont supportables si on en fait un conte ou si on les raconte.

Isak Dinesen

Nam in omni actione principaliter intenditur ab agente, sive necessitate naturae sive voluntarie agat, propriam similitudinem explicare ; unde fit quod omne agens, in quantum huiusmodi, delectatur, quia, cum omne quod est appetat suum esse, ac in agendo agentis esse modammodo amplietur, sequitur de necessitate delectatio... Nihil igitur agit nisi tale exislens quale patiens fieri debet.

« Car en toute action l'intention première de l'agent, qu'il agisse par nécessité de nature ou volontairement, est de révéler sa propre image ; d'où vient que tout agent, en tant qu'il agit, prend plaisir à agir puisque tout ce qui est désire son être et puisque dans l'action l'être de l'agent est en quelque sorte intensifié, le plaisir suit nécessairement… Donc rien n'agit sans rendre patent son être latent. »

DANTE

La révélation de l'agent dans la parole et l'action

La pluralité humaine, condition fondamentale de l'action et de la parole, a le double caractère de l'égalité et de la distinction. Si les hommes n'étaient pas égaux, ils ne pourraient se comprendre les uns les autres, ni comprendre ceux qui les ont précédés ni préparer l'avenir et prévoir les besoins de ceux qui viendront après eux. Si les hommes n'étaient pas distincts, chaque être humain se distinguant de tout autre être présent, passé ou futur, ils n'auraient besoin ni de la parole ni de l'action pour se faire comprendre. Il suffirait de signes et de bruits pour communiquer des désirs et des besoins immédiats et identiques.

L'individualité humaine n'est pas l'altérité – cette curieuse qualité d'*alteritas* que possède tout ce qui existe, et qui fut par conséquent, dans la philosophie médiévale, l'une des quatre caractéristiques universelles et fondamentales de l'Être, transcendant toute qualité particulière. L'altérité, il est vrai, est un aspect important de la pluralité, c'est à cause d'elle que toutes nos définitions sont des distinctions et que nous sommes incapables de dire ce qu'est une chose sans la distinguer d'autre chose. L'altérité sous sa forme la plus abstraite ne se rencontre que dans la multiplication pure et simple des objets inorganiques, alors que toute vie organique montre déjà des variations et des distinctions même entre spécimens d'une même espèce. Mais seul l'homme peut exprimer cette distinction et se distinguer lui-même ; lui seul peut se communiquer au lieu de communiquer quelque chose, la soif, la faim, l'affection, l'hostilité ou la peur. Chez l'homme l'altérité, qu'il partage avec tout ce qui existe, et l'individualité, qu'il partage avec tout ce qui vit, deviennent unicité, et la pluralité humaine est la paradoxale pluralité d'êtres uniques.

La parole et l'action révèlent cette unique individualité. C'est par elles que les hommes se distinguent au lieu d'être simplement distincts ; ce sont les modes sous lesquels les êtres humains apparaissent les uns aux autres, non certes comme objets physiques, mais en tant qu'hommes. Cette apparence, bien différente de la simple existence corporelle, repose sur l'initiative, mais une initiative dont aucun être humain ne peut s'abstenir s'il veut rester humain. Ce n'est le cas pour aucune autre activité de la *vita activa*. Les hommes peuvent fort bien vivre sans travailler, ils peuvent forcer autrui à travailler pour eux et ils peuvent fort bien décider de profiter et de jouir du monde sans y ajouter un seul objet utile ; la vie d'un exploiteur ou d'un esclavagiste, la vie d'un parasite, sont peut-être injustes, elles sont certainement humaines. Mais une vie sans parole et sans action – et c'est le seul mode de vie qui ait sérieusement renoncé à toute apparence et à toute vanité au sens biblique du mot – est littéralement morte au monde ; ce n'est plus une vie humaine, parce qu'elle n'est plus vécue parmi les hommes.

C'est par le verbe et l'acte que nous nous insérons dans le monde humain, et cette insertion est comme une seconde naissance dans laquelle nous confirmons et assumons le fait brut de notre apparition physique originelle. Cette insertion ne nous est pas imposée, comme le travail, par la nécessité, nous n'y sommes pas engagés par l'utilité, comme à l'œuvre. Elle peut être stimulée par la présence des autres dont nous souhaitons peut-être la compagnie, mais elle n'est jamais conditionnée par autrui ; son impulsion vient du commencement venu au monde à l'heure de notre naissance et auquel nous répondons en commençant du neuf de notre propre initiative[1]. Agir, au sens le plus général, signifie prendre une initiative, entreprendre (comme l'indique le grec *archein*, « commencer », « guider » et éventuellement « gouverner »), mettre en mouvement (ce qui est le sens original du latin *agere*). Parce qu'ils sont *initium*, nouveaux venus et novateurs en vertu de leur naissance, les hommes prennent des initiatives, ils

1. Cette description est confirmée par les récentes données de la psychologie et de la biologie qui soulignent aussi la profonde affinité de la parole et de l'action, leur spontanéité et leur absence de finalité pratique. Cf. surtout Arnold Gehlen, *Der Mensch : Seine Natur und seine Stellung in der Welt* (1955), qui donne un excellent exposé des résultats et interprétations de la recherche scientifique et contient un trésor d'idées précieuses. Gehlen, comme les savants dont les données servent de base à ses théories, croit que ces facultés spécifiquement humaines sont aussi une « nécessité biologique », c'est-à-dire nécessaires pour un organisme biologiquement faible et mal équipé comme l'homme ; mais c'est une autre question, qui ne nous concerne pas ici.

sont portés à l'action. [*Initium*] *ergo ut esset, creatus est homo, ante quem nullus fuit* (« pour qu'il y eût un commencement fut créé l'homme, avant qui il n'y avait personne »), dit saint Augustin dans sa philosophie politique[1]. Ce commencement est autre chose que le commencement du monde[2] ; ce n'est pas le début de quelque chose mais de quelqu'un, qui est lui-même un novateur. C'est avec la création de l'homme que le principe du commencement est venu au monde, ce qui évidemment n'est qu'une façon de dire que le principe de liberté fut créé en même temps que l'homme, mais pas avant.

Il est dans la nature du commencement que débute quelque chose de neuf auquel on ne peut pas s'attendre d'après ce qui s'est passé auparavant. Ce caractère d'inattendu, de surprise, est inhérent à tous les commencements, à toutes les origines. Ainsi l'origine de la vie dans la matière est une improbabilité infinie de processus inorganiques, comme l'origine de la Terre au point de vue des processus de l'univers ou l'évolution de l'homme à partir de la vie animale. Le nouveau a toujours contre lui les chances écrasantes des lois

1. *De civitate Dei*, XII, 20.

2. Les deux choses étaient si différentes pour saint Augustin qu'il les désignait de deux mots différents : pour le commencement qu'est l'homme *initium*, pour le commencement du monde *principium*, qui est la traduction courante pour le premier verset de la Bible. On peut voir dans *La Cité de Dieu*, XI, 32, que le mot *principium* avait pour saint Augustin un sens beaucoup moins radical ; le commencement du monde « ne veut pas dire qu'il n'y avait rien avant (il y avait les anges) », tandis qu'il ajoute explicitement à propos de l'homme, dans la phrase citée ci-dessus, qu'il n'y avait personne avant lui.

statistiques et de leur probabilité qui, pratiquement dans les circonstances ordinaires, équivaut à une certitude ; le nouveau apparaît donc toujours comme un miracle. Le fait que l'homme est capable d'action signifie que de sa part on peut s'attendre à l'inattendu, qu'il est en mesure d'accomplir ce qui est infiniment improbable. Et cela à son tour n'est possible que parce que chaque homme est unique, de sorte qu'à chaque naissance quelque chose d'uniquement neuf arrive au monde. Par rapport à ce quelqu'un qui est unique, on peut vraiment dire qu'il n'y avait personne auparavant. Si l'action en tant que commencement correspond au fait de la naissance, si elle est l'actualisation de la condition humaine de natalité, la parole correspond au fait de l'individualité, elle est l'actualisation de la condition humaine de pluralité, qui est de vivre en être distinct et unique parmi des égaux.

Si l'action et la parole sont si étroitement apparentées, c'est que l'acte primordial et spécifiquement humain doit en même temps contenir la réponse à la question posée à tout nouveau venu : « Qui es-tu ? » Cette révélation de qui est quelqu'un est implicite aussi bien dans ses actes que dans ses paroles ; il est clair, cependant, que l'affinité entre la parole et la révélation est beaucoup plus intime qu'entre l'action et la révélation[1], de même que l'affinité entre action et commencement est plus étroite qu'entre parole et commencement, encore que bien des actes, sinon la plupart, soient accomplis en manière de langage. En

1. C'est pourquoi Platon dit que la *lexis* (la « parole ») adhère plus étroitement au vrai que la *praxis*.

tout cas, sans l'accompagnement du langage, l'action ne perdrait pas seulement son caractère révélatoire, elle perdrait aussi son sujet, pour ainsi dire ; il n'y aurait pas d'hommes mais des robots exécutant des actes qui, humainement parlant, resteraient incompréhensibles. L'action muette ne serait plus action parce qu'il n'y aurait plus d'acteur, et l'acteur, le faiseur d'actes, n'est possible que s'il est en même temps diseur de paroles. L'action qu'il commence est révélée humainement par le verbe et, bien que l'on puisse percevoir son acte dans son apparence physique brute sans accompagnement verbal, l'acte ne prend un sens que par la parole dans laquelle l'agent s'identifie comme acteur, annonçant ce qu'il fait, ce qu'il a fait, ce qu'il veut faire.

Il n'y a pas d'activité humaine qui ait autant que l'action besoin de la parole. Dans toutes les autres activités, le langage joue un rôle secondaire, comme moyen de communication ou simple accompagnement de quelque chose qui pourrait aussi bien se faire en silence. Il est vrai que la parole est extrêmement utile comme moyen de communication et d'information, mais comme tel on pourrait la remplacer par un langage de signes, qui pourrait s'avérer encore plus utile et plus pratique pour véhiculer certaines indications, comme en mathématiques et autres disciplines scientifiques ou dans certaines formes de travail en équipe. Il est vrai aussi que la faculté d'agir de concert est extrêmement utile quand il s'agit de se défendre ou de poursuivre ses intérêts ; mais, s'il n'y avait rien de plus en jeu que d'employer l'action comme moyen en vue d'une fin, il est clair que l'on atteindrait beaucoup plus facilement cette fin par la violence muette, à tel point que l'action paraît un substitut peu efficace de la violence, de même que la parole, au point de vue de l'utilité pure et simple, paraît un substitut incommode du langage par signes.

En agissant et en parlant les hommes font voir qui ils sont, révèlent activement leurs identités personnelles uniques et font ainsi leur apparition dans le monde humain, alors que leurs identités physiques apparaissent, sans la moindre activité, dans l'unicité de la forme du corps et du son de la voix. Cette révélation du « qui » par opposition au « ce que » – les qualités, les dons, les talents, les défauts de quelqu'un, qu'il peut étaler ou dissimuler – est implicite en tout ce que l'on fait et tout ce que l'on dit. Le « qui » ne peut se dissimuler que dans le silence total et la parfaite passivité, mais il est presque impossible de le révéler volontairement comme si l'on possédait ce « qui » et que l'on puisse en disposer de la même manière que l'on a des qualités et que l'on en dispose. Au contraire, il est probable que le « qui », qui apparaît si nettement, si clairement aux autres, demeure caché à la personne elle-même, comme le *daimôn* de la religion grecque qui accompagne chaque homme tout au long de sa vie, mais se tient toujours derrière lui en regardant par-dessus son épaule, visible seulement aux gens que l'homme rencontre.

Cette qualité de révélation de la parole et de l'action est en évidence lorsque l'on est *avec* autrui, ni pour ni contre – c'est-à-dire dans l'unité humaine pure et simple. Bien que personne ne sache qui il révèle lorsqu'il se dévoile dans l'acte ou le verbe, il lui faut être prêt à risquer la révélation, et cela, ni l'auteur de bonnes œuvres qui doit être dépourvu de moi et garder un complet anonymat, ni le criminel qui doit se cacher à autrui, ne peuvent se le permettre. Ce sont des solitaires, l'un étant pour, l'autre contre tous les hommes ; ils restent, par conséquent, en dehors des rapports humains et, politiquement, ce sont des figures marginales qui, d'ordinaire, montent sur la scène de l'Histoire aux époques de corruption, de désintégration et de banqueroute politique. En raison de sa tendance inhérente à dévoiler l'agent en même temps que l'acte, l'action veut la lumière éclatante que l'on nommait jadis la gloire, et qui n'est possible que dans le domaine public.

À défaut de la révélation de l'agent dans l'acte, l'action perd son caractère spécifique et devient une forme d'activité parmi d'autres. Elle est bien alors un moyen en vue d'une fin, tout comme le faire est un moyen de produire un objet. Cela se produit chaque fois que l'unité humaine est perdue, c'est-à-dire lorsque l'on est seulement pour ou contre autrui, comme dans la guerre moderne où les hommes se lancent dans l'action et utilisent les moyens de la violence afin d'atteindre certains objectifs au profit de leur parti et contre l'ennemi. En de telles circonstances, qui ont évidemment toujours existé, la parole devient en effet du « bavardage », ce n'est plus qu'un moyen en vue d'une fin, qu'elle serve à tromper l'ennemi ou à étourdir tout le monde à coups de propagande ; alors les mots ne dévoilent rien, la révélation ne vient que de l'acte, activité qui, comme n'importe laquelle, ne peut pas révéler le « qui », l'identité unique et distincte de l'agent.

En pareils cas, l'action perd la qualité grâce à laquelle elle transcende la simple activité productive qui, de l'humble fabrication d'objets d'usage à la création inspirée d'œuvres d'art, n'a pas plus de sens que n'en révèle le produit fini et ne veut rien montrer de plus que ce qui est tout bonnement visible au bout du processus de production. L'action qui n'a point de nom, point de « qui » attaché à elle, n'a aucun sens, alors qu'une œuvre d'art garde sa signification même si nous ignorons le nom de son auteur. Les monuments au « Soldat inconnu » après la Première Guerre mondiale témoignent du besoin de glorification qui existait encore, du besoin de trouver un « qui », quelqu'un d'identifiable que quatre années de tueries auraient dû révéler. Ce sont la frustration de ce vœu et le refus de se résigner au fait brutal que l'agent de la guerre n'était en réalité personne, qui firent ériger les monuments aux « inconnus », à tous ceux que la guerre n'avait pas su faire connaître et qu'elle avait ainsi dépouillés non de leurs exploits, mais de leur dignité humaine[1].

Le réseau des relations et les histoires jouées

La manifestation de « qui » est irremplaçablement le parleur et agent, bien qu'elle soit parfaitement visible, conserve une curieuse intangibilité qui confond tous les essais d'expression verbale sans équivoque. Dès que nous voulons dire *qui* est quelqu'un notre vocabulaire

1. La *Fable* de William Faulkner (1954) surpasse en acuité et en clarté presque tous les livres sur la Première Guerre mondiale, parce qu'elle a pour héros le Soldat inconnu.

même nous entraîne à dire *ce* qu'il est ; nous nous embrouillons dans une description de qualités qu'il partage forcément avec d'autres qui lui ressemblent ; nous nous mettons à décrire un type, un « caractère » au vieux sens du mot, et le résultat est que son unicité spécifique nous échappe.

Cette défaite est étroitement apparentée à l'impossibilité philosophique bien connue d'arriver à une définition de l'homme, toutes les définitions étant des déterminations ou interprétations de *ce qu'*est l'homme, de qualités par conséquent qu'il pourrait partager avec d'autres êtres vivants, alors que sa différence spécifique se découvrirait en déterminant quelle sorte de « qui » il est. Mais, à part ce problème philosophique, l'impossibilité, dirait-on, de durcir en mots l'essence vivante de la personne telle qu'elle se montre dans le flux de l'action et du langage, exerce une grande influence sur tout le domaine des affaires humaines où nous existons surtout comme êtres agissant et parlant. Elle exclut en principe que nous puissions jamais traiter ces affaires comme nous manions les choses dont la nature est à notre disposition parce que nous savons les nommer. En fait la manifestation du « qui » s'opère de la même manière que les manifestations notoirement peu sûres des anciens oracles qui, selon Héraclite, « ne parlent ni ne cachent, mais font signe[1] ». C'est là un facteur fondamental de l'incertitude également notoire non seulement des questions politiques mais de toutes les affaires qui mettent directement en rapport les hommes

1. *« Oute legei oute kryplei alla sèmainei »* (Diels, *op. cit.*, frag. B 93).

sans l'influence intermédiaire, stabilisante et durcissante des objets[1].

Ce n'est que la première des nombreuses frustrations qui affectent l'action et par voie de conséquence l'unité et les rapports des hommes. C'est peut-être la plus fondamentale de celles qui vont nous occuper, en ce sens qu'elle ne provient pas de comparaisons avec des activités plus sûres et plus productives, fabrication, contemplation, cognition ou même travail, mais qu'elle indique une chose qui frustre l'action dans sa propre finalité. Ce qui est en jeu, c'est le caractère de révélation sans lequel l'action et la parole perdraient toute signification humaine.

L'action et la parole, dirigées vers les humains, ont lieu entre humains, et elles gardent leur pouvoir de révélation-de-l'agent même si leur contenu est exclusivement « objectif » et nc concerne que les affaires du monde d'objets où se meuvent les hommes, qui s'étend matériellement entre eux et d'où proviennent leurs intérêts du-monde, objectifs, spécifiques. Ces intérêts constituent, au sens le plus littéral du mot, quelque chose qui *inter-est*, qui est entre les gens et par conséquent peut les rapprocher et les lier. La plus grande part de l'action et de la parole concerne cet entre-deux, qui varie avec chaque groupe en sorte que

1. Socrate emploie le même verbe qu'Héraclite, *sèmainein* (« montrer, faire signe ») pour la manifestation de son *daimonion* (Xénophon, *Mémorables*, I, 1, 2, 4). Si nous en croyons Xénophon, Socrate comparait son *daimonion* aux oracles et affirmait que l'on ne devait se servir de l'un comme des autres que pour les affaires humaines où rien n'est sûr, et non pour les problèmes des arts et métiers où tout est prévisible (*ibid.*, 7-9).

la plupart des paroles et des actes sont en outre *au sujet de* quelque réalité objective du-monde, tout en étant révélation de l'agent qui agit et parle. Puisque cette révélation du sujet fait intégralement partie de tous les rapports, même les plus « objectifs », l'entre-deux physique, du-monde, est, en même temps que ses intérêts, recouvert et comme surchargé d'un entre-deux tout différent qui est fait d'actes et de paroles et qui doit son origine exclusivement au fait que les hommes agissent et parlent en s'adressant directement les uns aux autres. Cet entre-deux second et subjectif n'est pas tangible puisqu'il n'y a point d'objets concrets en lesquels il pourrait se solidifier ; le processus de l'action et de la parole ne saurait laisser derrière lui des résultats ni des produits. Mais, si intangible qu'il soit, cet entre-deux n'est pas moins réel que le monde d'objets que nous avons visiblement en commun. En nommant cette réalité le « réseau » des relations humaines nous en indiquons en quelque sorte l'intangibilité.

Certes, ce réseau n'est pas moins lié au monde objectif que le langage à l'existence d'un corps vivant, mais la relation n'est pas celle d'une façade ni, en terminologie marxiste, d'une superstructure essentiellement superflue, ajoutée à la structure utile de l'édifice. L'erreur fondamentale de tout matérialisme en politique – et ce matérialisme n'est pas d'origine marxiste, ni même moderne, il est aussi vieux que l'histoire de nos théories politiques[1] – est de ne pas

1. Le matérialisme en théorie politique remonte au moins à Platon et Aristote qui admettent que les communautés politiques *(poleis)* – et non la vie de famille ni la coexistence de plusieurs foyers *(oikiai)* – doivent leur existence à la nécessité matérielle.

remarquer qu'inévitablement les hommes se révèlent comme sujets, comme personnes distinctes et uniques même s'ils se concentrent tout entiers sur des objectifs entièrement du-monde et matériels. Se dispenser de cette révélation, à supposer que ce soit possible, reviendrait à transformer les hommes en ce qu'ils ne sont pas ; et d'autre part nier la réalité de cette révélation et ses conséquences propres, c'est simplement manquer de réalisme.

Le domaine des affaires humaines proprement dit consiste dans le réseau des relations humaines, qui existe partout où des hommes vivent ensemble. La révélation du « qui » par la parole, et la pose d'un commencement par l'action, s'insèrent toujours dans un réseau déjà existant où peuvent retentir leurs conséquences immédiates. Ensemble elles déclenchent un processus nouveau qui émerge éventuellement comme vie unique du nouveau venu, affectant de façon unique les vies de tous ceux avec qui il entre en contact. C'est à cause de ce réseau déjà existant des relations

---

(Pour Platon, cf. *République*, 369, où l'origine de la *polis* est attribuée au fait que l'homme ne peut se suffire. Pour Aristote qui, comme d'habitude, est plus proche que Platon de l'opinion grecque ordinaire, cf. *Politique*, 1252 *b* 29 : « La *polis* vient à l'existence en raison de la vie, mais demeure en existence en raison de la vie bonne. ») Le concept aristotélicien du *sympheron* qu'on retrouve dans l'*utilitas* de Cicéron doit être compris dans ce contexte. C'est dans les deux cas l'annonce de la théorie de l'intérêt, déjà pleinement développée dans Bodin : les rois gouvernent les peuples, l'Intérêt gouverne les rois. Marx domine l'évolution moderne non pas à cause de son matérialisme, mais parce qu'il est le seul penseur assez logique pour fonder sa théorie de l'intérêt matériel sur une activité humaine nettement matérielle, le travail, c'est-à-dire sur le métabolisme du corps avec la matière.

humaines avec ses innombrables conflits de volontés et d'intentions, que l'action n'atteint presque jamais son but ; mais c'est aussi à cause de ce médium, dans lequel il n'y a de réel que l'action, qu'elle « produit » intentionnellement ou non des histoires, aussi naturellement que la fabrication produit des objets. Il se peut alors que ces histoires soient consignées dans des documents et des monuments, qu'elles soient visibles en objets ou en œuvres d'art, qu'elles soient contées et racontées et incarnées en toutes sortes de matériaux. Elles-mêmes, dans leur réalité vivante, diffèrent totalement de ces réifications. Elles nous en disent plus sur leur sujet, le « héros » qui est au centre de chaque histoire, qu'aucun produit des mains humaines sur le maître qui l'a fabriqué, et cependant ce ne sont pas des produits à proprement parler. Bien que chacun commence sa vie en s'insérant dans le monde humain par l'action et la parole, personne n'est l'auteur ni le producteur de l'histoire de sa vie. En d'autres termes, les histoires, résultats de l'action et de la parole, révèlent un agent, mais cet agent n'est pas auteur, n'est pas producteur. Quelqu'un a commencé l'histoire et en est le sujet au double sens du mot : l'acteur et le patient ; mais personne n'en est l'auteur.

Que chaque vie individuelle entre la naissance et la mort puisse éventuellement être contée comme histoire ayant un commencement et une fin, c'est la condition prépolitique et préhistorique de l'Histoire, le grand conte sans commencement ni fin. Mais si chaque vie humaine conte son histoire et si l'Histoire, à la longue, devient le fablier de l'humanité, plein d'acteurs et d'orateurs mais sans auteurs tangibles, c'est qu'il s'agit dans les deux cas de résultats de l'action. Car la grande inconnue de l'Histoire, qui déroute la philosophie de l'Histoire aux temps modernes, ne se présente pas seulement lorsque l'on considère l'Histoire comme un tout et que l'on découvre que son sujet, l'humanité, est une abstraction qui ne saurait devenir agent actif ; la même inconnue a dérouté la philosophie politique dès ses débuts dans l'Antiquité et contribué au mépris dans lequel les philosophes depuis Platon ont tenu généralement le domaine des affaires humaines. L'embarras vient de ce qu'en toute série d'événements qui ensemble forment une histoire pourvue d'une signification unique, nous pouvons tout au plus isoler l'agent qui a mis le processus en mouvement ; et, bien que cet agent demeure souvent le sujet, le « héros » de l'histoire, nous ne pouvons jamais le désigner sans équivoque comme l'auteur des résultats éventuels de cette histoire.

C'est pour cette raison que Platon estimait qu'il ne convient pas de traiter bien sérieusement les affaires humaines *(ta tôn anthropôn pragmata)*, les résultats de l'action *(praxis)* ; les actions des hommes ressemblent à des gestes de pantins manœuvrés par une main invisible derrière le décor, de sorte que l'homme est comme le jouet d'un dieu[1]. Il est remarquable que ce soit Platon, qui n'avait aucune idée du concept moderne d'Histoire, qui ait inventé la métaphore de l'acteur en coulisse qui, dans le dos des hommes agissant, tire les ficelles et est responsable de l'histoire. Le dieu de Platon ne fait que symboliser le fait que les histoires vraies, par opposition à celles que nous

1. *Lois*, 644 et 803.

inventons, n'ont point d'auteur ; comme tel c'est le véritable précurseur de la Providence, de la « main invisible », de la nature, de l'« esprit du monde », de l'intérêt de classe, etc., qui ont servi aux philosophes de l'Histoire, chrétiens et modernes, pour tenter de résoudre le problème d'une Histoire qui doit bien son existence aux hommes mais qui n'est évidemment pas « faite » par eux. (En fait, rien n'indique plus clairement la nature politique de l'Histoire – histoire de gestes et d'action plus que de tendances, de forces ou d'idées – que l'introduction de cet invisible acteur en coulisse que l'on rencontre dans toutes les philosophies de l'Histoire en lesquelles, pour cette seule raison, on peut reconnaître des philosophies politiques déguisées. De même, le simple fait qu'Adam Smith ait eu besoin d'une « main invisible » pour guider les tractations économiques du marché montre bien que l'activité engagée dans l'échange n'est pas seulement économique et que l'« homme économique », lorsqu'il fait son apparition sur le marché, est un être agissant qui n'est exclusivement ni producteur ni marchand.)

L'acteur invisible est une invention due à des embarras intellectuels mais qui ne correspond à aucune expérience réelle. L'histoire résultant de l'action est ainsi faussement interprétée comme un roman, où il y a en effet un auteur pour tirer les ficelles et ménager l'intrigue. Le roman, l'histoire inventée, révèle un créateur, de même que toute œuvre d'art indique clairement qu'elle a été faite par quelqu'un ; cela ne tient pas au caractère de l'histoire elle-même, mais seulement au mode sous lequel elle est arrivée à l'existence. La distinction entre une histoire vraie et une histoire inventée est précisément que cette dernière a été « fabriquée » ou « forgée », tandis que l'autre n'a pas été faite du tout. L'histoire vraie dans laquelle nous sommes engagés tant que nous vivons n'a pas d'auteur, visible ni invisible, parce qu'elle n'est pas fabriquée. Le seul « quelqu'un » qu'elle révèle, c'est son héros, et c'est le seul médium dans lequel la manifestation originellement intangible d'un « qui » unique et distinct peut devenir tangible *ex post facto* par l'action et la parole. *Qui* est ou *qui* fut quelqu'un, nous ne le saurons qu'en connaissant l'histoire dont il est lui-même le héros – autrement dit sa biographie ; tout le reste de ce que nous savons de lui, y compris l'œuvre qu'il peut avoir laissée, nous dit seulement *ce qu'il* est ou *ce qu'il* était. C'est ainsi que, beaucoup moins renseignés sur Socrate, qui n'écrivit pas une ligne et ne laissa aucune œuvre, que sur Platon ou sur Aristote, nous savons bien mieux et de manière plus intime qui il fut, parce que nous connaissons son histoire, que nous ne savons qui était Aristote dont les thèses nous sont parfaitement connues.

Le héros que dévoile l'histoire n'a pas besoin de qualités héroïques ; le mot héros à l'origine, c'est-à-dire dans Homère, n'était qu'un nom donné à chacun des hommes libres qui avaient pris part à l'épopée troyenne et de qui l'on pouvait conter une histoire[1]. L'idée de courage, qualité qu'aujourd'hui nous jugeons indispensable au héros, se trouve déjà en fait dans le

1. Dans Homère, le mot *hèrôs* connote certainement une distinction, mais dont tout homme libre est capable. Il n'a jamais le sens tardif de « demi-dieu », venu sans doute d'une déification des héros de l'ancienne épopée.

consentement à agir et à parler, à s'insérer dans le monde et à commencer une histoire à soi. Et ce courage n'est pas nécessairement, ni même principalement, lié à l'acceptation des conséquences ; il y a déjà du courage, de la hardiesse, à quitter son abri privé et à faire voir qui l'on est, à se dévoiler, à s'exposer. Ce courage originel, sans lequel ne seraient possibles ni l'action, ni la parole ni par conséquent, selon les Grecs, la liberté, ne sera pas moindre, peut-être même sera-t-il supérieur, au cas où par hasard le héros est un lâche.

Le contenu spécifique, de même que le sens général de l'action et de la parole peuvent prendre diverses formes de réification dans les œuvres d'art qui glorifient le succès ou l'exploit et, par transformation et condensation, montrent dans tout son éclat tel ou tel événement extraordinaire. Toutefois la qualité spécifique de révélation de l'action et de la parole, la manifestation implicite du sujet qui agit et parle, est si indissolublement liée au flux vivant de l'agir et du parler qu'elle ne peut être représentée et « réifiée » qu'au moyen d'une sorte de répétition, l'imitation ou *mimèsis* qui, selon Aristote, règne dans tous les arts, mais qui ne convient vraiment qu'au *drama*, dont le nom même (du verbe grec *dran*, « agir ») indique que le jeu dramatique n'est en fait qu'une imitation de l'action[1]. Or l'élément d'imitation réside non seulement dans l'art de l'acteur mais aussi, comme Aristote le dit justement, dans la

1. Aristote dit déjà que le mot *drama* fut choisi parce que les *drontes* (les « agissants ») sont imités (*Poétique*, 1448 *a* 28). D'après le traité, on voit que le modèle de l'« imitation » en art est pris dans le drame ; la généralisation du concept pour l'appliquer à tous les arts paraît forcée.

composition ou l'écriture de la pièce, dans la mesure du moins où le drame ne s'épanouit que lorsqu'il est représenté sur le théâtre. Seuls les acteurs qui représentent l'intrigue peuvent exprimer pleinement le sens non pas tant de l'histoire elle-même que des « héros » qui s'y révèlent[1]. Dans la tragédie grecque cela voudrait dire que la signification, immédiate aussi bien qu'universelle, de l'histoire est révélée par le chœur, qui n'imite pas[2] et dont les commentaires sont purement poétiques, tandis que les identités intangibles des agents de l'histoire, échappant à toute généralisation et par conséquent à toute réification, ne sont exprimables que par une imitation de leurs manières d'agir. C'est aussi pourquoi le théâtre est l'art politique par excellence ; nulle part ailleurs la sphère politique de la vie humaine n'est transposée en art. De même, c'est le seul art qui ait pour unique sujet l'homme dans ses relations avec autrui.

---

1. Aussi Aristote parle-t-il habituellement de l'imitation non de l'action *(praxis)*, mais des agents *(prattontes)* (cf. *Poétique*, 1448 a 1 *sq*., 1448 *b* 25, 1449 *b* 24 *sq.*). Toutefois, cet emploi n'est pas constant (cf. 145 a 29, 1447 *a* 28). La question décisive est que la tragédie ne traite pas des qualités des hommes, de leur *poiotès*, mais de ce qui est arrivé les concernant, de leurs actions, de leur vie, de leur bonne ou mauvaise fortune (1450 *a* 15-18). Le contenu de la tragédie n'est donc pas ce que nous nommerions caractères, mais l'action, l'intrigue.

2. Les *Problemata* du Ps. Aristote (918 *b* 28) déclarent que le chœur « imite moins ».

La fragilité des affaires humaines

L'action, en tant que distincte de la fabrication, n'est jamais possible dans l'isolement ; être isolé, c'est être privé de la faculté d'agir. L'action et la parole veulent être entourées de la présence d'autrui de même que la fabrication a besoin de la présence de la nature pour y trouver ses matériaux et d'un monde pour y placer ses produits. La fabrication est entourée par le monde, elle est constamment en contact avec lui : l'action et la parole sont entourées par le réseau des actes et du langage d'autrui, et constamment en contact avec ce réseau. La croyance populaire en l'« homme fort » qui, seul contre tous, doit sa force à sa solitude, est ou bien une simple superstition fondée sur l'illusion que l'on peut « faire » quelque chose dans le domaine des affaires humaines (« faire » des lois par exemple, comme on fait des tables et des chaises, ou rendre les hommes « meilleurs » ou « pires »[1]), ou bien un découragement conscient de toute action, politique ou non, uni à l'espoir utopique qu'il est possible de traiter les hommes comme des « matériaux[2] ». La force

1. Déjà Platon blâmait Périclès de n'avoir pas « rendu les citoyens meilleurs » et même d'avoir à la fin de sa carrière laissé les Athéniens pires qu'avant (*Gorgias*, 515).

2. L'histoire politique récente ne manque pas d'exemples pour indiquer que l'expression « matériel humain » n'est pas une métaphore inoffensive, et il en va de même pour toute une série d'expériences scientifiques d'organisation sociale, de biochimie, de chirurgie du cerveau, etc., qui tendent toutes à traiter et modifier le matériel humain comme une quelconque matière. C'est une conception mécaniste typique de l'époque moderne ; les Anciens,

dont l'individu a besoin pour tout processus de production, que cette force soit intellectuelle ou purement physique, devient parfaitement inutile lorsqu'il s'agit d'action. L'Histoire est pleine d'exemples de l'impuissance de l'homme fort, de l'homme supérieur incapable de mobiliser la collaboration, la coaction de ses semblables. De son échec, on accuse souvent la fatale infériorité du grand nombre et le ressentiment qu'inspire aux médiocres toute personnalité éminente. Mais, si justes que soient ces observations, elles ne touchent pas au fond du problème.

Pour bien voir ce qui est en jeu on peut se rappeler que le grec et le latin, à la différence des langues modernes, ont deux mots distincts, encore qu'apparentés, pour le verbe « agir ». Aux deux verbes grecs *archein* (« commencer », « guider » et enfin « commander ») et *prattein* (« traverser », « aller jusqu'au bout », « achever ») correspondent en latin *agere* (« mettre en mouvement », « mener ») et *gerere* (dont le premier sens est « porter »)[1]. On dirait que chaque action était divisée en deux parties, le commencement fait par une personne seule et l'achèvement auquel plusieurs peuvent participer en « portant », en « terminant » l'entreprise, en allant jusqu'au bout. Non seulement les mots sont semblablement apparentés,

lorsqu'ils poursuivaient des fins analogues, pensaient plutôt à des animaux sauvages qu'il fallait dompter et domestiquer. Le seul résultat possible dans les deux cas est de tuer l'homme, non pas forcément, à vrai dire, en tant qu'organisme, mais en tant qu'homme.

1. Sur *archein* et *prattein*, voir en particulier leur emploi dans Homère (cf. C. Capelle, *Wörterbuch des Homeros und der Homeriden*, 1889).

l'histoire de leur emploi est également analogue. Dans les deux cas, le mot qui à l'origine désignait seulement la seconde partie de l'action, l'achèvement – *prattein* et *gerere* – devint le mot courant pour l'action en général, tandis que les mots désignant le commencement de l'action prirent un sens spécial, du moins dans la langue politique. *Archein* employé spécifiquement en vint à signifier surtout « commander », « mener », et *agere* « mener » plutôt que « mettre en mouvement ».

Ainsi le rôle de novateur et de guide *primus inter pares* (roi parmi des rois dans Homère) se changea en un rôle de souverain ; l'interdépendance originelle de l'action, le novateur, le guide dépendant de la collaboration des autres, ses compagnons dépendant de lui pour avoir l'occasion d'agir eux-mêmes, se scinda en deux fonctions entièrement distinctes : le commandement qui devint la prérogative du souverain, et l'exécution des ordres qui devint le devoir des sujets. Ce souverain est seul, isolé contre les autres par sa force, comme le guide était isolé aussi par son initiative avant de trouver des compagnons qui le suivissent. Mais la force du guide ne se manifeste que dans l'initiative et le risque, et non dans le succès obtenu. Quant au souverain heureux il peut revendiquer ce qui est en fait la victoire du grand nombre – usurpation que n'aurait jamais permise Agamemnon, qui était roi et non souverain. Par cette revendication, le souverain monopolise, pour ainsi dire, la force de ceux qui l'ont aidé et sans lesquels il n'aurait rien obtenu. Ainsi naît l'illusion d'une force extraordinaire en même temps que la fable de l'homme fort, puissant parce qu'il est seul.

Parce que l'acteur se meut toujours parmi d'autres êtres agissants et par rapport à eux, il n'est jamais simplement agent, mais toujours et en même temps patient. Faire et subir sont comme les deux faces d'une médaille, et l'histoire que commence un acte se compose des faits et des souffrances qui le suivent. Ces conséquences sont infinies, car l'action, bien qu'elle puisse, pour ainsi dire, venir de nulle part, agit dans un médium où toute réaction devient réaction en chaîne et où tout processus est cause de processus nouveaux. L'action agissant sur des êtres qui sont personnellement capables d'actions, la réaction, outre qu'elle est une réponse, est toujours une action nouvelle qui crée à son tour et affecte autrui. Ainsi action et réaction, chez les hommes, ne tournent jamais en milieu fermé et ne sauraient se confiner entre deux partenaires. Cette infinitude ne caractérise pas seulement l'action politique au sens étroit du mot, comme si l'infinitude des relations humaines réciproques n'était que le résultat de la multitude infinie des gens affectés, et que l'on puisse y échapper en se résignant à agir à l'intérieur d'un cadre de circonstances limité et intelligible ; l'acte le plus modeste dans les circonstances les plus bornées porte en germe la même infinitude, parce qu'un seul fait, parfois un seul mot, suffit à changer toutes les combinaisons de circonstances.

En outre, l'action, quel qu'en soit le contenu spécifique, établit toujours des rapports et par conséquent a une tendance inhérente à forcer toutes les limitations, à franchir toutes les bornes[1]. Il y a des limitations et

1. Il est bon de noter que Montesquieu, qui ne s'intéresse pas aux lois mais aux actions qu'inspirerait leur esprit, définit les lois comme

des bornes dans le domaine des affaires humaines, mais elles n'offrent jamais un système de défense capable de résister à l'assaut que doivent livrer les nouvelles générations pour prendre leur place. La fragilité des institutions et des lois et généralement de tout ce qui a trait à la communauté des hommes provient de la condition humaine de natalité ; elle est tout à fait indépendante de la fragilité de la nature humaine. Si les barrières qui entourent la propriété privée et assurent les limites de chaque foyer, si les frontières qui protègent et rendent possible l'identité physique des peuples, si les lois qui en protègent et permettent l'existence politique ont tant d'importance pour la stabilité des affaires humaines, c'est précisément parce que les activités du domaine des affaires humaines n'engendrent pas de ces principes qui limitent et protègent. Les limitations de la loi n'offrent pas de garanties absolues contre une action venue de l'intérieur de la nation, de même que les frontières du territoire ne sont pas des sauvegardes toujours sûres contre une action venue de l'extérieur. L'infinitude de l'action n'est que l'autre aspect de sa formidable capacité d'établir des rapports, qui est sa productivité spécifique ; c'est pourquoi l'antique vertu de modération, du respect des limites, est bien l'une des vertus politiques par excellence, de même que

des rapports entre les êtres (*Esprit des lois*, liv. I, ch. 1 ; cf. liv. XXVI, ch. 1). C'est une définition surprenante, parce que l'on avait toujours défini les lois en termes de bornes et de limitations. La raison en est que Montesquieu s'intéressait moins à ce qu'il nommait la « nature du gouvernement » – par exemple république, monarchie, etc. – qu'au principe du gouvernement, « à ce qui le fait agir »... aux « passions humaines qui le font mouvoir » (liv. III, ch. 1).

la tentation politique par excellence est certainement l'*hubris* (comme le savaient bien les Grecs, grands connaisseurs des possibilités de l'action) et non pas la volonté de puissance comme nous penchons à le croire.

Mais, si les limitations et frontières diverses que l'on trouve dans tous les États peuvent offrir une certaine protection contre l'infinitude inhérente de l'action, elles sont parfaitement impuissantes à en contrecarrer la seconde grande caractéristique, qui est d'être imprévisible. Il ne s'agit pas simplement de l'impossibilité de prédire toutes les conséquences logiques d'un acte particulier, auquel cas une calculatrice électronique saurait prédire l'avenir ; c'est une caractéristique qui tient directement à l'histoire qui, en tant que résultat de l'action, commence et s'établit immédiatement après l'instant fugace de l'acte. Ce qui est fâcheux, c'est que, quels que soient le caractère et le contenu de l'histoire qui suit, qu'elle soit jouée dans la vic publique ou dans le privé, qu'elle comporte un petit nombre ou un grand nombre d'acteurs, le sens ne s'en révélera pleinement que lorsqu'elle s'achèvera. Par opposition à la fabrication dans laquelle la lumière permettant de juger le produit fini vient de l'image, du modèle perçu d'avance par l'artisan, la lumière qui éclaire les processus de l'action, et par conséquent tous les processus historiques, n'apparaît qu'à la fin, bien souvent lorsque tous les participants sont morts. L'action ne se révèle pleinement qu'au conteur, à l'historien qui regarde en arrière et sans aucun doute connaît le fond du problème bien mieux que les participants. Tous les récits écrits par les acteurs eux-mêmes, bien qu'en de rares cas ils puissent exposer de façon très digne de foi des intentions, des buts, des motifs, ne sont aux mains de l'historien que d'utiles documents et n'atteignent jamais à la signification ni à la véracité du récit de l'historien. Ce que dit le narrateur est nécessairement caché à l'acteur, du moins tant qu'il est engagé dans l'action et dans les conséquences, car pour lui le sens de son acte ne réside pas dans l'histoire qui suit. Même si les histoires sont les résultats inévitables de l'action, ce n'est pas l'acteur, c'est le narrateur qui voit et qui « fait » l'histoire.

La solution des Grecs

Cette imprévisibilité des résultats est étroitement apparentée au caractère de révélation de l'action et de la parole dans lesquelles l'on dévoile son moi sans se connaître et sans pouvoir calculer d'avance qui l'on révèle. Le vieux dicton que nul ne peut passer pour *eudaimôn* avant d'être mort nous éclairerait sans doute sur ce point si nous pouvions en comprendre le sens original après deux mille cinq cents ans de rabâchage ; la traduction latine, déjà truisme à Rome – *nemo ante mortem beatus esse dici potest* – ne saurait elle-même exprimer ce sens, encore qu'elle ait inspiré peut-être la pratique de l'Église catholique de ne béatifier ses saints que lorsqu'ils sont bien morts. Car *eudaimonia* ne signifie ni bonheur, ni béatitude ; c'est un mot que l'on ne peut traduire, ni peut-être même expliquer. Il exprime une idée de bénédiction, mais sans nuances religieuses, et signifie littéralement quelque chose comme le bien-être du *daimôn* qui accompagne chacun des hommes durant sa vie, qui est son identité distincte, mais qui n'apparaît, qui n'est visible qu'aux autres[1]. Différente par conséquent du bonheur, qui est une humeur passagère, et différente de la bonne fortune dont on peut bénéficier à certains moments de la vie et manquer à d'autres, l'*eudaimonia* comme la vie elle-même est un état durable, qui ne change pas et ne peut effectuer de changement. Être et avoir été *eudaimôn*, selon Aristote, sont une même chose, de même que « vivre bien » *(eu dzèn)* et « avoir bien vécu » sont une même chose tant que dure la vie. Ce ne sont pas des états ni des activités qui modifient la qualité de la personne, comme apprendre et avoir appris, qui indiquent deux attributs tout différents de la même personne à des moments différents[2].

Cette identité inchangeable de la personne, bien que se dévoilant de manière intangible dans l'acte et la parole, ne devient tangible que dans l'histoire de la vie de l'acteur ; mais comme telle on ne peut la connaître, la saisir comme entité palpable, que lorsqu'elle a pris fin. En d'autres termes, l'essence humaine – non pas la nature humaine en général (qui n'existe pas), ni la somme des qualités et des défauts de l'individu, mais

1. Sur cette interprétation de *daimôn* et d'*eudaimonia*, cf. Sophocle, *Œdipe roi*, 1186 *sq*., en particulier les vers : *Tis gar, tis anèr pleon / tas eudaimonias pherei / ètosouton hoson dokein / kai doxant' apoklinai* (« Qui donc, quel homme [peut] porter plus d'*eudaimonia* qu'il ne saisit de l'apparence et ne détourne en l'apparence ? »). C'est contre cette inévitable déformation que le chœur affirme ce qu'il sait : cet autrui voit, il « a » le *daimôn* d'Œdipe sous les yeux comme exemple ; la misère des mortels est d'être aveugles à leur *daimôn*.

2. Aristote, *Métaphysique*, 1048 *a* 23 *sq*.

l'essence de *qui* est quelqu'un – ne commence à exister que lorsque la vie s'en va, ne laissant rien derrière elle qu'une histoire. Par conséquent, quiconque vise consciemment à être « essentiel », à laisser une histoire et une identité qui lui procureront une « gloire immortelle », doit non seulement risquer sa vie mais, comme Achille, choisir expressément une vie brève, une mort prématurée. L'homme qui ne survit pas à son acte suprême est le seul qui demeure le maître incontestable de son identité et de sa grandeur possible, parce qu'en entrant dans la mort il se retire des possibles conséquences et continuations de ce qu'il a commencé. Ce qui donne à l'histoire d'Achille sa valeur d'exemple, c'est que d'un seul trait elle montre que l'on ne peut acheter l'*eudaimonia* qu'au prix de la vie et que l'on ne peut s'en assurer qu'en renonçant à la continuité du vivre où l'on se révèle par petits fragments, qu'en ramassant toute une vie dans un seul acte, de sorte que l'histoire de l'acte s'achève avec la vie. Même Achille, il est vrai, dépend du narrateur, poète ou historien, sans lequel tout ce qu'il a fait demeure futile ; mais il est le seul « héros » et partant le héros par excellence qui livre au narrateur toute la signification de son acte : c'est comme s'il n'avait pas seulement joué l'histoire de sa vie mais qu'il l'eût « faite » en même temps.

Sans doute ce concept de l'action est-il extrêmement individualiste, comme nous dirions aujourd'hui[1]. Il renforce la tendance à la révélation de soi aux dépens des

1. Le fait que le mot grec pour « chacun » *(hekastos)* dérive de *hekas* (« loin ») semble indiquer à quel point cet « individualisme » était profondément enraciné.

autres facteurs et échappe ainsi relativement à la condition d'imprévisibilité. Ce fut pour l'Antiquité grecque le prototype de l'action, qui influença, sous la forme de ce qu'on nommait l'esprit agonistique, la passion de se montrer en se mesurant contre autrui, passion sous-jacente au concept de la politique qui domina généralement dans les cités. Symptôme remarquable de cette influence dominante, les Grecs, à la différence de toute l'évolution ultérieure, ne comptaient pas la législation au nombre des activités politiques. À leur avis, le législateur était, comme le constructeur du rempart, un homme qui avait à faire et terminer son ouvrage avant que l'activité politique pût commencer. On le traitait par conséquent en artisan, en architecte, on pouvait le faire venir de l'étranger et l'engager sans qu'il fût citoyen alors que le droit de *polileuesthai*, de s'occuper des diverses activités qui auraient lieu, éventuellement dans la *polis*, était strictement réservé aux citoyens. Pour eux, les lois, comme la muraille qui entourait la ville, n'étaient pas des résultats de l'action, mais des produits du faire. Avant que les hommes se missent à agir, il fallait un espace défini et une structure où pussent avoir lieu toutes les actions subséquentes, l'espace étant le domaine public de la *polis* et sa structure la loi ; le législateur et l'architecte appartenaient à la même catégorie[1]. Mais ces entités

1. Cf. par exemple Aristote, *Éthique à Nicomaque*, 1141 *b* 25. Il n'y a pas de plus profonde différence entre la Grèce et Rome que leurs attitudes respectives à l'égard du territoire et de la loi. À Rome, la fondation de la ville et l'établissement de ses lois restent le grand acte décisif auquel toutes les entreprises suivantes doivent se rapporter pour être politiquement valides et légitimes.

concrètes elles-mêmes ne formaient pas le contenu de la politique (la *polis* n'était pas Athènes, mais les Athéniens[1]), et n'inspiraient pas le loyalisme que nous connaissons d'après le patriotisme de type romain.

S'il est vrai que Platon et Aristote haussèrent la promulgation des lois et la construction des villes au premier rang de la vie politique, cela ne signifie pas qu'ils élargirent les expériences grecques fondamentales de l'action et de la politique jusqu'à embrasser ce qui devait être le génie politique de Rome : la législation et la fondation. Au contraire, l'école socratique se tourna vers ces activités, qui aux yeux des Grecs étaient prépolitiques, parce qu'elle voulait s'opposer à la politique et à l'action. Pour elle, légiférer et prendre des décisions au moyen d'un vote sont les activités politiques les plus légitimes parce que les hommes y agissent « en artisans » : le résultat de leur action est un produit concret, son processus a une fin clairement reconnaissable[2]. Ce n'est plus, ou mieux ce n'est pas encore l'action *(praxis)* proprement dite, c'est un faire *(poièsis)* que les philosophes jugent préférable parce que plus sûr. Ils disent en somme que si seulement les hommes renonçaient à leur faculté d'agir, futile, indéfinie, aux résultats incertains, il y aurait peut-être un remède à la fragilité des affaires humaines.

---

1. Cf. M. F. Schachermeyr, « La Formation de la cité grecque », *Diogène* (1953), 4, qui compare l'usage grec à celui de Babylone où l'on ne pouvait exprimer la notion de « Babyloniens » qu'en disant les « gens du territoire de la cité de Babylone ».

2. « Car seuls [les législateurs] agissent en artisans [*cheirotechnoi*] », parce que leur action a une fin tangible, un *echaton* qui est le décret voté par l'assemblée *(psèphisma)* (*Éthique à Nicomaque*, 1141 *b* 29).

À quel point ce remède peut détruire la substance même des rapports humains, c'est ce qu'éclaire assez bien l'un des rares cas où Aristote prenne un exemple d'action dans la sphère de la vie privée : la relation entre le bienfaiteur et le bénéficiaire. Avec cette candide absence de morale hypocrite qui caractérise la Grèce antique (et non Rome), il commence par poser en fait que le bienfaiteur aime toujours ceux qu'il a aidés beaucoup plus qu'il n'en est aimé. Puis il explique que cela est tout naturel puisque le bienfaiteur a fait un ouvrage, un *ergon*, tandis que le bénéficiaire n'a fait que supporter la bienfaisance. Le bienfaiteur, selon Aristote, aime son « ouvrage », la vie du bénéficiaire qu'il a « faite », comme le poète aime ses poèmes ; et le philosophe rappelle à ses lecteurs que l'amour du poète pour son œuvre est à peine moins passionné que celui d'une mère pour ses enfants[1]. Cette explication montre nettement qu'Aristote considère l'agir en termes de faire, et le résultat, les rapports entre les hommes, en termes d'ouvrage accompli (en dépit de son insistance à vouloir distinguer entre action et fabrication, *praxis* et *poièsis*[2]). Dans ce cas, on voit très clairement que cette interprétation – qui sans doute peut expliquer psychologiquement le phénomène de l'ingratitude en admettant que le bienfaiteur et le bénéficiaire s'accordent à interpréter l'action en termes de faire – en réalité corrompt l'action et son vrai résultat, la relation qu'elle aurait dû établir. Si l'exemple du législateur nous paraît moins plausible, c'est seulement

1. *Ibid.*, 1168 *a* 13 *sq.*
2. *Ibid.*, 1140.

parce que la conception grecque de la tâche et du rôle du législateur dans le domaine public est beaucoup trop éloignée de la nôtre. En tout cas, une œuvre, telle que l'activité du législateur d'après les idées grecques, ne peut devenir contenu de l'action que s'il n'est pas possible ou désirable de continuer à agir ; et l'action ne peut aboutir à un produit qu'à condition de perdre son sens authentique, non tangible et toujours parfaitement fragile.

Le remède originel, préphilosophique, que les Grecs avaient trouvé pour cette fragilité était la fondation de la *polis*. La *polis*, née et toujours enracinée dans l'expérience et l'opinion grecques antérieures à la *polis*, de ce pourquoi il vaut la peine, pour les hommes, de vivre ensemble *(syzèn)*, à savoir la mise en commun « des paroles et des actes[1] », avait une double fonction. En premier lieu elle était destinée à permettre aux hommes de faire de façon permanente, encore que sous certaines réserves, ce qui n'avait été possible que comme une entreprise rare, extraordinaire, pour laquelle il leur fallait quitter leurs foyers. La *polis* devait multiplier les occasions d'acquérir la « gloire immortelle », c'est-à-dire multiplier pour chacun les chances de se distinguer, de faire voir en parole et en acte qui il était en son unique individualité. L'une des raisons, sinon la raison principale, de l'incroyable floraison de talent et de génie à Athènes, et aussi du rapide déclin, à peine moins étonnant, de la Cité, c'est précisément que du début à la fin elle eut pour premier objectif de

1. *« Logôn kai pragmatôn koinônein »*, comme le dit un jour Aristote (*ibid.*, 1126 *b* 12).

faire de l'extraordinaire un phénomène ordinaire de la vie quotidienne. La seconde fonction de la *polis*, étroitement liée aussi aux hasards de l'action vécue dans l'expérience antérieure à la *polis*, était d'offrir un remède à la futilité de l'action et du langage ; car pour un exploit digne de renommée il y avait assez peu de chances de n'être pas oublié, de devenir vraiment « immortel ». Homère n'était pas seulement un éclatant exemple de la fonction politique du poète, l'« éducateur de l'Hellade » par conséquent ; le simple fait qu'une si grande entreprise que la guerre de Troie aurait pu être oubliée s'il n'y avait eu un poète pour l'immortaliser des siècles plus tard, montrait trop bien ce qui pouvait arriver à la grandeur humaine si, pour durer, elle ne devait compter que sur les poètes.

Nous ne nous occupons pas ici des causes historiques de l'avènement de la cité grecque ; ce que les Grecs en pensaient eux-mêmes, ce qu'ils pensaient de sa raison d'être, ils l'ont dit avec une parfaite clarté. La *polis* – si nous en croyons les célèbres paroles de Périclès dans l'*Oraison funèbre* – garantit que ceux qui contraignirent tout pays et toute mer à servir de théâtre à leur audace ne seront pas sans témoin et n'auront besoin pour leur gloire ni d'Homère ni de quelque autre expert en mots ; sans aide, ceux qui agissent pourront fonder ensemble le souvenir immortel de leurs actes bons et mauvais, inspirer l'admiration de leur siècle et des siècles futurs[1]. En d'autres termes, la vie commune des hommes sous la forme de la *polis* paraissait assurer que les activités humaines

1. *Thucydide*, II, 41.

les plus futiles, l'action et la parole, ainsi que les « produits » humains les moins tangibles et les plus éphémères, les actes et les histoires qui en sortent, deviendraient impérissables. L'organisation de la *polis*, physiquement assurée par le rempart et physiognomiquement garantie par les lois – de peur que les générations suivantes n'en changent l'identité au point de la rendre méconnaissable –, est une sorte de mémoire organisée. Elle promet à l'acteur mortel que son existence passagère et sa grandeur fugace ne manqueront jamais de la réalité que donne le fait d'être vu et entendu et, généralement, de paraître devant le public de ses semblables qui, hors de la *polis*, ne pouvaient assister qu'à la brève durée de l'acte auquel il fallait par conséquent Homère ou « ceux de son métier » pour le représenter aux absents.

D'après cette interprétation le domaine politique naît directement de la communauté d'action, de la « mise en commun des paroles et des actes ». Ainsi l'action non seulement se relie de façon très intime à la part publique du monde qui nous est commun à tous, mais en outre est la seule activité qui la constitue. Tout se passe comme si l'on avait tracé le rempart de la *polis* et les frontières de la loi autour d'un espace public déjà existant qui toutefois, privé de cette protection stabilisante, ne pourrait pas durer, ne pourrait pas survivre à l'instant de la parole et de l'action. À parler non pas historiquement certes, mais métaphoriquement, théoriquement, on dirait que les hommes qui revinrent de la guerre de Troie avaient voulu rendre permanent l'espace d'action qui était né de leurs actes et de leurs souffrances, l'empêcher de succomber à leur dispersion quand ils rentreraient séparément dans leurs foyers.

La *polis* proprement dite n'est pas la cité en sa localisation physique ; c'est l'organisation du peuple qui vient de ce que l'on agit et parle ensemble, et son espace véritable s'étend entre les hommes qui vivent ensemble dans ce but, en quelque lieu qu'ils se trouvent. « Où que vous alliez, vous serez une *polis* » : cette phrase célèbre n'est pas seulement le mot de passe de la colonisation grecque ; elle exprime la conviction que l'action et la parole créent entre les participants un espace qui peut trouver sa localisation juste presque n'importe quand et n'importe où. C'est l'espace du paraître au sens le plus large : l'espace où j'apparais aux autres comme les autres m'apparaissent, où les hommes n'existent pas simplement comme d'autres objets vivants ou inanimés, mais font explicitement leur apparition.

Cet espace n'existe pas toujours et, bien que tous les hommes soient capables d'agir et de parler, la plupart d'entre eux n'y vivent pas : tels sont dans l'Antiquité l'esclave, l'étranger et le barbare ; le travailleur ou l'ouvrier avant les temps modernes ; l'employé et l'homme d'affaires dans notre monde. En outre, nul ne peut y vivre constamment. En être privé signifie que l'on est privé de réalité, réalité qui, humainement et politiquement parlant, ne se distingue pas de l'apparence. La réalité du monde est garantie aux hommes par la présence d'autrui, par le fait qu'il apparaît à tous ; « car ce qui apparaît à tous, c'est ce que nous nommons l'Être[1] », et tout ce qui manque de cette apparence

1. *Éthique à Nicomaque*, 1172 *b* 36 *sq.*

passe comme un rêve, qui est intimement, exclusivement à nous, mais n'a point de réalité[1].

La puissance et l'espace de l'apparence

L'espace de l'apparence commence à exister dès que des hommes s'assemblent dans le mode de la parole et de l'action ; il précède par conséquent toute constitution formelle du domaine public et des formes dc gouvernement, c'est-à-dirc des diverses formes sous lesquelles le domaine public peut s'organiser. Il a ceci de particulier qu'à la différence des espaces qui sont l'œuvre de nos mains, il ne survit pas à l'actualité du mouvement qui l'a fait naître : il disparaît non seulement à la dispersion des hommes – comme dans le cas des catastrophes qui ruinent l'organisation politique d'un peuple – mais aussi au moment de la disparition ou de l'arrêt des activités elles-mêmes. Partout où les hommes se rassemblent, il est là en puissance, mais seulement en puissance, non pas nécessairement ni pour toujours. Si les civilisations naissent et meurent, si de puissants empires et de grandes cultures déclinent et sombrent sans catastrophes extérieures – et bien souvent ces « causes » extérieures sont précédées d'un pourrissement interne moins visible qui appelle le désastre –, c'est en raison de cette particularité du

1. Le fragment d'Héraclite sur le monde un et commun à tous les éveillés, le dormeur se retournant vers son monde à lui (Diels, *op. cit.*, B 89), a essentiellement le même sens que la phrase d'Aristote.

domaine public qui, reposant finalement sur l'action et la parole, ne perd jamais complètement son caractère potentiel. Ce qui sape et finit par tuer les communautés politiques, c'est la perte de puissance et l'impuissance finale ; or, on ne peut emmagasiner la puissance et la conserver en cas d'urgence, comme les instruments de la violence : elle n'existe qu'en acte. Le pouvoir qui n'est pas actualisé disparaît et l'Histoire prouve par une foule d'exemples que les plus grandes richesses matérielles ne sauraient compenser cette perte. La puissance n'est actualisée que lorsque la parole et l'acte ne divorcent pas, lorsque les mots ne sont pas vides, ni les actes brutaux, lorsque les mots ne servent pas à voiler des intentions mais à révéler des réalités, lorsque les actes ne servent pas à violer et détruire mais à établir des relations et créer des réalités nouvelles.

C'est la puissance qui assure l'existence du domaine public, de l'espace potentiel d'apparence entre les hommes agissant et parlant. Le mot lui-même, son équivalent grec *dynamis*, comme le latin *potentia* et ses dérivés modernes, ou l'allemand *Macht* (qui vient de *mögen, möglich*, et non de *machen*), en indiquent le caractère « potentiel ». La puissance est toujours, dirions-nous, une puissance possible, et non une entité inchangeable, mesurable et sûre, comme l'énergie ou la force. Tandis que la force est la qualité naturelle de l'individu isolé, la puissance jaillit parmi les hommes lorsqu'ils agissent ensemble et retombe dès qu'ils se dispersent. En raison de cette particularité que la puissance partage avec tous les possibles, qui peuvent seulement s'actualiser et jamais se matérialiser pleinement, la puissance est à un degré étonnant indépendante des facteurs matériels, nombre ou ressources. Un groupe relativement peu nombreux mais bien organisé peut dominer presque indéfiniment de vastes empires populeux, et il n'est pas rare dans l'Histoire que de petits pays pauvres l'emportent sur de grandes et riches nations. (La légende de David et Goliath n'a qu'une valeur de métaphore : la puissance d'un petit nombre peut être supérieure à celle des foules, mais dans un combat singulier ce n'est pas la puissance, c'est la force qui décide, et l'intelligence, c'est-à-dire la force cérébrale, contribue matériellement à l'issue du combat sur le même plan que la force musculaire.) D'un autre côté une révolte populaire contre un gouvernement matériellement fort peut acquérir une puissance presque irrésistible même si elle renonce à employer la violence en face d'une énorme supériorité de forces matérielles. Il y a certainement de l'ironie à appeler cela « résistance passive » : c'est l'un des moyens d'action les plus actifs et les plus efficaces que l'on ait jamais inventés puisque l'on ne peut s'y opposer par une lutte entraînant défaite ou victoire, mais uniquement par des massacres qui laissent le triomphateur vaincu lui aussi, privé de sa victoire, car nul ne peut régner sur les morts.

Le seul facteur matériel indispensable à l'origine de la puissance est le rassemblement des hommes. Il faut que les hommes vivent assez près les uns des autres pour que les possibilités de l'action soient toujours présentes : alors seulement ils peuvent conserver la puissance, et la fondation des villes, qui en tant que Cités sont demeurées exemplaires pour l'organisation politique occidentale, est bien par conséquent la condition matérielle la plus importante de la puissance. Ce qui maintient la cohésion des hommes après que le moment de l'action est passé (ce que nous appelons aujourd'hui « organisation ») et ce qu'en même temps ils préservent grâce à leur cohésion, c'est la puissance. Et quiconque, pour quelques raisons que ce soient, s'isole au lieu de prendre part à cette cohésion renonce à la puissance, devient impuissant, si grande que soit sa force, si valables que soient ses raisons.

Si la puissance était davantage que ce possible résidant dans la cohésion, si l'on pouvait la posséder comme la force, l'appliquer comme l'énergie au lieu qu'elle dépende de l'accord incertain et seulement temporaire d'un grand nombre de volontés et d'intentions, l'omnipotence serait une possibilité humaine concrète. Car la puissance, comme l'action, est illimitée ; elle n'a pas de limitation physique dans la nature humaine, dans l'existence corporelle de l'homme, comme la force. Sa seule limitation est l'existence d'autrui, mais cette limitation n'est pas accidentelle puisque le pouvoir humain correspond pour commencer à la condition de pluralité. Pour la même raison, la puissance peut se diviser sans décroître, et le jeu des puissances, avec ses coups d'arrêt, ses points d'équilibre, peut même augmenter la puissance, du moins tant qu'il se poursuit et n'aboutit pas à une impasse. La force au contraire est indivisible, et si elle aussi est arrêtée et équilibrée par la présence d'autrui, le jeu de la pluralité dans ce cas assigne une limitation précise à la force de l'individu, que la puissance potentielle du grand nombre tient en respect et peut surpasser. C'est seulement comme attribut d'un dieu que l'on peut concevoir une identification de la force nécessaire à la production des choses avec la puissance nécessaire à l'action. L'omnipotence n'est donc jamais un attribut divin dans le polythéisme, quelle que soit la supériorité de la force des dieux sur celle des hommes. Inversement, l'aspiration à l'omnipotence implique toujours – à part son *hubris* utopique – la destruction de la pluralité.

Dans les conditions de la vie humaine il n'y a d'alternative qu'entre la puissance et la violence – contre la puissance la force est inutile – violence qu'un homme seul peut exercer sur ses semblables, et dont un homme seul ou quelques hommes peuvent acquérir les moyens et posséder le monopole. Mais si la violence peut détruire la puissance, elle ne saurait la remplacer. De là résulte la combinaison politique, nullement exceptionnelle, de la violence et de l'impuissance, armée d'énergies impotentes qui se dépensent d'une manière souvent spectaculaire et véhémente, mais dans une futilité totale, ne laissant ni monuments ni légendes, à peine assez de souvenirs pour figurer tout au plus dans l'Histoire. Dans l'expérience historique et la théorie traditionnelle, cette combinaison, même si on ne la reconnaît pas pour ce qu'elle est, reçoit le nom de tyrannie ; et la crainte séculaire qu'inspire cette forme de gouvernement ne vient pas seulement de sa cruauté qui – le nombre des tyrans bienveillants et des despotes éclairés l'atteste – n'en est pas un trait inévitable, mais plutôt de l'impuissance et de la futilité auxquelles elle condamne les souverains autant que les sujets.

Plus importante est la découverte dont le seul auteur, à ma connaissance, fut Montesquieu, le dernier penseur politique à s'inquiéter sérieusement du problème des formes de gouvernement. Montesquieu comprit que la grande caractéristique de la tyrannie est de dépendre de l'isolement – le tyran est isolé de ses sujets, les sujets sont isolés les uns des autres par la peur et la suspicion mutuelles – et qu'ainsi la tyrannie n'est pas une forme de gouvernement parmi d'autres : elle contredit la condition humaine essentielle de pluralité, dialogue et communauté d'action, qui est la condition de toutes les formes d'organisation politique. La tyrannie empêche la puissance de se développer, non seulement dans un secteur particulier du domaine public, mais dans sa totalité ; en d'autres termes elle produit de l'impuissance aussi naturellement que les autres systèmes politiques produisent de la puissance. C'est ce qui oblige, selon Montesquieu, à lui assigner une place spéciale dans la théorie des organisations politiques : elle est la seule à ne pouvoir engendrer assez de puissance pour demeurer dans l'espace de l'apparence, dans le domaine public ; elle sécrète au contraire les germes de sa destruction dès qu'elle commence à exister[1].

Chose assez curieuse, la violence détruit plus aisément la puissance que la force, et si la tyrannie est toujours caractérisée par l'impuissance des sujets, qui ont perdu leur faculté humaine d'agir et parler ensemble, elle n'est pas obligatoirement caractérisée par la faiblesse et la stérilité ; au contraire les arts et les métiers

1. Voici ce que dit Montesquieu, qui ne fait pas de différence entre tyrannie et despotisme : « Le principe du gouvernement despotique se corrompt sans cesse, parce qu'il est corrompu par sa nature. Les autres gouvernements périssent, parce que des accidents particuliers en violent le principe : celui-ci périt par son vice intérieur, lorsque quelques causes accidentelles n'empêchent point son principe de se corrompre » (*op. cit.*, liv. VIII, ch. 10).

peuvent s'y épanouir si le souverain est assez « bienveillant » pour laisser ses sujets tranquilles dans leur isolement. D'un autre côté la force, don que l'individu reçoit de la nature et ne saurait partager avec autrui, peut se mesurer avec la violence plus efficacement qu'avec la puissance – soit héroïquement, en acceptant de combattre et de mourir, soit stoïquement, en acceptant de souffrir et de défier tous les maux par le repli sur soi et le refus du monde ; dans l'un et l'autre cas l'intégrité de l'individu et sa force demeurent intactes. En fait la force ne sera vaincue que par la puissance : elle est donc toujours exposée au danger des forces combinées du grand nombre. Le pouvoir corrompt sans doute lorsque les faibles se liguent contre les forts, mais pas avant. La volonté de puissance, telle que les temps modernes de Hobbes à Nietzsche l'ont comprise pour la glorifier ou la dénoncer, n'est pas une caractéristique des forts, il s'en faut ; c'est comme l'envie et la cupidité un vice des faibles, et peut-être le plus dangereux.

Si l'on peut décrire la tyrannie comme une tentative toujours avortée de substituer la violence à la puissance, l'ochlocratie ou règne des masses, qui en est exactement la contrepartie, se caractériserait par l'essai beaucoup plus riche de promesses pour substituer la puissance à la force. La puissance peut en effet ruiner toute espèce de force, et l'on sait que lorsque la société constitue le principal domaine public on peut toujours craindre qu'au moyen d'une forme pervertie d'« action commune » – poussées, pressions, manœuvres de cliques – ne soient mis au premier rang les ignorants et les incapables. Le besoin de violence si caractéristique aujourd'hui de certains des meilleurs créateurs, artistes, penseurs, humanistes et artisans, est une réaction naturelle de ceux à qui la société a tenté de dérober leur force[1].

La puissance préserve le domaine public et l'espace de l'apparence et, comme tel, c'est aussi l'âme de l'artifice humain qui n'a plus de raison d'être s'il n'est le lieu de l'action et de la parole, du réseau des affaires et relations humaines et des histoires qui en proviennent. À moins de faire parler de lui par les hommes et à moins de les abriter, le monde ne serait plus un artifice humain mais un monceau de choses disparates auquel chaque individu isolément serait libre d'ajouter un objet ; à moins d'un artifice humain pour les abriter, les affaires humaines seraient aussi flottantes, aussi futiles et vaines que les errances d'une tribu nomade. La mélancolique sagesse de l'*Ecclésiaste* – « Vanité des vanités, et tout est vanité… Il n'y a rien de nouveau sous le soleil… Il ne reste pas de souvenir d'autrefois ; pas plus qu'après il n'y aura de mémoire pour l'avenir » – ne provient pas nécessairement d'une expérience spécifiquement religieuse ; mais elle est certainement inévitable dès que l'on n'a plus confiance dans le monde comme lieu convenant à l'apparence humaine, à l'action et à la parole. Sans action pour introduire dans le monde le renouveau dont chaque homme est capable par droit de naissance, « il

1. À quel point chez Nietzsche l'exaltation de la volonté de puissance fut inspirée par ces expériences de l'intellectuel moderne, on peut l'imaginer d'après le passage suivant : « Denn die Ohnmacht gegen Menschen, nicht die Ohnmacht gegen die Natur, erzeugt die desperateste Verbitterung gegen das Dasein » (*Wille zur Macht*, n° 55).

n'y a rien de nouveau sous le soleil » ; sans parole pour matérialiser et rappeler, si provisoirement que ce soit, les choses neuves qui apparaissent et jettent leur éclat, « il ne reste pas de souvenir » ; sans la durée, la permanence d'un artifice humain, « il n'y aura pas de mémoire pour l'avenir ». Et, sans la puissance, l'espace de l'apparence suscité par l'action et la parole publiques s'évanouira aussi vite que l'acte et le verbe vivants.

Il n'y a peut-être rien eu dans notre Histoire de si éphémère que la confiance en la puissance, rien de plus durable que la méfiance platonicienne et chrétienne à l'égard des splendeurs de son espace d'apparence, et finalement aux temps modernes rien de plus commun que la conviction que « le pouvoir corrompt ». Les paroles de Périclès, telles que Thucydide les rapporte, sont sans doute les dernières à exprimer cette suprême confiance que les hommes peuvent jouer un rôle *et* sauver leur grandeur en même temps et pour ainsi dire du seul et même geste, et que l'action en soi suffira à engendrer la *dynamis* sans avoir besoin, pour rester dans le réel, de la réification transformatrice de l'*homo faber*[1]. Le discours de Périclès certainement correspondait et donnait forme aux plus profondes aspirations du peuple d'Athènes ; mais on l'a toujours lu avec la sagesse triste du recul : en sachant que ces mots furent prononcés au commencement de la fin. Et cependant, si éphémère que fût cette foi en la *dynamis*

1. Dans le paragraphe de l'*Oraison funèbre* cité plus haut, Périclès oppose délibérément la *dynamis* de la *polis* à l'ouvrage des poètes.

(et par conséquent en la politique) – elle avait déjà pris fin lorsque se formulèrent les premières philosophies politiques –, le seul fait qu'elle eût existé a suffi à élever l'action au premier rang de la hiérarchie dans la *vita activa* et à désigner la parole comme la distinction décisive entre vie humaine et vie animale – ce qui dans les deux cas a conféré à la politique une dignité qui aujourd'hui même n'a pas complètement disparu.

Ce qui est parfaitement clair dans les expressions de Périclès – et non moins limpide d'ailleurs dans les poèmes d'Homère –, c'est que le sens profond de l'acte et de la parole ne dépend pas de la victoire ou de la défaite, ni d'aucune issue éventuelle, d'aucune conséquence bonne ou mauvaise. À la différence de la conduite – que les Grecs, comme tous les civilisés, jugeaient selon des « normes morales », en tenant compte des motifs et des intentions d'une part, des buts et des conséquences de l'autre – l'action ne peut se juger que d'après le critère de la grandeur puisqu'il lui appartient de franchir les bornes communément admises pour atteindre l'extraordinaire où plus rien ne s'applique de ce qui est vrai dans la vie quotidienne parce que tout ce qui existe est unique et *sui generis*[1]. Thucydide – ou Périclès – savait parfaitement qu'il avait rompu avec les normes de la conduite quotidienne en déclarant que la gloire d'Athènes était d'avoir laissé

1. La raison pour laquelle Aristote, dans sa *Poétique*, voit dans la grandeur *(megethos)* une condition préalable de l'intrigue dramatique est que le drame imite l'action et que l'action se juge d'après la grandeur, d'après ce qui la distingue du commun (1450 *b* 25). Il en va d'ailleurs de même du beau, qui demande grandeur et *taxis*, « union des parties » (1450 *b* 34 *sq.*).

« partout un immortel souvenir [*mnèmeia aidia*] de ses actes bons et de ses actes mauvais ». L'art de la politique enseigne aux hommes à produire ce qui est grand et radieux – *ta megala kai lampra*, comme le dit Démocrite ; tant que la *polis* est là pour inspirer aux hommes l'audace de l'extraordinaire, tout est en sûreté ; si elle périt, tout est perdu[1]. Les motifs et les buts, si purs ou si grandioses soient-ils, ne sont jamais uniques ; ils sont typiques comme les qualités psychologiques, ils caractérisent divers types de personnes. Par conséquent la grandeur, ou le sens spécifique de chaque acte, ne réside que dans l'action, jamais dans sa motivation, ni dans son résultat.

C'est cette insistance sur l'acte vivant et le verbe parlé comme possibilités suprêmes de l'être humain qui s'est conceptualisée dans la notion d'*energeia* (« actualité ») dans laquelle Aristote rangeait toutes les activités qui ne poursuivent pas de fin (qui sont *ateleis*) et ne laissent pas d'œuvre *(par'autas erga)* mais épuisent dans l'action elle-même leur pleine signification[2]. C'est de l'expérience de cette pleine actualité que la paradoxale « fin en soi » tire son premier sens ; car dans le cas de l'action et de la parole[3] la fin *(telos)* n'est point poursuivie, elle réside dans l'activité elle-même qui par conséquent devient une *entelecheia* ; l'œuvre

1. Cf. fragment B 157 de Démocrite *in* Diels, *op. cit.*

2. Sur le concept d'*energeia*, cf. *Éthique à Nicomaque*, 1094 *a* 1-5 ; *Physique*, 201 *b* 31 ; *De l'Âme*, 417 *a* 16, 431 *a* 6. Les exemples les plus fréquents sont ceux de la vue et du jeu de la flûte.

3. Il importe peu dans ce contexte qu'Aristote ait vu la plus haute possibilité d'« actualité » non pas dans l'action et la parole, mais dans la contemplation et la pensée, *theôria* et *nous*.

n'est pas ce qui suit et qui éteint le processus, elle y est incrustée ; c'est l'acte qui est l'œuvre, l'*energeia*[1]. Aristote, dans sa philosophie politique, sait encore parfaitement ce dont il s'agit en politique : rien de moins que l'*ergon tou anthrôpou*[2] (l'« œuvre de l'homme » en tant qu'homme), et s'il définit cette « œuvre » comme « vivre bien » *(eu dzèn)* il veut dire évidemment que l'œuvre n'est pas ici une production et qu'elle n'existe que dans l'actualité pure. Cet accomplissement spécifiquement humain est en dehors de la catégorie de la fin et des moyens ; l'« œuvre de l'homme » n'est pas une fin, car les moyens d'y arriver – les vertus, ou *aretai* – ne sont pas des qualités pouvant s'actualiser ou ne pas s'actualiser : elles sont elles-mêmes des « actualités ». En d'autres termes, le moyen de parvenir à la fin serait déjà la fin ; et inversement cette fin ne peut à aucun autre égard passer pour un moyen, puisqu'il n'y a rien de plus élevé à atteindre que cette actualité.

On trouve un faible écho de cette expérience grecque préphilosophique de l'action et de la parole vécues comme actualité pure lorsqu'on lit çà et là dans la philosophie politique depuis Démocrite et Platon que la politique est une *technè*, un art comparable à des activités comme la médecine ou la navigation où, de même que dans la danse ou le jeu de l'acteur, le « produit » est identique à l'acte qui s'exécute. Mais nous

1. Les deux concepts d'*energeia* et d'*entelecheia* sont étroitement liés *(energeia... synteinei pros tèn entelecheian)* : la pleine actualité *(energeia)* n'effectue ni ne produit rien que soi-même, et la pleine réalité *(entelecheia)* n'a d'autre fin que soi-même (cf. *Métaphysique*, 1050 *a* 22-35).

2. *Éthique à Nicomaque*, 1097 *b* 22.

pouvons juger de ce qui est arrivé à l'action et à la parole, qui n'existent qu'en acte, qui sont par conséquent les plus hautes activités du domaine public, si nous voyons ce qu'en a pensé la société moderne avec cette logique intransigeante qui la caractérisait à ses débuts. On devine toute la dégradation de l'action et de la parole dans la manière dont Adam Smith classe les professions qui reposent essentiellement sur l'exécution – comme le métier des armes, « les gens d'Église, les hommes de loi, les médecins et les chanteurs d'opéra » – avec les besognes domestiques, les « travaux » les plus bas et les moins productifs[1]. Ce sont précisément ces occupations, celles du guérisseur, de l'acteur, du joueur de flûte, qui fournissaient à la pensée des Anciens les exemples des plus hautes et des plus nobles activités de l'homme.

*L'*homo faber *et l'espace de l'apparence*

À la base de la conception ancienne de la politique il y a la conviction que l'homme en tant qu'homme, que chaque individu en son unicité, paraît et s'affirme dans la parole et l'action, et que ces activités, malgré leur futilité matérielle, ont une qualité de durée qui leur est propre parce qu'elles créent leur propre mémoire[2]. Le domaine public, espace dans le monde

---

1. *Wealth of Nations*, éd. Everyman's, II, p. 295.
2. C'est un trait décisif du concept de « vertu » en Grèce (sinon à Rome) : avec l'*aretè* il ne peut y avoir oubli (cf. Aristote, *Éthique à Nicomaque*, 1100 *b* 12-17).

dont les hommes ont besoin pour paraître, est donc « œuvre de l'homme » plus spécifiquement que ne le sont l'ouvrage de ses mains et le travail de son corps.

Que l'homme ne puisse rien accomplir de plus grand que sa propre apparence, sa propre actualisation, c'est une conviction qui certainement ne va pas de soi. Elle a contre elle la conviction de l'*homo faber* : les produits d'un homme peuvent lui être supérieurs, et non seulement lui survivre ; elle a aussi contre elle la ferme croyance de l'*animal laborans :* la vie est le bien suprême. L'*homo faber* et l'*animal laborans* sont donc à proprement parler apolitiques ; ils inclinent à traiter la parole et l'action d'occupations oiseuses, de bavardage, d'agitation stérile ; en général ils jugent les activités publiques d'après leur utilité à l'égard de fins supposées plus hautes : dans le cas de l'*homo faber* embellir le monde et le rendre mieux utilisable, dans le cas de l'*animal laborans* prolonger la vie en la rendant plus facile. Cela ne veut pas dire cependant qu'ils sont libres de se dispenser entièrement d'un domaine public, car s'il n'y a point d'espace d'apparence, si l'on ne peut se fier à la parole et à l'action comme mode d'être ensemble, on ne peut fonder avec certitude ni la réalité du moi, de l'identité personnelle, ni la réalité du monde environnant. Le sens humain du réel exige que les hommes actualisent le pur donné passif de leur être, non pas afin de le changer, mais afin de l'exprimer et d'appeler à exister pleinement ce qu'il leur faudrait de toute manière supporter passivement[1].

1. C'est le sens de la dernière phrase de la citation de Dante en tête de ce chapitre ; la phrase est très difficile à traduire malgré sa

Cette actualisation réside et s'effectue dans les activités qui n'existent qu'en actualité pure et simple.

Le seul caractère du monde qui permette d'en mesurer la réalité, c'est qu'il nous est commun à tous : si le sens commun occupe un rang si élevé dans la hiérarchie des qualités politiques, c'est qu'il est le seul à mettre en place dans la réalité comme un tout nos cinq sens strictement individuels et les données strictement particulières qu'ils perçoivent. C'est en vertu du sens commun que l'on sait que les perceptions sensorielles dévoilent le réel, et qu'on ne les sent pas simplement comme irritations des nerfs ou sensations de résistance du corps. Dans une collectivité donnée une diminution notable du sens commun, un accroissement notable de la superstition et de la crédulité sont donc des signes presque infaillibles d'aliénation par rapport au monde.

Cette aliénation – atrophie de l'espace de l'apparence et dépérissement du sens commun – est naturellement beaucoup plus poussée dans le cas d'une société de travail que dans celui d'une société de producteurs. Dans son isolement, l'*homo faber*, que les autres ne troublent pas, mais ne voient pas non plus, ni n'entendent ni ne confirment, est lié non seulement au produit qu'il fabrique, mais encore au monde d'objets auquel il ajoutera ses produits ; ainsi, bien qu'indirectement, reste-t-il lié aux autres qui ont fait le monde et sont aussi des fabricants d'objets. Nous avons parlé du marché qui permet aux artisans de rencontrer leurs pairs et qui représente pour eux un domaine public commun dans la mesure où chacun d'eux y contribue. Mais, si le

---

clarté et sa simplicité en latin (*De monarchia*, XI, 13).

domaine public en tant que marché correspond bien à l'activité de fabrication, l'échange lui-même est déjà du ressort de l'action, ce n'est aucunement un simple prolongement de la production ; c'est moins encore une fonction des processus automatiques, comme l'achat de nourriture et autres moyens de consommation qui accompagne nécessairement l'activité de travail. Marx prétend que les lois économiques ressemblent aux lois naturelles, qu'elles ne sont pas faites par l'homme pour régler de libres actes d'échange, et qu'elles sont fonction des conditions productives de la société dans son ensemble : cela n'est vrai que dans une société de travail où toutes les activités sont ramenées au niveau du métabolisme corporel, où il n'y a plus d'échange mais seulement de la consommation.

Cependant, les gens qui se rencontrent au marché ne sont pas d'abord des personnes : ce sont des producteurs de produits ; ils ne viennent pas pour se faire voir, ni même pour montrer leurs talents comme dans la production publique du Moyen Âge, mais pour montrer leurs produits. Ce qui pousse le fabricateur vers la place du marché, c'est le désir de voir des produits et non de voir des hommes ; la puissance qui assure la cohésion et l'existence de ce marché n'est pas la potentialité qui prend sa source parmi les hommes lorsqu'ils s'assemblent dans la parole et l'action, c'est une « puissance d'échange » (Adam Smith) combinée, que chacun des participants a acquise dans l'isolement. C'est ce manque de relations avec autrui, ce souci primordial de marchandises échangeables que Marx a flétris en y dénonçant la déshumanisation, l'aliénation de soi de la société commerciale, qui en effet exclut les hommes en tant qu'hommes et, par un remarquable renversement du rapport antique entre le privé et le public, exige que les hommes ne se fassent voir que dans le privé de leurs familles ou l'intimité de leurs amis.

La frustration de la personne humaine, inhérente à une collectivité de producteurs et plus encore à une société de commerçants, trouve sans doute sa meilleure expression dans le phénomène du génie qui, de la Renaissance à la fin du XIXe siècle, a paru l'idéal suprême des temps modernes. (Le génie créateur comme expression quintessentielle de la grandeur humaine fut une chose absolument inconnue du Moyen Âge comme de l'Antiquité.) C'est seulement au début de notre siècle que les grands artistes, avec une surprenante unanimité, se sont mis à protester contre le nom de « génie », pour insister sur le métier, la compétence et les rapports entre l'art et l'artisanat. En partie, certes, cette protestation ne faisait que réagir contre la vulgarisation et la commercialisation de la notion de génie ; mais elle était due aussi à l'avènement plus récent d'une société de travail, pour laquelle la productivité ou créativité n'est pas un idéal et qui ne vit aucune des expériences d'où peut naître l'idée même de grandeur. Ce qui compte dans notre contexte, c'est que l'œuvre de génie, par opposition au produit artisanal, paraît avoir absorbé les éléments d'individualité et d'unicité qui ne trouvent leur expression immédiate que dans l'action et la parole. L'obsession de la signature de l'artiste, la sensibilité au style, chose sans précédent, indiquent que l'âge moderne se préoccupe avant tout des traits par lesquels l'artiste transcende son talent, son métier, d'une manière analogue à celle dont l'unicité de chaque personne transcende la somme de ses qualités. En raison de cette transcendance, qui en effet distingue la grande œuvre d'art de tout autre produit de la main humaine, le phénomène du génie créateur est apparu comme la justification suprême de l'*homo faber* convaincu que les œuvres peuvent être essentiellement supérieures à leur auteur.

Cependant, les égards que l'époque moderne témoignait si volontiers au génie, et qui souvent frisaient l'idolâtrie, ne changèrent pas grand-chose à ce fait élémentaire : l'essence de *qui* est quelqu'un ne peut pas être réifiée par ce quelqu'un. Lorsqu'elle apparaît « objectivement » – dans le style d'une œuvre d'art ou dans l'écriture –, elle manifeste l'identité d'une personne et par conséquent sert à identifier un auteur, mais elle reste muette et nous échappe si nous essayons de l'interpréter comme miroir d'une personne vivante. En d'autres termes, l'idolâtrie du génie recouvre la même dégradation de la personne humaine que tous les grands principes de la société commerciale.

C'est un élément indispensable de la fierté humaine de croire que l'individualité de l'homme, le *qui*, surpasse en grandeur et en importance tout ce qu'il peut faire ou produire. « Que l'on juge les médecins, les confiseurs et les domestiques de grandes maisons sur ce qu'ils ont fait et même sur ce qu'ils ont voulu faire ; les grands hommes, on les juge sur ce qu'ils sont[1]. » Seuls, les esprits vulgaires s'abaisseront à tirer orgueil de ce

1. Je me réfère à l'admirable conte d'Isak Dinesen, « The Dreamers », dans les *Seven Gothic Tales*, éd. Modern Library (cf. surtout pp. 340 *sq.*).

qu'ils ont fait ; par cet abaissement ils deviendront « esclaves et prisonniers » de leurs propres facultés et, pour peu qu'il leur reste autre chose qu'une vanité stupide, ils découvriront qu'il est aussi dur et peut-être plus honteux d'être l'esclave de soi que d'être le serviteur d'autrui. Ce n'est pas la gloire, c'est le malheur du génie créateur si dans son cas la supériorité de l'homme sur son œuvre paraît en effet inversée : le créateur vivant entre en concurrence avec les créations qu'il a déjà accomplies, bien qu'elles puissent éventuellement lui survivre. Ce qui sauve les très grands talents, c'est que les personnes qui en portent le fardeau demeurent supérieures à ce qu'elles font, du moins tant que la source créatrice reste vivante ; car cette source jaillit de *qui* ils sont, elle est extérieure au processus d'œuvre, et indépendante de *ce qu'*ils accomplissent. Le problème du génie n'en est pas moins réel : on le voit clairement dans le cas des « gens de lettres », chez qui l'inversion de l'homme et de la production est chose faite. Ce qu'il y a d'outrageant dans leur cas, ce qui d'ailleurs, plus encore que la fausse supériorité intellectuelle, les rend odieux au public, c'est que leurs pires productions sont souvent meilleures qu'eux-mêmes. C'est la marque de l'« intellectuel » de rester indifférent à la « terrible humiliation » qui pèse sur le véritable artiste, le véritable écrivain : devenir le « fils de son œuvre », condamné à s'y voir comme dans un miroir, « limité, tel et tel »[1].

---

1. « *Créateur créé.* Qui vient d'achever un long ouvrage le voit former enfin un être qu'il n'avait pas voulu, qu'il n'a pas conçu, précisément puisqu'il l'a enfanté, et ressent cette terrible humiliation de se sentir devenir le fils de son œuvre, de lui emprunter

Le mouvement ouvrier

L'activité d'œuvre, pour laquelle l'isolement est une condition nécessaire, est sans doute incapable de fonder un domaine public autonome où puissent paraître les hommes en tant qu'hommes, mais elle a des rapports multiples avec cet espace des apparences ; à tout le moins, elle reste liée au monde concret des objets qu'elle produit. La vie des gens de métier peut donc être apolitique, elle n'est certainement pas antipolitique. Mais il en va tout autrement dans le cas du travail, activité dans laquelle l'homme n'est uni ni au monde ni aux autres hommes, seul avec son corps, face à la brutale nécessité de rester en vie[1]. Certes, l'homme au travail vit en présence et en compagnie d'autrui, mais cette compagnie n'a pas les marques distinctives d'une pluralité vraie. Elle ne comporte pas la combinaison voulue de diverses aptitudes et vocations comme dans le cas des métiers (sans parler des relations entre personnes uniques), elle existe dans la multiplication de spécimens

---

des traits irrécusables, une ressemblance, des manies, une borne, un miroir ; et ce qu'il y a de pire dans un miroir, s'y voir limité, tel et tel » (Paul Valéry, *Tel quel*, II, p. 149).

1. La littérature du sujet ignore en général la solitude du travailleur en tant que travailleur, parce que les conditions sociales et l'organisation du travail exigent la présence simultanée de plusieurs travailleurs pour toute tâche donnée et brisent les barrières de l'isolement. Cependant, M. Halbwachs (*La Classe ouvrière et les niveaux de vie*, 1913) a bien vu le phénomène : « L'ouvrier est celui qui dans et par son travail ne se trouve en rapport qu'avec de la matière, et non avec des hommes » ; c'est en raison de ce manque de contact que, pendant des siècles, la classe fut mise tout entière hors de la société (p. 118).

qui foncièrement sont tous semblables parce qu'ils sont ce qu'ils sont simplement en tant qu'organismes vivants.

Il est bien dans la nature du travail de rassembler les hommes en équipes dans lesquelles des individus en nombre quelconque « travaillent ensemble comme un seul homme[1] », et en ce sens l'esprit de communauté imprègne le travail peut-être plus que toute autre activité[2]. Mais cette « nature collective du travail[3] », loin de fonder une réalité reconnaissable, identifiable pour chaque membre de l'équipe, requiert au contraire, en fait, l'effacement de toute conscience d'individualité et d'identité ; et c'est pour cette raison que toutes les « valeurs » dérivées du travail, outre sa fonction évidente dans le processus vital, sont entièrement

---

1. Le psychiatre allemand Viktor von Weizsäcker décrit ainsi les relations de deux travailleurs au cours du travail : « Es ist zunächst bemerkenswert, dass die zwei Arbeiter sich zusammen verhalten, als ob sie einer wären… Wir haben hier einen Fall von Kollektivbildung vor uns, der in der annähernden Indentität oder Einswerdung der zwei Individuen besteht. Man kann auch sagen, dass zwei Personen durch Verschmelzung eine einzige dritte geworden seien ; aber die Regeln, nach der diese dritte arbeitet, unterscheiden sich in nichts von der Arbeit einer einzigen Person » (« Zum Begriff der Arbeit », in *Festschrift für A. Weber*, pp. 739-740).

2. C'est apparemment pour cette raison que, étymologiquement, « Arbeit und Gemeinschaft für den Menschen älterer geschichtlicher Stufen grosse Inhaltsflächen gemeinsam [haben] » (sur la relation entre travail et communauté, cf. Jost Trier, « Arbeit und Gemeinschaft », *Studium Generale*, 1950, vol. III, n° 11).

3. Cf. R. P. Genelli (« Facteur humain ou facteur social du travail », *Revue française du Travail*, 1952, vol. VII, n°s 1-3) qui considère qu'une « nouvelle solution du problème du travail » devrait tenir compte de la « nature collective du travail », et par conséquent concerner non pas le travailleur individuel mais le travailleur comme membre de son groupe. Cette solution « nouvelle » est évidemment celle qui l'emporte dans la société moderne.

« sociales » : elles ne diffèrent pas essentiellement du surcroît de plaisir que l'on éprouve à manger et boire en compagnie. La sociabilité qu'engendrent les activités liées au métabolisme corporel de l'homme ne repose pas sur l'égalité mais sur l'uniformité, et à ce point de vue il est parfaitement vrai que « de nature un philosophe diffère bien moins, en génie et disposition, d'un portefaix qu'un mâtin ne diffère d'un lévrier ». Cette phrase d'Adam Smith, que Marx a citée avec délices[1], s'applique mieux en effet à une société de consommateurs qu'à l'assemblée du marché qui met en lumière les talents et qualités des producteurs et ainsi donne toujours lieu à quelque distinction.

L'uniformité qui règne dans une société fondée sur le travail et la consommation, et qui s'exprime dans le

1. Adam Smith, *op. cit.*, I, 15, et Marx, *Das Elend der Philosophie*, Stuttgart (1885), p. 125 : Adam Smith « hat sehr wohl gesehen, dass "in Wirklichkeit die Vershiedenheit der natürlichen Anlagen zwischen den Individuen weit geringer ist als wir glauben"... Ursprünglich unterscheidet sich ein Lastträger weniger von einem Philosophen als ein Kettenhund von einem Windhund. Es ist die Arbeitsteilung, welche einen Abgrund zwischen beiden aufgetan hat ». Marx emploie indifféremment l'expression « division du travail » pour la spécialisation professionnelle et pour le processus divisant le travail : ici, c'est évidemment de la spécialisation qu'il s'agit. Celle-ci est une forme de distinction, l'artisan ou l'ouvrier professionnel, même aidé, travaille essentiellement isolé. Il ne rencontre autrui en tant qu'ouvrier que lorsqu'on en vient à l'échange des produits. Dans la vraie division du travail, le travailleur ne peut rien faire isolé ; son effort n'est qu'une partie et une fonction de l'effort de tous les travailleurs parmi lesquels on a divisé la tâche. Mais ces autres travailleurs en tant que travailleurs ne sont pas différents de lui, ils sont tous semblables. Ainsi n'est-ce pas la division, relativement récente, du travail, mais l'antique spécialisation professionnelle qui a « creusé un gouffre » entre le portefaix et le philosophe.

conformisme, est intimement liée à l'expérience somatique du travail en commun, où le rythme biologique du travail unit le groupe de travailleurs au point que chacun d'eux a le sentiment de ne plus être un individu, mais véritablement de faire corps avec les autres. Il est certain que cela allège le labeur, comme pour chaque soldat le pas cadencé facilite la marche. Il est donc très vrai que pour l'*animal laborans* « le sens et la valeur du travail dépendent totalement des conditions sociales », c'est-à-dire de la mesure dans laquelle le processus de travail et de consommation peut fonctionner tranquillement, sans à-coups, indépendamment des « attitudes professionnelles proprement dites »[1] ; le seul ennui, c'est que les meilleures « conditions sociales » sont celles dans lesquelles il est possible de perdre son identité. Cette réduction à l'unité est foncièrement antipolitique ; c'est exactement l'opposé de la communauté qui règne dans les sociétés politiques ou commerciales et qui – pour reprendre l'exemple aristotélicien – ne consiste pas en l'association *(koinônia)* de deux médecins, mais en l'association établie entre un médecin et un cultivateur, « et en général entre gens différents et inégaux[2] ».

L'égalité que l'on trouve dans le domaine public est nécessairement une égalité de gens inégaux qui ont besoin d'être « égalisés » à certains égards et pour des fins spécifiques. Comme tel le facteur d'égalité ne vient pas de la « nature » humaine mais de l'extérieur, de

1. Alain Touraine, *L'Évolution du travail ouvrier aux usines Renault* (1955), p. 177.

2. *Éthique à Nicomaque*, 1133 *a* 16.

même que l'argent – c'est toujours l'exemple d'Aristote – est nécessaire comme facteur externe pour égaliser les activités inégales du cultivateur et du médecin. L'égalité politique est donc le contraire de l'égalité devant la mort qui, sort commun de tous les hommes, provient de la condition humaine, ou de l'égalité devant Dieu, au moins d'après l'interprétation chrétienne, où l'on a en face de soi une égalité du péché inhérente à la nature humaine. En de tels cas il n'y a nul besoin d'égaliseur, car l'uniformité règne de toutes façons ; toutefois l'expérience de cette uniformité, l'expérience de la vie et de la mort, a lieu non pas seulement dans l'isolement mais bien dans la solitude complète, où il n'y a pas de vraie communication possible, moins encore d'association ni de communauté. Au point de vue du monde et du domaine public, la vie, la mort et tout ce qui atteste l'uniformité sont des expériences véritablement transcendantes, antipolitiques, étrangères-au-monde.

L'inaptitude de l'*animal laborans* à la distinction et par conséquent à la parole et à l'action paraît confirmée par l'absence remarquable de sérieuses révoltes d'esclaves dans l'Antiquité comme aux temps modernes[1]. Mais ce qui n'est pas moins remarquable, c'est le rôle soudain et souvent extraordinairement productif

1. Ce qui est décisif, c'est que les révoltes et révolutions modernes ont toujours demandé la liberté et la justice pour tous, alors que dans l'Antiquité « les esclaves n'ont jamais revendiqué la liberté comme droit inaliénable de tous les hommes et il n'y a jamais eu de tentative d'obtenir l'abolition de l'esclavage comme tel au moyen d'une action concertée » (Westermann, *Sklaverei*, *in* Pauly-Wissowa, suppl. VI).

qu'ont joué les mouvements ouvriers dans la politique moderne. Depuis les révolutions de 1848 jusqu'à la révolution hongroise de 1956, la classe ouvrière en Europe, formant le seul secteur organisé et par conséquent le secteur dirigeant du peuple, a écrit l'un des chapitres les plus glorieux et sans doute les plus riches de promesses de l'Histoire récente. Cependant, bien que la frontière fût assez imprécise entre objectifs politiques et revendications économiques, entre organisations politiques et syndicats, il convient d'éviter les confusions. Les syndicats, luttant pour les intérêts de la classe ouvrière, sont responsables de l'incorporation de cette classe dans la société moderne, en particulier d'un accroissement extraordinaire de sécurité économique, de prestige social et de puissance politique. Les syndicats n'ont jamais été révolutionnaires au sens de vouloir transformer la société et transformer en même temps les institutions politiques qui la représentaient, et les partis politiques de la classe ouvrière ont été le plus souvent des partis d'intérêts qui ne différaient en rien des partis représentant les autres classes sociales. Il n'y a eu de distinction visible qu'aux moments rares mais décisifs où, au cours d'un processus révolutionnaire, il est apparu brusquement que le peuple, s'il n'était pas mené par les instructions et idéologies officielles d'un parti, avait ses idées sur les possibilités d'un gouvernement démocratique dans les conditions modernes. En d'autres termes, ce qui établit ici la distinction n'est pas une question de revendications économiques et sociales extrêmes, mais uniquement de proposition politique en vue d'une forme nouvelle de gouvernement.

Il y a un fait qui échappe aisément aux historiens modernes qui traitent de l'avènement des systèmes totalitaires et surtout de ce qui s'est passé en Union soviétique : c'est que de même que les masses et leurs dirigeants ont réussi, provisoirement du moins, à créer une forme de gouvernement authentique, encore que destructrice, de même les révolutions populaires depuis plus de cent ans ont proposé, sans jamais réussir, une autre forme nouvelle de gouvernement : le système des Conseils du peuple qui eût remplacé le système continental des partis, lequel, il faut bien le dire, était discrédité avant même d'exister[1]. Rien de plus différent que les destins historiques des deux tendances de la classe ouvrière, le mouvement syndical et les aspirations politiques du peuple : les syndicats, c'est-à-dire

1. Il importe de noter la différence frappante de substance et de fonction politique entre le système continental des partis et les systèmes britannique et américain. C'est un fait capital, mais peu remarqué, dans l'histoire des révolutions européennes que le slogan des Conseils, Soviets, *Räte*, etc., n'a jamais été lancé par les partis et mouvements ayant pris une part active à leur organisation, mais toujours par des révoltes spontanées ; comme tels, les Conseils n'ont jamais été bien compris ni bien accueillis des idéologues des divers mouvements désireux d'utiliser la révolution pour imposer au peuple une forme de gouvernement préconçue. Le fameux slogan de la révolte de Kronstadt, qui fut un moment décisif de la Révolution russe, était : « les Soviets sans communisme » ; ce qui voulait dire à l'époque : les Soviets sans parti.

Quant aux régimes totalitaires constituant une forme de gouvernement nouvelle, c'est une thèse que j'ai exposée dans un article de la *Review of Politics* (juillet 1953) : « Idéologie et Terreur : une nouvelle forme de gouvernement ». On trouvera une analyse un peu détaillée de la révolution hongroise et du système des conseils dans l'article « Totalitarian Imperialism » du *Journal of Politics* (février 1958).

la classe ouvrière en tant que l'une des classes de la société moderne, sont allés de victoire en victoire, tandis que dans le même temps le mouvement politique ouvrier a été vaincu chaque fois qu'il a osé présenter ses revendications propres, distinctes des programmes de parti et des réformes économiques. Si la tragédie de la révolution hongroise n'a eu d'autre résultat que de prouver au monde qu'en dépit de toutes les défaites et de toutes les apparences cet élan politique existe encore, ses sacrifices n'ont pas été vains.

Cette discordance flagrante, dirait-on, entre les faits historiques – la productivité politique de la classe laborieuse – et les données phénoménales que procure l'analyse de l'activité de travail, disparaîtra sans doute si l'on examine de plus près l'évolution et la substance du mouvement ouvrier. La grande différence entre le travail servile et le travail libre moderne n'est pas que le travailleur jouit de la liberté individuelle – liberté de mouvement, activité économique, inviolabilité de la personne –, c'est qu'il est admis dans le domaine politique, pleinement émancipé comme citoyen. Le moment décisif de l'histoire du travail fut la suppression des conditions de propriété pour le droit de vote. Auparavant, le statut du travailleur libre avait été très semblable à celui des esclaves affranchis, de plus en plus nombreux dans l'Antiquité ; c'étaient des hommes libres, puisque assimilés aux résidents étrangers, mais ce n'étaient pas des citoyens. Par contraste avec l'affranchissement antique, par lequel en général l'affranchi cessait d'être travailleur en cessant d'être esclave, l'esclavage demeurant, par conséquent, la condition sociale du travail quel que fût le nombre des esclaves affranchis, l'émancipation moderne voulut affranchir l'activité de travail elle-même, ce qui fut fait bien avant que l'on accordât au travailleur comme personne des droits individuels et civiques.

Cependant, un effet secondaire mais important de l'émancipation des travailleurs fut que tout un secteur de la population fut admis plus ou moins soudainement dans le domaine public, c'est-à-dire *parut* en public[1], sans pour autant être admis dans la société, sans jouer le moindre rôle dirigeant dans les activités économiques dominantes de cette société et, par conséquent, sans être absorbé par le domaine social ni, pour ainsi dire, escamoté. Le rôle décisif de la simple apparence, du fait que l'on se distingue et que l'on est visible dans le domaine des affaires humaines, fut bien mis en relief lorsque des travailleurs, en faisant leur entrée en scène dans l'Histoire, crurent devoir adopter un costume particulier, d'où ils tirèrent même leur nom pendant la Révolution française[2]. Ce costume leur

1. Une anecdote de la Rome impériale rapportée par Sénèque peut montrer à quel point on jugeait dangereuse la simple apparence publique. On avait proposé au Sénat de décréter le port d'un uniforme pour les esclaves, pour que dans la rue on puisse immédiatement les distinguer des citoyens. La proposition fut repoussée comme dangereuse, les esclaves en se reconnaissant pouvant prendre conscience de leur puissance virtuelle. Les commentateurs modernes ont penché naturellement à conclure de cet incident que le nombre des esclaves devait être énorme à l'époque ; or cette conclusion était fausse. Ce que le sûr instinct politique des Romains jugeait dangereux, c'était l'apparence en tant que telle, indépendamment du nombre des gens (cf. Westermann, *op. cit.*, p. 1000).

2. A. Soboul (« Problèmes de travail en l'an II », *Journal de Psychologie normale et pathologique*, 1955, vol. LII, n° 1) décrit fort bien l'apparition des travailleurs sur le théâtre de l'Histoire :

donnait une distinction, une distinction dirigée contre tous les autres.

Le caractère pathétique du mouvement ouvrier à ses débuts – et il est encore à ses débuts dans tous les pays où le capitalisme n'a pas atteint son plein développement, en Europe orientale par exemple, mais aussi en Italie, en Espagne et même en France – venait de ce qu'il luttait contre la société dans son ensemble. L'énorme puissance virtuelle que ces mouvements ont acquis en un temps relativement court et, souvent, dans des circonstances très difficiles, est due au fait qu'en dépit des discours et des théories ils formaient sur la scène politique l'unique groupe qui non seulement défendait ses intérêts économiques mais menait aussi une véritable bataille politique. En d'autres termes, lorsqu'il parut en public le mouvement ouvrier était la seule organisation dans laquelle les hommes agissaient et parlaient en tant qu'hommes, et non en tant que membres de la société.

Pour ce rôle politique et révolutionnaire du mouvement ouvrier, qui très probablement touche à sa fin, il y a un fait essentiel : l'activité économique de ses membres était accessoire, et sa force d'attraction ne s'est jamais bornée aux rangs de la classe ouvrière. Si pendant un temps on put presque croire que le

« Les travailleurs ne sont pas désignés par leur fonction sociale, mais simplement par leur costume. Les ouvriers adoptèrent le pantalon boutonné à la veste, et ce costume devint une caractéristique du peuple : des sans-culottes… » « En parlant des sans-culottes, déclare Pétion à la Convention le 10 avril 1793, on n'entend pas tous les citoyens, les nobles et les aristocrates exceptés, mais on entend des hommes qui n'ont pas pour les distinguer de ceux qui ont. »

mouvement réussirait à fonder, au moins en son sein, un nouvel espace public pourvu de normes politiques nouvelles, ces tentatives n'étaient pas suscitées par le travail – ni par l'activité laborieuse ni par la révolte toujours utopique contre les nécessités de la vie – mais par des injustices et des hypocrisies qui ont disparu lorsque la société de classe s'est transformée en société de masse et lorsque le salaire annuel garanti s'est substitué à la paye journalière ou hebdomadaire.

Aujourd'hui, les ouvriers ne sont plus en dehors de la société ; ils en sont membres, ce sont des employés comme tout le monde. L'importance politique du mouvement ouvrier est maintenant la même que celle des autres groupes d'influence ; fini le temps – qui dura près de cent ans – où il pouvait représenter le peuple dans son ensemble – si nous entendons par le « peuple » l'entité politique, distincte de la population comme de la société[1]. (Dans la révolution hongroise, les ouvriers ne se distinguent nullement du reste du peuple ; ce qui de 1848 à 1918 avait été à peu près le monopole de la classe ouvrière – la notion d'un système parlementaire fondé sur des Conseils au lieu de l'être sur des partis – était devenu la revendication unanime du peuple tout entier.) Le mouvement ouvrier, équivoque dans son contenu et ses buts dès le commencement, a perdu ce caractère représentatif et, par conséquent, son rôle politique partout où la classe ouvrière est devenue partie intégrante de la société, qu'elle soit une puissance

1. À l'origine le « peuple », expression devenue courante à la fin du XVIIIe siècle, désignait simplement les gens sans propriété. Comme nous l'avons dit plus haut on ne connaissait pas, avant l'âge moderne, de classe complètement démunie.

économique et sociale particulière comme dans les économies les plus développées du monde occidental, ou qu'elle ait « réussi » à transformer la population entière en société de travail comme en Russie et comme cela peut arriver ailleurs dans des conditions non totalitaires. En des circonstances où l'on voit disparaître jusqu'au marché, le dépérissement du domaine public, visible tout au long de l'époque moderne, peut fort bien être définitif.

La substitution traditionnelle du faire à l'agir

L'époque moderne, d'abord préoccupée de produits tangibles et de bénéfices démontrables, plus tard obsédée de sociabilité et de fonctionnement sans heurts, n'a pas été la première à dénoncer l'inutilité, la vanité de l'action et de la parole en particulier et de la politique en général[1]. S'exaspérer de la frustration triple de l'action – résultats imprévisibles, processus irréversible, auteurs anonymes –, c'est presque aussi ancien que l'Histoire écrite. On a toujours été tenté, chez les hommes d'action non moins que chez les hommes de pensée, de trouver un substitut à l'action dans l'espoir d'épargner au domaine des affaires humaines le hasard et l'irresponsabilité morale qui sont inhérents à une

1. Sur ce point l'auteur classique reste Adam Smith, pour qui la seule fonction légitime du gouvernement est la « défense des riches contre les pauvres, ou de ceux qui ont quelque propriété contre ceux qui n'en ont pas du tout » *(op. cit.*, II, 198 *sq.).*

pluralité d'agents. La monotonie remarquable des solutions qui ont été proposées tout au long de l'Histoire témoigne de la simplicité élémentaire du problème. Généralement parlant, il s'agit toujours d'échapper aux calamités de l'action en se réfugiant dans une activité où un homme, isolé de tous, demeure maître de ses faits et gestes du début à la fin. Cette tentative de remplacer l'agir par le faire est manifeste dans tous les réquisitoires contre la « démocratie » qui, d'autant plus qu'ils sont mieux raisonnés et plus logiques, en viennent à attaquer l'essentiel de la politique.

Les calamités de l'action viennent toutes de la condition humaine de pluralité, qui est la condition *sine qua non* de cet espace d'apparence qu'est le domaine public. C'est pourquoi, vouloir se débarrasser de cette pluralité équivaut toujours à vouloir supprimer le domaine public. Le moyen le plus simple de se protéger contre les dangers de la pluralité est la monarchie, l'autorité d'un seul, dans ses nombreuses variétés, depuis la franche tyrannie d'un homme dressé contre tous jusqu'au despotisme bienveillant et à ces sortes de démocratie dans lesquelles le grand nombre forme un corps collectif, le peuple étant « plusieurs en un » et se constituant en « monarque[1] ». La solution

1. C'est l'interprétation aristotélicienne de la tyrannie sous forme de démocratie (*Politique*, 1292 *a* 16 *sq.*). Cependant, la royauté ne fait pas partie des gouvernements tyranniques, et ne peut se définir comme règne d'un seul, monarchie. Alors que les mots « tyrannie » et « monarchie » sont interchangeables, les mots « tyran » et « roi » *(basileus)* s'emploient comme antithèses (cf. par ex. Aristote, *Éthique à Nicomaque*, 1160 *b* 3 ; Platon, *République*, 576 D). Généralement parlant, le règne d'un seul n'est loué dans l'Antiquité que dans les affaires privées et dans la guerre, et c'est

platonicienne du roi-philosophe dont la « sagesse » résout les énigmes de l'action comme si elles étaient des problèmes de la connaissance, n'est que l'une des variétés – certainement pas la moins tyrannique – du gouvernement d'un seul. L'inconvénient de ces formes de gouvernement n'est pas qu'elles soient cruelles, ce qui bien souvent n'est pas le cas, c'est plutôt qu'elles fonctionnent trop bien. Les tyrans, s'ils savent leur métier, peuvent fort bien se montrer « doux et bons en toute chose », comme Pisistrate dont le règne, même dans l'Antiquité, fut comparé à l'« Âge d'or de Cronos[1] » ; leur administration peut nous paraître aujourd'hui fort peu tyrannique et tout à fait bienfaisante, surtout quand nous lisons que dans l'Antiquité la seule tentative, d'ailleurs vouée à l'échec, pour abolir l'esclavage eut pour auteur Périandre, tyran de Corinthe[2]. Mais ils ont tous en commun le bannissement des citoyens que l'on proscrit du domaine public

---

d'ordinaire dans un contexte militaire ou « économique » que l'on cite le fameux vers de l'*Iliade : ouk agathon polykoiraniè ; heis koiranos estô, heis basileus* – « le règne de plusieurs n'est pas bon ; il doit y avoir un seul maître, un seul roi » (II, 204) (Aristote, qui applique la maxime d'Homère, dans sa *Métaphysique*, à la vie politique *(politeuesthai)*, dans un sens métaphysique, est une exception. Dans la *Politique*, 1292 *a* 13, où il cite encore ce vers, il s'oppose à ce que plusieurs aient le pouvoir « non comme individus, mais collectivement », et déclare que ce n'est qu'une forme déguisée de gouvernement monarchique ou tyrannie). Réciproquement, le gouvernement du grand nombre, plus tard appelé *polyarkhia*, est toujours cité en mauvaise part pour signifier la confusion du commandement en temps de guerre (cf. par ex. *Thucydide*, VI, 72 ; Xénophon, *Anabase*, VI, 1, 18).

1. Aristote, *Constitution d'Athènes*, XVI, 2, 7.

2. Cf. Fritz Heichelheim, *Wirtschaftsgeschichte des Altertums* (1938), I, 258.

en leur répétant de s'occuper de leurs besognes privées pendant que seul « le souverain prendra soin des affaires publiques[1] ». Certes, voilà qui tendait à favoriser le commerce et l'industrie privée, mais les citoyens ne voyaient dans ces mesures qu'une manœuvre pour les priver du temps nécessaire à la participation aux affaires communes. C'est des avantages immédiats de la tyrannie, des avantages évidents de stabilité, de sécurité, de productivité, qu'il faut se méfier, ne serait-ce que parce qu'ils préparent une inévitable perte de puissance, même si le désastre ne doit se produire que dans un avenir relativement éloigné.

Fuir la fragilité des affaires humaines pour se réfugier dans la solidité du calme et de l'ordre, c'est en fait une attitude qui paraît si recommandable que la majeure partie de la philosophie politique depuis Platon s'interpréterait aisément comme une série d'essais en vue de découvrir les fondements théoriques et les moyens pratiques d'une évasion définitive de la politique. La caractéristique de toutes ces évasions est le concept de gouvernement, autrement dit l'idée que les hommes ne peuvent vivre ensemble légitimement et politiquement que lorsque les uns sont chargés de commander et les autres contraints d'obéir. Le lieu commun que l'on trouve déjà dans Platon et dans Aristote, que toute communauté politique est faite de ceux qui gouvernent et de ceux qui sont gouvernés (notion sur laquelle se fondent à leur tour les définitions courantes des formes de gouvernement – gouvernement d'un seul ou monarchie, de

1. C'est ce que dit Aristote à propos de Pisistrate (*Const. d'Athènes*, xv, 5).

quelques-uns ou oligarchie, du grand nombre ou démocratie), repose sur la méfiance envers l'action plutôt que sur le mépris des hommes : il vient d'un désir sincère de trouver un substitut à l'action plutôt que d'une irresponsable ou tyrannique volonté de puissance.

Au point de vue théorique, la version la plus brève et fondamentale du passage de l'action au gouvernement se trouve dans le *Politique*, où Platon creuse un fossé entre les deux modes d'action, *archein* et *prattein* (« commencer » et « achever ») qui, dans la pensée grecque, étaient étroitement liés. Le problème, selon Platon, était de s'assurer que l'homme qui entreprend reste entièrement maître de ce qu'il a entrepris sans avoir besoin de l'aide d'autrui pour le mener à bien. Dans le domaine de l'action, on ne saurait atteindre à cette maîtrise isolée que si les autres n'ont plus à participer à l'entreprise de leur plein gré, pour leurs raisons et leurs fins personnelles, mais qu'on les utilise à exécuter des ordres, et si, d'autre part, le novateur qui a pris l'initiative ne se laisse pas entraîner dans l'action elle-même. Entreprendre *(archein)* et agir *(prattein)* peuvent ainsi devenir deux activités absolument différentes, et le novateur est un chef (un *archôn* au double sens du mot) qui « n'a pas à agir *(prattein)*, il gouverne *(archein)* ceux qui sont capables d'exécuter ». Dans ces conditions, l'essence de la politique est de « savoir entreprendre et gouverner dans les cas les plus graves en tenant compte de l'opportunité et de l'inopportunité » ; l'action comme telle est entièrement éliminée, il ne reste plus que l'« exécution des ordres »[1]. Platon fut

1. *Politique*, 305.

le premier à distinguer entre ceux qui savent sans agir et ceux qui agissent sans savoir, alors qu'autrefois l'action se divisait entre l'entreprise et l'achèvement ; le résultat fut que la connaissance de l'action à accomplir et l'exécution devinrent deux choses absolument séparées.

Comme Platon lui-même assimila immédiatement la démarcation entre la pensée et l'action au fossé qui sépare les gouvernants des gouvernés, il est clair que les expériences sur lesquelles repose le clivage platonicien sont celles du foyer, où rien ne se ferait si le maître ne savait ce qu'il faut faire et ne donnait ses ordres aux esclaves qui les exécutent sans savoir. Là, en effet, celui qui sait n'a pas à faire et celui qui fait n'a pas besoin de pensée ni de connaissance. Platon se rendait encore parfaitement compte qu'il proposait une transformation révolutionnaire de la *polis* en appliquant à son administration les maximes habituellement valables pour un ménage bien ordonné[1]. (C'est une erreur courante d'interpréter Platon comme s'il avait voulu supprimer la famille et le foyer ; il voulait, au contraire, généraliser la vie du foyer et donner à tous les citoyens une seule grande famille. Autrement dit, il voulait éliminer le caractère privé de la communauté familiale, et c'est dans ce but qu'il recommanda l'abolition de la propriété privée et du mariage individuel[2].)

1. C'est une thèse décisive du *Politique* qu'il n'y a point de différence entre la constitution d'une grande famille et celle de la *polis* (*Ibid.*, 259), de sorte que la même science doit s'occuper des questions politiques et des questions « économiques » ou familiales.

2. Ceci est manifeste dans les passages du cinquième livre de la *République* qui exposent que la crainte d'attaquer un fils, un frère

Pour les Grecs, les rapports entre gouvernement et gouvernés, entre commandement et obéissance, étaient par définition identiques aux rapports entre maître et esclaves, et par conséquent excluaient toute possibilité d'action. Ainsi, en soutenant que dans la vie publique les règles de conduite doivent s'inspirer des relations entre maître et esclaves dans une maison bien ordonnée, Platon voulait dire, en fait, que l'action ne devrait jouer aucun rôle dans les affaires humaines.

Il est évident que le système de Platon doit permettre un ordre permanent dans les affaires humaines, beaucoup mieux que celui du tyran qui s'efforce d'éliminer du domaine public tous les hommes, sauf lui. Les citoyens garderaient une certaine participation aux affaires publiques, mais ils « agiraient » certainement comme un seul homme, sans qu'il y eût même une possibilité de dissension, moins encore de luttes partisanes : au moyen du gouvernement « le grand nombre ne fait plus qu'un », l'apparence corporelle exceptée[1]. Historiquement, le concept de gouvernement, bien que tirant son origine du foyer, du domaine familial, a joué son rôle le plus décisif dans l'organisation des affaires publiques, et pour nous il est invariablement lié à la politique. Cela ne doit pas nous faire oublier que pour Platon il s'agissait d'une catégorie beaucoup plus générale. Il y voyait le moyen principal d'ordonner et de juger les affaires humaines sous tous leurs aspects. On s'en rend compte déjà dans l'insistance avec laquelle

---

ou un père causerait une paix générale dans son État utopique. En raison de la communauté des femmes, personne ne connaîtrait ses parents, frères, sœurs, etc. (cf. surtout 463 C et 465 B).

1. *République*, 443 E.

il voulut que l'on considérât la cité comme l'« homme agrandi » et dans la hiérarchie psychologique qu'il construisit d'après l'ordre public de son utopie ; on le voit plus clairement encore dans la logique grandiose avec laquelle il introduisit le principe de domination dans les rapports de l'homme avec soi. Le critère suprême de l'aptitude à gouverner autrui, c'est, chez Platon comme dans la tradition aristocratique de l'Occident, la capacité de se gouverner soi-même. De même que le roi-philosophe commande à la cité, l'âme commande au corps, la raison commande aux passions. Chez Platon, la légitimité de cette tyrannie en tout ce qui concerne l'homme, sa conduite envers soi-même non moins que sa conduite envers autrui, s'enracine encore dans le sens équivoque du mot *archein* qui signifie à la fois « entreprendre » et « gouverner » ; il est essentiel pour Platon, comme il le dit expressément à la fin des *Lois*, que seule l'entreprise *(archè)* ait le droit de gouverner *(archein)*. Dans la tradition de la pensée platonicienne cette similitude originelle, linguistiquement prédéterminée, du gouvernement et de l'entreprise eut pour conséquence que toute entreprise passa pour légitimer l'autorité jusqu'au moment où, pour finir, la notion d'entreprise disparut complètement du concept d'autorité. De ce fait, la conception fondamentale la plus authentique de la liberté humaine disparut de la philosophie politique.

La séparation platonicienne entre savoir et faire reste à la base de toutes les théories de la domination qui ne sont pas de simples justifications d'une volonté de puissance irréductible et irresponsable. Par la seule force de la mise en concepts et de l'illumination philosophique, l'assimilation du savoir au commandement, à l'autorité, et de l'action à l'obéissance, à l'exécution, annula toutes les expériences précédentes, toutes les articulations anciennes du domaine politique ; elle domina entièrement la tradition de la pensée politique même lorsqu'on eut oublié les bases expérimentales d'où Platon avait tiré ses concepts. Outre le singulier mélange de profondeur et de beauté de la pensée platonicienne, dont l'enchantement devait lui faire franchir les siècles, il y a une raison pour la longévité de ce fragment particulier de l'œuvre du philosophe : c'est qu'en remplaçant l'action par le gouvernement, ce dernier renforçait cette substitution au moyen d'une interprétation plus plausible encore en termes de faire, de fabrication. Il est vrai en effet – et Platon, qui avait emprunté le mot clé de sa philosophie, l'« idée », à la vie de l'artisanat, dut être le premier à le remarquer – il est vrai que la division entre savoir et faire, si étrangère au domaine de l'action dont le sens et la validité s'effondrent dès que se séparent la pensée et l'action, est une expérience quotidienne de la fabrication, dont les processus se scindent évidemment en deux parties : d'abord la perception de l'image ou forme *(eidos)* du produit futur, ensuite l'organisation des moyens et le début de l'exécution.

Ce désir de substituer le faire à l'agir afin de conférer au domaine des affaires humaines la solidité inhérente à l'œuvre et à la fabrication apparaît nettement lorsqu'il concerne le centre même de la philosophie de Platon, la doctrine des idées. Quand Platon ne se préoccupe pas de philosophie politique (dans *Le Banquet* par exemple), il décrit les idées comme « ce qui est très brillant » *(ekphanestaton)* et en fait ainsi des variantes du beau. C'est seulement dans la *République* que les idées se changent en normes, en étalons de mesure, en règles de conduite, autant de variantes ou de dérivées de l'idée du « bien », au sens grec, c'est-à-dire de ce qui est « bon pour », de la convenance[1]. Cette transformation était nécessaire pour appliquer la doctrine des idées à la politique, et c'est essentiellement dans un but politique, afin d'ôter aux affaires humaines leur caractère de fragilité, que Platon crut devoir placer le bien, et non pas le beau, au rang d'idée suprême. Mais cette idée du bien n'est pas l'idée la plus haute du philosophe qui, souhaitant contempler l'essence véritable de l'Être, laisse la sombre caverne des affaires humaines pour le ciel pur des idées ; même dans la *République* le philosophe se définit encore comme amant de la beauté, et non de la bonté. Le bien est l'idée la plus élevée du *roi*-philosophe, qui veut gouverner les affaires humaines parce qu'il est obligé de vivre parmi les hommes et ne peut toujours demeurer au ciel des idées. C'est seulement lorsqu'il retourne à la caverne des affaires humaines pour partager une fois de plus la vie de ses semblables que, pour sa gouverne, il a besoin des idées comme de normes et de règles servant à mesurer et à englober la multitude des paroles et actions humaines, avec l'assurance absolue, « objective » de l'artisan qui

1. Le mot *ekphanestaton* est employé dans le *Phèdre* (250) pour désigner la principale qualité du beau. Dans la *République* (518), on attribue une qualité analogue à l'idée du bien, dite *phanotaton*. Les deux mots viennent de *phainesthai* (« paraître », « briller »), ils sont dans les deux cas au superlatif. Il est évident que l'éclat, le brillant est une qualité qui s'applique mieux au beau qu'au bien.

fabrique des lits particuliers, et du profane qui les juge, en se guidant l'un et l'autre sur un modèle inaltérable, l'« idée » du lit en général[1].

Techniquement, le grand avantage de cette transformation et de cette application de la doctrine des idées au domaine politique est d'éliminer l'élément personnel dans la conception platonicienne du gouvernement idéal. Platon savait fort bien que ses analogies favorites empruntées à la vie familiale, les rapports entre maître et esclave ou entre berger et troupeau, exigeraient du souverain une vertu quasi divine pour le distinguer de ses sujets aussi nettement que le berger se distingue des moutons ou le maître des esclaves[2]. À concevoir, au contraire, l'espace public à l'image d'un objet fabriqué, on ne posait plus comme condition qu'une maîtrise ordinaire, une expérience dans l'art politique comparable à celle que l'on peut avoir dans

1. Werner Jaeger (*Paideia*, II, 416, n.) déclare : « L'idée qu'il y a un art suprême de mesurer et que chez le philosophe la connaissance de la valeur *(phronèsis)* est faculté de mesurer, se retrouve dans toute l'œuvre de Platon jusqu'au bout » ; cela n'est vrai que de la philosophie politique de Platon, où l'idée du bien remplace l'idée du beau. Le mythe de la Caverne, tel que l'expose la *République*, constitue bien le centre de la politique de Platon, mais la doctrine des idées qui y est présentée doit s'entendre comme appliquée à la politique ; ce n'en est pas l'aspect originel, purement philosophique, que nous ne pouvons examiner ici. En fait, en caractérisant la « connaissance des valeurs » comme une *phronèsis*, Jaeger en indique la nature politique, non philosophique ; en effet, le mot *phronèsis* chez Platon et Aristote désigne l'intuition de l'homme d'État plutôt que la vision du philosophe.

2. Dans le *Politique*, où il suit surtout cette pensée, Platon conclut ironiquement : en cherchant quelqu'un qui fût aussi digne de gouverner les hommes que le berger de gouverner son troupeau, nous avons trouvé « un dieu au lieu d'un mortel » (275).

tous les arts, où le facteur décisif n'est pas dans la personne de l'artiste ou de l'artisan, mais dans l'objet impersonnel de l'art ou du métier. Dans la *République*, le roi-philosophe applique les idées comme l'artisan ses règles et ses mesures ; il « fait » sa cité comme le sculpteur sa statue[1] ; et, pour finir, dans l'œuvre de Platon ces idées deviennent des lois qu'il n'y a plus qu'à mettre en pratique[2].

Dans cette conception, l'apparition d'un système politique utopique que n'importe qui, après avoir appris les techniques des affaires humaines, peut construire d'après un modèle, devient une chose presque naturelle ; Platon, qui fut le premier à fournir un plan de montage pour fabrication d'États, est resté l'inspirateur de toutes les utopies. Et, bien que ces utopies n'aient jamais joué de rôle sensible dans l'Histoire – car, dans les rares cas où des plans utopiques se sont réalisés, ils se sont vite écroulés sous le poids de la réalité, moins la réalité des circonstances extérieures que celle des vraies relations humaines qui leur échappaient –, elles ont servi de manière fort efficace à conserver et développer une tradition de pensée politique, dans laquelle, consciemment ou

1. *République*, 420.

2. Il peut être intéressant de noter cette évolution dans la théorie politique de Platon : dans la *République*, pour distinguer entre gouvernants et gouvernés, il se guide sur les rapports entre expert et profane ; dans le *Politique*, il s'appuie sur la relation entre savoir et faire ; dans les *Lois*, tout ce qui reste à l'homme d'État, tout ce qui est nécessaire au fonctionnement du domaine public, c'est l'exécution de lois inchangeables. Ce qui est surtout frappant dans cette évolution, c'est la diminution progressive des facultés qu'exige l'exercice de la politique.

inconsciemment, on interprète le concept d'action en termes de faire, de fabrication.

Il y a toutefois une chose remarquable dans l'histoire de cette tradition. Il est vrai que la violence, sans laquelle ne se ferait aucune fabrication, a toujours joué un rôle important dans les doctrines et systèmes politiques fondés sur une interprétation de l'action en termes de fabrication ; mais, jusqu'à l'époque moderne, cet élément de violence est strictement instrumental, un moyen ayant besoin d'une fin qui le justifiât et le limitât, de sorte que l'on ne trouve aucune glorification de la violence en soi dans la tradition politique antérieure à l'époque moderne. Généralement parlant, cette glorification était impossible tant que la contemplation et la raison passèrent pour les plus hautes facultés de l'homme, puisque dans une telle hypothèse la fabrication non moins que l'action, sans parler du travail, demeuraient elles-mêmes secondaires et instrumentales. En conséquence, à l'intérieur du domaine de la théorie politique la notion de gouvernement et les questions connexes de légitimité et de juste autorité jouèrent un rôle beaucoup plus décisif que la conception et les interprétations de l'action. Il a fallu l'âge moderne, convaincu que l'homme ne peut connaître que ce qu'il fait, que ses facultés prétendument supérieures dépendent du faire et qu'il est donc avant tout *homo faber* et non *animal rationale*, pour mettre en évidence la violence inhérente depuis très longtemps à toutes les interprétations du domaine des affaires humaines comme sphère de fabrication. Ce fut particulièrement frappant dans la série des révolutions caractéristiques de l'époque moderne, qui toutes – à l'exception de la Révolution américaine – font voir la même combinaison d'enthousiasme romain pour la fondation d'une cité nouvelle et de glorification de la violence comme unique moyen de « faire » cette cité. L'aphorisme de Marx : « La violence est l'accoucheuse de toute vieille société grosse d'une société nouvelle », c'est-à-dire de tout changement en Histoire et en politique[1], ne fait qu'exprimer la conviction de l'époque et tirer les conséquences de sa croyance la mieux enracinée : l'Histoire est « faite » par les hommes comme la nature est « faite » par Dieu.

La persistance et le succès de la métamorphose de l'action en un mode de la fabrication, tout le vocabulaire de la théorie et de la réflexion politiques en témoigne : il en devient presque impossible de traiter ces questions sans employer la catégorie de la fin et des moyens, sans penser en termes d'instrumentalité. On peut trouver plus persuasive encore l'unanimité avec laquelle certains proverbes dans toutes les langues modernes nous assurent que « qui veut la fin veut les moyens » et que « l'on ne fait pas d'omelette sans casser les œufs ». Notre génération est peut-être la première à bien voir les conséquences meurtrières d'une ligne de pensée qui force à admettre que tous les moyens, pourvu qu'ils soient efficaces, sont bons et justifiés à poursuivre ce qu'on aura défini comme

1. *Das Kapital*, vol. I, p. 680. D'autres pages de Marx indiquent qu'il ne borne pas la portée de cette remarque à la manifestation des forces sociales ou économiques. Par exemple : « Dans l'Histoire réelle il est notoire que la conquête, l'asservissement, le pillage, le meurtre, bref la violence jouent le plus grand rôle » (*op. cit.*, p. 785).

fin. Cependant, pour fuir ces sentiers battus de la pensée, il ne suffit pas d'ajouter des distinctions en disant par exemple que tous les moyens ne sont pas permis ou qu'en certaines circonstances les moyens peuvent être plus importants que les fins ; ou bien ces distinctions admettent sans examen un système moral qui, les exhortations le prouvent, ne va pas sans dire, ou bien elles succombent au langage et aux analogies qu'elles emploient. Car parler de fins qui ne justifient pas tous les moyens, c'est parler en paradoxes, la définition d'une fin étant précisément la justification des moyens ; et les paradoxes soulignent des énigmes, ils ne les résolvent pas et ne sont donc jamais convaincants. Tant que nous croirons avoir affaire à des fins et à des moyens dans le domaine politique, nous ne pourrons empêcher personne d'utiliser n'importe quels moyens pour poursuivre des fins reconnues.

La substitution du faire à l'agir qu'accompagne la dégradation de la politique devenue un moyen en vue d'une fin prétendue « plus haute » – dans l'Antiquité la protection des bons contre le règne des mauvais en général, et la sécurité du philosophe en particulier[1], au Moyen Âge le salut des âmes, à l'époque moderne la productivité et le progrès social – cette substitution est aussi ancienne que la tradition de la philosophie politique. C'est seulement l'époque moderne, il est vrai, qui a défini l'homme comme *homo faber* surtout,

1. Que l'on compare le mot de Platon : si le philosophe souhaite gouverner les hommes, c'est seulement par crainte d'être gouverné par les pires citoyens (*République*, 347), à celui de saint Augustin : la fonction du gouvernement est de permettre aux « bons » de vivre paisiblement parmi les « mauvais » (*Epistolae*, 153, 6).

comme fabricant d'outils et producteur d'objets et qui en conséquence a pu surmonter le mépris et la défiance que la tradition avait toujours eus pour le domaine de la fabrication dans son ensemble. Mais cette tradition, dans la mesure où elle s'était tournée contre l'action – moins ouvertement certes mais tout aussi effectivement –, avait été forcée d'interpréter l'agir en termes de faire et ainsi, malgré sa défiance et son mépris, avait introduit dans la philosophie politique des tendances, des schèmes de pensée sur lesquels l'âge moderne allait pouvoir s'appuyer. À cet égard, l'âge moderne n'a pas renversé la tradition, il l'a plutôt libérée des « préjugés » qui l'avaient empêchée d'affirmer ouvertement la supériorité de l'œuvre et des métiers sur les opinions et agissements « oiseux » qui constituent le domaine des affaires humaines. Le fait est que Platon et à un degré moindre Aristote, tout en jugeant les artisans indignes d'être citoyens de plein droit, furent les premiers à proposer de manier la politique et de gouverner l'État d'après la technique des métiers. Cette contradiction apparente indique bien la profondeur des problèmes authentiques de la faculté d'agir et la force de la tentation que l'on a d'en éliminer les risques et les dangers en introduisant dans le réseau des relations humaines les catégories plus sûres, plus solides que comportent les activités par lesquelles nous affrontons la nature et bâtissons le monde artificiel des hommes.

L'action comme processus

L'instrumentalisation de l'action et la dégradation de la politique devenue moyen en vue d'autre chose n'ont évidemment pas réussi à supprimer tout à fait l'action, qui reste l'une des expériences humaines essentielles, ni à détruire complètement le domaine des affaires humaines. Nous avons vu que dans notre monde la suppression apparente du travail, en tant qu'effort pénible, associé à toute vie humaine a eu pour première conséquence que l'œuvre s'exécute aujourd'hui dans le style du travail, et que les produits de l'œuvre, les objets d'usage, se consomment comme de simples biens de consommation. De même, en essayant de supprimer l'action à cause de son incertitude et de préserver de la fragilité les affaires humaines en les traitant comme si elles étaient ou pouvaient devenir les produits planifiés d'une technique, on a abouti d'abord à concentrer la faculté d'agir, d'entreprendre des processus nouveaux et spontanés qui n'existeraient pas sans l'homme, sur une attitude envers la nature, qui jusqu'au dernier stade de l'époque moderne a consisté à explorer les lois naturelles et à fabriquer des objets avec des matériaux naturels. À quel point nous avons commencé à agir sur la nature, au sens littéral du mot, on peut l'entrevoir d'après une remarque faite en passant par un savant qui déclarait fort sérieusement : « La recherche fondamentale, c'est quand je fais ce que je ne sais pas que je fais[1]. »

1. D'après une interview de Werner von Braun publiée dans le *New York Times*, 16 décembre 1957.

Cela commença de façon assez inoffensive par l'expérimentation, dans laquelle les hommes ne se contentèrent plus d'observer, d'enregistrer et de contempler ce que la nature telle qu'on la voit était prête à livrer, mais se mirent à prescrire des conditions et à provoquer des processus naturels. L'évolution qui perfectionna sans cesse l'art de déclencher des processus élémentaires qui, sans l'intervention de l'homme, seraient demeurés virtuels et n'auraient peut-être jamais eu lieu, aboutit finalement à un véritable art de « faire » la nature, autrement dit de créer des processus « naturels » qui n'existeraient pas sans l'homme et que la nature terrestre semble incapable d'accomplir elle-même, encore que des processus analogues ou identiques puissent être phénomènes courants dans l'univers qui entoure la Terre. Grâce à l'expérimentation, dans laquelle nous avons imposé aux processus naturels des conditions pensées par l'homme, et par laquelle nous avons fait entrer de force ces processus dans des structures faites par l'homme, nous avons enfin appris à « reproduire le processus qui se déroule dans le Soleil », c'est-à-dire à obtenir de processus naturels sur Terre les énergies qui, sans nous, ne se dégagent que dans l'univers.

Le simple fait que les sciences naturelles soient devenues exclusivement des sciences de processus et, au dernier stade, des sciences de « processus sans retour » virtuellement irréversibles, irrémédiables, indique très clairement que, quelle que soit la puissance cérébrale nécessaire pour les déclencher, la faculté humaine sous-jacente qui seule peut être à l'origine de cet état de choses n'est pas une faculté « théorique », contemplation ou raison : c'est la faculté d'agir, de déclencher des processus sans précédent, dont l'issue demeure incertaine et imprévisible dans le domaine, humain ou naturel, où ils vont se dérouler.

Dans cet aspect de l'action – extrêmement important pour l'époque moderne, pour l'énorme accroissement des capacités humaines comme pour la conception et la conscience, également neuves, de l'Histoire – on déclenche des processus dont l'issue est imprévisible, de sorte que l'incertitude plus que la fragilité devient la caractéristique essentielle des affaires humaines. Cette propriété de l'action avait généralement échappé à l'attention des Anciens et, c'est le moins qu'on puisse dire, elle n'avait pas trouvé son expression adéquate dans leur philosophie, à laquelle le concept même d'Histoire tel que nous l'entendons était absolument étranger. Le concept central des deux sciences vraiment nouvelles de l'époque moderne, la science naturelle et l'historique, est le concept de processus, qui est fondé sur une expérience humaine : celle de l'action. C'est seulement parce que nous sommes capables d'agir, de déclencher nous-mêmes des processus, que nous pouvons concevoir et l'Histoire et la nature comme des systèmes de processus. Il est vrai que cette caractéristique de la pensée moderne s'est révélée d'abord dans la science de l'Histoire que l'on a, depuis Vico, présentée consciemment comme une « science nouvelle », alors qu'il a fallu des siècles aux sciences naturelles pour se voir obligées par les conséquences mêmes de leurs triomphales réussites d'échanger leur cadre conceptuel désuet contre un vocabulaire étonnamment semblable à celui des sciences historiques.

Quoi qu'il en soit, c'est seulement dans certaines circonstances historiques que la fragilité apparaît comme la grande caractéristique des affaires humaines. Les Grecs mesuraient ces circonstances à la présence éternelle ou à l'éternel retour des choses de la nature, et leur principal souci était de se faire les rivaux et de se rendre dignes d'une immortalité qui environne les hommes mais que les mortels ne possèdent pas. Pour qui n'est pas animé de ce souci d'immortalité, le domaine des affaires humaines aura fatalement un aspect tout différent, voire quelque peu contradictoire : une extraordinaire faculté de rebondissement dont la persistance, la continuité dans le temps sont bien supérieures à la stable durabilité du monde solide des objets. Alors que les hommes ont toujours été capables de détruire n'importe quels produits de la main humaine et qu'ils sont même capables aujourd'hui de détruire ce que l'homme n'a pas fait – la Terre et la nature terrestre –, ils n'ont jamais pu et ils ne pourront jamais anéantir ni même contrôler sûrement le moindre des processus que l'action aura déclenchés. L'oubli lui-même et la confusion qui savent recouvrir si efficacement l'origine et la responsabilité de tel ou tel acte n'arrivent pas à supprimer l'acte ni à empêcher ses conséquences. Et cette incapacité à défaire ce qui a été fait s'accompagne d'une incapacité presque aussi totale à prédire les conséquences de l'acte ou même à s'assurer des motifs de cet acte[1].

---

1. « Man weiss die Herkunft nicht, man weiss die Folgen nicht... der wert der Handlung ist unbekannt », dit Nietzsche (*La Volonté de puissance*, n° 291), sans se rendre compte qu'il ne fait que répéter ce que les philosophes ont toujours reproché à l'action.

Si la force du processus de la production s'absorbe et s'épuise dans le produit, la force du processus de l'action ne s'épuise jamais dans un seul acte, elle peut grandir au contraire quand les conséquences de l'acte se multiplient ; ces processus, voilà ce qui dure dans le domaine des affaires humaines : leur durée est aussi illimitée, aussi indépendante de la fragilité de la matière et de la mortalité des hommes que celle de l'humanité elle-même. Si nous sommes incapables de prédire avec assurance l'issue, la fin d'une action, c'est simplement que cette action n'a pas de fin. Le processus d'un acte peut littéralement durer jusqu'à la fin des temps, jusqu'à la fin de l'humanité.

Cette énorme capacité de durée que possèdent les actes plus que tout autre produit humain serait un sujet de fierté si les hommes pouvaient en porter le fardeau, ce fardeau de l'irréversible et de l'imprévisible d'où le processus de l'action tire toute sa force. Que cela soit impossible, les hommes l'ont toujours su. Ils ont toujours su que celui qui agit ne sait jamais bien ce qu'il fait, qu'il sera « coupable » de conséquences qu'il n'a pas voulues ni même prévues, que si inattendues, si désastreuses que soient ces conséquences il ne peut pas revenir sur son acte, que le processus qu'il déclenche ne se consume jamais sans équivoque en un seul acte ou un seul événement, et que le sens même n'en sera jamais dévoilé à l'acteur, mais seulement à l'historien qui regarde en arrière et qui n'agit pas. Ce sont là des raisons suffisantes pour se détourner avec désespoir du domaine des affaires humaines et pour dédaigner la faculté de liberté, qui en produisant le réseau des relations humaines en empêtre apparemment si bien le producteur que ce dernier semble subir ce qu'il fait, en être la victime beaucoup plus que l'auteur et l'agent. En d'autres termes, nulle part, ni dans le travail soumis à la nécessité de la vie ni dans la fabrication dépendante d'un matériau donné, l'homme n'apparaît moins libre que dans les facultés dont l'essence même est la liberté et dans le domaine qui ne doit son existence qu'à l'homme.

Il est conforme à la grande tradition de l'Occident de suivre cette ligne de pensée : d'accuser la liberté de prendre l'homme au piège de la nécessité, de condamner l'action parce que ses résultats tombent dans un filet prédéterminé de relations, entraînant invariablement avec eux l'agent qui semble aliéner sa liberté dans l'instant qu'il en fait usage. On ne trouve apparemment de salut contre cette sorte de liberté que dans le non-agir, dans l'abstention totale du domaine des affaires humaines, seul moyen pour la personne de sauvegarder sa souveraineté et son intégrité. Si nous laissons de côté les conséquences désastreuses de ces recommandations (qui ne se sont concrétisées en système cohérent de comportement humain que dans le stoïcisme), leur erreur fondamentale semble tenir à l'assimilation de la liberté à la souveraineté, assimilation qui a toujours été admise sans discussion par la pensée politique comme par la philosophie. S'il était vrai que la souveraineté et la liberté sont identiques, alors bien certainement aucun homme ne serait libre, car la souveraineté, idéal de domination et d'intransigeante autonomie, contredit la condition même de pluralité. Aucun homme ne peut être souverain, car la Terre n'est pas habitée par un homme, mais par les hommes : et non pas, comme le soutient la tradition depuis Platon, en raison de la force limitée de l'homme qui le fait dépendre de l'assistance d'autrui. Toutes les recommandations que prodigue la tradition : surmonter la condition de non-souveraineté, acquérir l'intégrité intouchable de la personne humaine, ne visent qu'à compenser la « faiblesse » intrinsèque due à la pluralité. Mais si l'on suivait ces recommandations, si l'on réussissait à surmonter les conséquences de la pluralité, il n'en résulterait pas tant une domination souveraine de soi qu'une domination arbitraire d'autrui ou, comme dans le stoïcisme, un échange du monde réel contre un monde imaginaire où cet autrui n'existerait plus.

En d'autres termes, le problème ne concerne pas la force, ni la faiblesse, et il ne s'agit pas d'autonomie. Dans les religions polythéistes, par exemple, même un dieu, si puissant soit-il, ne saurait être souverain ; ce n'est que dans l'hypothèse d'un seul dieu (« L'Un est unique et seul et le sera éternellement ») que la souveraineté et la liberté sont identiques. En toutes autres circonstances, la souveraineté n'est possible qu'imaginaire, et au prix de la réalité. Comme l'épicurisme sur l'illusion du bonheur de l'homme qu'on brûle vif dans le Taureau de Phalère, le stoïcisme repose sur l'illusion de la liberté de l'esclave. Les deux illusions témoignent du pouvoir psychologique de l'imagination, mais ce pouvoir ne peut s'exercer que lorsque la réalité du monde et des vivants où l'on est et paraît ou bien heureux ou bien malheureux, ou bien libre ou bien esclave, est si bien effacée que les vivants et le monde ne sont même plus admis comme spectateurs au spectacle de l'illusion.

Si l'on emprunte à la tradition sa conception de la liberté assimilable à la souveraineté, la coexistence de la liberté et de la non-souveraineté, du pouvoir d'entreprendre et de l'incapacité de diriger ou de prévoir les conséquences, semble quasi nous obliger à conclure que l'existence humaine est absurde[1]. Étant donné la réalité humaine et son évidence phénoménale, il est certainement aussi faux de nier la liberté humaine sous prétexte que l'agent ne reste pas maître de ses actes que de soutenir la possibilité de la souveraineté humaine en raison du fait incontestable de la liberté[2]. La question qui se pose alors est de savoir si cette notion de liberté et non-souveraineté s'excluant réciproquement n'est pas contredite par la réalité ou, pour mieux dire, si la

---

1. Cette conclusion « existentialiste » doit bien moins qu'on ne le croit à une authentique révision des normes et des concepts traditionnels ; en fait, elle appartient à la tradition et aux concepts traditionnels, mais avec un certain esprit de révolte. La conséquence la plus logique de cette révolte est donc un retour à des « valeurs religieuses » qui, toutefois, ne s'enracinent plus dans des expériences, dans une foi authentiquement religieuses, mais qui sont, comme toutes les « valeurs » spirituelles modernes, des valeurs d'échange, que l'on obtient dans ce cas contre les « valeurs » abandonnées du désespoir.

2. Quand la fierté de l'homme est encore intacte, c'est le tragique plutôt que l'absurde qui passe pour la marque de l'existence humaine. C'est ce que nul n'a mieux représenté que Kant, pour qui la spontanéité de l'acte et les facultés connexes de la raison pratique, y compris le jugement, demeurent les qualités distinctives de l'homme même si l'action tombe dans le déterminisme des lois naturelles, même si le jugement ne peut pénétrer le secret du réel absolu *(Ding an sich)*. Kant eut le courage d'acquitter l'homme des conséquences de son acte en insistant seulement sur la pureté de ses motifs : c'est ce qui lui épargna de perdre sa foi en l'homme et en sa grandeur possible.

capacité d'agir ne recèle pas en elle-même certaines possibilités qui lui permettent d'échapper aux conséquences de la non-souveraineté et de son impuissance.

L'irréversibilité et le pardon

Nous avons vu que l'*animal laborans*, prisonnier du cycle perpétuel du processus vital, éternellement soumis à la nécessité du travail et de la consommation, ne peut échapper à cette condition qu'en mobilisant une autre faculté humaine, la faculté de faire, fabriquer, produire, celle de l'*homo faber* qui, fabricant d'outils, non seulement soulage les peines du travail mais aussi édifie un monde de durabilité. La rédemption de la vie entretenue par le travail, c'est l'appartenance au-monde entretenu par la fabrication. Nous avons vu en outre que l'*homo faber*, victime du non-sens, de la « dépréciation des valeurs », de l'impossibilité de trouver des normes valables dans un monde déterminé par la catégorie de-la-fin-et-des-moyens, ne peut se libérer de cette condition que grâce aux facultés jumelles de l'action et de la parole qui produisent des histoires riches de sens aussi naturellement que la fabrication produit des objets d'usage. Si ce n'était hors de notre propos nous pourrions ajouter à ces situations celle de la pensée ; car la pensée aussi est incapable de sortir, par ses propres moyens, des conditions qu'engendre l'activité même de penser. Dans chacun de ces cas, ce qui sauve l'homme – l'homme en tant qu'*animal laborans*, en tant qu'*homo faber*, en tant que penseur –, c'est quelque chose de totalement différent, quelque chose qui vient d'ailleurs : une chose extérieure, non certes à l'homme, mais à chacune des activités en question. Au point de vue de l'*animal laborans* il est miraculeux d'être aussi un être connaissant et habitant un monde ; au point de vue de l'*homo faber* il est miraculeux, c'est comme une révélation du divin, qu'il puisse y avoir place en ce monde pour une signification.

Le cas de l'action et de ses problèmes est tout différent. Contre l'irréversibilité et l'imprévisibilité du processus déclenché par l'action le remède ne vient pas d'une autre faculté éventuellement supérieure, c'est l'une des virtualités de l'action elle-même. La rédemption possible de la situation d'irréversibilité – dans laquelle on ne peut défaire ce que l'on a fait, alors que l'on ne savait pas, que l'on ne pouvait pas savoir ce que l'on faisait –, c'est la faculté de pardonner. Contre l'imprévisibilité, contre la chaotique incertitude de l'avenir, le remède se trouve dans la faculté de faire et de tenir des promesses. Ces deux facultés vont de pair : celle du pardon sert à supprimer les actes du passé, dont les « fautes » sont suspendues comme l'épée de Damoclès au-dessus de chaque génération nouvelle ; l'autre, qui consiste à se lier par des promesses, sert à disposer, dans cet océan d'incertitude qu'est par définition l'avenir, des îlots de sécurité sans lesquels aucune continuité, sans même parler de durée, ne serait possible dans les relations des hommes entre eux.

Si nous n'étions pardonnés, délivrés des conséquences de ce que nous avons fait, notre capacité d'agir serait comme enfermée dans un acte unique dont nous ne pourrions jamais nous relever ; nous resterions à jamais victimes de ses conséquences, pareils à l'apprenti sorcier qui, faute de formule magique, ne pouvait briser le charme. Si nous n'étions liés par des promesses, nous serions incapables de conserver nos identités ; nous serions condamnés à errer sans force et sans but, chacun dans les ténèbres de son cœur solitaire, pris dans les équivoques et les contradictions de ce cœur – dans des ténèbres que rien ne peut dissiper, sinon la lumière que répand sur le domaine public la présence des autres, qui confirment l'identité de l'homme qui promet et de l'homme qui accomplit. Les deux facultés dépendent donc de la pluralité, de la présence et de l'action d'autrui, car nul ne peut se pardonner à soi-même, nul ne se sent lié par une promesse qu'il n'a faite qu'à soi ; pardon et promesse dans la solitude ou l'isolement demeurent irréels et ne peuvent avoir d'autre sens que celui d'un rôle que l'on joue pour soi.

Ces facultés correspondant très nettement à la condition humaine de pluralité, leur jeu en politique fonde une série de principes directeurs diamétralement différents des normes « morales » inhérentes à la notion platonicienne de gouvernement. Car chez Platon l'exercice du gouvernement, dont la légitimité repose sur la domination du moi, tire ses principes directeurs – qui justifient et limitent en même temps le pouvoir sur autrui – d'une relation établie entre moi et moi-même, si bien que le juste et l'injuste dans les relations avec autrui sont déterminés par des attitudes envers le moi : pour finir on se représente l'ensemble du domaine public à l'image de l'« homme agrandi », du bon ordre établi entre les facultés individuelles de l'esprit, de l'âme et du corps. D'un autre côté, le code moral auquel donnent lieu les facultés de pardon et de promesse repose sur des expériences que nul ne peut faire dans la solitude et qui se fondent entièrement au contraire sur la présence d'autrui. Et, de même que l'étendue et les modalités de la souveraineté sur soi justifient et déterminent la souveraineté sur autrui – comme on se gouverne, on gouverne les autres –, de même l'étendue et les modalités des pardons et des promesses que l'on reçoit déterminent la manière dont on peut éventuellement se pardonner ou garder des promesses qui ne concernent que soi.

Parce que les remèdes à la force énorme, aux prodigieux ressorts de l'action ne peuvent opérer que dans la condition de pluralité, il est très dangereux d'employer cette faculté ailleurs que dans le domaine des affaires humaines. Les sciences et les techniques modernes qui ont cessé d'observer, d'utiliser ou d'imiter les processus naturels et paraissent réellement agir sur la nature, semblent du même coup avoir introduit l'irréversibilité et l'imprévisibilité humaines dans la sphère de la nature où n'existe aucun remède qui déferait ce qui a été fait. De même, il semble que l'un des grands dangers de l'action conçue comme fabrication, dans le cadre des catégories de fins et de moyens, c'est que dans le même temps l'on se prive des remèdes qui n'appartiennent qu'à l'action : il faut alors non seulement *faire* avec tous les moyens de la violence nécessaires à toute fabrication, mais encore *défaire* ce que l'on a fait comme l'on défait un objet mal réussi, par des moyens de destruction. Rien de plus éclatant dans ces tentatives que la grandeur de la puissance humaine, qui a sa source dans la capacité d'agir et qui, sans les remèdes propres à l'action, commence inévitablement à surpasser et à détruire non pas l'homme lui-même, mais les conditions dans lesquelles la vie fut donnée à l'homme.

C'est Jésus de Nazareth qui découvrit le rôle du pardon dans le domaine des affaires humaines. Qu'il ait fait cette découverte dans un contexte religieux, qu'il l'ait exprimée dans un langage religieux, ce n'est pas une raison pour la prendre moins au sérieux en un sens strictement laïc. C'est une caractéristique de notre tradition politique (pour des raisons que nous ne pouvons examiner ici) d'avoir toujours été extrêmement sélective et d'exclure de son système de concepts un grand nombre d'authentiques expériences politiques, parmi lesquelles nous ne serons pas surpris d'en trouver de réellement fondamentales. Certains aspects de la doctrine de Jésus, qui ne sont pas essentiellement liés au message chrétien et qui ont plutôt leur origine dans la vie de la petite communauté très serrée des disciples enclins à défier les autorités publiques d'Israël, comptent certainement parmi ces expériences, bien qu'on les ait négligés en raison de leur nature prétendue exclusivement religieuse. Seul signe rudimentaire que l'on se soit rendu compte que le pardon peut être le correctif nécessaire des inévitables préjudices résultant de l'action : le principe romain d'épargner les vaincus *(parcere subjectis)* – sagesse totalement inconnue des Grecs – ou le droit de commuer la peine de mort, probablement d'origine romaine aussi, prérogative de presque tous les chefs d'État en Occident.

Ce qui pour nous est essentiel, c'est que Jésus soutient contre « les scribes et les pharisiens » premièrement qu'il est faux que Dieu seul ait le pouvoir de pardonner[1], et deuxièmement que ce pouvoir ne vient pas de Dieu – comme si Dieu pardonnait à travers les hommes – mais doit au contraire s'échanger entre les hommes qui, après seulement, pourront espérer se faire pardonner aussi de Dieu. Jésus s'exprime de manière plus radicale encore. L'homme, dans l'Évangile, n'est pas censé pardonner parce que Dieu pardonne ; il n'a pas à « faire de même » ; mais « si chacun de vous ne pardonne pas du fond du cœur », alors c'est Dieu qui « vous traitera de même »[2]. La raison de cette insistance sur le devoir de pardonner est évidemment qu'« ils ne savent pas ce qu'ils font », et ce devoir ne s'applique pas aux extrêmes du crime et de la perversité, car en ce cas il n'eût pas été nécessaire d'enseigner : « Et si sept fois le jour il pèche contre toi et que sept fois il revienne à toi, en disant : Je me repens, tu lui pardonneras[3]. » Le

1. Cela est dit très nettement dans Luc, 5, 21-24 (cf. Matt., 9, 4-6 ou Marc, 12, 7-10) où Jésus accomplit un miracle pour prouver que « le Fils de l'Homme a le pouvoir sur Terre de remettre les péchés », l'accent étant mis sur l'expression « sur Terre ». C'est cette insistance sur le « pouvoir de remettre les péchés », plus encore que les miracles, qui trouble les gens : « Et les convives se mirent à dire en eux-mêmes : Quel est cet homme qui va jusqu'à pardonner les péchés ? » (Luc, 7, 49).

2. Matt., 18, 35 (cf. Marc, 11, 25) : « Et quand vous êtes debout en prières… pardonnez afin que votre Père qui est aux Cieux vous pardonne aussi vos offenses. » Ou encore : « Si vous pardonnez aux hommes leurs manquements, votre Père céleste vous pardonnera aussi ; mais si vous ne pardonnez pas aux hommes, votre Père non plus ne vous pardonnera pas vos manquements » (Matt., 6, 14-15). En tous ces exemples, le pouvoir de pardonner est avant tout un pouvoir humain : Dieu « nous remet nos dettes comme nous-mêmes avons remis à nos débiteurs ».

3. Luc, 17, 3-4. Il est important de se rappeler que les trois mots-clés de ce texte – *aphienai, metanoein* et *hamartanein* – dans

crime et la volonté du mal sont rares, encore plus rares peut-être que les actes bons ; selon Jésus, Dieu s'en occupera au Jugement dernier, qui ne joue absolument aucun rôle dans la vie sur Terre et que ne caractérise point le pardon mais la juste rétribution *(apodounai*[1]*)*. Mais les manquements sont des faits de tous les jours dus à la nature même de l'action qui constamment établit de nouveaux rapports dans un réseau de relations, et il faut que l'on pardonne, que l'on laisse aller, pour que la vie puisse continuer en déliant constamment les hommes de ce qu'ils ont fait à leur insu[2]. C'est seulement en se déliant ainsi mutuellement de ce qu'ils font que les hommes peuvent rester de libres agents ; c'est parce qu'ils sont toujours disposés à changer d'avis et à prendre un nouveau départ que l'on peut leur confier

---

le grec du Nouveau Testament ont certaines connotations que la traduction ne rend pas toujours pleinement. Le sens original d'*aphienai* est « renvoyer », « libérer », plutôt que « pardonner » ; *metanoein* signifie « changer d'avis » et – puisqu'il sert aussi à rendre l'hébreu *shuv* – « revenir », « refaire son chemin », plutôt que « se repentir » et les nuances psychologiques émotives que ce verbe comporte. Enfin *hamartanein* est assez bien rendu en anglais par *trespass*, puisqu'il signifie « faire fausse route » et « faillir » plutôt que « pécher » (cf. Heinrich Ebeling, *Griechischdeutsches Wörterbuch zum Neuen Testamente*, 1923). Le verset que j'ai cité pourrait donc se traduire ainsi : « Et s'il empiète sur toi… et… qu'il revienne à toi en disant : J'ai changé d'avis, tu le laisseras aller. »

1. Matt., 16, 27.

2. Cette interprétation paraît justifiée par le contexte (Luc, 17, 1-5) : Jésus souligne d'abord l'inévitabilité des « offenses » *(skandala)* qui sont impardonnables, du moins sur Terre ; car « malheur à celui par qui elles arrivent : mieux vaudrait pour lui se voir passer au cou une pierre de moulin et être jeté dans la mer » ; puis il continue en enseignant le pardon des « manquements » *(hamartaneim)*.

ce grand pouvoir qui est le leur de commencer du neuf, d'innover.

À cet égard, le pardon est exactement le contraire de la vengeance, qui agit en réagissant contre un manquement original et, par là, loin de mettre fin aux conséquences de la première faute, attache les hommes au processus et laisse la réaction en chaîne dont toute action est grosse suivre librement son cours. Par opposition à la vengeance, qui est la réaction naturelle, automatique à la transgression, réaction à laquelle on peut s'attendre et que l'on peut même calculer en raison de l'irréversibilité du processus de l'action, on ne peut jamais prévoir l'acte de pardonner. C'est la seule réaction qui agisse de manière inattendue et conserve ainsi, tout en étant une réaction, quelque chose du caractère original de l'action. En d'autres termes, le pardon est la seule réaction qui ne se borne pas à réagir mais qui agisse de façon nouvelle et inattendue, non conditionnée par l'acte qui l'a provoquée et qui par conséquent libère des conséquences de l'acte à la fois celui qui pardonne et celui qui est pardonné. La liberté que contient la doctrine du pardon enseignée par Jésus délivre de la vengeance, laquelle enferme à la fois l'agent et le patient dans l'automatisme implacable du processus de l'action qui, de soi, peut ne jamais s'arrêter.

Le châtiment est une autre possibilité, nullement contradictoire : il a ceci de commun avec le pardon qu'il tente de mettre un terme à une chose qui, sans intervention, pourrait continuer indéfiniment. Il est donc très significatif, c'est un élément structurel du domaine des affaires humaines, que les hommes soient incapables de pardonner ce qu'ils ne peuvent punir, et qu'ils soient incapables de punir ce qui se révèle impardonnable. C'est la véritable marque des offenses que l'on nomme depuis Kant « radicalement mauvaises » et dont nous savons si peu de chose, même nous qui avons été exposés à l'une de leurs rares explosions en public. Tout ce que nous savons, c'est que nous ne pouvons ni punir ni pardonner ces offenses, et que par conséquent elles transcendent le domaine des affaires humaines et le potentiel du pouvoir humain qu'elles détruisent tous deux radicalement partout où elles font leur apparition. Alors, lorsque l'acte lui-même nous dépossède de toute puissance, nous ne pouvons vraiment que répéter avec Jésus : « Mieux vaudrait pour lui se voir passer au cou une pierre de moulin et être jeté dans la mer… »

La meilleure preuve peut-être qu'il existe entre agir et pardonner des liens aussi étroits qu'entre faire et détruire vient de cet aspect du pardon, où la suppression de ce qui a été fait paraît témoigner du même caractère de révélation que l'acte lui-même. Le pardon, avec la relation qu'il établit, est toujours une affaire éminemment personnelle (bien que non pas nécessairement individuelle ni privée) dans laquelle on pardonne *ce qui* a été commis par égard pour *celui qui* l'a commis. Cela aussi Jésus l'a nettement marqué (« Ses nombreux péchés lui sont pardonnés puisqu'elle a montré beaucoup d'amour. Mais celui à qui on pardonne peu montre peu d'amour »), et c'est pourquoi l'on pense communément que l'amour seul a le pouvoir de pardonner. Car l'amour, phénomène très rare, il est vrai, dans la vie humaine[1], possède un pouvoir de révélation sans égal de même qu'une perception inégalée pour voir se dévoiler le *qui* : c'est que précisément il se désintéresse, au point d'être totalement absent-du-monde, de *ce que* peut être la personne aimée, de ses qualités et défauts comme de ses succès, manquements ou transgressions. L'amour, en raison de sa passion, détruit l'entre-deux qui nous rapproche et nous sépare d'autrui. Tant que dure son enchantement, le seul entre-deux qui puisse s'insérer entre deux amants est l'enfant, produit de l'amour. L'enfant, cet entre-deux auquel les amants sont maintenant reliés et qu'ils ont en commun, représente le monde par le fait qu'il les sépare aussi ; cela indique qu'ils vont insérer un monde nouveau dans le monde existant[2]. En passant par l'enfant, dirait-on, les amants rentrent dans le monde d'où leur amour les a chassés. Mais cette nouvelle appartenance-au-monde, résultat possible et seul dénouement heureux d'une liaison, est en un sens la fin de l'amour, qui doit ou bien ressaisir les amants

1. Le préjugé répandu selon lequel l'amour est aussi fréquent que les histoires sentimentales vient sans doute de ce que la poésie a fait notre éducation. Mais les poètes nous trompent ; ils sont les seuls pour qui l'amour soit une expérience non seulement cruciale mais même indispensable, ce qui les autorise à la croire universelle.

2. Cette faculté créatrice de l'amour n'est pas la fertilité qui sert de fondement à la plupart des mythes de la création. Mais voici un conte mythologique qui emprunte clairement ses images à l'expérience de l'amour : le ciel apparaît comme une gigantesque déesse qui se penche encore vers le dieu Terre, dont elle est séparée par le dieu Air, leur enfant, qui la soulève. Ainsi l'espace aérien du monde naît et s'insère entre la Terre et le Ciel. Je n'ai pu déterminer l'origine de ce mythe, cité par Wolfgang Schadewaldt, « Das Welt-Modell der Griechen », *Neue Rundschau* (1957), vol. LXVIII, n° 2.

ou bien se transformer en un lien différent. L'amour est, de nature, étranger-au-monde et c'est pour cette raison plutôt que pour sa rareté qu'il est non seulement apolitique, mais même antipolitique – la plus puissante, peut-être, de toutes les forces antipolitiques.

Donc, s'il était vrai, comme l'a pensé le christianisme, que seul l'amour peut pardonner puisque l'amour seul sait pleinement accueillir *qui* est quelqu'un, au point d'être toujours prêt à lui pardonner n'importe quoi, le pardon devrait demeurer tout à fait en dehors de nos considérations. Mais à l'amour, à ce qu'il est dans sa sphère bien close, correspond le respect dans le vaste domaine des affaires humaines. Le respect, comparable à la *philia politikè* d'Aristote, est une sorte d'amitié sans intimité, sans proximité ; c'est une considération pour la personne à travers la distance que l'espace du monde met entre nous, et cette considération ne dépend pas de qualités que nous pouvons admirer, ni d'œuvres qui peuvent mériter toute notre estime. Ainsi de nos jours la disparition du respect, ou plutôt la conviction que l'on ne doit le respect qu'à ceux que l'on admire ou estime, constitue un symptôme très net de la dépersonnalisation constante de la vie publique et sociale. En tout cas, le respect, ne concernant que la personne, suffit amplement à inspirer le pardon de ce que la personne a commis, par égard pour elle. Mais le fait que le même *qui*, révélé dans l'action et la parole, est encore le sujet du pardon est la raison profonde qui explique que personne ne puisse se pardonner à soi-même ; là comme dans la parole et l'action en général, nous dépendons des autres, auxquels nous apparaissons dans une singularité que nous sommes incapables de percevoir nous-mêmes. Enfermés en nous-mêmes nous ne pourrions nous pardonner le moindre manquement, faute de connaître la personne pour la considération de laquelle le pardon est possible.

L'imprévisibilité et la promesse

Contrairement au pardon qui – peut-être à cause de son contexte religieux, ou à cause des rapports avec l'amour qui en accompagnent la découverte – a toujours passé pour peu réaliste, inadmissible dans le domaine public, le pouvoir de stabilisation propre à la faculté de faire des promesses a été reconnu dans toute notre tradition. On peut en chercher l'origine dans le système juridique des Romains, l'inviolabilité des accords et des traités *(pacta sunt servanda)* ; on peut encore remonter à Abraham, l'homme d'Ur en Chaldée, dont toute l'histoire telle que la conte la Bible témoigne d'une telle passion pour les alliances qu'on le croirait sorti de son pays dans le seul but d'essayer dans le vaste monde le pouvoir de la promesse mutuelle, tant et si bien qu'à la fin Dieu lui-même convint de faire alliance avec lui. En tout cas, la variété des théories du contrat depuis les Romains atteste que le pouvoir de promettre est resté de siècle en siècle au centre de la pensée politique.

L'imprévisibilité que l'acte de promettre dissipe au moins partiellement est d'une nature double : elle vient simultanément des « ténèbres du cœur humain », c'est-à-dire de la faiblesse fondamentale des hommes qui ne peuvent jamais garantir aujourd'hui qui ils seront demain, et de l'impossibilité de prédire les conséquences d'un acte dans une communauté d'égaux où tous ont la même faculté d'agir. Si l'homme est incapable de compter sur soi ou d'avoir foi en lui-même (ce qui est la même chose), c'est pour les humains le prix de la liberté, et l'impossibilité de rester les seuls maîtres de ce qu'ils font, d'en connaître les conséquences et de compter sur l'avenir, c'est le prix qu'ils paient pour la pluralité et pour le réel, pour la joie d'habiter ensemble un monde dont la réalité est garantie à chacun par la présence de tous.

La fonction de la promesse est de dominer cette double obscurité des affaires humaines et comme telle elle s'oppose à une sécurité qui repose sur la domination de soi et le gouvernement d'autrui ; elle correspond exactement à l'existence d'une liberté donnée dans la condition de non-souveraineté. Le danger et l'avantage des systèmes politiques qui s'appuient sur les contrats et les traités, à la différence de ceux qui comptent sur la domination et la souveraineté, sont de laisser telles quelles l'imprévisibilité des affaires humaines et la faiblesse des hommes pour en faire simplement l'espace, le milieu dans lequel on ménagera certains îlots de prévisibilité et dans lequel on plantera quelques jalons de sûreté. Dès que les promesses perdent ce caractère d'îlots de certitude dans un océan d'incertitude, autrement dit lorsqu'on abuse de cette faculté pour recouvrir tout le champ de l'avenir et pour y tracer un chemin bien défendu de tous les côtés, elles cessent de lier et d'obliger, et l'entreprise se retourne contre elle-même.

Nous avons parlé plus haut de la puissance qui est engendrée lorsque des hommes se rassemblent et « agissent de concert », et qui disparaît dès qu'ils se séparent. La force qui assure leur cohésion, distincte de l'espace des apparences où ils s'assemblent et de la puissance qui conserve cet espace public, c'est la force de la promesse mutuelle, du contrat. La souveraineté, toujours spécieuse quand la revendique une entité isolée, entité individuelle de la personne ou entité collective d'une nation, accède à une certaine réalité limitée lorsque des hommes se lient les uns aux autres par des promesses. La souveraineté réside dans l'indépendance limitée qui résulte de ces liens : indépendance par rapport au caractère incalculable de l'avenir ; ses limites ne sont autres que celles qui tiennent à la faculté même de faire et de tenir des promesses. La souveraineté d'un groupe d'hommes liés et tenus non pas par une volonté identique qui les inspirerait toujours de façon magique, mais par un dessein concerté, unique raison d'être et seul lien des promesses, se manifeste très clairement dans sa supériorité incontestée sur les gens entièrement libres, que ne lie aucune promesse, que n'attache aucun dessein. Cette supériorité vient de la capacité de disposer de l'avenir comme s'il s'agissait du présent : c'est l'agrandissement formidable, réellement miraculeux de la dimension même dans laquelle il peut y avoir puissance efficace. Nietzsche avec son extraordinaire sensibilité à l'égard des phénomènes moraux, et malgré le préjugé moderne qui lui faisait voir la source de toute-puissance dans la volonté de puissance de l'individu, a vu dans la faculté de promettre (la « mémoire de la volonté » comme il disait) la marque essentielle qui distingue la vie humaine de la vie animale[1]. Si la souveraineté est dans l'action et les affaires humaines ce que la maîtrise est dans le domaine du faire et dans le monde des choses, la grande différence qui les sépare est que la première ne s'obtient que par l'union d'un grand nombre d'hommes, tandis que la seconde ne se conçoit que dans l'isolement.

Dans la mesure où la morale est plus que la somme des mœurs, coutumes et normes de comportement solidifiées par la tradition, validées par le consentement, tradition et consentement qui changent avec le temps, elle ne peut s'appuyer, politiquement du moins, que sur le ferme propos de contrecarrer les risques énormes de l'action en acceptant de pardonner et de se faire pardonner, de faire des promesses et de les tenir. Ces préceptes moraux sont les seuls qui ne soient pas appliqués de l'extérieur à l'action, du haut d'une faculté supposée plus élevée ou à partir d'expériences situées hors de la portée de l'action. Ils proviennent directement au contraire de la volonté de vivre avec autrui dans la modalité du parler et de l'agir : ce sont comme des mécanismes régulateurs au sein même de la faculté de déclencher des processus nouveaux et sans fin. Dénués de l'action et de la parole, privés de l'articulation de la

---

1. Nietzsche a vu avec une incomparable netteté la connexion entre la souveraineté et la faculté de promettre, ce qui l'a amené à des intuitions pénétrantes sur la parenté de la fierté et de la conscience. Malheureusement ces intuitions sont demeurées isolées, sans effet sur le concept dominant, la « volonté de puissance », aussi les nietzschéens les remarquent-ils assez rarement. On les trouve dans les deux premiers aphorismes du second traité de *Zur Genealogie der Moral*.

natalité, nous serions condamnés à tourner sans arrêt dans le cycle éternel du devenir ; mais dénués de la faculté de défaire ce que nous avons fait, de contrôler au moins en partie les processus que nous avons déclenchés, nous serions les victimes d'une nécessité automatique fort semblable aux inexorables lois qui, pour les sciences d'avant-hier, passaient pour caractériser essentiellement les processus naturels. Nous avons vu que pour les mortels cette fatalité naturelle, qui cependant tourne sur elle-même et peut bien être éternelle, ne profère qu'une sentence de mort. S'il était vrai que la fatalité est la marque inaliénable des processus historiques, il serait vrai aussi, sans nul doute, que tout ce qui se fait dans l'Histoire est condamné à périr.

Et jusqu'à un certain point cela est vrai. Laissées à elles-mêmes, les affaires humaines ne peuvent qu'obéir à la loi de la mortalité, la loi la plus sûre, la seule loi certaine d'une vie passée entre naissance et mort. C'est la faculté d'agir qui interfère avec cette loi parce qu'elle interrompt l'automatisme inexorable de la vie quotidienne, laquelle, nous l'avons vu, a déjà interrompu et troublé le processus de la vie biologique. La vie de l'homme se précipitant vers la mort entraînerait inévitablement à la ruine, à la destruction, tout ce qui est humain, n'était la faculté d'interrompre ce cours et de commencer du neuf, faculté qui est inhérente à l'action comme pour rappeler constamment que les hommes, bien qu'ils doivent mourir, ne sont pas nés pour mourir, mais pour innover. Mais, de même qu'au point de vue de la nature le mouvement linéaire de la vie de l'homme entre la naissance et la mort ressemble à une déviation bizarre par rapport à la loi commune, naturelle, du mouvement cyclique, de même, au point de vue des processus automatiques qui semblent régir la marche du monde, l'action paraît un miracle. En langage scientifique c'est une « improbabilité infinie qui se produit régulièrement ». L'action est en fait la seule faculté miraculeuse, thaumaturgique : Jésus de Nazareth, dont les vues pénétrantes sur cette faculté évoquent, par l'originalité et la nouveauté, celles de Socrate sur les possibilités de la pensée, Jésus le savait sans doute bien lorsqu'il comparait le pouvoir de pardonner au pouvoir plus général d'accomplir des miracles, en les mettant sur le même plan et à portée de l'homme[1].

Le miracle qui sauve le monde, le domaine des affaires humaines, de la ruine normale, « naturelle », c'est finalement le fait de la natalité, dans lequel s'enracine ontologiquement la faculté d'agir. En d'autres termes : c'est la naissance d'hommes nouveaux, le fait qu'ils commencent à nouveau, l'action dont ils sont capables par droit de naissance. Seule l'expérience totale de cette capacité peut octroyer aux affaires humaines la foi et l'espérance, ces deux caractéristiques essentielles de l'existence que l'Antiquité grecque a complètement méconnues, écartant la foi jurée où elle

1. Cf. citations de la p. 393. Jésus fonde ce pouvoir humain de faire des miracles sur la foi – qui est hors de notre propos. Ce qui compte dans le contexte présent, c'est que le pouvoir d'accomplir des miracles n'est pas considéré comme divin : la foi transportera les montagnes et la foi pardonnera ; deux choses aussi miraculeuses l'une que l'autre, et la réponse des apôtres, lorsque Jésus les enjoint de pardonner sept fois le jour, est : « Seigneur, augmente notre foi. »

voyait une vertu fort rare et négligeable, et rangeant l'espérance au nombre des illusions pernicieuses de la boîte de Pandore. C'est cette espérance et cette foi dans le monde qui ont trouvé sans doute leur expression la plus succincte, la plus glorieuse dans la petite phrase des Évangiles annonçant leur « bonne nouvelle » : « Un enfant nous est né. »

Chapitre VI

LA *VITA ACTIVA* ET L'ÂGE MODERNE

Er hat den archimedischen Punkt gefunden, hat ihn aber gegen sich ausgenutzt, offenbar hat er ihn nur unter dieser Bedingung finden dürfen.

« Il a trouvé le point d'Archimède, mais il s'en est servi contre soi ; apparemment, il n'a eu le droit de le trouver qu'à cette condition. »

Franz KAFKA

L'aliénation

Trois grands événements dominent le seuil de l'époque moderne et en fixent le caractère : la découverte de l'Amérique suivie de l'exploration du globe tout entier ; la Réforme qui, en expropriant les biens ecclésiastiques et monastiques, commença le double processus de l'expropriation individuelle et de l'accumulation de la richesse sociale ; l'invention du télescope et l'avènement d'une science nouvelle qui considère la nature terrestre du point de vue de l'univers. On ne saurait dire que ce sont des événements modernes comme ceux que nous voyons se dérouler depuis la Révolution française et, bien qu'ils ne puissent s'expliquer par une chaîne de causalité quelconque (c'est le cas pour tout événement), ils se produisent cependant dans une continuité sans faille, avec des précédents qui existent et des précurseurs identifiables. On n'y aperçoit en aucune façon la marque singulière d'une éruption de courants souterrains dont la force grandit dans les ténèbres avant d'éclater brusquement. Les noms auxquels nous songeons à leur propos, Galileo Galilei, Martin Luther, et ceux des grands capitaines, explorateurs, aventuriers de l'âge des découvertes, appartiennent encore au monde prémoderne. Bien plus : l'étrange passion de la nouveauté, la prétention presque brutale de la plupart des écrivains, savants et philosophes depuis le XVIIe siècle d'avoir vu ce que personne n'avait aperçu, pensé ce que nul n'avait pensé – voilà ce qu'on ne trouve chez aucun de ces hommes, pas même chez Galilée[1]. Ces

---

1. L'expression *scienza nuova* se trouve apparemment pour la première fois dès le XVIe siècle dans l'œuvre du mathématicien Niccolo Tartaglia, inventeur de la balistique, qu'il prétendait avoir découverte parce qu'il avait été le premier à appliquer le raisonnement géométrique au mouvement des projectiles. (Je dois ce renseignement au professeur Alexandre Koyré.) Ceci touche davantage à notre propos : Galilée, dans le *Sidereus Nuncius* (1610), insiste sur la « nouveauté absolue » de ses découvertes ; mais on est encore loin de Hobbes prétendant que la philosophie politique date de son ouvrage *De cive* (cf. *English Works*, I, IX) ou de Descartes persuadé qu'aucun philosophe n'a réussi avant lui en philosophie (cf. « Lettre au traducteur pouvant servir de préface » aux *Principes de la philosophie*). À partir du XVIIe siècle, la prétention à la nouveauté absolue

précurseurs ne sont pas des révolutionnaires ; leurs motifs et leurs intentions sont encore fermement enracinés dans la tradition.

Aux yeux des contemporains, le plus spectaculaire de ces événements fut sans doute la découverte de continents inouïs, d'océans insoupçonnés ; le plus troublant fut peut-être la Réforme, divisant irrémédiablement la chrétienté d'Occident, défiant virtuellement l'orthodoxie en tant que telle, menaçant dans l'immédiat la tranquillité des âmes ; le moins remarqué certainement fut l'addition d'un certain instrument à l'outillage déjà considérable de l'homme, bien qu'il s'agît du premier appareil purement scientifique qui eût jamais été inventé. Mais, si nous pouvions mesurer les forces historiques comme les processus naturels, nous verrions peut-être que l'événement dont l'influence fut d'abord la moins sensible, le premier pas vers la découverte de l'univers, a augmenté constamment d'importance et de vitesse, au point d'éclipser non seulement l'agrandissement de la surface terrestre qui ne s'est

---

et le rejet de la tradition deviennent choses courantes. Karl Jaspers *(Descartes und die Philosophie*, 2e éd., pp. 61 *sq.)* souligne la différence entre la philosophie de la Renaissance (« … Drang nach Geltung der originalen Persönlichkeit… das Neusein als Auszeichnung verlangte ») et la science moderne (« … sich das Wort "neu" als sachliches Wertpraedikat verbreitet »). Dans le même contexte, il montre la différence de sens entre les prétentions à la nouveauté en science et en philosophie. Il est certain que Descartes présente sa philosophie comme un savant peut présenter une découverte scientifique. Ainsi écrit-il à propos de ses « considérations » : « Je ne mérite point plus de gloire de les avoir trouvées, que ferait un passant d'avoir rencontré par bonheur à ses pieds quelque riche trésor, que la diligence de plusieurs aurait inutilement cherché longtemps auparavant » (*La Recherche de la vérité*, Pléiade, p. 669).

arrêté qu'en atteignant les limites du globe, mais aussi le processus encore illimité, semble-t-il, de l'accumulation économique.

Mais ce ne sont que des spéculations. En fait, la découverte de la Terre, la cartographie des continents et des mers, a demandé des siècles et ne s'achève que de nos jours. Ce n'est qu'aujourd'hui que l'homme prend pleinement possession de sa demeure mortelle et qu'il rassemble les horizons infinis, jadis ouverts, tentations et interdits, en un globe dont il connaît les contours majestueux et la surface en détail comme les lignes de sa main. Au moment précis où l'on découvrit l'immensité de l'espace disponible sur Terre, commença le fameux rétrécissement de la planète, et pour finir, dans notre monde (qui est la conséquence de l'époque moderne, mais qui n'est absolument pas identique au monde de l'époque moderne), tout homme est un habitant de la Terre autant que de sa patrie. Les hommes vivent maintenant dans un tout continu aux dimensions de la Terre, où même la notion de distance, qui reste inhérente à la plus rigoureuse contiguïté d'objets distincts, succombe sous l'assaut de la vitesse. La vitesse a conquis l'espace ; et, bien que ce processus de conquête doive s'arrêter à l'infranchissable frontière de la présence simultanée d'un corps en deux points différents, il fait de la distance une chose négligeable, puisqu'il n'y a plus besoin d'un fragment notable de la vie humaine – années, mois, ni semaines – pour atteindre quelque point que ce soit de la Terre.

Certes rien ne pouvait être plus étranger au dessein des explorateurs, des capitaines au long cours des débuts des temps modernes que ce processus d'horizons qui se ferment ; ils partaient pour agrandir la Terre, non pour la rétrécir et en faire une boule, et en obéissant à l'appel des rives lointaines ils n'avaient pas l'intention d'abolir la distance. Seul le recul de l'Histoire nous montre ce qui est évident : rien ne reste immense de ce que l'on peut mesurer, chaque relevé, chaque arpentage rapproche des parties éloignées et instaure par conséquent la proximité là où régnait auparavant la distance. Ainsi les cartes des premiers marins de l'époque moderne devançaient-elles les inventions techniques qui ont rapetissé tout l'espace terrestre et nous l'ont mis à portée de la main. Antérieur au rétrécissement de l'espace et à l'abolition de la distance dus aux chemins de fer, aux bateaux à vapeur, aux avions, un rétrécissement bien plus considérable, bien plus effectif, s'est produit du fait que l'esprit humain est capable de mesurer et arpenter, et qu'en employant les nombres, les symboles, les modèles, il sait réduire les distances physiques terrestres à l'échelle du corps humain, de ses sens et de son entendement. Avant de savoir faire le tour de la Terre, de circonscrire en jours et en heures la sphère de l'habitat humain, nous avions mis le globe terrestre au salon pour le tâter et le faire pivoter sous nos yeux.

Il y a un autre aspect de cette question qui, nous le verrons, sera plus important pour notre propos. Faire des relevés et arpentages, c'est une faculté dont le propre est de ne pouvoir fonctionner que si l'homme se dégage de tout attachement, de tout intérêt pour ce qui est proche de lui, et qu'il se retire, qu'il s'éloigne de son voisinage. Plus la distance sera grande entre lui et ce qui l'entoure, le monde ou la Terre, mieux il pourra arpenter et mesurer, et moins il lui restera d'espace terrestre, de-ce-monde. Le rétrécissement décisif de la Terre a suivi l'invention de l'avion, donc d'un moyen de quitter réellement la surface de la Terre : ce fait est comme un symbole du phénomène général : on ne peut diminuer la distance terrestre qu'à condition de mettre une distance décisive entre l'homme et la Terre, qu'à condition d'aliéner l'homme de son milieu terrestre immédiat.

Si la Réforme, événement tout différent, nous met éventuellement en présence d'un phénomène d'aliénation semblable, que Max Weber a même identifié, sous le nom d'ascétisme dans-le-monde, comme la source profonde de la nouvelle mentalité capitaliste, c'est sans doute l'une des nombreuses coïncidences à cause desquelles il est si difficile à l'historien de ne pas croire aux fantômes, aux démons et autres *Zeitgeists*. Ce qui est singulièrement frappant et troublant, c'cst la similitude dans la divergence totale. Car cette aliénation dans-le-monde n'a rien de commun, ni dans ses buts ni dans son contenu, avec l'aliénation par rapport à la Terre qui est le propre de la découverte et de la prise de possession de la Terre. En outre, l'aliénation dans-le-monde dont Max Weber a démontré dans son fameux essai la réalité historique ne se trouve pas seulement dans la morale nouvelle née des efforts de Luther et de Calvin pour restaurer la foi chrétienne et l'intransigeance de son aspiration à l'au-delà ; elle est également présente, encore qu'à un niveau bien différent, dans l'expropriation du paysannat qui fut la conséquence imprévue de l'expropriation de l'Église et comme telle le facteur le plus puissant de l'effondrement du système féodal[1]. Il est vain, naturellement, de se demander ce qu'aurait pu être l'évolution de notre économie sans cet événement dont l'influence a précipité l'Occident dans une Histoire telle que l'on a vu la propriété détruite dans le processus de son appropriation, les objets dévorés dans le processus de leur production, la stabilité du monde sapée dans un processus perpétuel de changement. Cependant, ces spéculations ont un sens dans la mesure où elles nous rappellent que l'Histoire est faite d'événements, et non pas de forces, ni d'idées au cours prévisible. Elles sont oiseuses et même dangereuses lorsqu'elles servent d'arguments contre le réel, lorsqu'elles visent à désigner positivement des possibles, puisqu'elles sont innombrables par définition et aussi qu'il leur manque la soudaineté concrète de l'événement qu'elles ne compensent que par la vraisemblance. Ainsi s'agit-il toujours de purs fantômes, si prosaïquement qu'on les présente.

Pour éviter de sous-estimer la force acquise par ce processus après plusieurs siècles de développement à peu près sans obstacle, il serait bon de réfléchir sur

1. Je ne songe pas à nier l'importance de la découverte de Max Weber : l'énorme puissance que donne une dévotion à l'au-delà dirigée vers le monde (cf. « La Morale protestante et l'esprit du capitalisme », in *Religionssoziologie*, 1920, vol. I). Weber voit dans certains traits de la morale monastique l'annonce de la morale protestante de l'ouvrage, et en effet on peut trouver le germe de ces attitudes dans la célèbre distinction augustinienne entre *uti* et *frui*, entre les choses de ce monde dont on peut se servir sans en jouir, et celles du monde à venir dont on peut jouir pour elles-mêmes. L'accroissement du pouvoir de l'homme sur les choses de ce monde vient dans chaque cas de la distance que l'homme met entre lui et le monde, autrement dit de l'aliénation par rapport au monde.

ce qu'on appelle le « miracle économique » de l'Allemagne d'après-guerre, miracle uniquement par rapport à un système de références démodé. L'exemple de l'Allemagne montre très clairement que dans les conditions modernes, l'expropriation des gens, la destruction des objets et la dévastation des villes aboutissent finalement à stimuler un processus, ne disons pas de rétablissement, mais d'accumulation de richesse plus rapide et plus efficace, pourvu que le pays soit assez moderne pour répondre en termes de processus de production. Il y eut en Allemagne destruction pure et simple au lieu de l'inexorable processus de dépréciation des objets de-ce-monde, qui caractérise l'économie de gaspillage dans laquelle nous vivons. Le résultat est à peu près le même : une prospérité prodigieuse qui ne dépend pas de l'abondance des biens matériels ni de quoi que ce soit de stable et de donné, mais simplement du processus de production et de consommation. Dans les conditions modernes ce n'est pas la destruction qui cause la ruine, c'est la conservation, car la durabilité des objets conservés est en soi le plus grand obstacle au processus de remplacement dont l'accélération constante est tout ce qui reste de constant lorsqu'il a établi sa domination[1].

---

1. On explique souvent l'étonnant rétablissement de l'Allemagne en disant qu'elle n'a pas eu le fardeau d'un budget militaire – ce qui est spécieux pour deux raisons : d'abord l'Allemagne pendant plusieurs années a dû payer des frais d'occupation qui étaient presque équivalents à un budget militaire complet et, ensuite, en d'autres économies, on considère la production de guerre comme un facteur capital de la prospérité de l'après-guerre. En outre, on illustrerait aussi bien ma thèse en alléguant ce phénomène aussi bizarre que courant : la prospérité est étroitement liée à la

Nous avons vu que la propriété, distincte de la richesse et de l'appropriation, désigne la possession privée d'une parcelle d'un monde commun et qu'elle est par conséquent la condition politique élémentaire de l'appartenance-au-monde. De même l'expropriation et l'aliénation par rapport au monde coïncident, et l'époque moderne, en dépit de tous les acteurs du drame, a commencé par aliéner du monde certaines couches de la population. Nous avons tendance à négliger l'importance capitale de cette aliénation parce quc nous en soulignons d'ordinaire le caractère laïc et que nous assimilons la laïcité à l'appartenance-au-monde. Mais la laïcisation, en tant qu'événement historique concret, n'est autre que la séparation de l'Église et de l'État, de la religion et de la politique, et ceci, au point de vue religieux, évoque un retour au christianisme primitif – « Rendez à César ce qui est à César et à Dieu ce qui est à Dieu » – bien plutôt qu'une perte de foi et de transcendance ou qu'une passion renforcée pour les choses de ce monde.

L'incroyance n'est pas d'origine religieuse – on ne saurait la faire remonter à la Réforme ni à la Contre-Réforme, ces deux grands mouvements religieux des temps modernes, et sa portée ne se borne nullement à la sphère religieuse. En outre, même si l'on admettait que l'époque moderne a commencé par une soudaine, une inexplicable éclipse de la transcendance, de la croyance à l'au-delà, il ne s'ensuivrait pas que cette disparition

production « inutile » de moyens de destruction, de biens produits afin d'être gaspillés soit en les usant dans la destruction, soit – c'est le cas le plus commun – en les détruisant parce qu'ils se démodent.

eût rejeté l'homme dans le monde. L'Histoire, au contraire, montre que les modernes n'ont pas été rejetés dans le monde : ils ont été rejetés en eux-mêmes. Une tendance persistante de la philosophie moderne depuis Descartes, sa contribution la plus originale peut-être à la philosophie, est le souci exclusif du moi, par opposition à l'âme, à la personne, à l'homme en général, la tentative de réduction totale des expériences, vécues par rapport au monde ou par rapport aux humains, à des expériences qui se passent entre l'homme et son moi. La grandeur de la découverte de Max Weber à propos des origines du capitalisme est précisément d'avoir démontré qu'une énorme activité strictement mondaine est possible sans que le monde procure la moindre préoccupation ni le moindre plaisir, cette activité ayant au contraire pour motivation profonde le soin, le souci du moi. Ce n'est pas l'aliénation du moi, comme le croyait Marx, qui caractérise l'époque moderne, c'est l'aliénation par rapport au monde[1].

---

1. Plusieurs pages dans ses écrits de jeunesse indiquent que Marx, à l'époque, n'ignorait pas complètement les particularités de l'aliénation par rapport au monde en économie capitaliste. Ainsi à la fin de l'article de 1842, « Debatten über das Holzdiebstahlsgesetz », il critique une loi contre le vol non seulement parce que l'opposition formelle du propriétaire et du voleur laisse de côté les « besoins humains » – le voleur qui se sert du bois en a besoin de façon plus urgente que le propriétaire qui le vend – et par conséquent déshumanise les hommes en confondant dans la propriété du bois l'utilisateur et le marchand, mais aussi parce que le bois lui-même est privé de sa nature. Une loi qui ne connaît les hommes qu'en tant que propriétaires considère les choses comme propriétés uniquement et les propriétés comme objets d'échange uniquement, et non comme objets d'usage. Les choses dénaturées quand elles servent aux échanges, c'est une idée sans doute suggérée à Marx

L'expropriation, consistant à priver certains groupes de leur place dans le monde et à les exposer sans défense aux exigences de la vie, a créé à la fois l'accumulation originelle de la richesse et la possibilité de transformer cette richesse en capital au moyen du travail. Telles furent les deux conditions de l'avènement d'une économie capitaliste. Cette évolution, née de l'expropriation et qui s'en est nourrie, devait aboutir à une énorme augmentation de productivité : ce fut manifeste dès le début, des siècles avant la révolution industrielle. La nouvelle classe laborieuse, vivant littéralement au jour le jour, était directement soumise à l'esclavage des nécessités vitales[1], et en outre se trouvait en même temps aliénée de toutes les préoccupations qui ne résultent pas immédiatement du processus vital.

---

par Aristote, qui disait que l'on peut vouloir une chaussure soit pour s'en servir, soit à des fins d'échange, mais qu'il est contraire à la nature de la chaussure d'être échangée « car un soulier n'est pas fait pour être objet de troc » (*Politique*, 1257 *a* 8). (Disons en passant que l'influence d'Aristote sur le style de la pensée marxiste me paraît presque aussi caractéristique, aussi décisive que celle de la philosophie de Hegel.) Cependant, ces considérations fortuites jouent un bien petit rôle dans son œuvre, toujours fermement enracinée dans le subjectivisme extrême de l'époque moderne. Dans sa société idéale où les hommes produiront en tant qu'êtres humains, l'aliénation par rapport au monde est plus présente que jamais ; car ils pourront alors objectiver *(vergegenständlichen)* leur individualité, leur particularité, confirmer et actualiser leur être vrai : « Unsere Produktionen wären ebensoviele Spiegel, woraus unser Wesen sich entgegen leuchtete » (*Gesamtausgabe*, 1re partie, vol. III, pp. 546-547).

1. Ceci est évidemment très différent des conditions actuelles : le journalier est devenu salarié à la semaine ; dans un avenir probablement assez proche, le salaire annuel garanti éliminera complètement ces conditions primitives.

L'énergie libérée lorsque se forma pour la première fois dans l'Histoire une classe de travailleurs libres fut celle que possède la « force de travail », autrement dit, celle que contient l'abondance naturelle pure et simple du processus biologique qui, pareil à toutes les énergies naturelles – dans la procréation comme dans le travail –, fournit généreusement un superflu bien supérieur à la reproduction nécessaire pour compenser les pertes. Une chose distingue ces conjonctures particulières au début de l'époque moderne des phénomènes analogues du passé, c'est que l'expropriation et l'accumulation de richesse, au lieu de renouveler simplement la propriété, au lieu d'aboutir à une nouvelle répartition de la richesse, ont été réintroduites dans le processus afin d'engendrer d'autres expropriations, une plus grande productivité et encore plus d'appropriation.

En d'autres termes, la libération de la force de travail en tant que processus naturel n'est pas restée dans les bornes de certaines classes sociales, l'appropriation ne s'est pas arrêtée au moment de la satisfaction des besoins et des désirs ; l'accumulation du capital n'a donc pas entraîné la stagnation bien connue des empires trop riches avant l'époque moderne : elle s'est répandue dans toute la société pour faire jaillir un flot de richesse toujours grossissant. Mais ce processus, qui est bien le « processus vital de la société », comme disait Marx, et dont la capacité de produire des richesses ne peut se comparer qu'à la fertilité des processus naturels par lesquels la création d'un homme et d'une femme suffirait à produire par multiplication un nombre d'humains aussi élevé qu'on voudra, ce processus reste lié au principe qui lui a donné naissance : celui de l'aliénation par rapport au monde. Le processus ne peut continuer qu'à condition de ne laisser intervenir ni durabilité ni stabilité de-ce-monde, et d'y réintroduire de plus en plus vite toutes les choses de ce monde, tous les produits du processus de production. Autrement dit, le processus de l'accumulation de la richesse, tel que nous le connaissons, stimulé par le processus vital puis stimulant la vie humaine, n'est possible que si l'homme sacrifie son monde et son appartenance-au-monde.

Le premier stade de cette aliénation se signala par sa cruauté, par le dénuement, la misère imposés à un nombre toujours grandissant de « pauvres travailleurs » que l'expropriation privait de la double protection de la famille et de la propriété, c'est-à-dire de la possession familiale privée d'une parcelle du monde qui, jusqu'à l'époque moderne, avait abrité le processus vital individuel et l'activité de travail soumise à ses nécessités. On atteignit le deuxième stade lorsque la société remplaça la famille comme sujet du nouveau processus vital. La classe sociale assura à ses membres la protection que la famille procurait autrefois aux siens, et la solidarité sociale se substitua fort efficacement à l'ancienne solidarité naturelle qui régissait la cellule familiale. En outre, la société dans son ensemble, « sujet collectif » du processus vital, cessa d'être une entité abstraite, la « fiction communiste » dont on avait besoin en économie classique ; la cellule familiale s'était identifiée à sa propriété, à la possession privée d'une parcelle du monde ; la société s'identifia à une propriété concrète, encore que collective : le territoire de la nation qui, jusqu'à son déclin au XXe siècle, remplaça pour toutes les classes le foyer, propriété individuelle dont on avait privé la classe des pauvres.

Toutes les théories organiques du nationalisme, particulièrement en Europe centrale, comparent la nation et les relations entre ses membres à la famille et aux rapports familiaux. La société se substituant à la famille, on fait dépendre « de la terre et du sang des aïeux » les relations entre ses membres ; partout la nation exige l'homogénéité de la population enracinée dans le sol de tel ou tel territoire. Ce phénomène put sans doute pallier la cruauté et la misère, mais il n'eut guère d'influence sur le processus d'expropriation et d'aliénation par rapport au monde, puisque la propriété collective à proprement parler est une contradiction dans les termes.

Le déclin du système nationaliste européen, le rétrécissement économique et géographique de la planète, si marqué que la prospérité ou la dépression vont devenir des phénomènes mondiaux ; la transformation de l'humanité, jusqu'à notre époque notion abstraite ou principe directeur réservé aux humanistes, en une entité réelle dont les membres d'une partie à l'autre du globe peuvent se rencontrer en moins de temps qu'il n'en fallait aux membres d'une nation il y a trente ans : tout cela signale le début du dernier stade de cette évolution. De même que la famille et sa propriété furent remplacées par la classe et le territoire national, l'humanité commence à se substituer aux sociétés nationales, la Terre aux territoires des États. Mais, quel que soit l'avenir, le processus d'aliénation déclenché par l'expropriation et que caractérise un progrès toujours croissant de la richesse, prendra forcément des proportions encore plus radicales si on le laisse obéir à sa loi propre. Car on ne saurait être citoyen du monde comme l'on est citoyen de son pays, et l'homme social ne possède pas la propriété collective comme la famille et l'homme du foyer possèdent leur propriété individuelle. L'avènement de la société a provoqué le déclin simultané du domaine public et du domaine privé. Mais l'éclipse du monde public commun, si décisive pour la solitude de l'homme de masse, si dangereuse par l'aliénation, dont elle est la cause, des mouvements idéologiques de masse, a commencé très concrètement par la perte de cette parcelle du monde que l'homme possédait en privé.

La découverte du point d'appui d'Archimède

« Depuis la naissance de l'Enfant dans la crèche, jamais peut-être si grande chose n'est arrivée avec si peu de bruit[1]. » C'est ainsi que Whitehead annonce l'entrée en scène dans le « monde moderne » de Galilée et de la découverte du télescope. Il n'y a pas la moindre exagération dans cette phrase. Comme la naissance dans la crèche, qui ne signifiait pas la fin de l'Antiquité mais le commencement d'une chose si parfaitement nouvelle que rien, ni peur ni espérance, ne pouvait la faire prévoir, ces premiers regards jetés sur l'univers au moyen d'un instrument à la fois adapté au sens de

1. A. N. Whitehead, *Science and the Modern World*, éd. Pelican, p. 12.

l'homme et destiné à leur dévoiler ce qui aurait dû à jamais leur échapper, allaient créer un monde entièrement neuf et déterminer le cours d'autres événements qui, avec beaucoup plus de bruit, donneraient naissance à l'époque moderne. À part un milieu, numériquement faible, politiquement sans importance, de lettrés – astronomes, philosophes, théologiens –, le télescope ne causa point d'émotion ; on fit beaucoup plus attention à l'étonnante démonstration galiléenne des lois de la chute des corps, où l'on voit le début de la science moderne (bien qu'il soit douteux qu'en elles-mêmes et si Newton plus tard ne les avait transformées pour en faire la loi de la gravitation – qui reste l'un des plus beaux exemples de la synthèse moderne de l'astronomie et de la physique – elles eussent guidé la science sur le chemin de l'astrophysique). Car ce qui distingua le plus nettement la nouvelle conception du monde, non seulement de celle de l'Antiquité et du Moyen Âge, mais aussi de celle de la Renaissance affamée d'expérience, ce fut l'idée qu'une même sorte de force extérieure dût se manifester dans la chute des corps terrestres et dans les mouvements des corps célestes.

D'ailleurs, la découverte de Galilée était trop proche de l'œuvre des précurseurs pour que la nouveauté en apparût pleinement. Non seulement les spéculations philosophiques de Nicolas de Cuse et de Giordano Bruno, mais l'imagination mathématique des astronomes, de Copernic, de Kepler, avaient mis en question la conception finie et géocentrique que les hommes se faisaient de l'univers depuis des siècles. Ce n'est pas Galilée, ce sont les philosophes qui furent les premiers à abolir la dichotomie entre la Terre et le Ciel, à promouvoir, comme ils disaient, la planète « au rang des astres nobles », à lui trouver sa place dans un univers éternel et infini[1]. Et il semble que les astronomes n'ont pas eu besoin du télescope pour affirmer que, contrairement à l'expérience des sens, ce n'est pas le Soleil qui tourne autour de la Terre, mais la Terre qui gravite autour du Soleil. En méditant sur ces commencements, avec toute la sagesse et tous les préjugés que donne le recul, l'historien est tenté de conclure qu'il n'y avait pas besoin de confirmation empirique pour abolir le système de Ptolémée. Il y fallait plutôt le courage intellectuel de suivre le principe antique et médiéval de la simplicité dans la nature – même au risque de contredire l'expérience des sens – et la hardiesse d'imagination de Copernic, qui le souleva de terre et lui permit de regarder cette planète comme s'il habitait le Soleil. Et l'historien se voit justifié à conclure ainsi lorsqu'il considère que les découvertes de Galilée furent précédées d'un « véritable retour à Archimède » depuis le début de la Renaissance. On doit certainement remarquer que Léonard de Vinci étudia avec passion Archimède, dont Galilée fut nommé plus tard le disciple[2].

Cependant, ni les spéculations des philosophes ni l'imagination des astronomes n'ont jamais constitué des événements. Avant les découvertes du télescope, la

---

1. Je suis l'excellent exposé que fait Alexandre Koyré des rapports historiques de la pensée scientifique et de la philosophie dans « La révolution du XVIIe siècle » (*From the Closed World to the Infinite Universe*, 1957, pp. 43 *sq.*).

2. Cf. P. M. Schuhl, *Machinisme et philosophie* (1947), pp. 28-29.

philosophie de Giordano Bruno attira fort peu l'attention des lettrés, et sans la confirmation expérimentale qu'elles apportèrent à la révolution copernicienne, non seulement les théologiens mais « tous les gens sensés… l'auraient considérée comme la rêverie… d'une imagination sans frein[1] ». Dans le domaine des idées il peut y avoir originalité et profondeur, qui sont des qualités personnelles, mais pas de nouveauté absolue, objective ; les idées vont et viennent, elles ont leur durée propre, voire leur immortalité, selon leur puissance d'illumination qui est et qui dure indépendamment de l'époque et de l'Histoire. En outre, les idées, en cela bien distinctes des événements, ne sont jamais sans précédent : les spéculations non confirmées empiriquement sur le mouvement de la Terre autour du Soleil ne manquaient pas plus de précédents que les théories contemporaines sur l'atome, à supposer que ces dernières soient sans fondement dans l'expérience et sans conséquences dans le monde des faits[2]. Ce que fit Galilée, ce que personne n'avait fait avant lui, ce fut d'utiliser le télescope de telle façon que les secrets

1. E. A. Burtt, *Metaphysical Foundations of Modern Science*, p. 38 (cf. Koyré, *op. cit.*, qui note que l'influence de Bruno ne se fit sentir « qu'après les grandes découvertes télescopiques de Galilée »).

2. Le premier homme « à sauver les phénomènes en supposant que le ciel est en repos et que la Terre décrit une orbite oblique tout en pivotant sur son axe » fut Aristarque de Samos au IIIe siècle avant J.-C. ; la structure atomique de la matière fut conçue par Démocrite d'Abdère au Ve siècle avant J.-C. (voir un exposé instructif du monde physique des Grecs du point de vue de la science moderne dans S. Sambursky, *The Physical World of the Greeks*, 1956).

de l'univers fussent livrés à la connaissance humaine « avec la certitude de la perception sensorielle[1] » ; autrement dit, il mit à la portée d'une créature terrestre et de ses sens corporels ce qui semblait pour toujours hors d'atteinte, ouvert tout au plus aux incertitudes de la spéculation et de l'imagination.

Cette différence de signification entre le système copernicien et les découvertes de Galilée fut parfaitement comprise de l'Église catholique, qui ne fit aucune objection à la théorie prégaliléenne du Soleil immobile et de la Terre en mouvement tant que les astronomes s'en servirent comme d'une hypothèse commode à des fins mathématiques ; mais, comme le cardinal Bellarmin le rappela à Galilée, « démontrer que l'on sauve les apparences en supposant le Soleil au centre et la Terre dans le ciel, ce n'est pas démontrer qu'en fait le Soleil est au centre et la Terre dans le ciel[2] ». À quel point cette remarque était pertinente, on put le voir aussitôt au brusque changement d'humeur qui s'empara du monde savant lorsque fut confirmée la découverte de Galilée. L'enthousiasme de Giordano Bruno concevant un univers infini, la pieuse exultation

1. Galilée *(op. cit.)* le souligne lui-même : « Tout le monde peut savoir avec la certitude de la perception sensorielle que la Lune n'est nullement pourvue d'une surface lisse et polie, etc. » (Koyré, p. 89).

2. Même attitude chez le théologien luthérien Osiander de Nuremberg, qui écrivit dans la préface du livre posthume de Copernic (*De la révolution des orbes célestes*, 1546) : « Ces hypothèses n'ont pas besoin d'être vraies ni même probables ; si elles procurent un calcul conforme aux observations, cela seul est suffisant. » Citations d'après Philipp Frank, in *Bulletin of Atomic Scientists* (1957), vol. XIII, n° 4.

de Kepler contemplant le Soleil, le « plus excellent de tous les corps de l'univers, lui dont l'essence n'est que lumière pure », et par conséquent « digne demeure de Dieu et des saints anges »[1], la joie plus sobre de Nicolas de Cuse à voir la Terre enfin chez elle dans le ciel étoilé – tous ces sentiments désormais, toutes ces émotions furent bannis. En « confirmant » ses prédécesseurs, Galilée substitua un fait démontrable à des idées inspirées. La réaction philosophique immédiate à cette réalité ne fut pas l'enthousiasme : ce fut le doute cartésien, fondation de la philosophie moderne – cette école du soupçon, comme disait Nietzsche –, laquelle s'achève en affirmant que « la ferme fondation d'un désespoir inflexible est la seule sur laquelle puisse désormais s'édifier la demeure de l'âme[2] ».

Pendant près de trois siècles les conséquences de cet événement, un peu comme celles de la Nativité, sont restées contradictoires et indécises ; aujourd'hui même le conflit entre l'événement et ses conséquences presque immédiates est loin d'être résolu. On fait honneur aux sciences naturelles d'avoir provoqué un accroissement démontrable, toujours plus rapide, de savoir et de pouvoir humains ; peu avant les temps modernes on avait, en Europe, moins de connaissances qu'Archimède au IIIe siècle avant J.-C., et la première moitié de notre siècle a vu des découvertes plus importantes que tous les âges ensemble depuis le début de l'Histoire. Mais on blâme aussi justement le même phénomène pour l'accroissement à peine

1. Burtt, *op. cit.*, p. 58.
2. Bertrand Russell, *Mysticism and Logic* (1918), p. 46.

moins démontrable du désespoir humain ou pour le nihilisme spécifiquement moderne qui se répand dans des secteurs toujours plus vastes de la population, l'aspect le plus significatif sans doute de ce nihilisme et de ce désespoir étant qu'ils n'épargnent plus les savants, dont l'optimisme bien fondé pouvait encore au XIXe siècle s'opposer au pessimisme également justifiable des penseurs et des poètes. La conception astrophysique moderne, dont les origines remontent à Galilée, et qui met en question l'aptitude de nos sens à percevoir le réel, nous laisse un univers tel que nous ne connaissons de ses qualités que la manière dont elles affectent nos instruments de mesure ; et, comme dit Eddington, « nous connaissons les relevés, non les qualités. Les premiers ressemblent aux secondes comme un numéro de téléphone à un abonné[1] ». En d'autres termes, au lieu de qualités objectives nous trouvons des appareils, et au lieu de la nature de l'univers – pour citer Heisenberg – l'homme ne rencontre que soi[2].

1. Cité par Sullivan, *Limitations of Science*, éd. Mentor, p. 141.

2. Werner Heisenberg a exprimé cette idée dans plusieurs publications. Par exemple : « Wenn man versucht, von der Situation in der modernen Naturwissenschaft ausgehend, sich zu den in Bewegung geratenen Fundamenten vorzutasten, so hat man den Eindruck [...] dass zum erstenmal im Laufe der Geschichte der Mensch auf dieser Erde nur noch sich selbst gegenübersteht... dass wir gewissermassen immer nur uns selbst begegnen » (*Das Naturbild der heutigen Physik*, 1955, pp. 17-18). Heisenberg veut montrer que l'objet observé n'a point d'existence indépendante du sujet qui observe : « Durch die Art der Beobachtung wird entschieden, welche Züge der Natur bestimmt werden und welche wir durch unsere Beobachtungen verwischen » (*Wandlungen in den Grundlagen der Naturwissenschaft*, 1949, p. 67).

Ce qui nous concerne ici, c'est que le même événement comporte en même temps désespoir et triomphe. Pour placer ces faits dans leur perspective historique, on dirait que la découverte de Galilée a prouvé et démontré que la crainte la plus affreuse et l'espoir le plus présomptueux – l'antique peur de voir nos sens, nos organes faits pour accueillir le réel, soudain nous trahir, et le vœu d'Archimède réclamant hors de la Terre un point d'appui pour soulever le monde – ne pouvaient se réaliser qu'ensemble, comme si le vœu ne devait être exaucé qu'à condition de nous faire perdre le réel, comme si le mal redouté ne devait s'accomplir que compensé par l'acquisition de pouvoirs supraterrestres. Quelle que soit aujourd'hui notre œuvre en physique : que nous déclenchions des processus énergétiques qui d'ordinaire n'ont lieu que dans le Soleil ; que nous tentions de recommencer dans un tube à essai les processus de l'évolution cosmiquc ; qu'à l'aide des télescopes nous pénétrions l'espace cosmique à des milliards d'années-lumière ; que nous construisions des machines pour produire et contrôler des énergies inconnues dans l'économie de la nature terrestre ; que dans nos accélérateurs nucléaires nous atteignions des vitesses proches de celle de la lumière ; que nous produisions des éléments introuvables dans la nature ou que nous dispersions sur Terre des particules radioactives obtenues en utilisant les radiations cosmiques – dans tous les cas nous manions la nature d'un point de l'univers situé hors du globe. Sans nous tenir réellement en ce point dont rêvait Archimède (*dos moi pou stô*), liés encore à la Terre par la condition humaine, nous avons trouvé le moyen d'agir sur la Terre et dans la nature terrestre comme si nous en disposions de l'extérieur, du point d'Archimède. Et au risque même de mettre en danger le processus naturel de la vie nous exposons la Terre à des forces cosmiques, universelles, étrangères à l'économie de la nature.

Il est vrai que nul n'avait prévu ces succès, et que la plupart des théories actuelles contredisent formellement celles des premiers siècles de l'époque moderne ; mais l'évolution elle-même ne fut possible que parce que, au commencement, l'antique séparation du Ciel et de la Terre fut abolie et que s'effectua l'unification de l'univers, en sorte que désormais rien de ce qui se passe dans la nature terrestre ne fut considéré comme un événement purement terrestre. On déclara tous les événements soumis à des lois universellement valables, au plein sens du mot – ce qui signifie entre autres choses : valables dans une perspective plus vaste que l'expérience sensorielle humaine (même aidée des plus puissants appareils), plus vaste que la mémoire humaine et que l'apparition de l'homme sur Terre, plus vaste même que l'apparition de la vie, et de la Terre. Toutes les lois de la nouvelle science astrophysique se formulent du haut du point d'Archimède et ce point est probablement situé bien plus loin de la Terre, il a sur elle beaucoup plus de pouvoir que n'osèrent jamais l'imaginer Archimède ni Galilée.

Si de nos jours les savants font remarquer que l'on peut tout aussi valablement considérer que la Terre tourne autour du Soleil, ou le Soleil autour de la Terre, que ces deux représentations s'accordent avec les phénomènes observés et que la différence ne tient qu'au point de référence que l'on a choisi, il ne s'agit nullement d'un retour au cardinal Bellarmin, à Copernic, aux modèles purement hypothétiques des astronomes. C'est plutôt que l'on a déplacé le point d'appui d'Archimède : on l'a encore éloigné de la Terre jusqu'à un point de l'univers où ni la Terre ni le Soleil ne sont au centre d'un système universel. C'est que nous ne nous sentons même plus liés au Soleil, que nous parcourons librement l'univers pour choisir n'importe où le point de référence qui nous sera le plus commode pour tel ou tel but. Pour l'œuvre réelle de la science moderne, ce passage de l'ancien système héliocentrique à un système dépourvu de centre fixe est sans aucun doute aussi important que le premier changement de la conception géocentrique à la conception héliocentrique. Voilà que nous nous posons en êtres « universels », en créatures qui ne sont terrestres que par leurs conditions de vivants, et non de par leur nature ou leur essence, et qui, en conséquence, par la force du raisonnement peuvent, non pas spéculativement mais en fait, surmonter cette condition. Mais le relativisme général qui résulte automatiquement du passage de la vision héliocentrique à celle d'un monde dénué de centre – vision mise en concepts par la théorie de la relativité d'Einstein, niant « qu'à un instant présent défini toute la matière soit simultanément réelle[1] », niant aussi implicitement que l'Être qui apparaît dans le temps et l'espace ait une réalité absolue – ce relativisme était déjà contenu, du moins en germe, dans les théories du XVIIe siècle d'après lesquelles la couleur n'est qu'une relation « par rapport à l'œil », et

1. Whitehead, *op. cit.*, p. 120.

la pesanteur un rapport d'accélération réciproque[1]. Le relativisme moderne n'est pas né d'Einstein, mais de Galilée et de Newton.

À l'aube de l'époque moderne on ne trouve pas ce besoin de simplicité, d'harmonie et de beauté, ce rêve antique des astronomes qui poussa Copernic à regarder du haut du Soleil les orbites planétaires, ni la jeune passion de la Renaissance pour la Terre et le monde ni sa révolte contre le rationalisme de la scolastique médiévale ; cet amour du monde, au contraire, fut la première victime de la triomphale aliénation des temps modernes. Ce fut plutôt, grâce au nouvel instrument, la découverte que l'image copernicienne de l'« homme debout dans le Soleil… jetant son regard sur les planètes[2] » était plus qu'une image, plus qu'un geste : une indication de l'étonnante capacité humaine de penser en termes d'univers tout en restant sur Terre, et de cette autre capacité, peut-être plus étonnante encore, de se servir des lois cosmiques comme de principes directeurs pour l'action terrestre. Comparées à l'aliénation par rapport à la Terre qui accompagne tout le développement des sciences naturelles à l'époque moderne, la fuite dans l'espace terrestre provoquée par la conquête du globe et l'aliénation par rapport au monde due au double processus de l'expropriation et de l'accumulation de richesse sont d'une importance secondaire.

En tout cas, si l'aliénation par rapport au monde a fixé le cours et l'évolution de la société moderne,

---

1. L'essai d'Ernst Cassirer *Einstein's Theory of Relativity* (1953) insiste sur cette continuité dans la science du XVIIe au XXe siècle.

2. J. Bronowsky signale le rôle de la métaphore dans la pensée des grands savants (cf. *Nation*, 29 décembre 1956).

l'aliénation par rapport à la Terre est devenue, est restée, la caractéristique de la science moderne. Sous le signe de cette aliénation, toutes les sciences – non pas seulement les sciences physiques et naturelles – ont changé si radicalement, si profondément de contenu que l'on peut se demander s'il existait des sciences avant les temps modernes. C'est ce qui apparaît clairement dans l'histoire de l'outil mental le plus important de la science nouvelle, l'algèbre moderne, dont les artifices ont permis aux mathématiques de « se délivrer des chaînes de la spatialité[1] », c'est-à-dire de la géométrie, qui, son nom l'indique, dépend de normes et de mesures terrestres. Les mathématiques modernes ont délivré l'homme des chaînes de l'expérience terrestre ; elles ont libéré des entraves du fini sa force de connaissance.

L'essentiel n'est pas que les hommes au début de l'époque moderne crussent encore avec Platon à la structure mathématique de l'univers, ni qu'une génération plus tard ils aient pensé avec Descartes qu'il ne peut y avoir connaissance certaine que lorsque l'entendement joue tout seul avec ses formes et ses formules. Ce qui est décisif, c'est, à l'opposé de Platon, la soumission de la géométrie au traitement algébrique, où se reconnaît l'idéal moderne qui est de réduire en symboles mathématiques les données des sens et les mouvements terrestres. Sans ce langage symbolique non spatial, Newton n'aurait pas pu unir l'astronomie et la physique pour en faire une science unique ou, si l'on préfère, il n'aurait pas pu formuler une loi de

1. Burtt, *op. cit.*, p. 44.

la gravitation valable à la fois pour les mouvements des corps célestes et pour ceux des corps terrestres. Dès lors, il était clair que les mathématiques, en une démarche déjà audacieuse, avaient découvert cette étonnante faculté humaine de saisir en symbole des dimensions et des concepts où l'on avait vu tout au plus des négations et donc des limitations de l'entendement, puisque leur immensité semblait transcender l'intelligence des simples mortels dont l'existence n'a qu'une durée insignifiante et demeure attachée à un coin médiocre de l'univers. Mais il est un fait encore plus important que cette possibilité de calculer des entités intellectuellement « invisibles » : c'est que le nouvel outil mental, encore plus neuf à cet égard et plus fécond que tous les outils scientifiques qu'il servit à inventer, fournit des moyens absolument inouïs d'aborder la nature, d'entrer en contact avec elle. C'est dans l'expérimentation que l'homme mit en pratique la liberté qu'il venait de gagner en brisant les chaînes de l'expérience terrestre ; au lieu d'observer les phénomènes naturels tels qu'ils lui étaient donnés, il plaça la nature dans les conditions de son entendement, c'est-à-dire dans des conditions obtenues à partir d'un point de vue astrophysique universel, d'un point d'appui situé hors de la nature.

C'est pour cette raison que les mathématiques dominent la science moderne ; cette primauté n'a rien à voir avec Platon qui faisait des mathématiques la plus noble des sciences, inférieure tout au plus à la philosophie que nul n'avait le droit d'aborder sans s'être familiarisé d'abord avec le monde mathématique des formes idéales. Car la géométrie introduisait dignement à ce ciel des idées où les images *(eidôla)*, les ombres, ni la matière périssable ne gêneraient plus l'apparition de l'être éternel, où seraient sauvées et mises en sûreté *(sôzein ta phainomena)* ces apparences, purifiées de la sensualité et de la mortalité humaines comme de la fragilité matérielle. Mais les formes géométriques et idéales n'étaient pas des produits de l'entendement, elles étaient données aux yeux de l'intelligence comme les perceptions aux organes des sens ; et qui s'exerçait à percevoir les choses cachées à la vision corporelle, à l'intelligence fruste du commun, parvenait à voir l'être véritable, ou plutôt l'être sous son apparence véritable. À l'avènement de l'époque moderne, les mathématiques ne se contentent pas de grandir ni de pousser leurs antennes dans l'infini pour pouvoir s'appliquer à l'immensité d'un univers infini et indéfiniment en expansion : elles cessent de s'intéresser aux apparences. Elles ne sont plus le commencement de la philosophie, de la « science » de l'Être sous son apparence véritable, elles deviennent plutôt science de la structure de l'entendement humain.

Lorsque la géométrie analytique de Descartes traita l'espace, l'étendue, la *res extensa* de la nature et du monde de telle sorte « que les rapports, si complexes soient-ils, en dussent toujours pouvoir s'exprimer en formules algébriques », les mathématiques réussirent à réduire et traduire tout ce que l'homme n'est pas en des schémas identiques aux structures mentales de l'homme. Plus encore, lorsque cette géométrie analytique démontra « réciproquement que les vérités numériques… peuvent toutes se représenter spatialement », elle donna naissance à une science physique qui pour atteindre la perfection ne demanderait d'autres principes que ceux des mathématiques pures, et l'homme pourrait se mouvoir dans cette science, et se risquer dans l'espace, sûr de n'y rencontrer que soi-même ou de n'y rien voir qui ne puisse se ramener à des schémas qu'il portait en lui[1]. Désormais, les phénomènes ne seraient sauvés qu'autant qu'ils pourraient se réduire à un ordre mathématique, et cette opération mathématique ne sert point à préparer l'esprit à la révélation de l'être véritable en l'orientant vers les mesures idéales qui apparaissent dans les données des sens ; elle sert au contraire à ramener ces données à la mesure de l'esprit humain qui, pourvu que la distance soit suffisante, pourvu qu'il soit assez éloigné et détaché, peut dominer et manier la multitude et la diversité du concret conformément à ses propres schémas, à ses propres symboles. Ces derniers ne sont plus des formes idéales révélées aux yeux de l'esprit : on les a obtenus en éloignant des phénomènes les yeux de l'esprit comme ceux du corps, en soumettant toutes les apparences à la force inhérente à la distance.

Dans ces conditions d'éloignement, tout assemblage d'objets se transforme en simple multitude, et toute multitude, si désordonnée qu'elle soit, si incohérente, confuse qu'elle soit, peut se ranger en schémas et en figures tout aussi valables, tout aussi dépourvus de sens, que la courbe mathématique que l'on peut toujours trouver, comme Leibniz le remarquait, entre des points jetés au hasard sur une feuille de papier. Car si « l'on peut démontrer qu'il est possible de cerner d'un

1. *Ibid.*, p. 106.

réseau mathématique n'importe quel univers contenant plusieurs objets… le fait que notre univers se prête à un traitement mathématique n'a pas grande signification au point de vue philosophique[1] ». Il est certain que ce fait ne prouve pas un ordre essentiel et essentiellement harmonieux de la nature et qu'il n'apporte pas non plus de témoignage à l'entendement, à sa supériorité sur les sens en matière de perception ni à sa valeur d'organe propre à saisir la vérité.

La *reductio scientiae ad mathematicam* récuse le témoignage de la nature observée de près par les sens humains de la même manière que Leibniz récusait ce que l'on savait de l'origine fortuite et de la nature chaotique de ses points sur le papier. Et le malaise, l'irritation, le désespoir, premières conséquences, et spirituellement les plus durables encore, de la découverte que le point d'appui d'Archimède n'était pas un vain songe de la spéculation, sont assez semblables à l'offense et à la gêne qu'éprouve un homme qui, ayant vu de ses yeux les points faits arbitrairement, au hasard, sur la feuille, est ensuite forcé d'admettre que ses sens et son jugement l'ont trahi, et qu'il a vu en réalité se former « une ligne géométrique dont la notion est constante et uniforme suivant une certaine règle[2] ».

---

1. Bertrand Russell, cité dans Sullivan, *op. cit.*, p. 144. Cf. la distinction que fait Whitehead entre la méthode scientifique traditionnelle de classification et la méthode moderne des mensurations : la première suit les réalités objectives dont le principe se trouve dans l'altérité de la nature ; la seconde est entièrement subjective, ne dépend pas des qualités et ne requiert autre chose qu'une multitude d'objets donnés.

2. Leibniz, *Discours de Métaphysique*, n° 6.

Sciences de la nature et sciences de l'univers

Il fallut des générations, des siècles, pour que se révèle le véritable sens de la révolution copernicienne et de la découverte du point d'Archimède. Nous sommes les premiers, depuis quelques dizaines d'années à peine, à vivre dans un monde totalement déterminé par une science et des techniques dont la vérité objective et le savoir-faire sont tirés de lois cosmiques, universelles, bien distinctes des lois terrestres et « naturelles », un monde dans lequel on applique à la nature terrestre, à l'artifice humain un savoir que l'on a acquis en choisissant un point de référence hors de la Terre. Il y a un abîme entre nos pères et nous : ils savaient que la Terre tourne autour du Soleil et que ni l'une ni l'autre n'est le centre de l'univers, et ils en concluaient que l'homme avait perdu sa patrie en même temps que sa position privilégiée dans la création ; nous qui sommes encore et sans doute serons toujours des créatures rivées à la Terre, liées au métabolisme de la nature terrestre, nous avons trouvé le moyen de provoquer des processus d'origine cosmique et peut-être de dimensions cosmiques. Si l'on veut tracer une ligne de séparation entre l'époque moderne et le monde dans lequel nous venons d'entrer, on peut trouver le clivage entre une science qui observe la nature d'un point de vue universel et arrive ainsi à la dominer complètement, d'une part, et, d'autre part, une science vraiment « universelle », qui importe dans la nature des processus cosmiques au risque évident de la détruire et de ruiner du même coup la domination de l'homme sur la nature.

Pour l'instant, évidemment, nous pensons surtout à l'énorme accroissement de la puissance humaine de destruction, au fait que nous sommes capables de détruire la vie sur Terre et qu'un jour probablement nous serons même capables de détruire la Terre elle-même. Mais le nouveau pouvoir créateur qui lui correspond n'est pas moins redoutable, il n'est pas moins difficile de s'en arranger : nous savons produire des éléments nouveaux qui n'ont jamais existé dans la nature, nous sommes capables non seulement de spéculer sur les rapports de la masse et de l'énergie et sur leur identité profonde, mais aussi de transformer réellement la masse en énergie ou des radiations en matière. En même temps, nous avons commencé à peupler l'espace qui entoure la Terre d'astres artificiels, à créer, pour ainsi dire, sous forme de satellites, de nouveaux corps célestes, et nous espérons pouvoir, dans un avenir assez peu éloigné, découvrir ce qui a toujours passé pour le grand secret insondable et sacré de la nature, et créer ou recréer le miracle de la vie. J'emploie à dessein le mot « créer » pour indiquer que nous sommes en train d'accomplir des choses que tous les âges ont considérées comme la prérogative exclusive de l'action divine.

Cette pensée nous paraît sacrilège : elle l'est pour tout système de référence traditionnel, philosophique et théologique, d'Orient ou d'Occident, mais elle ne l'est pas davantage que ce que nous avons fait et que ce que nous aspirons à faire. D'ailleurs, l'idée perd son caractère blasphématoire dès que nous comprenons ce qu'Archimède comprenait fort bien sans savoir atteindre son point hors de la Terre : quelle que soit la façon dont nous expliquions l'évolution de la Terre, de la nature et de l'homme, il faut qu'il y ait à l'origine une force transcendante au monde, « universelle », dont l'œuvre sera intelligible au point de pouvoir être imitée par quiconque sera capable d'occuper le même emplacement. À la limite c'est uniquement cet emplacement supposé dans l'univers hors de la Terre qui nous rend capables de produire des processus qui n'ont pas lieu sur Terre, qui ne jouent aucun rôle dans la matière stable, mais qui sont essentiels dans la formation de la matière. Il est tout à fait logique que ce soient l'astrophysique et non la géophysique, les sciences « universelles » et non les sciences « naturelles » qui arrivent à pénétrer les ultimes secrets de la Terre et de la nature. Du point de vue de l'univers, la Terre n'est qu'un cas particulier, intelligible comme tel, de même que de notre point de vue il ne peut y avoir de distinction essentielle entre la matière et l'énergie, l'une et l'autre « n'étant que les formes différentes d'une même substance fondamentale[1] ».

Déjà chez Galilée et certainement depuis Newton, le mot « universel » a pris un sens extrêmement spécifique : il signifie « valable en dehors de notre système solaire ». Et il est arrivé quelque chose de très semblable à un autre mot d'origine philosophique, le mot « absolu », qui, appliqué au « temps absolu », à l'« espace absolu », au « mouvement absolu », à la « vitesse absolue », désigne chaque fois un temps,

1. D'après Werner Heisenberg, « Elementarteile der Materie », dans *Vom Atom zum Weltsystem* (1954).

un espace, un mouvement, une vélocité présents dans l'univers et comparés auxquels le temps, l'espace, les mouvements, les vitesses terrestres ne sont que « relatifs ». Tout ce qui arrive sur Terre est devenu relatif depuis que la relation de la Terre à l'univers sert de référence à toutes les mesures.

Philosophiquement, on pourrait dire qu'en se montrant capable d'occuper ce point d'appui cosmique, universel, sans changer de place l'homme donne la plus claire indication possible de son origine universelle. Il semble que nous n'ayons plus besoin de la théologie pour nous dire que l'homme n'est pas, ne saurait être, de ce monde, même s'il y passe sa vie ; et peut-être un jour verrons-nous dans l'antique passion des philosophes pour l'universel le premier signe, le pressentiment qu'ils auraient seuls éprouvé, de l'époque où les hommes devront encore vivre dans les conditions terrestres, mais en sachant dominer la Terre et agir sur elle d'un point situé en dehors d'elle. (Le seul ennui – du moins à ce qu'il semble aujourd'hui – est que, si l'homme peut *opérer* à partir d'un point absolu « universel », chose que les philosophes n'ont jamais cru possible, il n'est plus capable de *penser* en termes absolus universels, accomplissant et déjouant du même coup les normes et les idéaux de la philosophie traditionnelle. Au lieu de l'ancienne division entre Ciel et Terre, nous avons une séparation entre l'homme et l'univers, ou entre les capacités de compréhension de l'esprit humain et les lois universelles que l'homme peut découvrir et manier sans vraiment les comprendre.) Quelles que soient les satisfactions et les peines de cet avenir encore incertain, une chose est sûre : l'avenir pourra affecter considérablement, profondément peut-être le vocabulaire et le contenu métaphorique des religions existantes, mais il ne saurait ni abolir, ni reculer, ni même déplacer l'inconnu où se meut la foi.

Alors que la science nouvelle, la science du point d'Archimède, a mis des siècles à dégager pleinement ses possibles, et qu'elle a duré environ deux cents ans avant de commencer à changer le monde et les conditions de la vie humaine, il n'a fallu que quelques décennies, à peine une génération, pour que l'esprit humain tire certaines conclusions des découvertes de Galilée, ainsi que des méthodes et postulats qui les avaient préparées. L'esprit humain changea en quelques années aussi radicalement que le monde humain en quelques siècles. Certes, ce changement ne toucha qu'un petit nombre d'hommes, les membres de ce groupe le plus étrange de l'époque moderne, la société des savants, la république des lettres (la seule société qui ait survécu à toutes les convictions et à tous les conflits, sans révolution, sans jamais oublier « d'honorer l'homme dont elle ne partage plus les croyances[1] ») ; mais cette société devança à bien des égards, par la seule force de l'imagination exercée et contrôlée, le profond changement intellectuel que devaient subir tous les modernes et qui n'est devenu que de nos jours une réalité politiquement démontrable[2]. Descartes est le père de la

1. Bronowski, *op. cit.*

2. La fondation et les débuts de la Royal Society sont remarquables à ce point de vue. À la fondation, les membres durent convenir de ne s'occuper d'aucune affaire étrangère aux statuts donnés par le roi à la Société, en particulier de ne pas prendre part

philosophie moderne tout comme Galilée est l'ancêtre de la science moderne, et s'il est vrai qu'après le XVIIe siècle, et surtout en raison de l'évolution philosophique, la science et la philosophie se sont séparées plus nettement que jamais[1] (Newton fut à peu près le dernier à considérer son œuvre comme de la « philosophie expérimentale » et à soumettre ses découvertes à la réflexion « des astronomes et des philosophes[2] », et

---

aux querelles politiques ou religieuses. On est tenté de conclure que l'idéal scientifique de l'« objectivité » est né à cette occasion, ce qui indiquerait que l'origine en est politique et non pas scientifique. En outre, il paraît remarquable que les hommes de science, dès le début, aient jugé nécessaire de s'organiser en société et le fait que l'œuvre accomplie au sein de la Royal Society fut d'une importance infiniment supérieure à tout ce qui se fit en dehors d'elle démontra à quel point ils avaient raison. Une organisation, qu'elle groupe des politiciens ou des savants ennemis de la politique, est toujours une institution politique ; quand des hommes s'organisent c'est pour agir et se donner de la puissance. Nulle équipe scientifique ne fait de la science pure : ou bien elle veut agir sur la société et y assurer à ses membres une certaine situation, ou bien – comme c'était, comme c'est encore dans une grande mesure, le cas de la recherche organisée en sciences naturelles – elle veut agir de façon concertée, afin de conquérir la nature. Comme l'a dit Whitehead, « ce n'est pas par hasard que l'âge de la science est devenu l'âge de l'organisation. La pensée organisée est le fondement de l'action organisée », non pas, ajouterions-nous, parce que la pensée est le fondement de l'action, mais plutôt parce que la science moderne en tant qu'« organisation de la pensée » y a introduit un élément d'action (cf. *The Aims of Education*, pp. 106-107).

1. Karl Jaspers dans sa doctorale interprétation de la philosophie cartésienne souligne l'étrange ineptie des idées « scientifiques » de Descartes, son manque de compréhension pour l'esprit de la science moderne, son penchant, qui étonnait déjà Spinoza, à accepter des théories sans examen et sans preuves concrètes (*op. cit.*, surtout pp. 50 *sq.* et 93 *sq.*).

2. Cf. *Mathematical Principles of Natural Philosophy* (éd. de 1803, II, 314).

Kant fut le dernier philosophe à s'occuper d'astronomie et de sciences naturelles[1]), la philosophie moderne doit, plus exclusivement que toutes celles qui l'ont précédée, ses origines et son orientation à des découvertes scientifiques déterminées. Contrepartie exacte d'une conception scientifique du monde depuis longtemps abandonnée, cette philosophie n'est pas démodée : cela n'est pas dû seulement à la nature de la philosophie qui, lorsqu'elle est authentique, demeure aussi durable que les œuvres d'art ; dans ce cas particulier, cette permanence est étroitement liée à l'évolution éventuelle d'un monde où des vérités qui pendant des siècles ne furent accessibles qu'au petit nombre sont devenues des réalités pour tous les hommes.

Il serait évidemment absurde d'ignorer la correspondance presque trop précise entre l'aliénation de l'homme moderne par rapport au monde et le subjectivisme de la philosophie moderne depuis Descartes et Hobbes jusqu'au sensualisme, à l'empirisme, au pragmatisme anglais, jusqu'à l'idéalisme et au matérialisme allemands et enfin jusqu'à l'existentialisme phénoménologique et au positivisme logique ou épistémologique. Mais il serait tout aussi absurde de croire que, pour arracher le philosophe aux vieux problèmes métaphysiques et tourner son attention vers les introspections de toutes sortes – introspection de son appareil sensuel ou cognitif, de sa conscience, des processus psychologiques et logiques –, il ait suffi d'une force jaillie du développement autonome des idées, ou

1. L'une des premières publications de Kant s'intitule : *Allgemeine Naturgeschichte und Theorie des Himmels.*

encore, variante de la même conception, de s'imaginer que notre monde serait différent si seulement la philosophie s'était cramponnée à la tradition. Nous l'avons dit : ce ne sont pas les idées, ce sont les événements qui changent le monde – l'idée du système héliocentrique remonte à l'école de Pythagore et dans l'Histoire elle a toujours accompagné les traditions néoplatoniciennes sans pour autant modifier en quoi que ce soit le monde ni l'esprit humain – et Galilée, plus que Descartes, est responsable de l'événement décisif des temps modernes. Descartes en était parfaitement conscient lui-même : lorsqu'il apprit la nouvelle du procès et de la rétractation de Galilée, il fut tenté un moment de brûler tous ses papiers, car, écrivit-il, « si le mouvement de la Terre est faux, tous les fondements de ma philosophie le sont aussi[1] ». Mais Descartes et les autres philosophes, en haussant l'événement au plan d'une pensée intransigeante, en enregistrèrent avec une précision sans pareille le choc énorme ; ils éprouvèrent d'avance, partiellement du moins, les inquiétudes que recélait le nouveau point d'appui de l'homme, et qui ne troublèrent pas les savants trop occupés jusqu'au moment où, maintenant, elles ont commencé à se faire jour dans leur œuvre et à intervenir dans leurs recherches. Depuis lors on ne voit plus ce curieux décalage qui existait entre l'humeur de la philosophie moderne, principalement pessimiste depuis le début, et celle de la science moderne, si fougueusement optimiste à une époque encore très récente. Il ne reste pas plus de gaîté, semble-t-il, dans l'une que dans l'autre.

1. Lettre à Mersenne, novembre 1633.

Avènement du doute cartésien

La philosophie moderne commence au doute, au *de omnibus dubilandum est* de Descartes, mais ce doute n'est pas le contrôle qu'exerce l'intelligence sur elle-même pour se garder des tromperies de la pensée et des illusions des sens, ce n'est pas le scepticisme à l'égard des mœurs et des préjugés des hommes ou de l'époque, ce n'est même pas une méthode critique de recherche scientifique et de spéculation philosophique. Le doute cartésien est d'une portée trop vaste, son objet est trop fondamental, pour qu'on en puisse cerner le contenu de façon aussi concrète. Dans la philosophie, dans la pensée modernes, le doute occupe à peu près la position centrale qu'avait toujours occupée auparavant le *thaumazein* des Grecs, l'étonnement devant tout ce qui existe tel quel. Descartes fut le premier à mettre en concept cette façon moderne de douter qui après lui devint tout naturellement, sans bruit, le moteur des idées, l'axe invisible de toute pensée. Depuis Platon et Aristote jusqu'aux temps modernes, la philosophie, chez ses plus grands, ses plus authentiques représentants, avait été l'expression systématique de l'étonnement ; la philosophie moderne depuis Descartes consiste à systématiser le doute et à le suivre dans toutes ses ramifications.

Le doute cartésien, en son sens radical et universel, fut à l'origine la réaction provoquée par une réalité nouvelle, réalité qui, pour ne concerner longtemps que le petit cercle, politiquement insignifiant, des doctes et des penseurs, n'en était pas moins réelle.

Les philosophes comprirent aussitôt que les découvertes de Galilée ne comportaient pas un simple défi au témoignage des sens et que ce n'était plus la raison, comme chez Aristarque et Copernic, qui avait « violé leurs sens », auquel cas en effet les hommes n'eussent eu qu'à choisir entre leurs facultés et laisser la raison innée « se rendre maîtresse de leur crédulité[1] ». Ce n'était pas la raison qui réellement changeait la vision du monde physique, c'était un instrument fait de main d'homme, le télescope ; ce n'étaient pas la contemplation, l'observation, ni la spéculation qui conduisaient au nouveau savoir : c'était l'intervention active de l'*homo faber*, du faire, de la fabrication. En d'autres termes, l'homme avait été trompé tant qu'il avait cru que le réel et le vrai se révéleraient à ses sens et à sa raison pourvu qu'il fût fidèle à ce qu'il voyait avec les yeux du corps et de l'esprit. La vieille opposition de la vérité des sens et de la vérité rationnelle, de l'infériorité des sens, moins capables d'atteindre le vrai, et de la supériorité de la raison, plus capable de vérité, cette opposition s'effaçait devant le défi, devant cette évidence implicite, que ni le vrai ni le réel ne sont donnés, qu'ils n'apparaissent ni l'un ni l'autre tels quels, et que seule l'opération sur l'apparence, la suppression des apparences, peut faire espérer une connaissance vraie.

C'est alors seulement que l'on découvrit à quel point la raison et la foi dans la raison ne dépendent pas des diverses perceptions des sens, dont chacune peut être une

1. Ainsi Galilée exprime son admiration pour Copernic et Aristarque, dont la raison « sut… ainsi violer leurs sens et malgré cela se rendre maîtresse de leur crédulité » (*Dialogue sur les deux grands systèmes du monde*, trad. Thomas Salusbury, 1661, p. 301).

illusion, mais du postulat incontesté que les sens dans leur ensemble – groupés et gouvernés par un sixième sens, supérieur aux autres, le sens commun – intègrent l'homme dans la réalité qui l'environne. Si l'œil humain peut trahir l'homme au point que tant de générations ont cru que le Soleil tourne autour de la Terre, il faut renoncer à la métaphore des yeux de l'esprit ; elle se fondait finalement, encore qu'implicitement et même quand elle servait par opposition aux sens, sur la confiance dans la vision corporelle. Si l'Être et l'Apparence se séparent à jamais, et tel est bien – comme Marx l'a noté – le postulat fondamental de la science moderne, alors il ne reste rien à accepter de confiance ; il faut douter de tout. Jadis Démocrite avait prédit que la victoire de l'esprit sur les sens ne pourrait se terminer que par la défaite de l'esprit : la prophétie semblait se réaliser, à cela près que les données d'un instrument triomphaient, apparemment, de l'esprit et des sens en même temps[1].

Ce qui caractérise avant tout le doute cartésien, c'est son universalité : rien, ni pensée ni expérience, ne peut lui échapper. Nul peut-être n'en explora les vraies dimensions plus honnêtement que Kierkegaard lorsque le doute, et non pas la raison comme il le pensait, lui fit faire le saut dans la foi, et porter ainsi le doute au cœur même de la religion moderne[2]. L'universalité s'étend

1. Démocrite, après avoir dit qu'« il n'y a en réalité ni blanc, ni noir, ni doux, ni amer », ajoute : « Pauvre esprit, tu empruntes tes arguments aux sens et ensuite tu veux les vaincre ? Ta victoire est ta défaite » (Diels, *Fragmente der Vorsokratiker*, 4e éd., 1922, frag. B, 125).

2. Cf. *Johannes Climacus oder De omnibus dubitandum est*, l'un des premiers manuscrits de Kierkegaard, qui reste peut-être

du témoignage des sens au témoignage de la raison et au témoignage de la foi, car ce doute tient au fond à la perte de l'évidence, et la pensée a toujours commencé à ce qui est évident de soi et en soi – évident non seulement pour le penseur, mais pour tout le monde. Le doute cartésien ne doutait pas simplement que l'entendement humain fût ouvert à toutes les vérités ou que la vision humaine fût capable de tout voir ; il doutait que l'intelligibilité pût constituer une preuve du vrai, la visibilité n'étant nullement une preuve du réel. Ce doute met en doute l'existence du vrai, et découvre ainsi que le concept traditionnel du vrai, qu'il soit fondé sur la perception, sur la raison ou sur la croyance en une révélation divine, s'était appuyé sur le double postulat que ce qui existe vraiment doit apparaître de soi-même et que les facultés humaines sont aptes à le recevoir[1].

---

la plus profonde interprétation du doute cartésien. Kierkegaard y raconte sous forme d'autobiographie spirituelle qu'il apprit à connaître Descartes dans Hegel et qu'il regretta de n'avoir pas commencé par Descartes ses études philosophiques. Ce petit traité du volume IV des *Œuvres complètes* (Copenhague, 1909) existe en traduction allemande (Darmstadt, 1948).

1. Les rapports de la confiance dans les sens et de la confiance en la raison, dans le concept traditionnel du vrai, furent nettement perçus par Pascal. D'après lui : « Ces deux principes de vérité, la raison et les sens, outre qu'ils manquent chacun de sincérité, s'abusent réciproquement l'un et l'autre. Les sens abusent la raison par de fausses apparences ; et cette même piperie qu'ils apportent à la raison, ils la reçoivent d'elle à leur tour : elle s'en revanche. Les passions de l'âme troublent les sens et leur font des impressions fausses. Ils mentent et se trompent à l'envi » (*Pensées*, éd. Pléiade, n° 92, p. 849). Le fameux pari de Pascal, d'après lequel on risque moins à croire qu'à ne pas croire la doctrine chrétienne sur l'au-delà, démontre suffisamment les liens entre la vérité des sens et de la raison et la vérité de la révélation divine. Pour Pascal comme

Que le vrai dût se révéler, ce fut le credo de l'Antiquité païenne comme des Hébreux, de la philosophie chrétienne comme de la philosophie laïque. C'est pourquoi la philosophie nouvelle, moderne, se dressa avec tant de violence – ce fut presque de la haine – contre la tradition et fit si peu de cas de l'enthousiaste retour à l'Antiquité de la Renaissance.

Pour bien sentir l'acuité du doute cartésien il faut comprendre que les nouvelles découvertes attaquaient la confiance humaine dans le monde et dans l'univers plus dangereusement encore que ne l'indiquait la nette séparation de l'être et de l'apparence. Car ici le rapport de ces deux termes n'est plus statique comme dans le scepticisme traditionnel, pour lequel les apparences recouvrent, dissimulent simplement un Être véritable qui toujours échappe à la connaissance. Cet Être au contraire est terriblement actif : il crée lui-même ses apparences, seulement ces apparences sont des tromperies. Tout ce que perçoivent les sens est le produit de forces secrètes, invisibles, et si au moyen d'artifices, d'instruments ingénieux, on prend ces forces sur le fait plutôt qu'on ne les découvre – de même que l'on piège un animal ou que l'on attrape un voleur : contre leur gré –, il se trouve que cet Être prodigieusement effectif est d'une nature telle que ses révélations doivent être des tromperies et que les conclusions tirées de ses apparences doivent être des illusions.

---

pour Descartes, Dieu est un Dieu caché, qui ne se révèle pas, mais dont l'existence et même la bonté sont tout ce qui garantit hypothétiquement que la vie humaine n'est pas un songe (le cauchemar de Descartes se retrouve dans Pascal, *ibid.*, n° 380, p. 928), et la connaissance humaine un mensonge divin.

La philosophie de Descartes est hantée par deux cauchemars qui en un sens sont devenus les cauchemars de toute l'époque moderne, non que cette époque fût si profondément influencée par le cartésianisme, mais parce qu'il ne pouvait guère en être autrement dès que l'on comprenait les véritables conséquences de la conception moderne du monde. Ces cauchemars sont très simples, très connus. Dans l'un la réalité, celle du monde comme celle de la vie humaine, est mise en doute ; si l'on ne peut se fier ni aux sens, ni au sens commun, ni à la raison, il est fort possible que tout ce que nous prenons pour le réel ne soit qu'un rêve. L'autre concerne la condition humaine en général telle que la révélaient les nouvelles découvertes et l'impossibilité dans laquelle se trouve l'homme de se fier à ses sens et à sa raison ; dans ces circonstances l'hypothèse d'un esprit malin, d'un « Dieu trompeur », trahissant l'homme exprès, par méchanceté, est beaucoup plus vraisemblable que celle d'un Dieu maître de l'univers. La magie diabolique de cet esprit malin serait d'avoir fait une créature douée d'une notion du vrai, et de lui avoir donné en même temps des facultés telles qu'elle serait à jamais incapable d'atteindre la moindre vérité, incapable d'avoir jamais la moindre certitude.

Ce dernier point, le problème de la certitude, allait devenir décisif pour toute l'évolution de la morale moderne. L'époque nouvelle, évidemment, n'avait pas perdu la capacité de voir le vrai et le réel, ni de croire, ni, compagne inévitable de cette capacité, l'acceptation du témoignage des sens et de la raison : elle avait perdu la certitude. En religion ce n'est pas la croyance au salut ni en l'au-delà qui disparut immédiatement, mais la *certitudo salutis* – et cela se produisit dans tous les pays protestants où la chute de l'Église catholique avait éliminé la dernière institution traditionnelle qui dans les lieux où son autorité demeura incontestée fît un rempart entre le choc des temps modernes et la masse des croyants. La conséquence immédiate de cette perte de certitude fut un nouveau zèle à faire de son mieux en cette vie, comme s'il s'agissait d'une longue période de probation[1] ; de même en perdant la certitude du vrai on aboutit à un zèle absolument sans précédent pour la sincérité – comme si l'homme ne pouvait se permettre de mentir qu'à condition d'être sûr de l'existence incontestable d'une vraie réalité objective qui certainement transcenderait et abolirait tous ses mensonges[2]. Le profond changement des normes morales au cours du premier siècle de l'époque moderne s'inspira des besoins et des idéaux du groupe le plus important de cet âge : celui des nouveaux savants ; et les vertus cardinales de l'époque – le succès, la diligence et la sincérité – sont en même temps les grandes vertus de la science moderne[3].

---

1. Max Weber qui, malgré quelques erreurs de détail maintenant corrigées, reste le seul historien à poser le problème des temps modernes avec la profondeur qu'il mérite, a bien vu aussi que ce n'est pas un simple affaiblissement de la foi qui renversa les jugements de valeur sur l'œuvre et le travail, mais la perte de la *certitudo salutis*. Pour nous, il semblerait que ce ne fut que l'une des nombreuses certitudes perdues à l'arrivée des temps modernes.

2. Il est frappant qu'aucune grande religion, sauf celle de Zoroastre, n'ait jamais mis le mensonge comme tel au nombre des péchés mortels. Non seulement, il n'y a point de commandement : Tu ne mentiras pas (car « Tu ne porteras pas de faux témoignage » est évidemment fort différent), mais on dirait que, antérieurement à la morale puritaine, personne n'avait considéré le mensonge comme une faute grave.

3. C'est la principale thèse de l'article de Bronowski cité ci-dessus.

Les sociétés savantes, les académies royales devinrent les centres, influents sur le plan moral, où les hommes de science s'organisaient afin de trouver les moyens de capturer la nature dans leurs expériences et leurs instruments et ainsi de la forcer à livrer ses secrets. Cette tâche gigantesque à laquelle aucun homme ne pourrait suffire et que seul pourrait accomplir à la rigueur l'effort collectif des meilleurs esprits de l'humanité entière, prescrivit les règles de conduite et les normes nouvelles de jugements. Alors qu'autrefois le vrai résidait dans la « théorie », où l'on voyait depuis les Grecs la contemplation de l'observateur considérant et accueillant la réalité qui s'ouvrait devant lui, on mit en avant la question du succès, la théorie fut soumise à une épreuve « pratique » : donnait-elle, oui ou non, des résultats ? La théorie devint hypothèse, et la réussite de l'hypothèse devint vérité. Toutefois, cette norme dominante du succès ne dépend pas de considérations pratiques, ni des progrès techniques qui peuvent éventuellement accompagner telles ou telles découvertes scientifiques. Le critère du succès appartient à l'essence même et au progrès de la science d'une manière tout à fait indépendante du problème de ses applications. Le succès dont il s'agit n'est aucunement l'idole creuse qu'en a faite la société bourgeoise ; c'est à l'origine, et dans les sciences c'est toujours depuis lors, une véritable victoire de l'ingéniosité humaine sur des forces infiniment supérieures.

La manière cartésienne de résoudre le doute universel ou de se libérer des deux cauchemars connexes – tout est songe, il n'y a point de réalité et, au lieu de Dieu, un esprit malin gouverne le monde et se moque de l'homme – fut comparable par la méthode et par le contenu au passage de la vérité à la véracité, du réel au digne de foi. En affirmant que « bien que notre esprit ne soit point la mesure des choses ni du vrai, il faut assurément qu'il soit la mesure des choses que nous affirmons ou que nous nions[1] », Descartes répète ce que les savants avaient généralement découvert sans l'exprimer explicitement : même s'il n'y a pas de vérité, l'homme peut être véridique, même s'il n'y a pas de certitude à laquelle on puisse se fier, l'homme peut être digne de foi. Si le salut existe, il doit être en l'homme, et s'il y a une solution aux questions posées par le doute, elle doit venir du doute. S'il faut désormais douter de toute chose, le doute du moins est certain et réel. Quelle que soit la situation du réel et du vrai tels qu'ils sont donnés aux sens et à la raison, « vous ne pouvez douter de votre doute et rester incertain si vous doutez ou non[2] ». Le fameux *cogito ergo sum* ne jaillit pas, pour Descartes, d'une certitude interne de la pensée en tant que telle – auquel cas la pensée eût vraiment acquis une dignité, une importance nouvelles pour l'homme : ce fut la simple généralisation d'un

1. Lettre à Henry More, citée dans Koyré, *op. cit.*

2. Dans le dialogue de la *Recherche de la vérité par la lumière naturelle* où Descartes expose ses idées fondamentales sans appareil technique, la position centrale du doute est mise en évidence plus encore que dans ses autres ouvrages. Eudoxe, qui représente Descartes, explique : « Vous pouvez douter avec raison de toutes les choses dont la connaissance ne vous vient que par l'office des sens ; mais pouvez-vous douter de votre doute et rester incertain si vous doutez ou non ?… vous qui doutez vous êtes, et cela est si vrai que vous n'en pouvez douter davantage » (Pléiade, p. 680).

dubito ergo sum[1]. En d'autres termes, de la certitude purement logique qu'en doutant de quelque chose je constate l'existence d'un processus de doute dans ma conscience, Descartes conclut que les processus qui ont lieu dans l'esprit de l'homme ont une certitude propre et qu'ils peuvent devenir objets de recherche dans l'introspection.

Introspection et perte du sens commun

En fait l'introspection, non pas la réflexion de l'esprit sur l'état de l'âme ou du corps, mais la préoccupation purement cognitive de la conscience étudiant son contenu (et c'est l'essence de la *cogitatio* cartésienne, dans laquelle *cogito* veut toujours dire *cogito me cogitare*), fournit obligatoirement une certitude, car il n'y entre rien que ce que l'esprit a produit lui-même ; nul n'intervient que le producteur du produit, l'homme

1. « Je doute, donc je suis, ou bien ce qui est la même chose : je pense, donc je suis » (*ibid.*, p. 687). La pensée, chez Descartes, a en effet un caractère dérivé : « Car s'il est vrai que je doute, comme je n'en puis douter, il est également vrai que je pense ; en effet douter est-il autre chose que penser d'une certaine manière ? » (*ibid.*, p. 686). L'idée directrice de cette philosophie n'est aucunement que je ne pourrais penser sans être, mais « que nous ne saurions douter sans être, et que cela est la première connaissance certaine qu'on peut acquérir » (*Principes*, Pléiade, 1re partie, sec. 7). L'argument lui-même n'est certes pas nouveau. On le trouve par exemple presque mot pour mot dans le *De libero arbitrio* (ch. 3) de saint Augustin, mais sans l'idée implicite qu'il s'agit là de l'unique certitude contre la possibilité d'un « Dieu trompeur », et en général sans que l'argument soit le fondement même d'un système philosophique.

n'affronte rien, ni personne que soi-même. Bien avant que les sciences physiques et naturelles commençassent à se demander si l'homme est capable de rencontrer, de connaître, de comprendre autre chose que soi, la philosophie moderne s'était assurée dans l'introspection que l'homme ne s'intéresserait qu'à soi. Descartes pensa que la certitude fournie par l'introspection, sa méthode nouvelle, est la certitude du Je-suis[1]. En d'autres termes, l'homme porte en lui-même sa certitude, la certitude de son existence ; à lui seul le fonctionnement de la conscience, tout en restant incapable d'assurer la réalité du monde donné aux sens et à la raison, confirme indubitablement la réalité des sensations et du raisonnement, c'est-à-dire la réalité des processus qui se déroulent dans l'esprit. Ces derniers sont comparables aux processus biologiques qui se déroulent dans le corps et qui, lorsqu'on en prend conscience, peuvent aussi convaincre de la réalité fonctionnelle du corps. Dans la mesure où même les rêves sont réels, puisqu'ils supposent un rêveur et un rêve, le monde de la conscience ne manque pas de réalité. Le malheur est qu'il serait impossible de deviner, d'après ce que l'on éprouve des processus corporels, la forme du corps ou d'un corps quelconque, et que de même il est impossible de sortir de la pure conscience de sensations, où l'on sent ses sens et où même l'objet senti fait partie

1. Que le *cogito ergo sum* contienne une erreur de logique, qu'il eût fallu dire, comme Nietzsche l'a remarqué, *cogito ergo cogitationes sunt*, et donc que la prise de conscience exprimée dans le *cogito* ne prouve pas que je suis, mais seulement que la conscience est, c'est une autre question ; elle ne nous concerne pas ici (cf. *La Volonté de puissance*, n° 484).

de la sensation, pour atteindre le réel dans ses contours, ses formes, ses couleurs, sa composition. L'arbre vu est peut-être assez réel pour la sensation de vision, comme l'arbre rêvé pour le rêveur tant qu'il rêve, mais ni l'un ni l'autre ne seront jamais un arbre réel.

C'est à cause de ces perplexités que Descartes et Leibniz eurent besoin de prouver non pas l'existence de Dieu mais sa bonté, le premier démontrant qu'il n'y a point d'esprit malin pour gouverner le monde et se gausser des hommes, le second que ce monde, qui comprend l'homme, est le meilleur des mondes possibles. Ce qui caractérise ces justifications exclusivement modernes, ces théodicées comme on dit depuis Leibniz, c'est que le doute ne concerne pas l'existence d'un être suprême, admise au contraire sans discussion ; il concerne la révélation de cet Être, telle que la rapporte la tradition biblique, et ses intentions à l'égard de l'homme et du monde, ou plutôt la justesse des rapports entre l'homme et le monde. Douter que la Bible ou que la nature contiennent une révélation divine, cela va de soi quand on a vu que la révélation comme telle, divulgation du réel aux sens et de la vérité à la raison, ne garantit ni le vrai ni le réel. Mais le doute concernant la bonté de Dieu, la notion d'un Dieu trompeur, est né de l'illusion dont on devait fatalement se sentir victime en acceptant la nouvelle conception du monde, illusion d'autant plus pénible qu'elle se répète irrémédiablement, car nul savoir quant à la nature héliocentrique du système planétaire ne peut changer le fait que l'on voit chaque jour le Soleil décrire un cercle autour de la Terre, et se lever et se coucher aux endroits prescrits. C'est alors vraiment lorsqu'on put penser que, sans l'accident du télescope, l'homme eût été sans doute à jamais trompé, c'est alors que les voies de Dieu devinrent totalement indéchiffrables ; plus l'homme avançait dans la connaissance de l'univers, moins il comprenait pour quels motifs, à quelles fins, cet univers avait pu être créé. La bonté du Dieu des théodicées est donc strictement une qualité de *deus ex machina* ; à la limite une bonté inexplicable, voilà tout ce qui sauve le réel dans la philosophie de Descartes (la coexistence de l'esprit et de l'étendue, de la *res cogitans* et de la *res extensa*), tout ce qui sauve chez Leibniz l'harmonie préétablie entre l'homme et le monde[1].

L'ingéniosité de l'introspection cartésienne, et par conséquent la raison pour laquelle cette philosophie prit une telle importance dans l'évolution spirituelle et intellectuelle de l'époque moderne, furent en premier lieu le recours au cauchemar de la non-réalité qui servit à noyer tous les objets de-ce-monde dans le flot de la conscience et de ses processus. L'« arbre vu », découvert dans la conscience par l'introspection, n'est plus l'arbre donné dans la vue et le toucher, entité en

1. Cette qualité de Dieu *deus ex machina*, seule solution possible du doute universel, est particulièrement manifeste dans les *Méditations*. Ainsi, dans la troisième, Descartes écrit qu'afin d'écarter la cause du doute, « je dois examiner s'il y a un Dieu… ; et si je trouve qu'il y en ait un, je dois aussi examiner s'il peut être trompeur : car sans la connaissance de ces deux vérités, je ne vois pas que je puisse jamais être certain d'aucune chose ». Et il conclut à la fin de la cinquième Méditation : « Ainsi, je reconnais très clairement que la certitude et la vérité de toute science dépendent de la seule connaissance du vrai Dieu : en sorte qu'avant que je le connusse, je ne pouvais savoir parfaitement aucune autre chose » (Pléiade, pp. 177, 208).

soi avec son identité, sa forme inaltérable. Transformé en objet de conscience sur le même plan qu'un simple souvenir ou qu'une chose purement imaginaire, il devient partie intégrante du processus, c'est-à-dire de cette conscience que l'on ne connaît que comme un flot toujours en mouvement. Rien sans doute ne pouvait mieux nous préparer à voir éventuellement la matière se dissoudre en énergie et les objets en tourbillons de phénomènes atomiques, que cette dissolution de la réalité objective en états d'esprit subjectifs, ou plutôt en processus mentaux subjectifs. En second lieu, et ceci fut encore plus pertinent pour les débuts de l'époque moderne, la méthode cartésienne pour mettre une certitude à l'abri du doute universel correspondait très précisément à la conclusion la plus évidente que l'on pût tirer de la nouvelle physique : si l'on ne peut connaître la vérité comme une chose donnée et révélée, l'homme du moins peut connaître ce qu'il fait lui-même. Cette attitude devint la plus générale, la plus généralement admise, et c'est cette conviction, plutôt que le doute sur lequel elle se fonde, qui depuis plus de trois cents ans pousse les générations l'une après l'autre dans une cadence toujours accélérée de découvertes et de progrès.

La raison cartésienne est fondée tout entière « sur le postulat implicite que l'esprit ne peut connaître que ce qu'il a produit et conserve en un sens à l'intérieur de soi-même[1] ». Son idéal suprême doit être par conséquent la connaissance mathématique telle que

1. A. N. Whitehead, *The Concept of Nature*, éd. Ann Arbor, p. 32.

l'entend l'époque moderne, c'est-à-dire la connaissance non point de formes idéales données en dehors de l'esprit, mais de formes produites par un esprit qui, dans ce cas particulier, n'a même plus besoin que les sens soient stimulés – ou plutôt irrités – par des objets autres que soi. Cette théorie est certainement, comme le dit Whitehead, le « résultat de la retraite du sens commun[1] ». Car le sens commun, celui qui jadis servait à intégrer dans le monde commun tous les autres sens avec leurs sensations intimement individuelles, tout comme la vue intégrait l'homme dans le monde visible, devint alors une faculté interne sans aucun lien avec le monde. Ce sens fut encore appelé commun, mais uniquement parce qu'il se trouvait commun à tous les hommes. Ce que les hommes ont en commun à présent n'est pas le monde, c'est la structure de leurs esprits, et cela même ils ne peuvent l'avoir en commun, à proprement parler ; il peut simplement se trouver que la faculté de raisonner soit la même chez tous[2]. Le fait que lorsqu'il s'agit d'additionner deux et deux nous donnions tous la même réponse est désormais le modèle du raisonnement de sens commun.

La raison, chez Descartes tout comme chez Hobbes, devient « calcul des conséquences », faculté de déduire et conclure, autrement dit faculté qui concerne un

---

1. *Ibid.*, p. 43. Le premier à commenter et critiquer l'absence du sens commun dans Descartes fut Vico (cf. *De nostri temporis studiorum ratione*, ch. 3).

2. Cette transformation du sens commun en un sens interne caractérise toute l'époque moderne ; en allemand, elle se remarque dans la différence entre le vieux mot *Gemeinsinn* et l'expression qui l'a remplacé : *gesunder Menschenverstand.*

processus que l'homme peut à tout moment déclencher en lui-même. L'esprit de cet homme – pour rester dans les mathématiques – ne regarde plus « deux-et-deux-font-quatre » comme une équation dans laquelle deux parties s'équilibrent dans une évidente harmonie : il voit dans cette équation l'expression d'un processus dans lequel deux et deux *deviennent* quatre afin d'engendrer d'autres processus d'addition qui iront éventuellement à l'infini. C'est cette faculté qui passe aujourd'hui pour raisonnement de sens commun ; c'est l'esprit qui joue tout seul, et c'est ce qui arrive quand l'esprit est coupé du réel et qu'il ne « sent » que soi-même. Les résultats de ce jeu sont des « vérités » impérieuses parce qu'on suppose que la différence de structure entre l'esprit d'un homme et celui d'un autre n'est pas plus considérable que la différence de leurs corps. Ce sera tout au plus une différence de puissance mentale, que l'on peut jauger et mesurer comme la puissance d'un moteur. Alors la vieille définition de l'homme – *animal rationale* – devient d'une précision terrible : privés du sens grâce auquel les cinq sens animaux s'intègrent dans un monde commun à tous les hommes, les êtres humains ne sont plus en effet que des animaux capables de raisonner, de « calculer les conséquences ».

Le problème inhérent à la découverte du point d'Archimède était, il est encore, que ce point hors de la Terre fût trouvé par une créature terrestre, qui s'aperçoit qu'elle vit dans un monde non seulement différent mais sens dessus dessous dès qu'elle essaye d'appliquer aux réalités de son environnement sa conception universelle du monde. La solution cartésienne fut de transporter dans l'homme le point d'Archimède[1], de choisir comme repère suprême le schéma de l'esprit humain qui se donne réalité et certitude à l'intérieur d'un cadre de formules mathématiques qu'il produit lui-même. Cette fois la fameuse *reductio scientiae ad mathematicam* permet de remplacer ce qui est donné dans la sensation par un système d'équations mathématiques où toutes les relations réelles se dissolvent en rapports logiques entre des symboles artificiels. C'est cette substitution qui permet à la science moderne d'accomplir sa tâche, de *produire* les phénomènes et les objets qu'elle veut observer[2]. Et le postulat est que ni Dieu ni esprit malin ne sauraient changer le fait que deux et deux font quatre.

La pensée et la conception moderne du monde

Le transfert du point d'Archimède dans l'esprit humain a sans doute permis à l'homme de porter son point d'appui, pour ainsi dire, en soi et à sa guise, il l'a ainsi libéré complètement de la réalité donnée – c'est-à-dire de la condition d'habitant de la Terre ;

1. Ce transfert du point d'Archimède dans l'homme lui-même fut pour Descartes une opération consciente : « Car à partir de ce doute universel, comme à partir d'un point fixe et immobile, je me suis proposé de faire dériver la connaissance de Dieu, de vous-mêmes et de toutes les choses qui existent dans le monde » (*Recherche de la vérité*, p. 680).

2. Frank *(op. cit.)* définit la science d'après sa « tâche de produire les phénomènes observables désirés ».

mais peut-être n'a-t-il jamais été aussi convaincant que le doute universel d'où il tire son origine et qu'il était censé dissiper[1]. Aujourd'hui en tout cas nous apercevons dans les problèmes que rencontrent les hommes de science au milieu de leurs plus belles victoires les mêmes cauchemars qui hantent les philosophes depuis le début de l'époque moderne. Ces cauchemars nous obsèdent dans le fait qu'une équation mathématique comme celle de la masse et de l'énergie – qui n'avait pour but à l'origine que de sauver les phénomènes, de s'accorder avec des faits d'observation qui auraient pu s'expliquer autrement, de même qu'à l'origine les systèmes de Ptolémée et de Copernic ne différaient qu'en simplicité et harmonie – se prête véritablement à une conversion très réelle de masse en énergie et réciproquement, si bien que la « conversion » mathématique implicite en toute équation correspond à une convertibilité dans le réel ; c'est aussi cet inquiétant phénomène : les systèmes de géométrie non euclidienne furent inventés sans la moindre idée d'application ou même de signification empirique avant d'accéder à une étonnante validité dans la théorie d'Einstein ; et le cauchemar est encore plus troublant dans la conclusion inévitable : « Il faut admettre la possibilité d'une

1. Ernst Cassirer espérait que « l'on surmonterait le doute en le dépassant » et que la théorie de la relativité délivrerait l'esprit humain de sa « dernière relique terrestre », à savoir l'anthropomorphisme de « notre manière de faire des mesures empiriques de l'espace et du temps » (*op. cit.*, pp. 382, 389) : cet espoir ne s'est pas réalisé ; au contraire, le doute, non quant à la validité des propositions scientifiques, mais quant à l'intelligibilité des données scientifiques, s'est renforcé au cours des dernières décennies.

pareille application pour toutes les constructions de mathématique pure, même les plus étranges[1]. » S'il est vrai que tout un univers, ou plutôt que toute une série d'univers différents doit soudainement se mettre à exister et « prouver » n'importe quel schéma d'ensemble inventé par l'esprit humain, l'homme peut bien, un moment, se réjouir en réaffirmant l'« harmonie préétablie entre les mathématiques pures et la physique[2] », entre l'esprit et la matière, entre l'homme et l'univers. Mais il lui sera difficile de ne pas se demander si ce monde mathématiquement préconçu ne serait pas un songe où chaque vision rêvée, que l'homme produit lui-même, ne conserve le sceau du réel que pendant la durée du rêve. Ses soupçons seront renforcés quand il découvrira que les événements qui se répètent dans l'infiniment petit, l'atome, suivent les mêmes lois, avec la même régularité que ceux de l'infiniment grand, les systèmes planétaires[3]. Tout cela paraît indiquer que si nous interrogeons la nature du point de vue de

---

1. *Ibid.*, p. 443.

2. Hermann Minkowski, « Raum und Zeit », dans *Das Relativitätsprinzip* (1913), de Lorentz, Einstein et Minkowski ; cité par Cassirer, *op. cit.*, p. 419.

3. On n'apaise pas ce doute en ajoutant une autre coïncidence, celle de la logique et du réel. Logiquement, il paraît évident en effet que « les électrons s'ils devaient expliquer les qualités sensorielles de la matière ne pourraient guère posséder ces qualités sensorielles, puisque dans ce cas le problème de la cause de ces qualités ne serait pas résolu, il serait seulement reculé » (Heisenberg, *Wandlungen in der Grundlagen der Naturwissenschaft*, p. 66). Si nous devenons soupçonneux, c'est qu'il a fallu qu'« à la longue » les savants se rendissent compte de cette nécessité logique pour découvrir que la « matière » n'avait point de qualités et par conséquent ne pouvait plus s'appeler matière.

l'astronomie nous obtenons des systèmes planétaires, tandis que si nous menons nos enquêtes astronomiques au point de vue de la Terre nous obtenons des systèmes terrestres, géocentriques.

En tout cas, chaque fois que nous tentons de transcender l'apparence en dépassant toute expérience sensorielle, même aidée par nos instruments, afin de surprendre les ultimes secrets de l'Être qui, selon notre conception du monde physique, est si bien caché qu'il n'apparaît jamais, mais si prodigieusement puissant qu'il produit toutes les apparences, nous découvrons que les mêmes schémas régissent à la fois le macrocosme et le microcosme : nous obtenons les mêmes indications sur nos appareils. Là encore nous pouvons un instant nous réjouir de l'unité retrouvée de l'univers, mais pour nous demander bientôt si notre découverte a bien rapport au macrocosme, ou au microcosme, si nous n'avons pas affaire uniquement aux schémas de notre esprit, cet esprit qui a inventé les instruments et placé la nature dans les conditions de l'expérimentation – donné des lois à la nature, disait Kant ; et alors c'est vraiment comme si nous étions entre les mains d'un esprit malin qui nous raille et déjoue notre soif de connaître, si bien qu'en cherchant ce qui n'est pas nous, nous ne trouvons jamais que les schémas de notre esprit.

Le doute cartésien, conséquence logiquement la plus admissible, chronologiquement la plus immédiate de la découverte de Galilée, fut apaisé pendant des siècles par l'ingénieux transfert du point d'Archimède, du moins en ce qui concernait les sciences naturelles. Mais la mathématisation de la physique, par laquelle s'opéra le renoncement absolu des sens en matière de connaissance, eut à son dernier stade la conséquence inattendue, et pourtant plausible, que toute question que l'homme pose à la nature reçoit une réponse en termes de schémas mathématiques qu'aucun modèle ne peut représenter puisqu'il faudrait faire le modèle d'après l'expérience de nos sens[1]. À ce stade, la connexion entre la pensée et l'expérience des sens qui est inhérente à la condition humaine paraît prendre sa revanche : en démontrant la « vérité » des concepts les plus abstraits de la science, la technologie démontre seulement que l'homme peut toujours appliquer les résultats de son intelligence, et qu'il peut employer n'importe quel système pour expliquer les phénomènes naturels, il saura toujours l'adopter comme principe directeur de ses œuvres et de son action. Cette possibilité était déjà latente au commencement des mathématiques modernes, lorsqu'on s'aperçut que les vérités numériques sont pleinement traduisibles en relations spatiales. Si, par conséquent, la science actuelle dans son inquiétude allègue des réussites techniques pour « prouver » que nous avons affaire à un « ordre authentique » donné dans la nature[2], elle paraît s'enfermer dans un cercle vicieux que l'on pourrait définir ainsi :

1. Selon Erwin Schrödinger : « À mesure que notre œil mental pénètre dans des distances de plus en plus petites et des temps de plus en plus courts, nous voyons la nature se comporter d'une manière si totalement différente de ce que nous observons dans les corps visibles et palpables de notre environnement qu'*aucun* modèle construit, d'après nos expériences à grande échelle, ne saurait être vrai » (*Science and Humanism*, 1952, p. 25).

2. Heisenberg, *op. cit.*, p. 64.

les savants formulent des hypothèses pour combiner leurs expériences, puis utilisent ces expériences pour vérifier leurs hypothèses ; dans toute cette entreprise, ils ont évidemment affaire à une nature hypothétique[1].

En d'autres termes, le monde de l'expérimentation peut toujours devenir, semble-t-il, une réalité artificielle ; et malheureusement, tout en augmentant sans doute le pouvoir humain de faire et d'agir, voire de créer un monde, bien au-delà de tout ce que les époques précédentes avaient pu imaginer ou rêver, c'est ce qui rejette l'homme – plus rudement que jamais – dans la prison de son esprit, dans les limites des schémas qu'il a lui-même créés. Dès qu'il demande ce que toutes les époques précédentes pouvaient atteindre, c'est-à-dire connaître par expérience la réalité de ce qui n'est pas lui, il s'aperçoit que la nature et l'univers « lui échappent » et qu'il lui est impossible de se représenter un univers conçu d'après le comportement

1. Cette idée est bien mise en relief dans un texte de Planck cité dans un lumineux article de Simone Weil (sous le pseudonyme d'Emil Novis, « Réflexions à propos de la théorie des quanta », dans les *Cahiers du Sud*, décembre 1942) : « Le créateur d'une hypothèse dispose de possibilités pratiquement illimitées, il est aussi peu lié par le fonctionnement des organes de ses sens qu'il ne l'est par celui des instruments dont il se sert… On peut même dire qu'il se crée une géométrie à sa fantaisie… C'est pourquoi aussi jamais des mesures ne pourront confirmer ni infirmer directement une hypothèse ; elles pourront seulement en faire ressortir la convenance plus ou moins grande. » Simone Weil fait bien remarquer que quelque chose « d'infiniment plus précieux » que la science est compromis dans cette crise, à savoir la notion de vérité ; elle ne voit pas cependant que le plus grand problème en cet état de choses vient du fait indéniable que les hypothèses « donnent des résultats ». Je dois la référence à cet article peu connu à l'une de mes anciennes étudiantes, Mlle Beverly Woodward.

de la nature dans l'expérimentation et conformément aux principes mêmes que l'homme sait traduire techniquement en réalité fonctionnelle. Ce qui est nouveau, ce n'est pas qu'il existe des choses dont nous ne puissions former une image – il y a toujours eu de ces « choses », au nombre desquelles on comptait par exemple l'« âme » –, c'est que les choses matérielles que nous voyons, que nous représentons et qui nous avaient servi à mesurer les choses immatérielles dont nous ne pouvons forger d'image soient également « inimaginables ». À la disparition du monde donné par les sens, le monde transcendant disparaît aussi, et avec lui la possibilité de transcender dans le concept et la pensée le monde matériel. Il n'est donc pas surprenant que le nouvel univers soit non seulement « pratiquement inaccessible » mais encore « pas même pensable » car, « quelle que soit la manière dont nous le pensions, elle sera fausse ; peut-être pas tout à fait aussi dénuée de sens que « cercle triangulaire », mais beaucoup plus que « lion ailé »[1].

Le doute universel de Descartes atteint maintenant le cœur de la physique ; car il n'est même plus possible de se réfugier dans l'esprit humain, s'il est vrai que l'univers physique moderne non seulement échappe à la représentation, ce qui va de soi d'après le postulat que la nature ni l'Être ne se révèlent aux sens, mais en outre devient inconcevable, impensable en termes de raison pure.

1. Schrödinger, *op. cit.*, p. 26.

Renversement de la contemplation et de l'action

Parmi les conséquences spirituelles des découvertes de l'époque moderne, la plus grave peut-être et, en même temps, la seule qui fût inévitable puisqu'elle suivit de près la découverte du point d'Archimède et l'apparition connexe du doute cartésien, a été l'inversion des rangs de la *vita contemplativa* et de la *vita activa* dans l'ordre hiérarchique.

Afin de comprendre à quel point furent impérieux les motifs de ce renversement, il faut d'abord nous débarrasser du préjugé qui attribue le développement de la science, sous prétexte qu'elle a des applications, à un désir pragmatique d'améliorer les conditions de vie sur Terre. C'est un fait historique : la technologie moderne ne provient pas de l'évolution des outils que l'homme a toujours inventés dans le double but de soulager son labeur et d'édifier l'artifice humain, elle doit son origine exclusivement à une quête, aussi peu pratique que possible, de savoir inutile. Ainsi l'horloge, l'un des premiers instruments modernes, ne fut pas inventée à des fins pratiques, mais uniquement dans le but très « théorique » de faire certaines expérimentations sur la nature. Certes, cette invention, lorsqu'on s'aperçut de son utilité pratique, changea tout le rythme et jusqu'à la physionomie de la vie humaine ; mais, au point de vue des inventeurs, cela n'était qu'un incident. Si nous n'avions dû compter que sur les prétendus instincts pratiques des hommes, on n'aurait jamais parlé de technologie et, bien qu'aujourd'hui les inventions techniques déjà existantes aient une certaine vitesse acquise qui probablement engendrerait des perfectionnements jusqu'à un certain point, il est peu vraisemblable que notre monde techniquement conditionné pourrait survivre, sans même parler de progresser, si jamais nous réussissions à nous convaincre que l'homme est avant tout un être pratique.

Quoi qu'il en soit, l'expérience fondamentale à l'origine de l'inversion de la contemplation et de l'action fut précisément que l'homme ne put apaiser sa soif de connaître qu'après avoir mis sa confiance dans l'ingéniosité de ses mains. Ce n'est pas que la vérité et la connaissance perdissent leur importance, c'est que l'on ne pouvait les atteindre que par l'« action » et non plus par la contemplation. Un instrument, le télescope, œuvre des mains humaines, voilà finalement ce qui forçait la nature, ou plutôt l'univers, à livrer ses secrets. Les raisons de faire confiance au *faire* et de se défier de la *contemplation* ou *observation* devinrent encore plus puissantes après les résultats des premières recherches actives. Lorsque l'Être et l'Apparence se furent séparés et que l'on cessa d'attendre de la vérité qu'elle apparût et se révélât à l'œil mental de l'observateur, il devint véritablement nécessaire de traquer la vérité derrière les trompeuses apparences. Rien ne pouvait, en effet, inspirer moins de confiance pour acquérir la connaissance et approcher de la vérité que l'observation passive ou la pure contemplation. Afin d'être certain, il fallait s'*assurer* ; afin de connaître, il fallait agir. La certitude d'une connaissance n'était accessible qu'à une double condition : premièrement, que la connaissance concernât uniquement ce que l'on avait fait soi-même – et elle eut bientôt pour idéal la connaissance mathématique où l'on n'a affaire qu'à des entités autonomes de l'esprit – et, deuxièmement, que la connaissance fût d'une nature telle qu'elle ne pût se vérifier autrement que par l'action encore.

Depuis lors, vérité scientifique et vérité philosophique se sont quittées ; la vérité scientifique n'a pas besoin d'être éternelle, elle n'a même pas besoin d'être compréhensible, ni de convenir à la raison humaine. Il a fallu des générations de savants pour que l'esprit humain prît assez d'audace pour affronter totalement cet aspect de l'époque moderne. Si la nature et l'univers sont l'œuvre d'un artisan divin, et si l'esprit humain est incapable de comprendre ce que l'homme n'a pas fait lui-même, l'homme alors ne peut aucunement espérer apprendre sur la nature quoi que ce soit qu'il puisse comprendre. Il peut, sans doute, à force d'ingéniosité deviner et même imiter les mécanismes des processus naturels, mais cela ne veut pas dire que ces mécanismes auront pour lui un sens – ils n'ont même pas à être intelligibles. En fait, aucune révélation divine prétendument surrationnelle, aucune vérité philosophique prétendument abstruse n'ont jamais offensé la raison humaine aussi manifestement que certains résultats de la science moderne. On peut vraiment dire avec Whitehead : « Dieu sait quel apparent non-sens ne sera pas demain une vérité démontrée[1]. »

En réalité, le changement qui eut lieu au XVIIe siècle fut plus profond que ne l'indiquerait une simple inversion de l'ordre traditionnel établi entre le faire et la contemplation. Le renversement à proprement parler ne

1. *Science and the Modern World*, p. 116.

concerna que la relation entre faire et penser, tandis que la contemplation, au sens original de vision prolongée de la vérité, fut totalement éliminée. Car la contemplation est autre chose que la pensée. Traditionnellement, on concevait cette dernière comme la voie principale, la plus directe, menant à la contemplation du vrai. Depuis Platon et sans doute depuis Socrate la pensée était le dialogue intérieur dans lequel on converse avec soi-même (*eme emautô*, pour reprendre l'expression courante chez Platon) ; et bien que ce dialogue n'ait aucune manifestation extérieure, exigeant même la cessation plus ou moins complète de toute activité, il constitue en soi un état extrêmement actif. Son inactivité extérieure se distingue nettement de la passivité, du calme total dans lesquels la vérité est finalement révélée à l'homme. En faisant de la philosophie la servante de la théologie, la scolastique médiévale n'aurait nullement déplu à Platon, ni à Aristote ; l'un et l'autre, encore que dans un contexte tout différent, considéraient ce processus dialectique de la pensée comme un moyen de préparer l'âme et de conduire l'intelligence à une contemplation de la vérité qui dépasserait la pensée et le langage – vérité *arrhèton*, incommunicable par les mots, selon Platon[1], vérité au-delà du langage, selon Aristote[2].

Ainsi, le renversement opéré par l'époque moderne n'a pas consisté à élever l'action au rang de la contemplation pour en faire la suprême étape des possibilités

1. Dans la lettre VII, 341 C : *« rhèton gar oudamôs estin hôs alla maithèmata »* (« car elle ne s'exprime jamais par des mots comme toutes les choses apprises »).

2. Cf. surtout *Éthique à Nicomaque*, 1142 *a* 25 *sq*. et 1143 *a* 36 *sq*.

humaines, comme si désormais l'action dût être la fin dernière de la contemplation de même que, jusqu'alors, on avait jugé et justifié toutes les activités de la *vita activa* selon qu'elles rendaient possible la *vita contemplativa*. Le renversement n'a concerné que la pensée, qui est devenue servante de l'action comme elle avait été *ancilla theologiae*, servante de la contemplation de la vérité divine en philosophie médiévale, ou de la contemplation de la vérité de l'Être en philosophie antique. Dès lors, la contemplation elle-même n'eut plus aucun sens.

L'aspect radical de ce renversement est un peu effacé par une autre inversion à laquelle on l'assimile souvent et qui, depuis Platon, a dominé l'histoire de la pensée occidentale. En lisant le mythe de la Caverne dans la *République* à la lumière de l'histoire grecque, on s'aperçoit que la *periagôgè*, le retournement que Platon exige du philosophe, équivaut en fait à un renversement de l'ordre mondial d'Homère. Au lieu de l'existence des morts, comme dans l'Hadès homérique, c'est la vie ordinaire qui se situe dans une « caverne », dans un monde souterrain ; l'âme n'est plus l'ombre du corps, le corps devient l'ombre de l'âme ; et les gestes fantomatiques, insensés, qu'Homère attribuait à l'existence sans vie de l'âme après la mort deviennent les agissements insensés des hommes qui ne quittent pas la caverne de l'existence humaine pour contempler les idées éternelles visibles au firmament[1].

---

1. Singulièrement l'emploi des mots *eidôlon* et *skia* dans le mythe de la Caverne fait que tout le récit ressemble à un renversement d'Homère, une réponse à Homère : ce sont les mots-clés de la description de l'Hadès dans l'*Odyssée*.

Je dois me borner ici à signaler que la tradition platonicienne de la pensée philosophique et aussi politique a débuté par un renversement et que ce premier renversement a déterminé dans une mesure considérable les schémas intellectuels que la philosophie occidentale a suivis presque automatiquement chaque fois qu'elle n'était pas soulevée d'un grand mouvement philosophique original. En fait, la philosophie académique a toujours été dominée, depuis lors, par l'oscillation incessante de l'idéalisme et du matérialisme, du transcendantalisme et de l'immanentisme, du réalisme et du nominalisme, de l'hédonisme et de l'ascétisme, et ainsi de suite. Ce qui importe, c'est la réversibilité de tous ces systèmes : on peut les retourner ou les mettre sens dessus dessous à tout moment sans avoir besoin d'événements historiques, ni de changements de structures. Les concepts demeurent les mêmes quelle que soit leur place dans les divers systèmes. Lorsque Platon eut réussi à rendre réversibles ces éléments structurels et ces concepts, les renversements périodiques, dans l'histoire intellectuelle, n'eurent plus besoin que d'expérience purement intellectuelle, intérieure au cadre de la pensée conceptuelle. Ces renversements ont commencé aux écoles philosophiques de la basse Antiquité et font toujours partie de la tradition occidentale. C'est la même tradition, le même jeu intellectuel des couples d'antithèses qui, dans une certaine mesure, régit les fameux renversements de hiérarchies spirituelles à l'époque moderne, comme ceux de Marx aux prises avec la dialectique hégélienne ou de Nietzsche avec le suprasensuel et le surnaturel.

Le renversement dont il s'agit ici, conséquence spirituelle des découvertes de Galilée, bien qu'interprété souvent comme une inversion traditionnelle et par conséquent comme une partie intégrante de l'histoire occidentale des idées, est d'une nature totalement différente. La conviction que la vérité objective n'est pas donnée à l'homme, et qu'au contraire on ne peut connaître que ce que l'on fait, cette conviction ne résulte pas du scepticisme mais d'une découverte démontrable : aussi ne conduit-elle pas à la résignation, mais soit à un redoublement d'activité, soit au désespoir. La perte du monde dans la philosophie moderne, dont l'introspection a découvert la conscience, sens interne grâce auquel on perçoit ses sens, et y a vu la seule garantie du réel, cette perte ne diffère pas seulement en degré de l'antique méfiance des philosophes à l'égard du monde et à l'égard des autres, avec qui ils partageaient le monde ; le philosophe ne se détourne plus du monde périssable des illusions pour pénétrer dans le monde des vérités éternelles, il se détourne de l'un comme de l'autre, et se retire en soi-même. Et là encore ce qu'il découvre dans son moi, ce n'est pas une image dont il pourrait contempler la permanence, c'est au contraire le mouvement incessant des perceptions des sens et l'activité intellectuelle qui bouge non moins constamment. À cet égard, la philosophie moderne est, en effet, en grande partie théorie de la connaissance et psychologie, et dans les rares cas où les possibilités de la méthode cartésienne d'introspection ont été pleinement comprises, par des hommes comme Pascal, Kierkegaard, Nietzsche, on est tenté de dire que les philosophes ont fait sur leur moi des expériences aussi radicales et peut-être plus audacieuses encore que celles des savants sur la nature.

Nous avons beau admirer le courage et respecter l'extraordinaire habileté des philosophes tout au long de l'époque moderne, on ne saurait nier que leur influence et leur importance n'ont cessé de diminuer. Ce n'est pas dans la pensée du Moyen Âge, c'est dans celle de notre temps que la philosophie en est arrivée à jouer les comparses. Lorsque Descartes eut fondé sa philosophie sur les découvertes de Galilée, la philosophie parut condamnée à rester perpétuellement en retard sur les sciences et leurs découvertes toujours plus étonnantes, dont elle s'évertuait laborieusement à découvrir les principes *ex post facto* pour les faire entrer dans quelque interprétation générale de la connaissance humaine. Mais, comme telle, la philosophie était superflue pour les hommes de science qui – du moins jusqu'à une époque toute récente – estimaient qu'ils n'avaient pas besoin de servante, surtout pour « porter le flambeau devant sa maîtresse » (Kant). Tantôt les philosophes devinrent épistémologistes, soucieux de faire une théorie générale des sciences que les savants ne leur demandaient pas ; tantôt ils devinrent ce que Hegel voulait qu'ils fussent : les organes du *Zeitgeist*, des porte-voix dans lesquels s'exprimait, en concepts précis, l'humeur générale de l'époque. Dans les deux cas, qu'ils considérassent la nature ou l'Histoire, ils essayaient de comprendre ce qui arrivait sans eux et de s'en arranger. Il est clair que la philosophie a été victime de l'époque moderne plus que tout autre domaine de l'effort humain ; et il est difficile de décider si elle a souffert surtout de l'élévation quasi automatique de l'activité à une dignité tout à fait inattendue et sans précédent, ou de la ruine de la vérité traditionnelle, c'est-à-dire du concept de vérité qui était à la base de toute notre tradition.

Le renversement dans la vita activa *et la victoire de l'*homo faber

Parmi les activités de la *vita activa*, les premières à s'emparer de la place jadis occupée par la contemplation furent celles du faire et de la fabrication, prérogatives de l'*homo faber*. C'était bien naturel puisque l'on était parvenu à la révolution moderne grâce à un instrument, donc grâce à l'homme en tant que fabricant d'outils. Depuis lors, tout le progrès scientifique a été intimement lié aux raffinements toujours perfectionnés de la manufacture et de l'outillage. Par exemple les expériences de Galilée sur la chute des corps auraient pu être faites à n'importe quel moment de l'Histoire si les hommes avaient été enclins à chercher expérimentalement la vérité ; mais à la fin du XIXe siècle l'expérience de Michelson sur l'interféromètre ne dépendait pas seulement du « génie expérimental » de Michelson, elle « exigeait le progrès général de la technologie » et par conséquent elle « n'aurait pas pu se faire plus tôt »[1].

Ce n'est pas seulement l'outillage, la contribution obligatoire de l'*homo faber* à l'acquisition du savoir qui firent monter ces activités autrefois si humbles jusqu'au sommet de la hiérarchie des possibilités humaines. Plus

1. Whitehead, *Science and the Modern World*, pp. 116-117.

décisive encore fut la présence de la fabrication dans l'expérimentation, qui produit elle-même ses phénomènes d'observation et par conséquent dépend dès le début des capacités productives de l'homme. Pour utiliser l'expérimentation afin de connaître, il fallait déjà être convaincu que l'on ne peut connaître que ce que l'on a fait, car cette conviction signifiait que l'on peut s'informer des choses que l'homme n'a point faites en se représentant et en imitant les processus qui les ont amenées à l'existence. Dans l'histoire des sciences le passage, dont on a beaucoup parlé, des anciennes questions : qu'est-ce que telle chose, ou pourquoi est-elle, à la nouvelle : comment se fait-elle, est une conséquence directe de cette conviction, et la réponse au « comment » ne peut se trouver que dans l'expérimentation. L'expérimentation répète les processus naturels comme si l'homme s'apprêtait à faire les objets de la nature, et bien qu'aux premiers stades de l'époque moderne aucun savant de bon sens n'eût imaginé à quel point l'homme est réellement capable de « faire » la nature, dès le début néanmoins le savant aborda la nature du point de vue de Celui qui l'a créée : ce n'était pas pour des raisons d'applications techniques mais uniquement pour la raison « théorique » que nulle certitude dans la connaissance ne pourrait s'obtenir autrement : « Donnez-moi la matière et j'en bâtirai un monde, c'est-à-dire donnez-moi la matière et je vous montrerai comment il en est sorti un monde[1]. » Ces paroles

1. « Gebet mir Materie, ich will eine Welt daraus bauen, das ist, gebet mir Materie, ich will euch zeigen, wie eine Welt daraus entstehen soll » (cf. préface d'*Allgemeine Naturgeschichte und Theorie des Himmels*).

de Kant révèlent en un raccourci saisissant le mélange moderne du faire et du connaître : c'est comme s'il avait fallu quelques siècles de savoir dans le mode du faire en guise d'apprentissage pour préparer l'homme moderne à faire ce qu'il voulait savoir.

La productivité et la créativité qui devaient devenir les idéaux suprêmes, voire les idoles de l'époque moderne à ses débuts, sont des normes propres à l'*homo faber*, à l'homme constructeur et fabricateur. Cependant, on décèlera un autre élément, peut-être plus significatif encore, dans la version moderne de ces facultés. Le passage du « quoi » et du « pourquoi » au « comment » implique qu'en fait les objets de connaissance ne peuvent plus être des choses ni des mouvements éternels, mais forcément des processus, et que l'objet de la science n'est donc plus la nature ni l'univers mais l'Histoire, le récit de la genèse de la nature, de la vie ou de l'univers. Bien avant que l'époque moderne eût acquis le sens historique qu'elle possède et qui est sans précédent, bien avant que le concept d'Histoire dominât la philosophie moderne, les sciences naturelles étaient devenues des disciplines historiques, et au XIXe siècle elles ajoutèrent aux anciens domaines de la physique, de la chimie, de la zoologie et de la botanique les sciences nouvelles de la géologie, histoire de la Terre, de la biologie, histoire de la vie, de l'anthropologie, histoire de la vie humaine – en général l'histoire naturelle. Dans tous ces cas le développement, concept clé des sciences historiques, s'installa également au centre des sciences physiques. La nature, n'étant connaissable que dans les processus que l'habileté humaine, l'ingéniosité de l'*homo faber*, pouvait répéter et reproduire dans l'expérimentation, devint un processus[1], et chacun des objets de la nature n'eut de signification que celle qu'il tirait de ses fonctions dans le processus d'ensemble. À la place du concept d'Être nous trouvons maintenant le concept de processus. Et, tandis que c'est le propre de l'Être d'apparaître et ainsi de se dévoiler, c'est le propre du processus de demeurer invisible, de rester quelque chose dont on peut seulement inférer l'existence d'après la présence de certains phénomènes. Ce processus fut à l'origine celui de la fabrication qui « disparaît dans le produit », et il se fondait sur l'expérience de l'*homo faber*, qui savait qu'un processus de production précède nécessairement l'existence de tout objet.

Mais, si cette mise en évidence du processus de la fabrication, cette insistance à tout considérer comme résultat d'un processus, caractérise nettement l'*homo faber* et sa sphère d'expériences, c'est une chose toute nouvelle que l'exclusive préoccupation de l'époque moderne pour le processus aux dépens de tout intérêt pour les objets, pour les produits eux-mêmes. En fait cette préoccupation transcende la mentalité de l'homme-fabricant d'outils pour qui le processus de production n'est qu'un moyen en vue d'une fin. Du point de vue de l'*homo faber*, tout se passait au contraire comme si le moyen, processus de production ou développement,

1. C'est l'un des axiomes de la science naturelle que « la nature est un processus », que par conséquent « l'événement est le fait ultime pour la perception sensorielle », que la science n'a affaire qu'à des phénomènes, des cas, des événements, et non à des choses et que, « à part les cas, il n'y a rien » (cf. Whitehead, *The Concept of Nature*, pp. 15, 53, 66).

était plus important que la fin, que le produit fini. La raison de ce déplacement de l'intérêt est évidente : le savant agissait seulement afin de savoir, non pas afin de produire des choses, et le produit n'était qu'un sous-produit, un effet secondaire. Aujourd'hui encore tous les vrais hommes de science s'accordent à dire que les applications techniques de leurs recherches n'en sont que des sous-produits.

La pleine signification de ce renversement de la fin et des moyens demeura latente tant que prédomina la conception mécaniste de l'univers, qui était par excellence la conception de l'*homo faber*. Cette conception trouva sa théorie la plus acceptable dans la fameuse analogie de l'horloge et de l'horloger dont les rapports exprimaient la relation entre la nature et Dieu. Le fait qui nous importe ici n'est pas tellement que le XVIIIe siècle se soit forgé une idée de Dieu à l'image de l'*homo faber* ; c'est plutôt que dans ce cas on ne définissait pas toute la nature comme un processus. Tous les objets naturels pris en particulier s'étaient déjà engouffrés dans le processus qui leur avait donné l'existence, la nature dans son ensemble n'était pas encore un processus, c'était le produit plus ou moins stable d'un divin artisan. L'image de l'horloge et de l'horloger est d'un à-propos remarquable parce que précisément elle contient à la fois la notion de processus naturel dans l'évocation des mouvements de l'horloge et l'idée encore intacte d'objet dans l'évocation de l'horloge elle-même et de son auteur.

Au point où nous en sommes, il est important de se rappeler que la suspicion spécifiquement moderne à l'égard des facultés humaines d'aperception du vrai, la méfiance du donné, et partant la confiance nouvelle dans le faire et dans l'introspection qu'avait inspirée l'espoir de trouver dans la conscience un domaine où coïncideraient la connaissance et la production, ne vinrent pas directement de la découverte du point d'Archimède dans l'univers extraterrestre. Ce furent plutôt les conséquences nécessaires de cette découverte pour l'inventeur en tant qu'il était et qu'il demeurait une créature terrestre. Cette relation très étroite entre la mentalité moderne et la réflexion philosophique indique naturellement que la victoire de l'*homo faber* ne pouvait pas se borner à l'emploi de nouvelles méthodes en sciences naturelles, à l'expérimentation et à la mathématisation de la recherche scientifique. L'une des conséquences les plus plausibles à tirer du doute cartésien était d'abandonner toute tentative de comprendre la nature et généralement de renoncer à s'enquérir des choses non produites par l'homme et de se tourner exclusivement vers les objets qui devaient leur existence à l'homme. C'est d'ailleurs cet argument qui fit passer Vico de la science naturelle à l'Histoire, seule et unique sphère, pensait-il, où l'homme pourrait obtenir la connaissance certaine puisqu'il n'y aurait affaire qu'aux produits de l'activité humaine[1].

---

1. Vico (*op. cit.*, ch. 4) dit explicitement pourquoi il s'est détourné de la science naturelle. La vraie connaissance de la nature est impossible parce que ce n'est pas l'homme qui l'a faite, c'est Dieu ; Dieu connaît la nature avec la même certitude que l'homme la géométrie : *Geometrica demonstramus quia facimus ; si physica demonstrare possemus, faceremus*. Ce petit traité écrit plus de quinze ans avant la première édition de la *Scienza Nuova* (1725) est intéressant à plus d'un titre. Vico critique toutes les sciences, mais ce n'est pas encore au profit de sa science nouvelle ; ce qu'il

La découverte de l'Histoire, la conscience historique, n'a pas jailli principalement d'un nouvel enthousiasme pour la grandeur de l'homme, de ses actions et de ses souffrances, ni d'une croyance aux révélations possibles de l'Histoire quant au sens de l'existence humaine ; à l'origine il y a eu surtout que l'on désespéra de la raison, qui ne parut utilisable que pour affronter des objets faits de main d'homme.

Antérieures à la découverte de l'Histoire, certaines tentatives du XVIIe siècle obéirent aux mêmes impulsions, lorsqu'on voulut formuler de nouvelles philosophies politiques ou plutôt inventer des moyens, des instruments pour « faire un animal artificiel… appelé Commonwealth ou État[1] ». Chez Hobbes comme chez Descartes « le doute sert de premier moteur[2] » et la méthode choisie pour établir l'« art de l'homme », par lequel l'homme ferait et gouvernerait son monde comme « Dieu a fait et gouverne le monde » par l'art de nature, c'est aussi l'introspection, c'est « lire en soi-même », puisque cette lecture lui montrera la « ressemblance des pensées et passions d'un homme avec celles d'un autre ». Là encore les règles, les normes

---

recommande, c'est l'étude des sciences morales et politiques qu'il trouve injustement négligées. C'est sans doute beaucoup plus tard qu'il eut l'idée de l'Histoire faite par l'homme comme la nature par Dieu. Cette évolution biographique, tout à fait extraordinaire au début du XVIIIe siècle, devint courante environ cent ans plus tard : chaque fois que l'époque moderne eut des raisons d'espérer une nouvelle philosophie politique, elle eut à la place une philosophie de l'Histoire.

1. Introduction de Hobbes au *Léviathan*.

2. Cf. l'excellente introduction de Michael Oakeshott au *Léviathan*, p. XIV.

d'après lesquelles on construira et jugera cette œuvre, la plus humaine des « œuvres d'art[1] », ne sont pas situées hors des hommes, elles ne sont point possédées par les hommes en commun dans une réalité du monde perçue par les sens ou par l'esprit. Elles sont encloses à l'intérieur de l'homme, accessibles seulement à l'introspection, si bien que leur validité repose sur le postulat que les passions elles-mêmes et « non point… les objets des passions » sont les mêmes dans tous les spécimens de l'espèce humaine. Nous retrouvons l'image de l'horloge appliquée cette fois au corps humain, puis aux mouvements des passions. La fondation du Commonwealth, la création d'« un homme artificiel » équivaut à la construction d'un « automate qui se meut par ressorts et rouages comme une horloge ».

En d'autres termes, le processus qui, nous l'avons vu, a envahi les sciences par l'expérimentation, par la tentative d'imiter dans des conditions artificielles le processus de « fabrication » qui est la genèse des objets naturels, sert aussi bien ou même mieux de principe pour agir dans le domaine des affaires humaines. Car les processus de la vie intérieure, découverts dans les passions au moyen de l'introspection, peuvent devenir des normes et des règles pour la création de la vie « automatique » de cet « homme artificiel », le « grand Léviathan ». Les résultats fournis par introspection, unique méthode par laquelle on puisse escompter la connaissance certaine, sont essentiellement des mouvements : seuls les objets des sens restent ce qu'ils sont, supportent, précèdent et suivent l'acte de la sensation ;

1. *Ibid.*, p. LX.

seuls les objets des passions sont permanents et fixes dans la mesure où l'assouvissement d'un désir passionné ne les dévore pas ; seuls les objets des pensées, mais jamais la pensée elle-même, transcendent le mouvement et la mortalité. Les processus, et non pas les idées, modèles et formes des choses futures, servent donc de guides aux activités ouvrières de l'*homo faber* de l'époque moderne.

En essayant d'introduire en philosophie politique les nouveaux concepts de fabrication et de calcul – ou plutôt en essayant d'appliquer au domaine des affaires humaines les aptitudes, nouvellement découvertes, de la fabrication –, Hobbes faisait une tentative de la plus haute importance ; le rationalisme moderne tel qu'on le connaît habituellement, avec son cheval de bataille : le prétendu antagonisme de la raison et de la passion, n'a jamais eu de représentant plus clair ni plus intransigeant. Or, c'est précisément dans le domaine des affaires humaines que la nouvelle philosophie commença à se montrer déficiente, car en raison de sa nature même elle ne pouvait comprendre le réel, ni même y croire. Seule la chose que je vais faire sera réelle – cette idée, parfaitement juste et légitime dans le domaine de la fabrication, est perpétuellement démentie par le cours des événements tel qu'il a lieu et où il n'y a rien de plus fréquent que l'inattendu. Agir dans le style du faire, raisonner dans le style du « calcul des conséquences », c'est laisser de côté l'inattendu, l'événement lui-même, puisqu'il serait peu raisonnable ou irrationnel de s'attendre à ce qui n'est qu'une « improbabilité infinie ». Mais, comme l'événement constitue le tissu même du réel dans le domaine des affaires humaines où « l'improbable arrive régulièrement », il est extrêmement peu réaliste de n'en pas tenir compte : de ne pas tenir compte d'une chose sur laquelle personne ne peut compter. La philosophie politique de l'époque moderne, dont Hobbes demeure le meilleur représentant, bute sur cette troublante découverte : son rationalisme est irréel, son réalisme est irrationnel, ce qui revient à dire que le réel et la raison ont divorcé. La gigantesque entreprise de Hegel essayant de réconcilier l'esprit et la réalité *(den Geist mit der Wirklichkeit zu versöhnen)*, réconciliation qui est le souci profond de toutes les théories modernes de l'Histoire, s'appuyait sur cette intuition que la raison moderne s'est échouée sur l'écueil du réel.

Le fait que l'aliénation par rapport au monde a été assez radicale pour gagner les activités humaines les plus présentes-au-monde, l'œuvre et la réification, la fabrication, l'édification d'un monde, distingue les attitudes et évaluations modernes de celles de la tradition plus nettement encore que ne l'indiquerait le simple renversement de la contemplation et de l'action, du penser et du faire. La rupture avec la contemplation ne fut pas consommée par l'élévation de l'homme-artisan au rang jadis occupé par l'homme-contemplatif, mais par l'introduction dans le faire du concept de processus. Par comparaison, la permutation remarquable de l'ordre hiérarchique au sein de la *vita activa*, attribuant à la fabrication la place de l'action politique, est un réarrangement d'importance secondaire. Nous avons vu que cette hiérarchie avait déjà été rejetée en fait, sinon expressément, dès le commencement de la philosophie politique par la méfiance enracinée des philosophes à l'égard de la politique en général et de l'action en particulier.

Il peut y avoir ici une certaine confusion parce que la philosophie politique des Grecs suit encore l'ordre prescrit par la *polis*, même lorsqu'elle s'y oppose ; mais dans leurs écrits purement philosophiques (qu'il faut évidemment consulter si l'on veut connaître le fond de leur pensée) Platon et Aristote ont tendance à inverser les rapports entre l'œuvre et l'action en faveur de l'œuvre. Ainsi Aristote, en examinant dans la *Métaphysique* les différents modes de connaissance, met au dernier rang la *dianoia* et l'*epistèmè praktikè*, l'intuition pratique et la science politique, et place au-dessus d'elles la science du faire, *epistèmè poiètikè*, qui précède immédiatement la *theôria*, la contemplation du vrai[1]. Et la raison de cette prédilection en philosophie n'est en aucune façon la méfiance à l'égard de l'action, méfiance d'inspiration politique et dont nous avons parlé plus haut : c'est le soupçon, beaucoup plus grave philosophiquement, que la contemplation et la fabrication (*theôria* et *poièsis*) ont de profondes affinités, qu'elles ne s'opposent pas l'une à l'autre sans équivoque comme la contemplation et l'action. Leur ressemblance tient essentiellement, du moins dans la philosophie grecque, au fait que la contemplation, l'observation prolongée d'un objet, passe aussi bien pour un élément de la fabrication : l'œuvre de l'artisan est en effet guidée par l'« idée », par le modèle contemplé avant de commencer le processus de fabrication et après l'avoir terminé, d'abord

1. *Métaphysique*, 1025 *b* 25 *sq*., 1064 *a* 17 *sq*.

pour savoir quoi faire, ensuite pour pouvoir juger le produit fini.

Historiquement l'origine de cette contemplation, que nous voyons décrite pour la première fois dans l'école socratique, est au moins double. D'une part, elle a un rapport évident et logique avec la fameuse thèse de Platon, que cite Aristote : le *thaumazein*, l'étonnement devant le miracle de l'Être, est le commencement de toute philosophie[1]. Il me paraît très probable que cette thèse platonicienne fut le résultat immédiat d'une expérience, la plus frappante peut-être de celles que Socrate procura à ses disciples : la vue du maître, à maintes reprises, brusquement terrassé par ses pensées, enfermé dans un recueillement absolu, d'une parfaite immobilité pendant des heures. Il paraît également vraisemblable que cette transe émerveillée dut être essentiellement muette, c'est-à-dire que le contenu en fut intraduisible oralement. C'est du moins ce qui expliquerait pourquoi Platon et Aristote, qui faisaient du *thaumazein* le commencement de la philosophie, s'accordent aussi – malgré tant de désaccords sur tant de points décisifs – à dire qu'un certain mutisme, l'état essentiellement muet de la contemplation, est le terme de la philosophie. En

1. Pour Platon, cf. *Théétète*, 155 : *« Mata gar philosophou touto to pathos, to thaumazein ; ou gar allè archè philosophias è hautè »* (« Car c'est surtout l'étonnement que le philosophe éprouve ; car il n'y a pas d'autre commencement de la philosophie »). Aristote, qui au début de la *Métaphysique* (982 *b* 12 *sq*.) semble répéter Platon presque mot à mot – « Car c'est à cause de leur étonnement que les hommes se sont mis et se mettent encore à philosopher » –, emploie en réalité cet étonnement en un sens tout différent ; pour lui, la véritable impulsion à philosopher est le désir d'« échapper à l'ignorance ».

fait la *theôria* n'est qu'un autre nom du *thaumazein* ; la contemplation du vrai à laquelle le philosophe accède finalement c'est l'émerveillement muet, purifié philosophiquement, par lequel il a commencé.

Il y a toutefois un autre aspect de cette question, qui se dessine avec beaucoup de clarté dans la doctrine platonicienne des idées, dans son contenu mais aussi dans le vocabulaire et dans les exemples employés. Ces derniers sont tirés des expériences de l'artisan qui voit devant son regard intérieur la forme du modèle d'après lequel il fabrique son objet. Pour Platon ce modèle, que l'art peut seulement imiter et non créer, n'est pas un produit de l'esprit humain : il lui est donné. Comme tel il possède une permanence et une excellence que n'actualise pas, mais dégrade au contraire, sa matérialisation due à l'œuvre des mains humaines. L'œuvre rend périssable et dégrade l'excellence de ce qui serait demeuré éternel en tant qu'objet de pure contemplation. En conséquence, l'attitude convenable à l'égard des modèles qui guident l'œuvre et la fabrication, c'est-à-dire à l'égard des idées platoniciennes, est de les laisser telles qu'elles sont, telles qu'elles apparaissent au regard intérieur de l'esprit. Pourvu que l'homme renonce à sa capacité ouvrière et ne fasse rien, il peut les contempler et ainsi participer de leur éternité. À cet égard, la contemplation ne ressemble guère au ravissement d'étonnement que l'homme éprouve devant le miracle de l'Être considéré comme un tout. Elle continue de faire partie d'un processus de fabrication, même si elle a rompu avec toute espèce d'œuvre ; l'observation du modèle, qui désormais ne guidera plus aucun acte, s'y prolonge et s'y savoure pour soi.

Dans la tradition philosophique, c'est cette seconde sorte de contemplation qui devient prédominante. C'est ainsi que l'immobilité qui, dans l'émerveillement muet, n'est que le résultat fortuit d'une extase, devient la condition et, partant, la principale caractéristique de la *vita contemplativa*. Ce n'est pas l'étonnement qui s'empare de l'homme et l'immobilise, c'est par l'arrêt conscient de l'activité, de l'activité de fabrication, que l'on accède à l'état contemplatif. En lisant les sources médiévales sur les délices de la contemplation on a le sentiment que les philosophes veulent s'assurer que l'*homo faber* entende l'appel et laisse tomber ses outils, comprenant enfin que son plus grand désir, le désir de durée et d'immortalité, ne saurait s'accomplir dans ses entreprises, mais seulement lorsqu'il comprendra que le beau et l'éternel ne se fabriquent pas. Dans la philosophie de Platon, l'étonnement muet, commencement et fin de la philosophie, l'amour philosophique de l'éternel, le désir ouvrier de durée et d'immortalité, se mêlent au point qu'on arrive à peine à les distinguer. Mais le fait même que l'étonnement muet du philosophe semblait une expérience réservée à l'élite, tandis que le regard studieux de l'artisan était connu du grand nombre, décida en faveur d'une contemplation principalement dérivée des expériences de l'*homo faber*. La balance penchait déjà de ce côté aux yeux de Platon qui prit ses exemples dans le domaine du faire parce qu'ils étaient plus proches d'une expérience humaine générale ; elle pencha plus nettement encore lorsque tout le monde fut prié de méditer, de contempler d'une façon quelconque, comme dans le christianisme médiéval.

Ce ne furent donc pas en premier lieu le philosophe et la stupeur philosophique qui modelèrent le concept et la pratique de la contemplation, de la *vita contemplativa* : ce fut plutôt l'*homo faber* travesti : l'homme artisan et fabricateur, qui a pour besogne de faire violence à la nature afin de se construire une demeure permanente, et que l'on avait persuadé de renoncer à la violence et à toute activité, de laisser les choses comme elles sont, et de faire sa demeure dans la retraite contemplative au voisinage de l'impérissable et de l'éternel. On pouvait pousser l'*homo faber* à ce changement d'attitude parce qu'il connaissait d'expérience la contemplation et certaines de ses joies ; il n'avait pas besoin d'une conversion totale, d'une vraie *periagôgè*, d'un retournement radical. Il n'avait qu'à se croiser les bras et à prolonger indéfiniment l'action de contempler l'*eidos*, la forme et le modèle éternel que naguère il avait voulu imiter et dont il savait désormais qu'il ne pourrait que souiller l'excellence et la beauté en s'efforçant à la réification.

Si donc la mise en question de la primauté de la contemplation n'avait abouti qu'à renverser l'ordre établi entre faire et contempler, l'on serait resté dans le cadre traditionnel. Mais ce cadre a été brisé lorsque dans la conception de la fabrication elle-même le produit et le modèle permanent ont laissé la place au processus de fabrication, lorsque, au lieu de se demander ce qu'est l'objet et quel objet produire, on s'est interrogé sur les modalités, les moyens, les processus qui expliquent la genèse de l'objet et permettront de le reproduire. Car cela signifiait en même temps que l'on ne croyait plus à la contemplation comme voie d'accès à la vérité et que la contemplation avait perdu son rang dans la *vita activa*, dans le champ, par conséquent, de l'expérience humaine ordinaire.

*La défaite de l'*homo faber *et le principe du bonheur*

Si l'on ne considère que les événements qui ont annoncé l'époque moderne, si l'on réfléchit seulement aux conséquences immédiates de la découverte de Galilée, qui durent frapper les grands esprits du XVIIe siècle de tout l'éclat de la vérité manifeste, l'inversion de la contemplation et du faire, ou plutôt l'élimination de la contemplation du champ des facultés humaines ayant un sens et une finalité, voilà ce qui semble aller de soi. Il paraît également normal que ce renversement dut élever l'*homo faber*, de préférence à l'homme-acteur ou à l'homme-*animal laborans*, au sommet des possibilités humaines.

Et en effet parmi les principales caractéristiques de l'époque moderne, depuis ses débuts jusqu'à nos jours, nous trouvons les attitudes typiques de l'*homo faber* : l'instrumentalisation du monde, la confiance placée dans les outils et la productivité du fabricant d'objets artificiels ; la foi en la portée universelle de la catégorie de-la-fin-et-des-moyens, la conviction que l'on peut résoudre tous les problèmes et ramener toutes les motivations humaines au principe d'utilité ; la souveraineté qui regarde tout le donné comme un matériau et considère l'ensemble de la nature « comme une immense étoffe où nous pouvons tailler ce que nous voudrons, pour le recoudre comme il nous plaira[1] » ; l'assimilation de l'intelligence à l'ingéniosité, c'est-à-dire le mépris de toute pensée que l'on ne pourrait considérer comme une démarche en vue « de fabriquer des objets artificiels, en particulier des outils à faire des outils, et d'en varier indéfiniment la fabrication[2] » ; et enfin l'identification toute naturelle de la fabrication à l'action.

Il nous entraînerait trop loin de suivre les ramifications de cette mentalité, et ce n'est guère nécessaire, car elles sont facilement décelables dans les sciences naturelles, dont l'effort purement théorique se conçoit comme émanant du désir de créer de l'ordre à partir « du désordre, de la diversité sauvage de la nature[3] »

1. Henri Bergson, *L'Évolution créatrice* (1934, p. 170). Analyser la place de Bergson dans la philosophie moderne nous conduirait trop loin. Mais son insistance sur la priorité de l'*homo faber* sur l'*homo sapiens* et sur la fabrication comme source de l'intelligence humaine, de même que son antithèse très nette entre la vie et l'intelligence, sont extrêmement suggestives. On interpréterait aisément la philosophie de Bergson comme un témoignage sur la façon dont l'ancienne conviction de l'époque moderne de la supériorité relative du faire sur la pensée a été effacée, annihilée, par l'idée plus récente de la supériorité absolue de la vie. C'est parce que Bergson réunissait encore ces deux éléments qu'il a pu exercer une influence décisive sur les premières théories du travail en France. Non seulement les premiers ouvrages d'Édouard Berth et de Georges Sorel, mais encore l'*Homo Faber* d'Adriano Tilgher (1929) empruntent surtout à Bergson leur terminologie ; il en va encore de même pour *L'Être et le travail* de Jules Vuillemin (1949), encore que Vuillemin pense avant tout en termes hégéliens, comme presque tous les auteurs français d'aujourd'hui.

2. Bergson, *op. cit.*, p. 151.

3. Bronowski, *op. cit.*

et où par conséquent la prédilection de l'*homo faber* pour les schémas d'objets à reproduire remplace les anciennes notions d'harmonie et de simplicité. Cette mentalité se retrouve dans l'économie classique, dont la norme suprême est la productivité et dont le préjugé contre les activités non productives est si fort que Marx lui-même ne put justifier son plaidoyer pour la justice à l'égard des travailleurs qu'en travestissant en termes d'œuvre, de fabrication, l'activité de travail qui est non productive. Elle s'exprime surtout, évidemment, dans les tendances pragmatiques de la philosophie moderne, qui ne se caractérisent pas seulement par l'aliénation cartésienne par rapport au monde, mais aussi par l'unanimité avec laquelle la philosophie anglaise à partir du XVIIe siècle et la philosophie française au XVIIIe firent du principe d'utilité la clé qui devait permettre d'accéder à l'explication totale des motivations et du comportement humains. Généralement parlant, la plus ancienne conviction de l'*homo faber*, « l'homme est la mesure de tous les objets », s'éleva à la hauteur d'un lieu commun universellement accepté.

Ce qu'il importe d'expliquer, ce n'est pas le respect des modernes pour l'*homo faber*, c'est le fait que ces honneurs aient été si rapidement suivis de l'élévation du travail au sommet de la hiérarchie de la *vita activa*. Ce deuxième renversement hiérarchique au sein de la *vita activa* s'est produit plus graduellement et de façon moins dramatique que ceux de la contemplation et de l'action en général, ou de l'action et de la fabrication en particulier. L'élévation du travail a été précédée par certaines variations de la mentalité traditionnelle de l'*homo faber*, certaines déviations, qui étaient très caractéristiques de l'époque moderne et qui devaient apparaître presque automatiquement d'après la nature même des événements qui annoncèrent cette époque. Ce qui a changé la mentalité de l'*homo faber*, c'est la position centrale du concept de processus. Pour l'*homo faber* le passage du « quoi » au « comment », de l'objet au processus de sa fabrication, ne fut certes pas un bonheur sans mélange. Il déroba à l'homme-fabricateur, à l'homme-constructeur, les normes et les mesures fixes et permanentes qui, avant l'époque moderne, lui ont toujours servi de guides dans l'action et de critères dans le jugement. Ce n'est pas seulement et peut-être pas principalement le développement de la société commerciale qui, en faisant triompher la valeur d'échange sur la valeur d'usage, a introduit le principe de l'interchangeabilité, puis la relativité, et finalement la dépréciation de toutes les valeurs. Pour la mentalité de l'homme moderne, telle qu'elle a été déterminée par le développement de la science et l'évolution connexe de la philosophie, un autre changement devait être au moins aussi décisif : c'est que l'homme a commencé à se considérer comme une partie intégrante des deux processus surhumains, universels, de la Nature et de l'Histoire, condamnés l'un et l'autre à progresser indéfiniment sans jamais atteindre de *telos* inhérent, sans jamais approcher d'idée préétablie.

En d'autres termes, l'*homo faber*, en sortant de la grande révolution moderne, allait acquérir une habileté inouïe pour inventer des instruments à mesurer l'infiniment grand et l'infiniment petit, mais on l'avait privé des mesures permanentes qui existent avant et après le processus de fabrication et qui forment à l'égard de l'activité de fabrication un absolu authentique et sûr. Il est certain qu'aucune activité de la *vita activa* n'avait autant à perdre lorsqu'on chasserait la contemplation du champ des facultés humaines douées de sens et de raison. Car, contrairement à l'action, qui consiste en partie à déclencher des processus, et contrairement au travail, qui suit de tout près le processus métabolique de la vie biologique, la fabrication voit dans les processus, à supposer qu'elle s'aperçoive de leur existence, de simples moyens en vue d'une fin, c'est-à-dire des choses secondaires et dérivées. En outre, aucune capacité n'avait autant à perdre à l'aliénation par rapport au monde et à la victoire de l'introspection comme méthode universelle pour conquérir la nature, que les facultés qui s'orientent avant tout vers l'édification du monde et la production d'objets de-ce-monde.

Que l'*homo faber* ait finalement échoué à s'imposer, rien peut-être ne l'indique plus clairement que la rapidité avec laquelle le principe de l'utilité, quintessence de sa conception du monde, soudain jugé insuffisant, dut céder la place au principe du « plus grand bonheur du plus grand nombre[1] ». À ce moment il fut manifeste que l'adage : l'homme ne peut connaître que ce qu'il fait – si éminemment propice, semblait-il, à la victoire complète de l'*homo faber* – serait rejeté et

1. La formule de Jeremy Bentham dans *An Introduction to the Principles of Morals and Legislation* (1789) lui fut suggérée « par Joseph Priestley et ressemblait beaucoup à celle de Beccaria : *la massima felicità divisa nel maggior numero* » (introduction à l'édition Hafner par Laurence J. Lafleur). D'après Élie Halévy (*The Growth of Philosophic Radicalism*, Beacon Press, 1955), Beccaria et Bentham doivent beaucoup l'un et l'autre à l'ouvrage d'Helvétius *De l'esprit*.

éventuellement annulé par le principe, plus moderne encore, du processus, dont les concepts et les catégories sont totalement étrangers aux besoins comme aux idéaux de l'*homo faber*. Car le principe de l'utilité, bien qu'il se réfère clairement à l'homme, qui utilise la matière pour produire des objets, présuppose encore un monde d'objets d'usage par lequel l'homme est environné et dans lequel il se meut. Si cette relation entre l'homme et le monde n'est plus sûre, si les choses de ce monde ne sont plus considérées avant tout dans leur utilité mais comme des résultats plus ou moins secondaires du processus de production grâce auquel elles existent, en sorte que le produit du processus n'est plus une vraie fin et que sa valeur ne dépend plus de son usage prédéterminé mais de ce qu'il « produit autre chose », alors l'objection est évidemment fondée : « sa valeur n'est que secondaire, et un monde qui ne contient pas de valeurs premières ne peut en contenir non plus de secondaires[1] ». Cette perte radicale des

1. Lafleur, *op. cit.*, p. XI. Bentham se déclare mécontent de la philosophie purement utilitaire dans une note ajoutée à une réédition de son ouvrage : « Le mot *utilité* ne désigne pas si clairement les idées de *plaisir* et *douleur* que les mots *bonheur* et *félicité*. » Sa principale objection est que l'utilité n'est pas mesurable et donc « ne nous conduit pas à la considération du *nombre* » sans laquelle il serait impossible de « former la norme du bien et du mal ». Bentham fait dériver son principe du bonheur du concept de l'utile en séparant les idées d'utile et d'usage (cf. ch. 1, § 3). Cette séparation marque un tournant dans l'histoire de l'utilitarisme. Car, s'il est vrai que le principe de l'utilité avait été déjà rattaché au moi avant Bentham, c'est Bentham qui vida radicalement l'idée d'utilité de toute référence à un monde indépendant des objets d'usage et transforma ainsi l'utilitarisme en un véritable « égoïsme universalisé » (Halévy).

valeurs à l'intérieur de l'étroit système de référence de l'*homo faber* se produit presque automatiquement dès que l'homme cesse de se définir comme fabricant d'objets, constructeur de l'artifice humain, inventant incidemment des outils, pour se considérer principalement comme fabricant d'outils et « en particulier d'outils à faire des outils », produisant aussi incidemment des objets. Si le principe d'utilité s'applique ici, il ne concerne en premier lieu ni les objets d'usage ni l'usage, mais le processus de production. Or, ce qui contribue à stimuler la productivité et à diminuer le labeur, l'effort, est utile. Autrement dit, le repère ultime n'est ni l'usage ni l'utile, c'est le « bonheur », c'est l'évaluation de la peine et du plaisir éprouvés dans la production et dans la consommation.

L'invention de Bentham, le « calcul de la peine et du plaisir », cumulait l'avantage d'une apparente introduction de la méthode mathématique dans les sciences morales et l'attrait encore plus remarquable d'un principe qui reposait entièrement sur l'introspection. Son « bonheur », somme des plaisirs moins les peines, est un sens interne qui perçoit les sensations et n'a aucun lien avec les objets de-ce-monde, tout comme la conscience cartésienne consciente de sa propre activité. De plus le postulat fondamental de Bentham : ce que les hommes ont en commun n'est pas le monde, mais l'identité de leurs natures qui se manifeste dans le fait que tous calculent et tous sont affectés par la douleur et par le plaisir, ce postulat est emprunté directement aux premiers philosophes de l'époque moderne. Attribué à cette philosophie, le nom d'« hédonisme » est encore plus mal choisi que pour l'épicurisme de la basse

Antiquité, auquel l'hédonisme moderne ne se rattache que superficiellement. Le principe de l'hédonisme, nous l'avons vu, n'est pas le plaisir, il est d'éviter la douleur ; et Hume qui, à la différence de Bentham, était encore philosophe, savait fort bien qu'en voulant faire du plaisir la fin dernière de toute action humaine, on est contraint d'admettre que nos guides véritables ne sont ni le plaisir ni le désir, mais la souffrance et la peur. « Si vous demandez à quelqu'un pourquoi il désire la santé, il vous répondra aussitôt que la maladie est pénible. Si vous poussez l'interrogatoire plus avant et désirez une raison pour laquelle il déteste la souffrance, il lui est impossible d'en donner une. C'est une fin dernière, qui ne se rapporte à aucun autre objet[1]. » La raison de cette impossibilité, c'est qu'il n'y a que la souffrance qui soit complètement indépendante de l'objet, que seul l'homme qui souffre ne perçoit réellement que soi-même ; le plaisir ne jouit pas de soi mais de quelque chose en dehors de soi. La douleur est le seul sens interne découvert par l'introspection qui puisse rivaliser d'indépendance par rapport aux objets d'expérience avec la certitude évidente en soi du raisonnement logique et arithmétique.

Si l'expérience de la douleur est le fondement ultime de l'hédonisme dans ses variétés anciennes comme dans ses variétés modernes, elle l'est à l'époque moderne en un sens très différent et beaucoup plus fort. Car ce n'est plus du tout le monde, comme dans l'Antiquité, qui rejette en soi-même l'homme qui veut en éviter les souffrances, circonstance dans laquelle la douleur

1. Cité par Halévy, *op. cit.*, p. 13.

et le plaisir gardent encore une bonne part de signification prise dans le monde. Chez les Anciens l'aliénation par rapport au monde, dans toutes les écoles – du stoïcisme à l'épicurisme, jusqu'à l'hédonisme, jusqu'aux cyniques –, était inspirée par une profonde méfiance du monde ; elle obéissait à un besoin ardent de fuir les affaires du monde, les inquiétudes et les souffrances qu'elles infligent, pour se réfugier dans la sécurité d'un domaine intérieur où le moi ne serait exposé qu'à soi-même. Les écoles modernes correspondantes – puritanisme, sensualisme, hédonisme de Bentham – s'inspiraient au contraire de leur méfiance de l'homme ; elles obéissaient au doute, puisqu'elles doutaient que les sens humains fussent aptes à accueillir le réel, et la raison humaine à accueillir le vrai ; elles obéissaient à la conviction des déficiences, voire de la dépravation de la nature humaine.

Cette idée de dépravation n'est chrétienne ou biblique ni dans ses origines ni dans son contenu, bien qu'on l'ait présentée naturellement en parlant de péché originel, et l'on ne saurait dire si elle est plus malfaisante, plus répugnante lorsque les puritains accusent la corruption humaine, ou lorsque les benthamites acclament effrontément comme des vertus ce que les hommes ont toujours appelé des vices. Tandis que les Anciens s'étaient fiés à l'imagination et à la mémoire, imagination des souffrances dont ils étaient exempts ou souvenir des plaisirs passés aux moments de vive douleur, les Modernes ont eu besoin du calcul des plaisirs ou de la comptabilité morale des mérites et des fautes pour parvenir à une illusoire certitude mathématique du bonheur ou du salut. (Cette arithmétique morale est évidemment tout à fait étrangère à l'esprit des écoles philosophiques de la basse Antiquité. De plus il suffit de réfléchir à la rigueur de la discipline personnelle et à la noblesse de caractère si manifestes chez ceux qui avaient été formés par le stoïcisme ou l'épicurisme anciens, pour se rendre compte de l'abîme qui sépare ces versions de l'hédonisme du puritanisme, du sensualisme et de l'hédonisme moderne. Devant une telle différence, il n'importe guère que le caractère moderne soit encore formé par la morale bornée et fanatique d'antan ou qu'il cède à l'égotisme plus récent, centré sur le moi, avec sa veulerie et son infinie séquelle de misères futiles.) Le « principe du plus grand bonheur » n'aurait sans doute pas remporté ses victoires intellectuelles dans les pays de langue anglaise s'il s'était agi seulement de la discutable découverte que « la nature a placé le genre humain sous le gouvernement de deux souverains maîtres, la douleur et le plaisir[1] », ou de l'idée absurde de faire de la morale une science exacte, en isolant « dans l'âme humaine le sentiment qui paraît le plus facilement mesurable[2] ».

Caché sous ces tentatives comme sous d'autres variantes, moins intéressantes, du culte sacré de

1. C'est la première phrase des *Principles of Morals and Legislation*, phrase fameuse, copiée presque mot pour mot sur Helvétius (Halévy, *op. cit.*, p. 26). Halévy remarque justement qu'il était naturel qu'une idée courante tende de tous côtés à s'exprimer dans les mêmes formules. Ce fait montre d'ailleurs clairement que les auteurs en question n'étaient pas des philosophes ; car, si courantes que puissent être des idées pendant une période donnée, deux philosophes n'arriveront jamais à des formulations identiques à moins de copier l'un sur l'autre.

2. *Ibid.*, p. 15.

l'égoïsme et de la puissance envahissante de l'individualisme, qui furent courantes jusqu'à la banalité au XVIIIe siècle et au début du XIXe, nous trouvons un autre repère qui en effet constitue un principe beaucoup plus fort que ne sauraient en offrir les computations douleur-plaisir, et c'est le principe de la vie. Ce que l'on demande en réalité, à la douleur, au plaisir, à la peur et au désir dans tous ces systèmes, ce n'est pas le bonheur, c'est la promotion de la vie individuelle ou une garantie de la perpétuation de l'espèce. Si l'égoïsme moderne était, comme il le prétend, une poursuite acharnée du plaisir (nommé bonheur), il ne lui manquerait pas cet élément d'argumentation indispensable de tous les vrais systèmes hédonistes : une justification radicale du suicide. Ce défaut à lui seul indique qu'il s'agit en fait de philosophie de la vie sous sa forme la plus vulgaire et la moins critique. En dernier recours, la vie est toujours la norme suprême à laquelle on mesure tout ; les intérêts de l'individu, les intérêts de l'humanité, sont toujours mis en équation avec la vie individuelle, avec la vie de l'espèce, comme s'il était évident que la vie fût le souverain bien.

Le curieux échec de l'*homo faber*, incapable de s'imposer dans des conditions qui paraissaient extraordinairement propices, pourrait s'illustrer aussi par une autre révision des croyances traditionnelles et fondamentales, révision qui au point de vue philosophique touche de plus près encore à notre propos. La critique radicale du principe de causalité, chez Hume, qui ouvrait la voie à l'adoption ultérieure du principe d'évolution, a souvent passé pour l'une des origines de la philosophie moderne. Il est clair que le principe de causalité avec son double axiome central – tout ce qui existe a une cause *(nihil sine causa)*, la cause est supérieure à l'effet quel qu'il soit – repose entièrement sur des expériences du domaine de la fabrication, dans lequel le producteur est supérieur à ses produits. Dans ce contexte, le tournant de l'histoire intellectuelle de l'époque moderne fut le moment où l'image du développement organique – dans lequel l'évolution d'un être inférieur, par exemple le singe, peut causer l'apparition d'un être supérieur, par exemple l'homme – vint remplacer l'image de l'horloger forcément supérieur à toutes les horloges dont il est la cause.

Il y a beaucoup plus dans ce changement qu'un simple refus de la raideur inerte des conceptions mécanistes du monde. Tout se passe comme si dans le conflit latent, au XVIIe siècle, entre les deux méthodes que l'on pouvait tirer de la découverte de Galilée, celle de l'expérimentation et du faire d'une part, celle de l'introspection d'autre part, cette dernière avait dû remporter une victoire tardive. Car le seul objet concret que livre l'introspection, s'il lui faut livrer autre chose qu'une conscience de soi totalement vide, c'est bien le processus biologique. Et, puisque cette vie biologique, accessible dans l'observation du moi, est en même temps un processus de métabolisme entre l'homme et la nature, on pourrait dire que l'introspection n'a plus besoin de se perdre dans les ramifications d'une conscience sans réalité, et qu'elle trouve à l'intérieur de l'homme – non dans son esprit, mais dans ses processus corporels – assez de matière extérieure pour le remettre en contact avec le monde extérieur. La scission du sujet et de l'objet, inhérente à la conscience humaine et irrémédiable dans l'opposition cartésienne de l'homme-*res cognitans* et du monde de *res extensae* qui l'entoure, disparaît complètement dans le cas de l'organisme vivant, dont la conservation même dépend de l'incorporation, de la consommation, de matière externe. Le naturalisme, version du matérialisme au XIXe siècle, parut trouver dans la vie le moyen de résoudre les problèmes de la philosophie cartésienne et de jeter un pont en même temps par-dessus l'abîme qui ne cessait de s'élargir entre la philosophie et la science[1].

1. Les plus grands représentants de la philosophie moderne de la vie sont Marx, Nietzsche et Bergson, qui tous les trois assimilent la Vie à l'Être. Pour cette équation, ils s'en remettent à l'introspection : la vie est en effet le seul « être » dont l'homme puisse prendre conscience en se contentant de regarder en soi-même. La différence entre ces philosophes et leurs prédécesseurs, à l'époque moderne, est que la vie paraît plus active et plus productive que la conscience, encore trop proche, semble-t-il, de la contemplation et de l'ancien idéal du vrai. La meilleure façon de décrire ce dernier stade de la philosophie moderne est peut-être d'y voir une révolte des philosophes contre la philosophie, révolte qui, de Kierkegaard à l'existentialisme, paraît au premier abord mettre l'accent sur l'action de préférence à la contemplation. À y regarder de plus près, on voit qu'aucun de ces philosophes ne s'occupe réellement de l'action comme telle. Laissons de côté Kierkegaard et son mode d'agir purement intérieur, étranger-au-monde. Nietzsche et Bergson décrivent l'action en termes de fabrication – l'*homo faber* au lieu de l'*homo sapiens* – tout comme Marx pense l'agir en termes de faire et décrit le travail en termes d'œuvre. Mais, pour finir, ils ne se réfèrent pas plus à l'œuvre et à l'appartenance-au-monde qu'à l'action, mais à la vie et à sa fertilité.

La vie comme souverain bien

On peut être tenté par amour de la logique de faire dériver des perplexités que s'est infligées la philosophie moderne, le concept moderne de vie ; mais ce serait se leurrer et faire injure à la gravité des problèmes de l'époque moderne que de les considérer uniquement du point de vue de l'évolution des idées. La défaite de l'*homo faber* peut s'expliquer par la transformation initiale de la physique en astrophysique, des sciences naturelles en science « universelle ». Il reste à expliquer pourquoi, à cette défaite, a répondu la victoire de l'*animal laborans* ; pourquoi, à l'avènement de la *vita activa*, le rang le plus élevé des capacités de l'homme a dû revenir précisément à l'activité de travail, ou, autrement dit, pourquoi dans la diversité de la condition humaine et de ses facultés la vie précisément a fait écarter toute autre considération.

Si la vie s'est imposée à l'époque moderne comme ultime point de repère, si elle demeure le souverain bien de la société moderne, c'est que le renversement moderne s'est opéré dans le contexte d'une société chrétienne dont la croyance fondamentale au caractère sacré de la vie a survécu, absolument intacte, après la laïcisation et le déclin général de la foi chrétienne. En d'autres termes, le renversement moderne a suivi, sans le mettre en question, le renversement extrêmement important que le christianisme avait provoqué dans le monde antique, et qui fut politiquement d'une portée encore plus vaste, de même que, historiquement du moins, plus durable que toute croyance ou tout dogme spécifiques. Car la « bonne nouvelle » de l'immortalité de la vie individuelle avait renversé l'ancien rapport entre l'homme et le monde et élevé ce qu'il y a de plus mortel, la vie humaine, au privilège de l'immortalité détenu jusqu'alors par le cosmos.

Historiquement, il est plus que probable que la victoire du christianisme dans le monde antique a été due pour une bonne part à ce renversement qui apportait l'espérance à ceux qui savaient leur monde condamné, espérance à vrai dire inouïe puisque le message leur promettait une immortalité qu'ils n'avaient jamais osé espérer. Ce renversement ne pouvait être que désastreux pour l'honneur et la dignité de la politique. L'activité politique que, jusqu'alors, avait animée surtout l'aspiration à l'immortalité en ce monde, sombra dans les bas-fonds d'une activité soumise à la nécessité, destinée d'une part à remédier aux conséquences du péché et de l'autre à pourvoir aux besoins et intérêts légitimes de la vie terrestre. L'aspiration à l'immortalité passa désormais pour vanité ; l'espèce de gloire que le monde peut conférer à l'homme devint illusion, puisque le monde était encore plus périssable que l'homme, et la quête d'immortalité en ce monde perdit tout son sens puisque la vie elle-même était immortelle.

C'est précisément la vie individuelle qui s'empara de la place occupée autrefois par la « vie » de la cité, et saint Paul, en prononçant que « la mort est le salaire du péché » puisque la vie est faite pour durer à jamais, rappelle le propos de Cicéron sur la mort qui châtie les fautes commises par les collectivités politiques, fondées pour durer éternellement[1]. Tout s'est passé comme si les premiers chrétiens – du moins saint Paul qui, après tout, était citoyen romain – avaient consciemment édifié leur conception de l'immortalité d'après le modèle de Rome, en substituant la vie individuelle à la vie de la cité. De même que la cité possède une immortalité virtuelle que ses fautes politiques peuvent lui faire perdre, la vie individuelle avait perdu jadis, à la chute d'Adam, l'immortalité promise et venait, par le Christ, de regagner une vie nouvelle, virtuellement immortelle, qui cependant pouvait se perdre encore dans une seconde mort par le péché individuel.

Assurément, l'affirmation chrétienne du caractère sacré de la vie fait partie de l'héritage d'Israël qui formait déjà un contraste frappant avec les attitudes de l'Antiquité : le mépris païen pour les maux que la vie impose à l'homme dans le labeur et l'enfantement, la peinture envieuse de la « vie facile » des dieux, la coutume d'exposer les enfants indésirés, la conviction que la vie sans la santé ne vaut pas d'être vécue (si bien que, par exemple, le médecin passe pour faillir à sa vocation s'il prolonge la vie sans pouvoir restaurer la santé[2]), et que le suicide est une manière noble d'échapper à une vie devenue trop pénible. Cependant, il suffit de se rappeler comment le Décalogue cite le

1. *« Civitatibus autem mors ipsa poena est... debet enim constituta sic esse civitas ut aeterna sit »* (*De re publica*, III, 23). Sur l'idée antique qu'une cité bien fondée doit être immortelle, cf. aussi Platon, *Lois*, 713, où l'on demande aux fondateurs d'une nouvelle *polis* d'imiter ce qu'il y a d'immortel en l'homme *(hoson en hèmin athanasias enest)*.

2. Cf. Platon, *République*, 405 C.

meurtre, sans insister spécialement, en énumérant une série d'autres offenses – qui, selon nos conceptions, ne sauraient rivaliser en gravité avec ce crime suprême – pour se rendre compte que le code pénal des Hébreux, encore que beaucoup plus proche du nôtre que les codes païens, ne faisait pas de la sauvegarde de la vie la pierre angulaire du système juridique du peuple juif. Cette situation intermédiaire qu'occupe le code d'Israël entre l'Antiquité païenne et tous les sytèmes juridiques chrétiens ou postchrétiens s'explique peut-être par le credo hébreu qui met l'accent sur l'immortalité virtuelle du peuple, par opposition à l'immortalité païenne du monde d'une part, et à l'immortalité chrétienne de la vie individuelle d'autre part. En tout cas, cette immortalité chrétienne conférée à la personne, qui en son unicité commence sa vie en naissant sur Terre, n'a pas eu seulement pour résultat l'intensification très évidente de la préoccupation de l'autre monde, elle a aussi énormément accru l'importance de la vie sur Terre. C'est que le christianisme – exception faite des spéculations hérétiques et gnostiques – a toujours affirmé que la vie, bien que n'ayant plus de terme final, a un commencement bien défini. La vie sur Terre n'est sans doute que la première étape, la plus misérable, de la vie éternelle ; mais c'est une vie, et, sans cette vie qui s'achèvera dans la mort, il ne peut y avoir de vie éternelle. Telle est peut-être la raison du fait indiscutable que c'est seulement lorsque l'immortalité de la vie individuelle devint le dogme central de l'Occident, c'est-à-dire à l'avènement du christianisme, que la vie sur Terre devint aussi le souverain bien de l'homme.

L'affirmation du caractère sacré de la vie tendit à niveler les distinctions et articulations anciennes au sein de la *vita activa* ; le christianisme tendit à considérer le travail, l'œuvre et l'action comme également soumis à la nécessité de la vie présente. En même temps, il contribua à délivrer partiellement du mépris dont l'avait accablée l'Antiquité l'activité de travail, c'est-à-dire tout ce qui peut être nécessaire pour soutenir le processus biologique. Le mépris de l'esclave, dédaigné parce qu'il ne servait que les nécessités de la vie et qu'il se soumettait à l'oppression pour la raison qu'il tenait à vivre à tout prix, ce mépris, à l'ère chrétienne, ne pouvait pas survivre. On ne pouvait plus avec Platon reprocher à l'esclave de ne s'être pas tué au lieu de se soumettre, car rester vivant en dépit de toutes les circonstances était devenu un devoir sacré et l'on jugeait le suicide pire que l'assassinat. Ce n'est pas au meurtrier que l'on refusait les funérailles chrétiennes, mais à l'homme qui avait mis fin à sa propre vie.

Mais, contrairement à certains essais d'interprétation des sources chrétiennes, il n'y a aucune trace de la glorification moderne du travail dans le Nouveau Testament ni dans les autres écrits d'auteurs chrétiens prémodernes. Saint Paul n'a jamais été l'« apôtre du travail » que l'on a prétendu[1], et les quelques passages

---

1. Dans l'ouvrage du dominicain Bernard Allo *Le Travail d'après saint Paul* (1914). Parmi les avocats de l'origine chrétienne de la glorification du travail, citons : en France, Étienne Borne et François Henry (*Le Travail et l'homme*, 1937) ; en Allemagne, Karl Müller (*Die Arbeit : Nach moral-philosophischen Grundsätzen des heiligen Thomas von Aquino*, 1912). Plus récemment Jacques Leclercq, de Louvain, qui a donné à la philosophie du travail une

sur lesquels on appuie cette théorie ou bien s'adressent aux gens qui par paresse « mangent le pain d'autrui », ou bien recommandent le travail comme un bon moyen d'éviter les soucis : c'est dire qu'ils renforcent la prescription générale de mener une vie strictement privée et de se garder des activités politiques[1]. Il est même plus à propos de remarquer que plus tard dans la philosophie chrétienne, en particulier chez saint Thomas, le travail était un devoir pour ceux qui n'avaient pas d'autre moyen de vivre, le devoir consistant à se maintenir en vie et non pas à travailler ; si l'on pouvait pourvoir à ses besoins en mendiant, tant mieux. Qu'on lise les sources sans préjugés modernes en faveur du travail et l'on sera surpris de la discrétion avec laquelle les Pères de l'Église ont profité de l'occasion pourtant si aisée de justifier le travail en en faisant le châtiment du péché originel. Ainsi saint Thomas n'hésite pas à suivre Aristote sur ce point de préférence à la Bible, et à déclarer que « seule la nécessité de se maintenir en vie oblige au travail manuel[2] ». Pour lui le travail est le moyen qu'emploie la nature pour maintenir en vie l'espèce humaine, et il en conclut qu'il n'est nullement nécessaire que tous les hommes gagnent leur pain à la sueur de leurs fronts, qu'il s'agit plutôt d'une sorte de

---

contribution extrêmement précieuse dans le quatrième livre de ses *Leçons de droit naturel, travail, propriété* (1946), a corrigé cette interprétation erronée des sources chrétiennes : « Le christianisme n'a pas changé grand-chose à l'estime du travail… », et dans l'œuvre de saint Thomas, « la notion du travail n'apparaît que fort accidentellement » (pp. 61-62).

1. Cf. I Thess., 4, 9-12 et II Thess., 3, 8-12.

2. *Summa contra Gentiles*, III, 135 : *« Sola enim necessitas victus cogit manibus operari. »*

dernier recours désespéré pour résoudre le problème ou accomplir le devoir[1]. On ne peut même pas dire que l'utilisation du travail comme moyen d'écarter les dangers de l'oisiveté soit une découverte chrétienne : c'était déjà un lieu commun de la morale romaine. Enfin, en complet accord avec les idées antiques sur le caractère de l'activité de travail, le christianisme a souvent employé à la mortification de la chair le travail qui, surtout dans les monastères, joua quelquefois le même rôle que les exercices pénibles et autres formes de pénitence[2].

Si le christianisme, en dépit de son insistance sur le caractère sacré de la vie et sur le devoir de vivre, n'a jamais produit de philosophie positive du travail, c'est qu'il donne à la *vita contemplativa* une priorité absolue

---

1. *Summa theologica*, II, 2, 187, 3, 5.

2. Dans les règles monastiques, en particulier l'*ora et labora* de saint Benoît, le travail est recommandé contre les tentations de l'oisiveté corporelle (cf. ch. 48 de la règle). Dans ce que l'on appelle la règle de saint Augustin (*Epistolae*, 211), le travail est considéré comme une loi de la nature et non comme la punition du péché. Saint Augustin recommande le travail manuel – il emploie les mots *opera* et *labor* comme synonymes par opposition à *otium* – pour trois raisons : il aide à repousser les tentations de l'oisiveté ; il aide les monastères à remplir leur devoir de charité envers les pauvres ; il est favorable à la contemplation, parce qu'il n'engage pas indûment l'esprit comme d'autres occupations telles que par exemple le commerce. Sur le rôle du travail dans les monastères, cf. Étienne Delaruelle, « Le Travail dans les règles monastiques occidentales du IVe au IXe siècle », *Journal de Psychologie normale et pathologique* (1948), vol. XLI, n° 1. À part ces considérations formelles, il est très caractéristique que les Solitaires de Port-Royal, à la recherche d'un moyen de punition vraiment efficace, pensèrent immédiatement au travail (cf. Lucien Fèbre, « Travail : évolution d'un mot et d'une idée », *Journal de Psychologie normale et pathologique*, vol. XLI, n° 1).

sur toutes les activités humaines. *Vita contemplativa simpliciter melior est quam vita activa*, et, quels que puissent être les mérites d'une vie active, ceux d'une vie vouée à la contemplation sont « plus efficaces et plus puissants[1] ». Cette conviction, il est vrai, n'est pas facile à trouver dans l'enseignement de Jésus de Nazareth ; elle est certainement due à l'influence de la philosophie grecque. Cependant, même si la philosophie du Moyen Âge était restée plus proche de l'esprit des Évangiles, elle n'y aurait guère trouvé de raisons de glorifier le travail[2]. La seule activité que recommande Jésus de Nazareth est l'action, et la seule faculté humaine qu'il mette en relief est celle d'« accomplir des miracles ».

Quoi qu'il en soit, l'époque moderne ne cessa d'admettre que la vie, et non pas le monde, est pour l'homme le souverain bien ; dans ses révisions et ses critiques les plus audacieuses, les plus révolutionnaires, des croyances ou conceptions traditionnelles, elle ne pensa même jamais à mettre en question ce renversement fondamental que le christianisme avait introduit

---

1. *Summa theologica*, II, 2, 182, 1, 2. En insistant sur la supériorité absolue de la *vita contemplativa*, saint Thomas se sépare d'une manière caractéristique de saint Augustin, qui recommande l'*inquisitio, aut inventio veritatis : ut in ea quisque proficiat* – l'« enquête ou découverte de la vérité, pour que chacun en tire profit » (*De civitate Dei*, XIX, 19). Mais cette différence n'est guère que celle qui peut séparer deux penseurs chrétiens, l'un formé par la philosophie grecque, l'autre par la philosophie romaine.

2. Les Évangiles se préoccupent du fléau des possessions terrestres, ils ne font pas la louange du travail ni des travailleurs (cf. surtout Matt., 6, 19-32 ; Marc, 4, 19 ; Luc, 6, 20-34, 18, 22-25 ; Actes, 4, 32-35).

dans le monde antique moribond. Si éloquents et si lucides que fussent les penseurs modernes dans leurs attaques contre la tradition, la primauté de la vie avait acquis à leurs yeux un statut de vérité axiomatique, et elle le conserve même dans notre monde actuel qui a déjà commencé à dépasser toute l'époque moderne et à substituer à la société du travail une société d'employés. Mais, si l'on peut fort bien concevoir que l'évolution qui a suivi la découverte du point d'Archimède se serait faite dans une direction totalement différente si l'événement avait eu lieu dix-sept cents ans plus tôt, lorsque le souverain bien n'était pas la vie mais le monde, il ne s'ensuit nullement que nous vivions encore dans un monde chrétien. Car, ce qui compte aujourd'hui, ce n'est pas l'immortalité, c'est que la vie soit le souverain bien. Ce postulat est certainement d'origine chrétienne, mais il ne constitue dans le christianisme qu'une importante circonstance secondaire. Bien plus, même si l'on néglige les détails du dogme pour ne considérer que le sens général du christianisme, qui réside dans l'importance de la foi, il est évident que rien ne pouvait lui être plus nuisible que l'esprit de méfiance et de suspicion de l'époque moderne. Assurément, le doute cartésien n'a jamais prouvé son efficacité de façon plus désastreuse, plus irrémédiable que dans le domaine des croyances où l'introduisirent les deux grands penseurs religieux de l'âge moderne, Pascal et Kierkegaard. (Ce ne sont pas l'athéisme du XVIIIe siècle et le matérialisme du XIXe qui sapèrent la foi chrétienne – leurs arguments sont souvent vulgaires et pour la plupart aisément réfutables en théologie –, c'est plutôt l'angoisse, le doute à l'égard du salut chez des hommes authentiquement religieux pour qui le contenu traditionnel, la promesse traditionnelle du christianisme étaient devenus « absurdes ».)

Nous ignorons ce qui serait arrivé si l'on avait découvert le point d'appui d'Archimède avant l'avènement du christianisme ; nous ne saurons pas davantage ce qu'eût été la destinée du christianisme si cette découverte n'était pas venue interrompre le grand éveil de la Renaissance. Avant Galilée, toutes les voies paraissaient libres. Si l'on pense à Léonard de Vinci, on peut imaginer que, dans tous les cas, une révolution technique eût dépassé l'évolution de l'humanité. Elle aurait peut-être conduit aux machines à voler, réalisant un des rêves humains les plus anciens, les plus obstinés ; elle n'aurait sans doute pas abouti à l'univers ; elle aurait amené l'unification de la Terre, mais non pas sans doute la transformation de la matière en énergie, ni les aventures dans l'univers microscopique. La seule chose dont nous puissions être sûrs, c'est que la coïncidence des deux inversions, celle de l'action et de la contemplation et celle, antérieure, de la vie et du monde, fut le point de départ de toute l'évolution moderne. Lorsque la *vita activa* eut perdu tout point de repère dans la *vita contemplativa*, alors elle put devenir vie active au plein sens du mot ; et c'est seulement parce que cette vie active demeura liée à la vie, son unique point de repère, que la vie en tant que telle, le métabolisme de travail de l'homme avec la nature, put devenir active et déployer totalement sa fertilité.

*Le triomphe de l'*animal laborans

La victoire de l'*animal laborans* eût été incomplète si le processus de laïcisation, le déclin de la foi inévitablement provoqué par le doute cartésien, n'avait ôté à la vie individuelle son immortalité, ou du moins la certitude de l'immortalité. La vie individuelle redevint mortelle, aussi mortelle que dans l'Antiquité, et le monde était encore moins stable, moins durable, moins sûr par conséquent, que pendant l'ère chrétienne. L'homme moderne, quand il perdit l'assurance du monde à venir, ne fut pas rejeté au monde présent, il fut rejeté à soi-même ; loin de croire que le monde pût être virtuellement immortel, il n'était même pas sûr qu'il fût réel. Et, dans la mesure où il le supposerait réel dans l'optimisme sans critique et apparemment sans souci d'une science en progression constante, il s'éloignait de la Terre beaucoup plus que les aspirations chrétiennes ne l'en avaient jamais écarté. Quel que soit le sens du mot « laïque » dans l'usage courant, il est impossible historiquement de le faire correspondre à la présence-dans-le-monde ; l'homme moderne, en tout cas, n'a pas gagné ce monde en perdant l'autre, et il n'a pas non plus gagné la vie à proprement parler ; il y fut rejeté, enfermé dans l'intériorité de l'introspection où sa plus haute expérience serait celle de la vacuité des processus mentaux, des calculs et des jeux solitaires de l'esprit. Pour tout contenu, il lui resta des appétits et des désirs, les impulsions stupides de son corps, qu'il prit pour des passions et jugea « déraisonnables » parce qu'il s'aperçut qu'il ne pouvait les « raisonner », c'est-à-dire leur demander des comptes. Tout ce qu'il resta désormais de virtuellement immortel, d'aussi immortel que la cité dans l'Antiquité ou la vie individuelle au Moyen Âge, ce fut la vie : le processus vital, potentiellement sempiternel, de l'espèce.

Nous avons vu que, dans l'avènement de la société, ce fut en dernière analyse la vie de l'espèce qui s'imposa. Théoriquement, le passage de la vie « égoïste » de l'individu, mise en relief au début de l'époque moderne, à la vie « sociale » et à l'« homme socialisé » sur lesquels on mit ensuite l'accent, s'opéra lorsque Marx transforma les motifs grossiers de l'économie classique – tous les hommes, dans la mesure où ils agissent, agissent pour des raisons d'intérêt individuel – en forces d'intérêt qui informent, meuvent et dirigent les classes de la société et, à travers les conflits de ces classes, dirigent la société dans son ensemble. L'humanité socialisée est l'état de la société où ne commande plus qu'un unique intérêt, et cet intérêt a pour sujet soit des classes, soit l'espèce, mais ni l'homme ni des hommes. C'est qu'à ce moment dans les activités des hommes la dernière trace d'action, le motif qu'impliquait l'intérêt individuel, a disparu. Il est resté une « force naturelle », la force du processus vital, à laquelle tous les hommes avec toutes leurs activités étaient également soumis (« le processus de la pensée est lui-même un processus naturel[1] »), et dont le seul but, à supposer qu'elle en eût un, était la perpétuation de l'espèce Homme. Aucune des facultés supérieures de l'homme n'était nécessaire désormais pour relier

1. Karl Marx, lettre à Kugelmann, juillet 1868.

la vie individuelle à la vie de l'espèce ; la vie individuelle fit partie du processus vital, et tout ce dont on avait besoin c'était de travailler, d'assurer son existence et celle de sa famille. Ce qui n'était pas obligatoire, imposé par le métabolisme vital devint superflu, ou tout au plus justifiable comme particularité de la vie humaine en tant que distincte d'autres vies animales – ainsi jugeait-on que Milton avait écrit *Le Paradis perdu* pour les mêmes raisons qui contraignent le ver à soie, en réagissant à des impulsions semblables, à produire de la soie.

Si l'on compare le monde moderne avec celui du passé, la perte d'expérience humaine que comporte cette évolution est extrêmement frappante. Ce n'est pas seulement, ni même principalement, la contemplation qui est devenue une expérience totalement dénuée de sens. La pensée elle-même, en devenant « calcul des conséquences », est devenue une fonction du cerveau, et logiquement on s'aperçoit que les machines électroniques remplissent cette fonction beaucoup mieux que nous. L'action a été vite comprise, elle l'est encore, presque exclusivement en termes de faire et de fabrication, à cela près que la fabrication, à cause de son appartenance-au-monde et de son essentielle indifférence à l'égard de la vie, passa bientôt pour une autre forme du travail, pour une fonction plus compliquée mais non pas plus mystérieuse du processus vital.

Dans le même temps, nous nous sommes montrés assez ingénieux pour trouver les moyens de soulager la peine de vivre, à tel point qu'il n'est plus utopique de songer à éliminer le travail du nombre des activités humaines. Car, dès à présent, le mot travail est trop noble, trop ambitieux, pour désigner ce que nous faisons ou croyons faire dans le monde où nous sommes. Le dernier stade de la société de travail, la société d'employés, exige de ses membres un pur fonctionnement automatique, comme si la vie individuelle était réellement submergée par le processus global de la vie de l'espèce, comme si la seule décision encore requise de l'individu était de lâcher, pour ainsi dire, d'abandonner son individualité, sa peine et son inquiétude de vivre encore individuellement senties, et d'acquiescer à un type de comportement, hébété, « tranquillisé » et fonctionnel. Ce qu'il y a de fâcheux dans les théories modernes du comportement, ce n'est pas qu'elles sont fausses, c'est qu'elles peuvent devenir vraies, c'est qu'elles sont, en fait, la meilleure mise en concepts possible de certaines tendances évidentes de la société moderne. On peut parfaitement concevoir que l'époque moderne – qui commença par une explosion d'activité humaine si neuve, si riche de promesses – s'achève dans la passivité la plus inerte, la plus stérile que l'Histoire ait jamais connue.

Mais il y a d'autres signaux d'alarme, plus graves, pour indiquer que l'homme accepterait, qu'il est même peut-être sur le point, de se changer en cette espèce animale dont, depuis Darwin, il s'imagine qu'il descend. Si pour conclure nous retournons une fois de plus à la découverte du point d'appui d'Archimède, si nous l'appliquons, malgré l'avertissement de Kafka, à l'homme lui-même et à ce qu'il fait sur cette Terre, il devient aussitôt manifeste que toutes ses activités, observées d'un point de l'univers suffisamment éloigné, n'apparaîtraient pas comme des activités de telle ou telle sorte, mais comme des processus, et par exemple, selon le mot d'un savant, la motorisation moderne apparaîtrait comme un processus de mutation biologique dans lequel les corps humains commencent graduellement à se couvrir de carapaces d'acier. Pour l'observateur de Sirius cette mutation serait ni plus ni moins mystérieuse que celle qui se produit sous nos yeux chez ces petits organismes que nous avons combattus à coups d'antibiotiques et qui donnent mystérieusement naissance à de nouvelles races pour nous résister. À quel point est enraciné cet usage du point d'appui d'Archimède employé contre nous, on le voit jusque dans les métaphores qui dominent aujourd'hui la pensée scientifique. Si les savants peuvent nous parler de la « vie » de l'atome – où apparemment chaque particule est « libre » de se conduire à son gré et où les lois qui régissent ces mouvements sont les mêmes lois statistiques qui, d'après les sciences sociales, font que les foules se comportent comme elles le doivent, si « libre » que puisse paraître dans ses choix la particule individuelle – si, en d'autres termes, le comportement de la particule infiniment petite n'est pas seulement analogue dans son schéma au système planétaire tel qu'il nous apparaît, mais en outre ressemble aux schémas de vie et de comportement de la société humaine, c'est évidemment que nous regardons cette société et que nous y vivons comme si nous étions aussi éloignés de notre existence humaine que de l'infiniment petit et de l'immensément grand qui, même si on peut les percevoir à l'aide des instruments les plus puissants, sont trop loin de nous pour être éprouvés et sentis.

Il va sans dire que l'homme moderne n'a pas pour autant perdu ses facultés et n'est pas sur le point de les perdre. Malgré tout ce que la sociologie, la psychologie, l'anthropologie nous disent de l'« animal social », les hommes persistent à fabriquer et à construire, encore que ces facultés soient de plus en plus restreintes aux talents de l'artiste, de sorte que la prise de contact avec le monde, qui les accompagne, échappe de plus en plus à l'expérience ordinaire[1].

De même la capacité d'agir, au moins au sens de déclencher des processus, est toujours là ; mais elle est devenue le privilège des hommes de science, qui ont agrandi le domaine des affaires humaines au point d'abolir l'antique ligne de protection qui séparait la nature et le monde humain. Devant pareilles œuvres accomplies pendant des siècles dans le secret des laboratoires, il paraît juste que leurs exploits se soient éventuellement révélés plus captivants et d'une plus grande importance politique que les agissements administratifs et diplomatiques de tant de soi-disant hommes d'État. Il est certainement assez ironique que les hommes considérés depuis toujours par l'opinion publique comme les membres de la société les moins pratiques et les moins

1. Cette essentielle appartenance-au-monde de l'artiste ne change évidemment pas lorsqu'un « art non objectif » remplace la représentation des objets ; prendre ce « non-objectivisme » pour un subjectivisme dans lequel l'artiste se croirait appelé à « s'exprimer », à exprimer ses sentiments subjectifs, voilà qui est typique du charlatan. Peintre, sculpteur, poète ou musicien, l'artiste produit des objets de-ce-monde, et sa réification n'a rien de commun avec la pratique très discutable et en tout cas totalement inartistique de l'expression. L'art expressionniste est une contradiction dans les termes, non l'art abstrait.

politiques, soient finalement les seuls qui sachent agir et agir de façon concertée. Leurs premières organisations, qu'ils fondèrent au XVIIe siècle pour conquérir la nature et dans lesquelles ils se donnèrent des règles morales et un code d'honneur, n'ont pas seulement résisté à toutes les vicissitudes de l'époque moderne, elles forment aujourd'hui dans leur ensemble l'un des groupes énergétiques les plus puissants de l'histoire universelle. Mais l'action des hommes de science, agissant sur la nature du point de vue de l'univers et non sur le réseau des relations humaines, manque du caractère révélatoire de l'action comme de la faculté de produire des récits et de devenir historique qui, à eux deux, forment la source d'où jaillit le sens, l'intelligibilité, qui pénètre et illumine l'existence humaine. Sous cet aspect, dont l'importance existentielle est extrême, l'action aussi est devenue une expérience de privilégiés, et ces derniers qui savent encore ce que c'est que d'agir sont peut-être encore moins nombreux que les artistes, leur expérience est peut-être encore plus rare que l'expérience authentique du monde et de l'amour du monde.

Enfin, la pensée – que suivant la tradition prémoderne et moderne nous avons écartée de notre examen de la *vita activa* – reste possible et sans doute en acte partout où les hommes vivent dans des conditions de liberté politique. Malheureusement, et contrairement à ce que l'on admet en général à propos de l'indépendance proverbiale des penseurs dans leur tour d'ivoire, aucune faculté humaine n'est aussi vulnérable, et en fait il est bien plus aisé d'agir que de penser sous la tyrannie. Comme expérience vécue on a toujours admis, peut-être à tort, que la pensée est réservée à un petit nombre. Il n'est peut-être pas présomptueux de croire que ce petit nombre n'a pas diminué de nos jours. Il est possible que cela soit sans intérêt, ou de peu d'intérêt, pour l'avenir du monde ; ce n'est pas sans intérêt pour l'avenir de l'homme. Car si l'on ne devait juger les diverses activités de la *vita activa* qu'à l'épreuve de l'activité vécue, si on ne les mesurait qu'à l'aune de la pure activité, il se pourrait que la pensée en tant que telle les surpassât toutes. Tous ceux qui ont quelque expérience en la matière reconnaîtront la justesse du mot de Caton : … *numquam se plus agere quam nihil cum ageret, numquam minus solum esse quam cum solus esset* – il ne se savait « jamais plus actif que lorsqu'il ne faisait rien, jamais moins seul que lorsqu'il était seul ».

Table

AVANT-PROPOS de Laure Adler 7

PRÉFACE de Paul Ricœur 17

PROLOGUE 51

I – La condition humaine 59

La vita activa *et la condition humaine*, 59. – *Le terme de* vita activa, 66. – *Éternité contre immortalité*, 74.

II – Le domaine public et le domaine privé...... 81

L'homme : animal social ou politique, 81. – *La* polis *et la famille*, 89. – *L'avènement du social*, 103. – *Domaine public : le commun*, 120. – *Domaine privé : la propriété*, 132. – *Le social et le privé*, 145. – *Le lieu des activités humaines*, 153.

III – Le travail 161

« Le travail de notre corps et l'œuvre de nos mains », 162. – *L'objectivité du monde*, 181. – *Le travail et la vie*, 185.

– *Travail et fertilité*, 192. – *Le caractère privé de la propriété et de la richesse*, 204. – *Les instruments de l'œuvre et la division du travail*, 217. – *Une société de consommateurs*, 229.

IV – L'œuvre 242

La durabilité du monde, 242. – *Réification*, 246. – *Instrumentalité et* animal laborans, 254. – *Instrumentalité et* homo faber, 267. – *Le marché*, 275. – *La permanence du monde et l'œuvre d'art*, 287.

V – L'action 298

La révélation de l'agent dans la parole et l'action, 299. – *Le réseau des relations et les histoires jouées*, 307. – *La fragilité des affaires humaines*, 318. – *La solution des Grecs*, 324. – *La puissance et l'espace de l'apparence*, 334. – *L'*homo faber *et l'espace de l'apparence*, 346. – *Le mouvement ouvrier*, 353. – *La substitution traditionnelle du faire à l'agir*, 364. – *L'action comme processus*, 380. – *L'irréversibilité et le pardon*, 388. – *L'imprévisibilité et la promesse*, 399.

VI – La *vita activa* et l'âge moderne 406

L'aliénation, 406. – *La découverte du point d'appui d'Archimède*, 420. – *Sciences de la nature et sciences de l'univers*, 436. – *Avènement du doute cartésien*, 444. – *Introspection et perte du sens commun*, 453. – *La pensée et la conception moderne du monde*, 460. – *Renversement de la contemplation et de l'action*, 467. – *Le renversement dans la* vita activa *et la victoire de l'*homo faber, 475. – *La défaite de l'*homo faber *et le principe du bonheur*, 490. – *La vie comme souverain bien*, 503. – *Le triomphe de l'*animal laborans, 513.

De la même auteure
aux éditions Calmann-Lévy :

Du mensonge à la violence
Essais de politique contemporaine, 1972

Sur l'antisémitisme, 1973

PAPIER À BASE DE FIBRES CERTIFIÉES

Le Livre de Poche s'engage pour l'environnement en réduisant l'empreinte carbone de ses livres. Celle de cet exemplaire est de :
350 g éq. CO_2
Rendez-vous sur www.livredepoche-durable.fr

Composition réalisée par Nord Compo

Achevé d'imprimer en France par
CPI BRODARD & TAUPIN (72200 La Flèche)
en mai 2021
N° d'impression : 3043967
Dépôt légal 1re publication : octobre 2020
Édition 03 - juin 2021
LIBRAIRIE GÉNÉRALE FRANÇAISE
21, rue du Montparnasse – 75298 Paris Cedex 06

28/8947/1